国家文化公园画传系列

大運河畫傳

大运河画传

BIOGRAPHY
OF
THE GRAND CANAL

全国政协文化文史和学习委员会 主编
中 国 文 化 遗 产 研 究 院 承编

江苏凤凰科学技术出版社 江苏凤凰美术出版社 · 南京

图书在版编目（CIP）数据

大运河画传 / 全国政协文化文史和学习委员会主编
. -- 南京 : 江苏凤凰科学技术出版社 , 2022.9（2023.4 重印）
（国家文化公园画传系列）
ISBN 978-7-5713-2410-0

Ⅰ . ①大… Ⅱ . ①全… Ⅲ . ①大运河—文化史—中国
—图集 Ⅳ . ① K928.42-64

中国版本图书馆 CIP 数据核字 (2021) 第 180069 号

审图号：GS（2022）5243 号

国家文化公园画传系列

大运河画传

主　　编　全国政协文化文史和学习委员会
承　　编　中国文化遗产研究院

封面题字　孙晓云
策划编辑　王　宗
责任编辑　胡久良　郭　渊
责任校对　仲　敏
责任监制　刘文洋
特邀审核　刘仁军
出版发行　江苏凤凰科学技术出版社
　　　　　江苏凤凰美术出版社
出版社地址　南京市湖南路1号A楼，邮编：210009
出版社网址　http://www.pspress.cn
照　　排　江苏凤凰制版有限公司
印　　刷　江苏凤凰新华印务集团有限公司
开　　本　787mm × 1 092mm　1/16
印　　张　34.75
插　　页　4
字　　数　600 000
版　　次　2022年9月第1版
印　　次　2023年4月第2次印刷
标准书号　ISBN 978-7-5713-2410-0
定　　价　168.00元

《大运河画传》
编委会

主任

刘奇葆　刘新成

常务副主任

宋大涵　刘玉珠　刘佳义

副主任

丁　伟　王世明　刘福连　孙庆聚　陈际瓦
阎晓宏　胡纪源　刘晓冰　吴尚之　宋新潮

编委（按姓氏笔画排序）

丁元竹　万金红　王　宁　王　静　王　磊　王亚民
王重道　王燕文　牛克成　方立松　田　凯　史瑞杰
吕章申　朱程清　刘万鸣　刘曙光　牟科发　李六三
李修松　吴为山　吴洪亮　吴晓林　张　剑　张立方
张自成　张宝娟　张震宇　陈　力　陈　来　陈名杰
陈洪武　陈惠丰　范迪安　林　阳　柳　河　段青英
侯全亮　姚晓东　贺云翱　袁　华　柴晓明　徐　里
徐　海　徐江善　曹　军　阎晶明　傅　梅　曾成钢
裘东耀　谭　跃　樊　明

执行主编

刘曙光

撰稿

燕海鸣

美术总设计

刘万鸣

美术设计

苏国强　郭　渊

本书列入

2020年国家社科基金特别委托项目
2022年主题出版重点出版物

篆刻释文：蒹葭苍苍　　篆刻作者：骆芃芃

公平交易
猪行
雲貴川廣各省雜貨老行
復興老行
復興號
命館

前言

2020年10月，党的十九届五中全会提出建设长城、大运河、长征、黄河等国家文化公园。这是以习近平同志为核心的党中央作出的重大决策部署，是推动新时代文化繁荣发展、建设社会主义文化强国的重大工程。

奔腾的黄河是中华民族的母亲河，见证着中华文明数千年发展延续的悠久历史；壮美的长城凝聚了中华民族自强不息的奋斗精神和众志成城、坚韧不屈的爱国情怀；流动的大运河千百年来滋养着两岸城市和人民，凝结着我国劳动人民的伟大智慧和勇气；红军长征是一部壮丽的史诗，是中华民族伟大复兴历史进程中的巍峨丰碑。它们蕴含着中华民族生生不息的历史基因、承载着我们最深层的文化记忆，是中华民族的代表性符号。黄河、长城、大运河、长征国家文化公园，集中打造中华文化重要标志，深入挖掘文物和文化资源精神内涵，生动呈现中华文化的独特创造、价值理念和鲜明特色，充分彰显了中华优秀传统文化持久影响力、社会主义先进文化强大生命力。

国家文化公园当然首先是宏大的空间系统，但同样也在细微处蕴含着丰富多彩的质感。它们既是抽象的符号和标识，更是从神州大地上绵延生长的知识和情感，是描绘家国情怀的案卷与画面，是勾连磅礴历史与现实世界的万缕千丝。黄河、长城、大运河和长征的故事，就是这些知识与情感、案卷与画面、历史和生活的交织与表达。当人们徜徉其中，感受的是伟大祖国的灿烂文化和辉煌历史。讲述它们的故事，就是讲述一组美好中国的故事，呈现一个更有故事的美好中国。

全国政协文化文史和学习委员会历来重视文史资料工作和文化遗产保护传承。组织编辑出版《黄河画传》《长城画传》《大运河画传》《长征画传》是学习贯彻习近平总书记关于文物保护工作重要论述精神，立足人民政协人才荟萃优势、广泛凝聚实现民族复兴中国梦正能量的积极实践。我们希望呈现给广大读者的四部《画传》，让故事的主角从概念和符号中走出，在坚持历史真实性的前提下，避免呆板、干涩叙述，力求有血有肉有精神，以鲜活的生命姿态走进时代、走近读者，给阅读者思接千载、视通万里的驰骋空间，向社会大众特别是年轻一代传播黄河、长城、大运河和长征等大型历史文化体系的价值，探索其在当下活化保护利用的路径，更广泛地普及历史、文化和自然知识，满足人民群众对美好生活的品读和追求。

《画传》力求以生动的笔法、优美的图画为基本，以文字为线，以图画为珠，以线串画、以画映线，图文并茂、相得益彰，用一个个生动细微的故事串起这些历史遗迹全部的生命历程，将其涉及的中华文脉和生态文明，还有事件、人物、技术、精神一一呈现。每一部《画传》，既单独成卷，讲述中国故事的某个面向；又互为依衬，共同串联起中华文明从古至今的主线情节，充分展现中华民族伟大创造精神、伟大奋斗精神、伟大团结精神、伟大梦想精神。

如果说人类文明是一座舞台，上演着一幕幕不同文化和族群的故事剧，那么中国故事一定是场次最多、角色最多、赢得观众欢笑和泪水最多的那一个。在这个舞台上，黄河、长城、大运河和长征，穿越时空、生生不息，有着说不尽的精彩故事，它们向世界生动讲述了中国人民勤劳勇敢、自强不息的奋斗精神，展现了中华民族海纳百川、开放包容的博大胸襟，是全人类精神文化财富宝库中的明珠。在《画传》的故事里，黄河、长城、大运河和长征从遥远的历史深处走来，带着文明的记忆汇聚到国家文化公园。讲好它们的故事，进一步坚定文化自信，让黄河、长城、大运河和长征文化精神，在新时代放射出更加夺目的光彩，让中华儿女在新征程中不断凝聚奋进力量。

这，就是我们编撰这套《画传》的初衷和本心。

《画传》编委会

2022年8月

目录

绪言

何以大运河，何以中国

五彩描金花蝶纹攒盘 清
中国国家博物馆藏

工开万物，国脉千里。

中国大运河是世界上延续时间最长、规模最大、影响最广的水路交通系统，是中国古代先民卓越智慧和创造力的杰出范例，是工业革命前分布最广的土木建设工程。

她肇始于春秋，孕育于秦汉，勃兴于隋唐，蜕变于宋元，丰泽于明清。她连接山河，南通东海，北达燕山。她蓬勃脉动，承载文明又创造文明，造福万民又凝聚人心。

欧亚大陆东端的中华大地，地势西高东低，呈三级阶梯状。中西部的巍巍高原、崇山峻岭中，古老的河流喷薄而出，历史和文明在这里分枝。南流者为长江，北涌者为黄河。这两条中华文明的母亲河，各自用丰沛的力量滋养着不同地区的文化。她们与济水、淮水一道，从高山到平原，作为古人心中的“四渎”，共同哺育着伟大的文明。

从分叉的那一刻，她们绵延逶迤，自西向东，奔流入海，直到大运河让她们重新相遇。

一

春秋时期，群雄并起。东南的吴国崛起争霸，逐鹿中原。西高东低的山水格局阻断了大江大河的南北汇聚。心怀天下的君王不会被自然所限，而是放手去造境。吴王夫差在大江的北岸修筑邗城，开挖邗沟，一路向北，一直凿通淮水之滨。

秦始皇雄霸天下，开凿灵渠，打通长江和珠江，以此征战岭南，扩展了统一的基业。秦汉两代稳踞关中，构建了以都城长安（今陕西西安）为核心，贯通全国的水上运输体系。帝王们坐西面东，雄视中原。

大运河的生命历程，在其大概1000岁的时候，迎来了最重要的一次跃升。

灵渠

邗沟故道

洛神赋图 晋 顾恺之（宋摹） 故宫博物院藏

图中的画舫是一种特殊的“方船”，两船并列、连成一体，因为一般有华丽的装饰，遂称“画舫”。

589年，隋文帝重新凿通邗沟，并以此南下消灭南陈，中国迎来了第二次大一统。继位的杨广在短短六年期间，修建了通济渠、山阳渎、永济渠、江南河。在大运河的开凿史上，她第一次如此伸张了肢体，舞动着双臂，把半个中华大地聚拢在了自己的怀抱中。

唐贞观、开元年间，万国来朝、人口日繁。这一时期，曾经物阜民熙的关中、河北地区，渐渐被江淮超越，政治中心的粮食和物资，格外仰赖富庶的江南

水乡。以洛阳为中心的运河体系的盛衰，甚至还成为了国家分裂和统一的风向标。安史之乱爆发后，忠君保国的将领依托运河进行着抵抗，叛军则企图拿下运河途经的地区，切断皇家的运粮命脉。那些最初因为军事目的而建造的沿河军镇，慢慢繁荣起来。其中就包括一个名叫开封的城市，最终成为了北宋的都城。

中国历史上为人熟知的古画《清明上河图》，展开了北宋时期的开封城在运河滋养下的盛世风华，也塑造着今天国人对于大宋的无限想象。大运河突破了唐

清明上河图 北宋 张择端 故宫博物院藏

代的里坊，尽情流淌在城市之中，流入了普通百姓的生活。水和城融为了一体，生命与生活融为了一体。

元朝统一全国后，历史的聚光灯从长安、洛阳、开封移开，开始投射在北方的燕京（今北京）。度过一段落寞时光的大运河也经历了生命的第二次跃升，经过“裁弯取直”，再次扮演起联系政治和经济中心的角色。此时，大运河1800岁。

但元朝的统治者主要通过海上运输漕粮。真正让运河迎来又一次辉煌的，是明朝永乐帝。迁都北京之后，明廷放弃了海运，专注于漕河。

运河历史上的一大主题，是与黄河的缠斗不息。运河作为一条人工河道，每每经过淮安时，都要与黄河相抗争。多少治水的官员绞尽脑汁，采取了各种办法，从“束水攻沙，蓄清刷黄”到“避黄引淮”，再到“灌塘济运”，大运河勉力维系着脆弱的贯通。

沿途的山形水势也给大运河带来了巨大挑战。从杭州到北京需要经过山东的丘陵地区，地势高低起伏不断，漕船不断地爬坡和下坡。在南旺制高点，运河与汶水相会，“七分朝天子、三分下江南”，会通河上的漕船整齐行进，它们是王朝的命脉。

大运河也成为了很多人的生计之道，围绕漕运而产生的利益链条越来越粗，盛世景象与漕弊腐败共存。庞大的封建王朝，就像不断淤积的污泥一样，越来越臃肿和停滞。1855年，黄河北徙，运河中断。最终，在清朝末年，政府将漕运放弃，黄河以北的河道日渐干涸，结束了使命。那些因运河而充满光环的城市，也迅速黯淡了下去。

黄河在历史上频繁决口。北宋之前，黄河向东北流，除了淤塞之外，与运河之间大体相安无事。北宋末年，黄河被人为凿开了大堤，向东南袭去，在金代彻底“夺淮入海”。

二

绵延数千年中华文明的耀眼星光中，大运河是璀璨而特别的一颗。开凿大运河，是顺应历史潮流的行动，是中国人最具想象力和实践力的伟大创举之一，也是在政治和经济上维系政权稳定和国家统一的历史大潮中，颇具理性色彩的抉择。

文明总是在水流之处诞生。水为文明的孕育提供了源流，也培育了强大的行动力和拓展力。中国人很早就学会了利用水，正如两千年前司马迁在《史记》中所说：“甚哉，水之为利害者也。”毗邻大河，中国先民们很早就掌握了农耕、灌溉、定居的生活技能，也很早就学会了借助水来运输。

中国大运河分为通惠河、北运河、南运河、会通河、中河、淮扬运河、江南运河、浙东运河、卫河（永济渠）、通济渠（汴河），共十大河段。在类型上，包含河道（含河道遗址）3166千米，以及运河水利与航运工程遗存、仓库和管理设施遗存、伴生的建筑与园林、历史街区村镇和环境景观等。其中最具代表性的1011千米河道、31个遗产区的58项遗址点作为大运河遗产构成在2014年成功列入《世界遗产名录》。

在经济上，水运相比陆运而言有着天然的优势，既快捷，又经济，单位时间内可用更低廉的运输成本，运送更多的物资。一般来说，从苏州运送一批粮食进入北京，采用漕运所消耗成本仅为陆运的百分之一。可见，陆运必须要与水运相互配合，才能支撑起庞大帝国的交通。

在政治上，只追求偏安一隅的政权，永远都会被更有雄心的统治者所征服。在这里，统一是永远的使命，维系统一则是永恒的挑战。统一的帝国，需要高效的交通体系作为支撑，需要高效的物资转运机制作为保障。历史时期，水运远比陆运更能够实现这一目标。

在中国，大运河的开凿是历史的必然，大运河的开凿也让中国人追求和维系统一的心态更加坚定。没有大运河，中国的大一统可能不会这么持久。

三

虽然漕运已经在清朝末年画上了句号，但大运河的生命并没有终结，而是一直延续至今，并焕发新生。她不仅呈现了一时之利，更奠定了万世之功。

首先，中华文明的多样一统格局，大运河是最重要的见证者和推动者。这是一个山川雄壮的庞大国度，西部的层峦叠嶂、北方的茫茫大漠、江南的密布水

内
蒙
古
自
治
呼和
黄
河
银川
宁夏回族自治区
甘
肃
兰州
省
陕
西
渭
河
咸阳
西安
省
嘉
陵
江
四
川
省
成都
重
庆
市
重庆
长
江
湖
乌
江
沅
江
贵
州
省
湖
南

历代运河示意图

辽宁省
滦
河
辽东湾
鸭
绿
江
河
北京市
永定河
北京
天津市
廊坊
天津
北
省
渤海
渤海湾
渤海海峡
子牙河
滹沱河
沧州
石家庄
衡水
原
莱州湾
德州
河
邢台
邯郸
聊城
济南
山东省
安阳
东平湖
泰安
鹤壁
焦作
新乡
黄
济宁
黄海
枣庄
郑州
开封
微山湖
商丘
骆马湖
徐州
宿迁
江
淮北
南
省
淮安
洪泽湖
宿州
苏
省
安
河
高邮湖
淮
扬州
南京
镇江
徽
合肥
常州
无锡
上海
巢湖
太湖
苏州
上海市
省
江
省
湖州
嘉兴
武汉
长
钱塘江
杭州
富春江
绍兴
宁波
东海
浙江省
鄱阳湖
南昌
湘
江西省

网，通过大运河的枝枝杈杈结合在了一起。正因为有她的存在，历代帝王才能安心内抚国政、外御强敌，维系着宏伟的帝国。也是因为她的存在，来自大漠和海洋的物资才能在这片土地上汇聚，人们才能自由安全、纵横南北地交往，人心齐聚，奠定着统一的民意基础。在维系统一的过程中，有帝王的气度，有贤臣的智慧，更有百姓的付出。这些气势、灵光和血泪，都化作了大运河流动的水，永恒流淌着。作为国家的象征，大运河还见到了许多异域来客，苏禄王、利玛窦、崔溥、马戛尔尼……他们因为不同的原因来到中国，又在运河身旁留下了匆忙的脚步，有的甚至永远留在了中国。

第二，大运河串起了广袤的乡村、催生了繁华的都市。最初，她连起了军事和政治的城，为了保障城市的生存，她载着沿线片片田野产出的粮食不断转运。她的沿线是最能代表中国的农村和农民，也是最能代表中国的集镇和城市。长安、洛阳、开封、杭州、北京，伟大的都城与大运河交相辉映；扬州、淮安、济宁、德州、天津，繁华的城市通过大运河畅通南北；张家湾、瓜洲渡、开弦弓，大小村镇因大运河而名传千古。这些乡镇和城市，通过她的流动，深入中国传统生活肌理，并映射着这个伟大国度的未来。

第三，大运河滋养着中国的文脉。李白、杜甫、白居易、苏轼……这些中国人耳熟能详的名字，都留下了与她有关的足迹和笔触。“楼船夜雪瓜洲渡，铁马秋风大散关”，陆游的步履匆匆，大运河都记得；“春风又绿江南岸，明月何时照我还”，王安石的意气风发，也是她难忘的追忆。颜真卿浑厚笔法的背后，是运河上为国坚韧不屈的精神；赵孟頫行船运河之上，创作了流传千古的书法名作。更不用说明清时期那些伟大的小说，《水浒传》俨然就是一部关于运河水泽英雄好汉的故事，曹雪芹则在运河畔奔波半生。

第四，最为难忘的，是为大运河的存在而付出、奉献，并创造出多姿多彩生活的那些普通人的面孔。是谁在寒冬腊月间将她开凿，是谁在春暖花开处乘风破浪，是谁在夏日炎炎里赤膊拉纤，是谁在秋风落叶下守卫粮仓？两千多年的时光，大运河伴随着他们的欢声笑语，诵读着他们的悲欢离合，描绘着灿烂的风俗图景，聆听着传唱的国粹乡音。和这些人儿一起成长，一道生活，大运河用流淌的记忆，守护着文物，涵养着文化，传承着文明。他们是中国的人，她是中国的河。

四

大运河连接着山川与河流，串起了城市与乡村，承载着国家和人民。在时空的隧道中，大运河走过了2500年的历程，也走向了广阔的世界。2014年，大运河被联合国教科文组织列入《世界遗产名录》，在国际上展示：这是世界上最长的、最为古老的运河；是中国人创造力的杰出实例；见证了一个独特文化传统；也是工业革命前最重要的东方文明技术成就。

大运河的经历，她的故事，正在被关心、爱护、尊重她的人发掘和书写。在申报世界遗产的过程中，专家学者进行了细致的调研，让世界第一次从数字上全面认识大运河：在时间上，诞生于公元前486年，公元7世纪第一次全线贯通，13世纪南北贯通。在空间上，分为通惠河、北运河、南运河、会通河、中河、淮扬运河、江南运河、浙东运河、卫河（永济渠）、通济渠（汴河），共十大河段。在类型上，包含河道（含河道遗址）3166千米（主线长度2681千米），以及运河水利与航运工程遗存、仓库和管理设施遗存、伴生的建筑与园林、历史街区村镇和环境景观等。

今天，为了让沿线人民过上更美好的生活，大运河再次承担起光荣而艰巨的使命。新中国成立以来，尤其是21世纪以来，大运河发生了翻天覆地的变化，黄河不再肆虐，城乡不断复兴。在超过80万平方千米的土地上，在5亿多人民的直接参与或关注中，中国大运河，一扫历史的尘埃，成为延续古老精神、传递中国价值的主角。大运河国家文化公园、大运河文化带的建设，像一条绿色的廊道让她再度繁忙起来，同时兼顾保护传承利用、文化教育、公共服务、旅游观光、休闲娱乐、科学研究等功能和角色。新的使命，是大运河继续焕发光彩的动力。

形胜天下，万古江河。大运河象征着绵延不绝的中华文脉，生生不息的民族精神、巧夺天工的人间奇迹……映照了人类文明的一抹绚烂，也寄托着千秋万代关于盛世的遐想。

泱泱运河水，已经2500年。但她依旧充满活力！

第一章 运河国家

勾践、夫差画像石拓片 中国国家博物馆藏

大运河的变迁与国家的兴衰息息相关，并逐渐演变为实现国家一统、物资流通、文化繁荣的恢宏水上交通体系。本章将从邗沟开凿开始，以时间为线索，介绍每个重要历史时期大运河修造、治理、变迁的故事。从春秋时期的邗沟，到隋炀帝修建大运河，再到明清复杂的漕运体系，我们将看到，运河之于古代中国，犹如动脉之于人的身体，她的畅通与否直接关乎王朝的盛衰。通过将政治、军事、经济中心联系在一起，大运河促使古代中国凝结成整体，让政权得以维持，让文化得以延续。大运河的不断建造和完善是顺应历史、呼应时代的必然产物，更推动了中华民族多元一体格局的形成。

从沟通江淮到统一天下

大运河最初的段落是邗沟，它最初的功能，是实现王侯的称霸梦想。

一

《左传·哀公九年》记载："秋，吴城邗，沟通江、淮。"这一年是公元前486年，吴王夫差在向北进军伐齐战争的准备中，下令开挖邗沟。大运河故事的开始，便是这条沟通江淮的水道。

春秋一代的主旋律，一直是北方的晋国和南方的楚国争霸。吴国作为偏于东南一隅的诸侯国，自吴王僚时起，对楚国有了军事上的优势，在一系列战争中取得了胜利。吴王阖闾此时登上了历史舞台，开始不甘于附庸的角色，不仅要和楚国在南方分庭抗礼，还在谋士伍子胥的辅佐下谋划起挥师北上、进取中原的大业。

想要称霸中原，首先要强化在南方的霸权，对楚国取得完全的胜利。吴国进攻楚国最便捷的方式是走长江水路，但吴国

扬州古邗沟故道

并没有直接通向长江的水道。公元前506年，阖闾开掘了从太湖通往长江支流水阳江的“堰渎”，因为是伍子胥主持开凿的，又称为胥溪。胥溪的开凿很大程度上解决了伐楚的粮草运送问题。历史记载，这一次吴军竟直接攻入了楚国国都。

不过，在西进伐楚之时，吴国遇到了南方邻国越国的牵制，甚至在讨伐越国的槜李之战中，阖闾负伤身死。谋取中原称霸的重任便落在了第二十五世吴王——夫差的身上。

夫差继位之后，继续开通运河的军事行动。为了伐越，他疏浚了太湖的泄水道，沟通了太湖和大海，这条水道名曰胥浦。得益于胥浦，夫差在夫椒击败越军。此时，夫差犯了人生中最大的错误，在“灭越”与“存越”问题上，夫差与伍子胥发生了激烈争执。伍子胥劝夫差灭越，而夫差却说了这样一句话：“孤将有大志于齐，吾将许越成。”

这时的夫差，根本不在意越国的存亡，而是将兴霸成王的大志寄托在了遥远的北方。

北上伐齐，在夫差看来，还应具备天时和地利。

首先看天时。此时的北方，早已不是晋国振臂一呼应者云集的年代。晋国建立的政治联盟分崩离析；齐国因为内部的权力斗争自顾不暇；宋国、鲁国等老牌诸侯国无力抗击日益强大的吴国。而且，夫差很容易就找到了伐齐的借口——齐国违背了联吴伐楚的盟约。

再来看地利。开凿了胥溪和胥浦之后，吴国对于疏浚、修建水道有了更深刻的认识。为了进一步强化在江南的统治，又疏浚了吴古故水道，从吴都向北修建了连通长江的水道，即古江南河；向南沟通钱塘江，即百尺渎。这两条河道增强了吴国对于越国的控制，也共同构成了后来江南运河的前身。

下一步，便是挖过长江了。

二

公元前486年，夫差在今天的扬州城西北一带修建邗城，在城下开凿运河，引长江绕过城东，一路向北。这条水道就是邗沟，它后来的称呼众多，比如中渎水、合渎渠、山阳渎等。

这条全长185千米的水道，实际上是人工将沿途的若干湖泊联系起来，属于借助自然河道的人工河道。比如从扬州出发，经人工河道向北到武广、陆阳二湖，再进入樊良湖，出了樊良湖之后，再经过人工河道进入射阳湖，然后再走一段人工河道，抵达末口（在今江苏淮安）入淮。这是中国历史上第一次出现南北向的人工河渠，更为重要的是，这段邗沟利用了地势上的南高北低，船只完全可以自然由南向北行进。

利用自然水系也带来了一个局限，那就是必须按照湖泊分布来设计运河走向，也导致了最初时期的邗沟需要大量的迂回来迎合天然湖泊。不过，按照当时的工程水平，能够将长江、淮河通过水路贯通起来，这本身已经是一个了不起的奇迹了。

夫差终于等到了天时和地利。但是，他却永远没有等来“人和”。

邗沟修建之后，夫差频繁北伐，大败齐军于艾陵（今山东济南莱芜），并且燃起了称霸列国的野心。公元前482年，夫差与北方诸侯在黄池（今河南封丘）会盟，却被守在背后的勾践攻了个措手不及，太子竟然都被俘虏。而会盟的结果也不如所愿，最终还是让晋国国君当了霸主，夫差只得悻悻而归。一边是争霸不成，另一边是背后受敌，再加上连年征战，国力日渐透支。最终，公元前473年，越王勾践大败夫差，夫差自杀。吴国传了二十五世的基业，就这样灭亡了。

此时，协助阖闾和夫差建立霸业、开凿运河的伍子胥，因为劝阻夫差北上伐齐不成，已经被迫自杀多时了。邗沟为吴王提供了企图称霸的舟楫之便，但无力挽回征伐战略上的重大失误。

三

尽管吴国的称霸之梦破碎，但邗沟一直延续了下来。

几百年后，由于地理条件变迁以及原有河道的淤塞，东汉末年广陵太守陈登在原有河道基础上，开辟了一条更为便捷的水路。

原来的故道，是由樊良湖出来后经博芝湖至射阳湖。樊良湖位于高邮北二十里，和白马湖中间又有津湖。陈登的方法便是从津湖“穿沟”，直接连起樊良湖和白马湖。相比从东边绕行博芝湖，这一条水道虽然要另外开凿50千米左右的人工渠道，但更为直接、便捷。

这条水道到隋朝又有了进一步变化。《隋书·文帝纪》记载，隋开皇七年（587）“于扬州开山阳渎以通运”。18年后，隋大业元年（605）“发淮南民十余万开邗沟，自山阳至扬子入江。渠广四十步，渠旁皆筑御道，树以柳”。与此前尽量连接自然水系不同，这一次人工开凿的比重大大增加。隋文帝将此前邗沟入淮水之处从末口改到了山阳，也就是今天的淮安。因此这条运河被称为山阳渎。

这次开凿的山阳渎，部分抛弃了陈登所连通的走线，改由扬州茱萸湾向东至宜陵镇，再向北至樊汉进入高邮和宝应境内的山阳河，连到射阳湖。其中扬州到宜陵镇这一段，沿用了西汉时期吴王刘濞为了运送海盐而开凿的水路。宜陵至山

（右页）大禹治水图　明　尤求　清华大学艺术博物馆藏

中国人很早就学会了如何与水打交道。对于自然河流的特征，我们的先辈不断摸索，展现出了应对水患、利用水流、开发水系的极高智慧。“大禹治水”是这一智慧在中华文明雏形时期的最好体现，这幅《大禹治水图》，便生动彰显了中国人与水的不解渊源。

春秋时期运河历史地图

阳这一段，则是将之前的邗沟运道重修而来。

这条新开凿的运河，和最早的邗沟一样，也是出于军事目的。隋文帝为了讨伐南陈，任命贺若弼为吴州（今江苏扬州一带）总管，后者献上《对陈十策》，其中一条建议是：利用邗沟旧道，把老弱残兵、残破的战船放置在这条水道上，麻痹南陈，让其误以为隋军软弱涣散，同时在邗沟东侧开新的水道，将真正的精锐部队部署于此。

隋文帝采纳了贺若弼的建议，仅用一年时间就完成了新道的开凿。随后，果然如贺若弼所说，南陈见到邗沟旧道上的破烂战船，认为北兵不足为虑，放松了警惕。到了隋开皇九年正月初一，杨坚组织52万人马，兵分八路渡江灭陈，其中贺若弼率领的一路便是从新开的山阳渎长驱直入，控制了长江，为最终灭陈立下汗马功劳。

至此，邗沟终于实现了其“最初的梦想”，见证了一位英武君主完成的天下一统。只不过，从第一铲土开始，到这个梦想的最终实现，已经足足等了一千多年。

战国至汉代的中国水运体系

从邗沟到山阳渎，其间跨越了一千年。在这期间，中国的水路交通体系也经历了不断发展的过程，内河航运水平有了质的飞跃，黄河、长江、珠江等水系都实现了通航。

战国时期的地理学著作《禹贡》曾列出了以魏国大梁（今河南开封西北）为中心的连通九州的贡道，其中大部分都依托水路，尤其是通过济水、汶水、淮河、洛河等连通黄河的水路交通网。黄河与淮河之间还通过人工渠道加以连通，比如战国时期开通的鸿沟。秦统一中国后，黄河运输更为便利。刘邦在和项羽争霸时，也正是凭借黄河"转漕关中"而保障了补给，最终得天下。汉代，黄河及其支流渭河更是关中、山东、山西等地漕粮运输的重要水道。汉朝统治者还尝试在渭河南岸开辟人工漕渠，以向长安转运关东的粮食，这条漕渠也成为隋广通渠的前身。此外，汉朝统治者还将原为自然河道的汴渠加以整浚，使黄河与泗水连通，并最终替代了鸿沟连接黄淮。

长江水运也慢慢发展起来，《禹贡》中的荆州贡道便是以长江为主。据记载，秦始皇和汉武帝都曾在长江上带着浩荡的船队巡狩。汉武帝时期，江南发生水灾，朝廷还通过长江把巴蜀地区的粮食运至江南，以赈济灾民。到了三国吴时期，建业（今江苏南京）修筑宫殿的木料，也是从上游的武昌沿长江运输而来的。另外，岷江、汉江等长江支流也在此时形成了成熟的航运模式。修建都江堰的李冰对岷江水系进行过治理和疏通；西汉时期还有过将渭河支流斜水与汉江支流褒水连通、勾连秦岭南北水路的计划。

除了黄河、长江之外，中国北部的滹沱河、石臼河、永定河等水系也具备了一定的航运条件。在南方，珠江水系为岭南经济文化的发展提供了必要基础，番禺（今广东广州）的兴起便是依靠珠江三角洲地区繁密水网而带来的便捷条件，还以此开拓了南海的交通。

谈到珠江，更应该提及的是连通长江和珠江水系的灵渠。公元前221年，在横扫六国、统一中原的进程中势不可当的秦始皇，将目光投向了更南的南方。但是，曾经所向披靡的秦军，在沟壑纵横的五岭隘口难以前行，粮食供给也难以为继。最终，负责押运粮草的一名官员，将湘江的支流海洋河和漓江的支流始安水，通过一套复杂的水利设施连通起来，将两大水系沟通，史书称"以卒凿渠而通粮道，以与越人战"，最终首次实现了中原王朝对岭南的全面统治。这条勾连两大水系的通道便是灵渠。灵渠虽然规模不大，但体系复杂，尤其是考虑到秦时期的工程水平和人工难度，能在短时间内修建完成灵渠，正是应了南宋范成大那句话："治水巧妙，莫如灵渠者。"中国实现最初的大一统，灵渠功不可没。

帝廣在位十三年

隋唐运河与炀帝功过

隋炀帝开凿大运河，虽然在当时看来是劳民伤财之举，但深远惠及后世。作为一个政治、经济中心逐渐分离的国家，用一条人工运渠将各地的漕粮、物资汇聚起来，让人和文化得以畅通无阻地交流，不仅奠定了唐宋帝国的坚实基业，更塑造了一种文化心理层面的“向心力”。

一

581年，隋朝建立。经过了三百多年的分裂，中国迎来了又一次大一统局面。如何进一步加强对全国的控制，尤其是作为北方政权的继承者，如何强化对于南方的统治，成为摆在隋文帝面前的一个难题。

隋文帝在汉代长安城东南方建设了新的都城——大兴城。但是，如何保障新都城的粮食供给成为了亟待解决的问题。隋文帝在大兴城东开凿漕渠，引入渭水，循着汉代漕渠故道向东，直至潼关入黄河，并在沿线设置一系列粮仓。这条在汉代

（左页）《历代帝王图》之隋炀帝像 唐 阎立本（摹） 美国波士顿美术博物馆藏
《历代帝王图》绘制了自汉至隋十三位帝王的画像，现存为后人摹本。根据艺术史研究，阎立本在表现帝王的形象时，通过人物的眼神、眉宇和嘴唇间流露出的神情，来刻画不同帝王的不同个性、气质，以表达对这些帝王的评价。

旧漕渠基础上开凿的新渠，继续承担着关中粮食的转运任务。隋文帝给这条漕渠起名为广通渠。隋炀帝杨广登基后，为了避讳，改名为永通渠。

隋文帝开凿的漕渠，只是隋唐大运河的一个“序曲”。605年，隋炀帝杨广即位，开始了他凿通运河、连通帝国东西南北的宏业。

历史上对于隋炀帝开通大运河的演绎很多。在不少人看来，这是一个为了贪图自我享乐而不顾百姓死活的暴君。但我们同时又无法否认，在杨广手下初具规模的大运河对后世一千多年的中国带来的积极影响。

一边是荒淫昏聩的帝王，另一边是泽被后世的功业，我们究竟应该怎样看待这样的历史，评价隋炀帝这个人呢？其实，评价历史人物，应该结合当时的社会背景，去理解其种种行动背后的逻辑。

二

我们先来看一下隋炀帝开凿的几条运河。

第一条是通济渠。杨广即位后，为了进一步确保粮食运输，除了隋文帝凿通的从潼关到长安的永通渠之外，首先下令开通连接黄河和淮河的水道，同时大兴土木兴建东都洛阳，这一条水道便起到满足洛阳物资供应的作用。史书记载，隋炀帝于大业元年（605）三月，“发河南诸郡男女百余万，开通济渠，自西苑引谷、洛水达于河，自板渚引河通于淮”。具体而言，通济渠从洛阳出发，引洛阳西苑的谷水、洛水接通黄河，顺黄河而下，再于今天河南荥阳汜水镇的板渚引出黄河水，进入汴河，流经今天的开封、商丘、宿州等地，在盱眙接通淮河。

这条长达650千米的通济渠，仅用5个月就完工了。这并不是说隋朝的劳动效率有多高，只能说明隋炀帝强制之下的行动力。在下发的诏书中，杨广明确要求通济渠必须在5个月内完成。根据历史记录，共计有100多万人被征用，服务于皇帝的雄心。

隋朝初年全国人口约为4600万，如果把老幼病残去掉，全国劳动力估计约有3000万。这样算来，当时全国每30个人中，就有一个人被征作劳役去开凿通济渠。不过，考虑到通济渠的劳役主要是集中在今天的河南省，那么再一算，可能

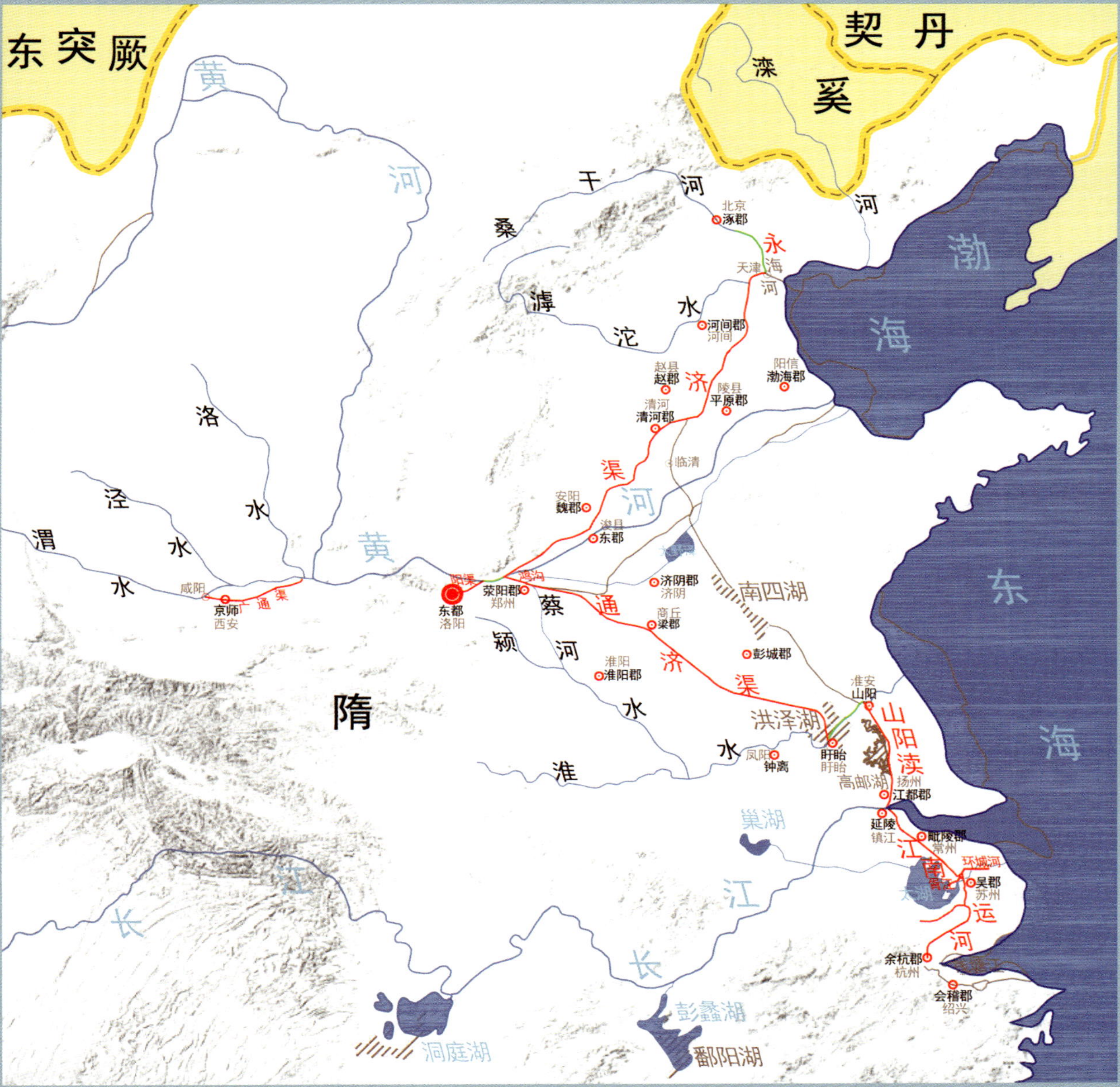

隋代运河体系

本图勾勒出了大运河最初贯通全国时的线路体系，红色线路示意了隋文帝、隋炀帝陆续开凿的永济渠、通济渠、以古邗沟为基础的山阳渎、江南运河，以及连通京师的广通渠等运河体系。暗褐色标识着后来京杭运河的走向，以及今天海岸线的位置。

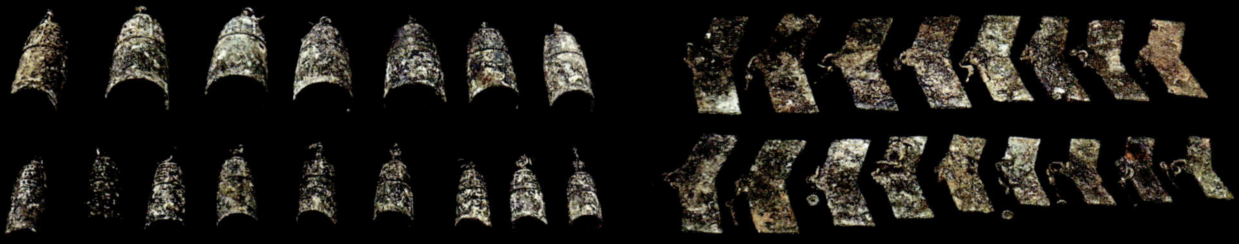

隋炀帝墓出土鎏金铜铺首、编钟

2013 年 4 月，扬州市文物考古研究所在邗江区西湖镇发现了两座残存的古墓，经考证为隋炀帝墓。这两座墓的占地面积都只有二三十平方米，远远达不到帝陵所应有的规模和气势，更不符合杨广好大喜功的个性，这主要与他的死因有关。618 年，隋炀帝巡幸扬州期间，禁卫军发动兵变，推举重臣宇文化及为首领，并缢死了杨广。墓志铭文记载墓主去世时间为“大业十四年”，即 618 年，与史实相符。隋炀帝墓葬中出土的鎏金铜铺首、鎏金铜灯、铜编钟、编磬等铜器，形制规范，装饰华丽，做工精致，见证了隋朝制铜工艺的高水准。

当时在运河沿线生活的百姓，应该是家家户户都参加了这个帝王工程。

中原百姓的悲惨遭遇，东南的老百姓也在经历。在开挖通济渠的同时，隋炀帝下令征用10余万南方民众，重新疏通山阳渎。此前隋文帝为了征战江南所疏浚的古邗沟，工程重点放在入淮河水口的治理上。由于开凿山阳渎的主要目的是平定南方，因此无论是开凿还是维护都相对匆忙粗陋，以至于后来隋炀帝时期又不得不对山阳渎进一步疏通。杨广为了全面恢复这条渠道，将进入长江的水口改到今天江苏仪征一带的扬子津，把旧河道凿宽加深。重修后的山阳渎，全长150余千米。

为了实现皇帝5个月内就能巡游江都的梦想，除了加速贯通通济渠和山阳渎之外，还有一件事很重要，那便是造船。为了这次巡游，统治者一共动用了数十万的船工，修造了各式船只数万艘。据记载，这些浩浩荡荡的船只光是出发就用了快两个月，第一艘船启程50天之后，最后一艘船才从洛阳缓缓起程。

隋大业元年八月，通济渠和山阳渎奇迹般地建成了。隋炀帝一行二三十万人，数万艘舰船，浩浩荡荡向东南进发。这是前无古人，甚至后无来者的盛大水上出行。河道两旁种植了柳树，修造了御道，御道上排列着牵引船只的挽夫。这些挽夫还有等级区分，牵皇帝“龙舟”的有1080人，叫作“殿脚”；牵皇后“翔螭舟”的有900人，叫作“殿脚女”。对这场史无前例的奢靡之行，唐朝诗人胡曾在《咏史诗·汴水》中如此感慨：

千里长河一旦开，亡隋波浪九天来。
锦帆未落干戈起，惆怅龙舟更不回。

南方百姓遭了殃，北方人也没好过到哪儿去。隋大业四年正月，为了征伐高句丽，寒冬还没有过去，隋炀帝就征用河北各地百姓百余万人开凿永济渠。疏通沁水流入黄河的河道，在沁水下游左岸开凿人工河道，沟通清水（卫河），北至白沟，通达涿郡，将今天的河南、山东、河北、天津、北京等地以水贯通。永济渠长达1000余千米，开凿过程历时3年，寒暑不分，百姓死伤无数。

> 从隋大业元年开始，杨广仅用六年时间，依次完成了通济渠、山阳渎、永济渠、江南河四条水道的开凿，实现了大运河历史上的首次全线贯通。

隋大业六年，为了平定余杭地区的反叛势力，隋炀帝又下令疏浚开凿江南河，从京口（今江苏镇江）向南绕太湖之东到达今天的杭州，全长400千米。这条江南河基础较好，江南地区水网繁密，在此前旧河道上整理疏浚即成。

仅仅用了六年时间，隋炀帝就完成了四条主要水道的开凿，永济、通济、山阳、江南四条漕渠将统一帝国的东西南北串联成了一个整体，联结了国家政治、经济、文化最核心的关中、中原、河北、江淮、江南等地区，沟通了海河、黄河、淮河、长江、钱塘江五大水系。

这一宏大的运河体系，自此成为隋唐宋三代维持政治稳定、经济繁荣、社会文化交流的水路干线。可以说，如果没有隋唐大运河，今天中国的面貌将截然不同。

三

让我们回到那个问题：隋炀帝真的只是因为贪图个人享乐才开凿运河吗？应该怎样评价隋炀帝这个人，看待他的是非功过？

首先，我们必须承认，这是一条付出了大量百姓心血、劳力甚至生命的运河。在短时间内修建起如此规模的水道体系，不得不说是一个奇迹。但是，在科技并不发达的古代，在当时生产力水平很低的经济条件下，创造这个“奇迹”对于大隋王朝而言，却是致命的。

诚然，隋炀帝所做的每一件大事，包括建造东都、开凿运河、巡狩淮南，都是加强国家统治的措施。但所有行动集中在数年内完成，对于刚刚统一的国家和百废待兴的民生而言，未免操之过急，表现出个人的好大喜功。由此，杨家“大业”的迅速崩盘，也就不足为怪了。

不过，我们也要看到，隋炀帝开凿运河并不只是贪图玩乐的一时兴起，在经济需要之外，更是有着国家统一的考量。

来看一下杨广当时面临的处境。隋朝本是北朝北周政权的延续，在优雅的南方看来，虽然北周武力胜出，但有一种说法是“朝贵多武人”。南方遗民，尤其是文人墨客，普遍低看北方政权。对隋炀帝而言，要实现对南方的真正统治，必须在礼仪和文化上获得更高的尊严和尊重。于是，利用古代帝王的“巡狩”传统巡幸江南，成为他彰显帝王威严、确立震慑力的一种手段。

在这样的背景下，隋炀帝在巡幸江南之时做了几件事情。第一是带上了已经年老的陈后主遗孀沈婺华，用以笼络南方遗民的感情；第二是宣布江淮以南地区免除若干年的租赋，以求彰显皇恩浩荡；第三是命人制造华丽的羽仪衣冠，表现北方帝王在文化礼仪上的魅力；第四是广泛接触南方的士族以及宗教人士，拉拢当地意见领袖。

从登基那一刻起，隋炀帝就已经设计好了这一系列的蓝图。作为想要做出一番事业的帝王，他对于江山一统、宏图霸业的追求是显而易见的，对于大运河能够带来的政治回报，也有着清晰的认识。

虽然没有亲眼看到运河缔造的盛世，但隋炀帝所开凿的大运河，甚至比其当年设想的宏图霸业有着更深远的影响。此后的两百多年间，这条运河一直是唐宋两代的大动脉，关乎着国家的兴衰。当我们回顾历史，会发现每当运河畅通时，国家的东西南北得到稳固的联系，国运便会兴旺；相反，当运河受到阻碍时，国家就会面临分裂和衰败的命运。

唐宋两代受运河恩泽深重，因此对隋炀帝的评价也逐渐有了变化。宋代卢襄承认，“盖有害于一时，而利于千百载之下者。天以隋为我宋王业之资也”。即使在距离隋代更近的唐代，对运河和隋炀帝的评价也有客观的声音。比如皮日休就曾说，大运河“在隋之民不胜其害也，在唐之民不胜其利也”。他在《汴河怀古》中，甚至直接夸赞起杨广来：

> 尽道隋亡为此河，至今千里赖通波。
> 若无水殿龙舟事，共禹论功不较多。

在他看来，如果不是“水殿龙舟”这种奢靡的行径，单就开凿运河而言，隋炀帝的功绩并不在大禹之下。

因此，尽管隋代国祚短薄，但后世的唐宋两代都要感激隋炀帝的贡献。在一个政治、经济中心逐渐分离的中国，用一条人工运渠将各地的漕粮、物资汇聚起来，让人和文化得以畅通无阻地交流，不仅奠定了唐宋帝国的坚实基业，更塑造了一种文化心理层面的“向心力”。

广通渠与唐代两京

有唐一代，都城长安始终面临粮食安全问题，通过沟通长安和洛阳的广通渠，皇帝的粮食问题得到了一定缓解。关中对江南粮食的依赖程度不断增加，也体现出全国经济中心不断南移的大势。

唐天宝三载（744）的一天，长安城热闹非凡。帝都的老百姓聚集在长乐坡的望春楼一带，竞相眺望眼前停泊的一艘艘船只。按理说，作为当时全世界数一数二大都市的居民，长安人都是见多识广，各种新奇场景都见怪不怪才是。不过，这一次的盛景却彻底征服了他们。史书记载的原文是“观者山积……人人骇视”。

船，谁都见过；很多的船，也不为怪。但是，三百只船齐聚在长安城中，每只船都来自全国不同的郡，悬挂着每个郡的名字，还装载着各地不同的特产，可没有人能够抵挡这样的视觉冲击。

唯一有可能淡定的人也只能是大唐的皇帝。但是，恰恰最兴奋的就是那个在楼阁上目睹一切的李隆基。看着眼前这一盛况，他心中大悦，当即将面前这片水潭赐名——广运潭。

（左页）唐玄宗封禅图

山西晋城仙翁庙壁画。唐玄宗封禅是自洛阳出发，经荥阳、滑州、濮州、济州、齐州等地，最终抵达泰山所在地兖州。回程时经过曹州、宋州、汴州等地。虽然以陆路为主，但途经线路与运河路线也多有重合。

为什么各地船只聚集在首都，能够令一代帝王如此激动？这个故事，还需要回溯到汉朝。

一

西汉定都长安后，都城所需要的漕粮主要通过黄河转道渭水运输。但是，作为自然河道，渭水不仅泥沙多，河道弯曲，而且受季节影响很大。于是汉武帝时期重新开凿了一条从黄河到长安的漕渠，名为关中漕渠。相比渭水，这条新的人工河道只有150余千米，但不再弯弯曲曲，还可以通行大船，粮食运输效率大幅提高。

时间匆匆，转眼到了隋朝。隋文帝杨坚定都长安后，重新疏浚了关中漕渠，起名广通渠，后来因为避讳杨广，改名叫永通渠。虽然这条新疏浚的水道起到了一定作用，但由于开通比较仓促，而且渭水泥沙过多，加之多年没有疏浚，到了唐朝初年便已经淤塞到无法通行。

至唐朝李渊、李世民时期，对于这条连接黄河和长安的漕渠的需求并不高。天下百废待兴，长安城的粮食问题还不明显。况且，每每王朝初兴之时，帝王们大都比较节俭。尤其是唐朝初年吸取了隋炀帝短时间内大兴土木、民不聊生导致亡国的教训，并没有大规模开凿漕渠。

从唐高宗之后，长安的官府组织扩充，城市不断扩张，鼎盛时期推测人口有100万之多。再加上关中驻兵增多，皇室奢靡之风渐起，对于粮食的需求自然也就水涨船高起来。

但是，一直以来关中的粮食依靠的都是陆运，从东边运来的粮车都要经过崤函的山道，非常艰难。可以说，当时帝都长安面临的主要矛盾，是人们日益增长的吃饭需求与落后的交通运力之间的矛盾。

这个矛盾为什么会如此难解决呢？我们还需要看一下当地的自然地理条件。

扬州铜镜 唐 扬州博物馆藏

“潭里车船闹，扬州铜器多。”韦坚在长安城的长乐坡苑墙外开凿广运潭，全国各地的舟船在长安城中聚拢，这一场景也成为唐代运河历史上最绚丽的记忆。扬州为唐时铸镜的重要产区，以唐开元、天宝时最繁荣。

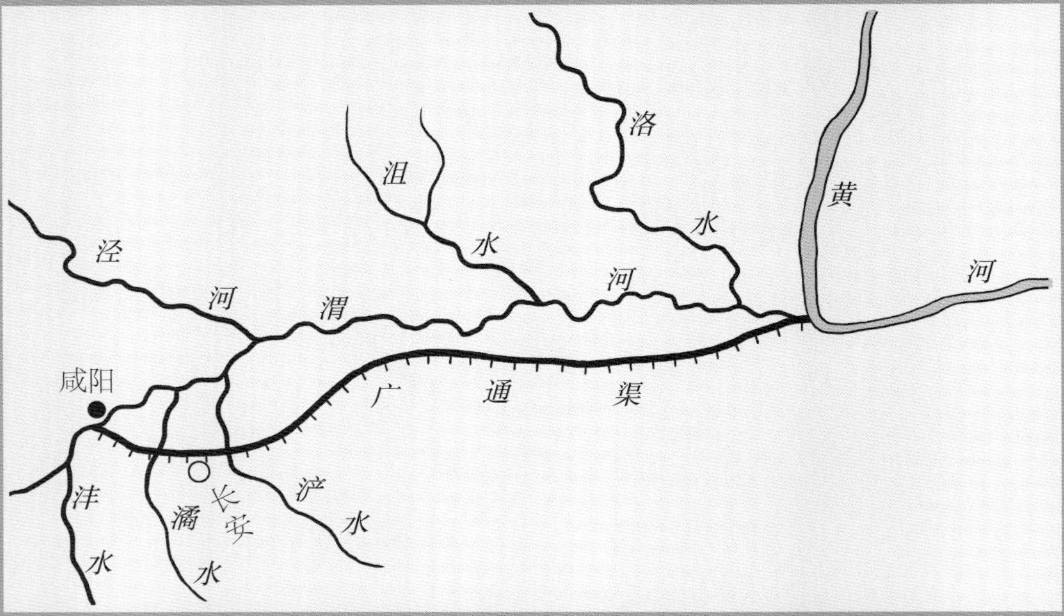

广通渠示意图

从洛阳出发到长安，主要经过三段地理区域：洛阳到陕州，陕州到潼关，潼关到长安。

自洛阳以西至陕州，可以通过黄河贯通。由于南北两岸受中条山脉和崤山山脉的约束，这一段黄河河身处在峡谷之中。河床被屹立在河中心的两个大石岛分成三股，形似三座大门，故称为三门峡。这里河道狭窄，水流湍急，布满暗礁，稍微不小心就可能船毁人亡。唐高宗时期，曾派将作大匠杨务廉在三门山开凿栈道，由当地百姓当挽夫，站在狭窄的栈道上，把绳索一头捆于胸，一头牵着漕船，双手抓着崖壁上的把手，把船只拉过三门峡。绳索容易断，无数挽夫坠河而死，当地百姓恨得咬牙切齿，大骂杨务廉“妖人”。当时皇帝相信重赏之下必有勇夫，下令如果谁能够从洛阳出发，走黄河经过这片惊险水域，还能安全将粮食运到长安，就可以免其征戍。

因此，人们一般都选择从今河南孟津开始陆运，通过崤、函山路之后抵达陕州，再进入黄河转水运。这样至少从陕州到潼关一段黄河运输还算安全。但是从潼关再往西又遇到了问题。秦岭和渭水之间是一个堑断地带，高度悬殊，平原狭窄，坡度很陡。从秦岭流下来注入渭河的支河流短湍急，到了夏天遇上大雨，秦岭冲刷下来的泥沙都会淤积在渭河之内。所以这一段和三门峡之前那一段的情况完全相反，不是水流湍急，而是泥沙淤积。但造成的结果却一模一样，都是无法行舟。

说一千道一万，就算是勇夫再多，也无法解决都城的吃饭问题。因此，经常会发生皇帝带着文武百官到东都洛阳“就食”的情形——既然粮食运不过去，只好人向东过来吃粮了。

到了唐玄宗时期，情况越发恶劣。据统计，李隆基最初在位的20年时间里，一共在洛阳度过了9年，朝廷在长安到洛阳之间往复迁徙不下10次。历史上把这样的帝君称为“逐粮天子”。

因此，李隆基下定决心，解决长安的粮食供应问题。

他任命的开河大臣是长安令韦坚。韦坚是名门子弟，父亲曾任兖州刺史，姐姐是唐玄宗弟弟李业的妃子，妹妹是后来唐肃宗李亨的妃子。韦坚才能卓越，又是本地出身，熟悉长安城周边的地形地貌。选中韦坚，说明唐玄宗格外看重疏通漕渠工程。

由于漕粮运输困难，唐朝皇帝常常从长安到东都洛阳就食，史称“逐粮天子”。

韦坚也没有让皇帝失望。他以汉代、隋代的漕渠为基础，主要沿着隋代的广通渠故道疏浚。更重要的是，韦坚在长安城的长乐坡苑墙外开凿了广运潭。这样，来自全国各地的舟船都可以在长安城中聚拢。

这才有了开篇那声势浩大的一幕。除了几百艘船聚集在此，韦坚还在广运潭两岸安排了盛大歌舞，唱着专门为这一幕创作的诗歌：“得宝弘农野，弘农得宝耶！潭里船车闹，扬州铜器多。三郎当殿坐，看唱得宝歌。”李隆基是唐睿宗的第三个儿子，人称“三郎”。老百姓的声声欢唱，真唱到了三郎心里。

通过江淮运来的粮食和布帛，抵达关中之后又有一部分运往西北地区的军事前线。我们可以通过考古发现回溯当年的盛景。英国探险家斯坦因在1915年发掘了今天新疆吐鲁番哈拉和卓附近阿斯塔纳的坟墓，其中出土了来自婺州（今浙江金华）的税布。

至此，大运河构成的全国水运网络，才真正算是连到了国都，将长安和洛阳以及日渐富庶的江淮地区沟通在了一起，让大唐帝国缔结为了一个坚固完整的整体。

三

虽然把粮食运到长安的过程非常曲折，但唐朝的皇帝们不用花费大量精力去开凿新的运河。唐代运河体系有赖于隋代打好的坚实基础。唐朝能够延续两百多年，历经贞观之治、开元盛世，也都得益于这条前朝开凿出来的运河。

有唐一代的运河治理，基本都是对隋代运河的疏浚和补缀。隋代的通济渠在唐代称为汴渠，直接连到淮河，通往富庶的江淮地区，是关乎全国政治安定的命脉。幸运的是，唐朝皇帝根本不用再征用大量夫役开凿，只需要不时疏浚维护即可。

如果说隋炀帝开凿运河贯穿淮南是为了加强对南方地区的统治，那么唐朝勉力维系这条运河的贯通，则体现出对这一地区大大增加的依赖感。唐朝前期，主要农业区域依旧位于河北、河南地区，中期之后，江淮一带在国家农业生产中的地位逐步上升。漕运体系的重心也随即不断从北向东、向南转移。淮南、江南经济的发展，导致东南方向漕粮比重逐步增加。位于西北的政治中心，越发依赖东南方向的经济中心。

因此，通往淮南的汴渠渐渐成了维护国家命脉最重要的环节。正如皮日休所说，“东南四十三州地，取尽脂膏是此河”，汴渠就是唐王朝的生命线。每当战乱之时，皇帝最为关切的事情，恐怕便是汴河的控制权。唐中后期，围绕汴河的争夺俨然成为这一段历史的焦点，我们会在下一节里专门讲述。

山西栈道题记

晋陕之间的黄河漕运

以长安、洛阳为中心的政权，其物资转运自然离不开黄河。但黄河出了晋陕峡谷后地势开阔，经常摆动，迁徙不定，对渭河、洛河等支流产生了影响；在上游则受晋陕峡谷的约束，水流湍急，很难航行。因此，山西、陕西、河南三省交汇处的黄河航运一向是治水者的心头病。但是，京畿地区需要的大量资源，又不得不解决黄河航运问题。山西的粮食、木材在当时都是支撑国都的重要物资。太原一带的粮食从黄河东岸征集、装船，沿黄河南下至渭河口，再进而运至长安。位于吕梁山区的岚州（今山西岚县）一带是木材产地，开元年间长安城建设所需木材，便由此顺黄河南下漂流至渭河口，再溯流而上进京。

在今天，晋陕之间的黄河峡谷两岸，还保留有大量的古人在黄河沿岸石崖上开凿出来的栈道遗迹，除了各种壁孔和纤绳痕迹外，在山西运城垣曲县五福涧村第三段栈道上，还发现了东汉建武十一年（35）的栈道题记。

汴渠与藩镇割据

勾连淮河与黄河水系的汴渠，在隋唐大运河体系中地理位置居中，政治意义最大。对汴渠的疏浚、管理、争夺贯穿唐代始终，谁掌握了汴渠，谁就把握了国家的命脉。

唐兴元元年（784）八月的一天，蔡州（今河南汝南）城内，已经76岁的颜真卿跪拜在地，听面前的宦官宣布了将其赐死的“诏书”。颜真卿很平静地说，老臣没有完成陛下的任务，罪当死。起身之后，他问这名宦官：“使者是哪一天从长安来的？”宦官说：“自大梁来，非长安也。”

听到大梁二字，颜真卿勃然大怒，痛骂道：“原来是叛贼，何敢称诏！”一代名臣、大书法家就这样在悲愤中为国捐躯。

大梁在当时也称作汴州，即是今天的开封。当年，淮西节度使李希烈拥兵自重，攻占了汴州之后自立为帝，国号为“楚”。这也是为什么颜真卿一听使者来自大梁，就断定是叛贼的缘故。

颜真卿的以身殉国，同样也揭示了唐朝一个贯穿始终的主题——对以汴渠为代表的大运河控制权的争夺，以及运河之争所体现的政治地理变局。

（左页）明皇幸蜀图 唐 李昭道 台北“故宫博物院”藏
安史之乱中，安禄山攻破潼关，唐玄宗被迫西逃。在画家笔下，避难入蜀被粉饰为出游行乐。

一

安史之乱后，大唐疆土实际上已经四分五裂，各地节度使权力极大，对中央造成很大困扰。朝廷采取的策略是以节度使来制衡节度使，这种拆东墙补西墙的做法，导致大运河这一供给线周边出现众多藩镇，皇帝成了节度使们的傀儡。

其中，淮西无论是地理还是政治地位都至关重要。淮西全称为淮南西道，控扼连接江淮和东都洛阳之间的关键地区。自立为王的李希烈本是淮西节度使，而且还是被派去剿灭叛军的将领。唐建中二年（781），成德、魏博、淄青、山南东道四镇起兵反叛，李希烈奉命讨伐山南东道。征讨淄青的李纳时，李希烈决定与李纳勾结反水，随后攻入汴州。颜真卿本是去劝降李希烈的，反倒被后者关押起来，最终牺牲。

李希烈之所以有胆量对抗朝廷，一方面是拥兵自重，另一方面则是因为他当时控制着汴渠。勾连淮河与黄河水系的汴渠，是隋唐大运河体系中地理位置居中、政治意义最大的一条。可以说，控制了淮西就控制了汴渠，控制了汴渠，就俨然掌握着皇帝的饭碗和命脉。在李希烈控制汴渠、截断漕运的两年中，关中人始终处于饥饿状态。

在隋代运河的基础上，唐朝并不需要再大规模开凿运河，而是延续使用和享有运河带来的丰厚遗产即可。唐朝前期实行旷年长运的漕运制度，即从粮食产地到终点，由同一批人、一组船完成全线运输。唐玄宗时期开始实行节级转运法，即不同河段用不同船只运输，在运河节点设置粮仓用于储藏和转运，大大提升运输效率。唐中后期，割据的藩镇时常占据运河要冲，使漕粮难以顺利转运，中央政权的统治力被严重削弱，乃至皇帝都要面临粮食危机。

二

漕粮在复杂的运河体系中运输，如何保证安全与效率，始终是唐代漕运管理者面临的一大挑战。

唐玄宗之前，江南的粮食是直接运到洛阳的，即“旷年长运”——从粮食产地出发，最终抵达洛阳甚至长安，始终由同一批人、一组船完成。

这样的方式带来的问题是效率太低。比如每年春天，江淮一带的粮船从扬州出发时，遇到水浅情

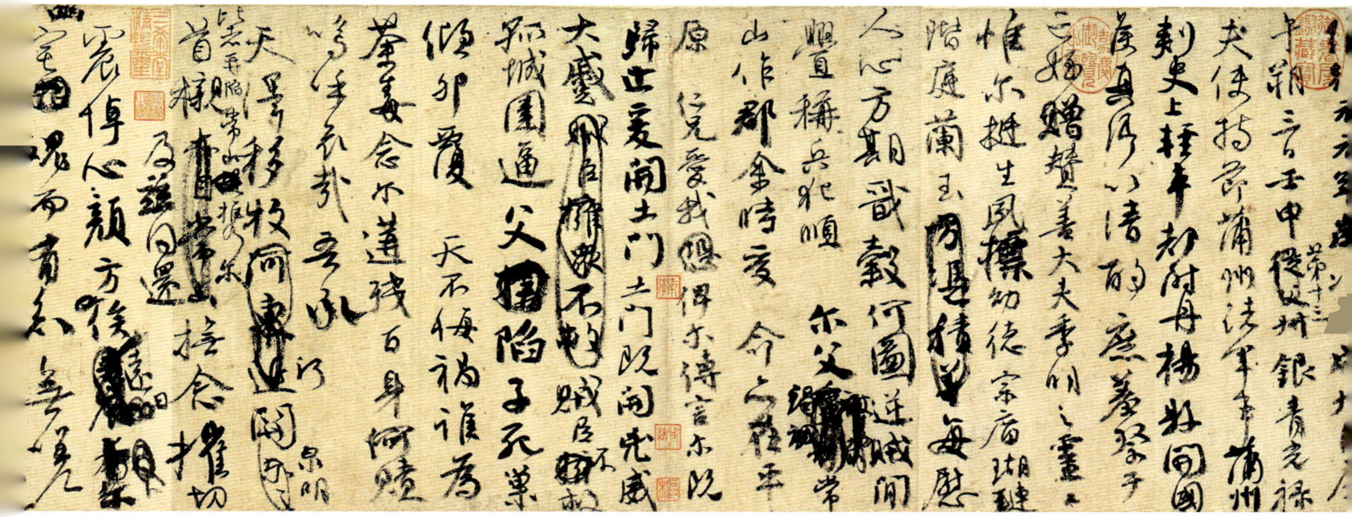

祭侄文　唐　颜真卿　台北“故宫博物院”藏

安史之乱开始后，河北24郡纷纷瓦解，仅颜真卿堂兄颜杲卿及其子颜季明守常山郡（今河北正定），颜真卿守平原郡（今山东陵县）。唐天宝十五载（756），安禄山围攻常山，颜杲卿父子坚守不屈，最终颜季明被杀，颜杲卿被押至洛阳后拒不投降也被处死。唐乾元元年（758），颜真卿命人至河北寻得颜季明头颅，挥泪写下《祭侄文》。

况就要停留。到黄河口的时候已是六七月份，赶上黄河汛期，又需要等待。渡过黄河进入洛阳一带，如果再赶上河道狭窄、交通堵塞，还得继续停滞。船上的水手也要不停消耗粮食。更关键的是，南方的船民不适应北方水系，如果还要经过洛阳到长安这一段艰难的水路，稍不留神甚至会命丧途中。

到了唐开元十八年（730），宣州刺史裴耀卿向唐玄宗建议改进这种低效的漕运。他提出的方法是改“旷年长运”为“节级转运”，即不同河段用不同的船只运输，运完即返。同时在运河的重要节点增设粮仓，将运达节点的粮食在仓内储藏，等待下一段落的船只再向前运送。

汴渠与黄河交汇处的河阴仓便是其中一个重要的节点粮仓。江淮来的运船，到了河阴仓将漕粮纳入仓内即返回。贮在河阴仓内的漕粮待黄河水稍落后，由官方另组织运船再向洛阳和关中运送。这项改革大大提高了漕粮运输效率，三年内，七百万石粮食运至关中。

盛唐的繁荣被安史之乱打破，一个直接的后果就是漕运受阻。洛阳失陷后，

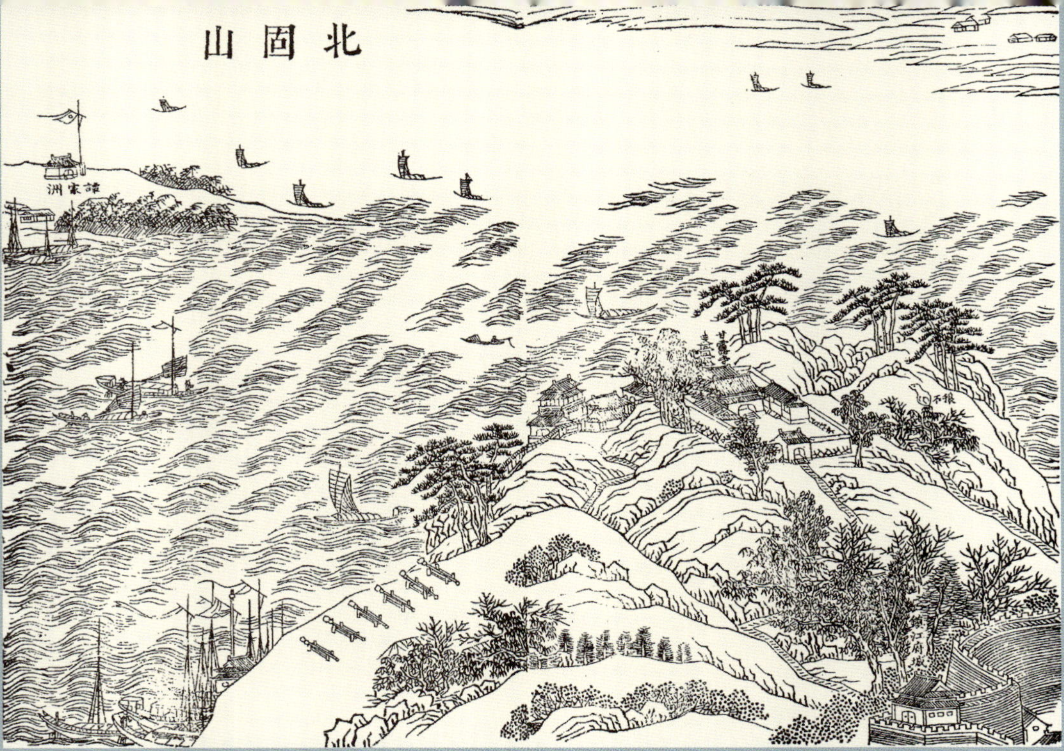

天下名山图之北固山
在今江苏镇江北，与金山、焦山并称京口三山。京口（今江苏镇江）是唐朝漕粮运输的重要节点。

江南的粮食无法运到长安。因此，安史之乱平定以后，唐王朝第一件事就是恢复汴渠的漕运。

唐宝应二年（763），转运使刘晏上任后的第一步便是疏浚汴渠河道，黄河和淮河之间的运输得以恢复。另外，他在裴耀卿分段运输法的基础上再度进行完善。裴耀卿的做法是江南各地的粮食一次性从产地运到河阴仓，而刘晏的做法是将扬州作为中转地。江南各地漕粮自本州先运至扬州集中，再由官府组织漕船循汴河运往河阴。

另外，刘晏“各随便宜造运船，教漕卒”，即不同河段的船只按照各自的自然地理条件建造，且船工对河段更为熟悉，确保安全。这样，长江的船只需要抵达扬州即可，后面的运输都由官府包揽，汴渠船只到河阴，黄河船只到渭河口，渭水船只到长安。同时继续完善沿线仓储的设置，保证存储和转运的效率。历史记载“岁转粟百一十万石”。不过，相较于裴耀卿时期三年大约七百万石的运输量，大唐的漕运无论如何也难以重现当年的盛景了。

刘晏这次漕运体系的改革，对维系政权而言还是起到了至关重要的作用。唐代宗极为看重他的才能，据说在第一船漕粮到达长安时，皇帝欣喜万分，专门组织乐队到渭桥迎接，盛赞刘晏：你真是我的萧何啊！

然而，唐代宗的儿子唐德宗一即位，就把他父亲的这个“萧何”给赐死了。唐建中元年七月，宰相杨炎为了陷害与自己不睦的刘晏，无中生有罗织了后者想要反叛的罪状。唐德宗不假思索就下诏赐死了65岁的刘晏。

中国古代的治水能臣，命运结局好坏不一。直接被皇帝冤枉处死的刘晏，可算凄惨至极了。从这点上也能看出唐德宗用人识人的昏庸。

不知昏聩的唐德宗后来在长安城里忍饥挨饿的时候，是否有所后悔呢？

三

唐建中四年，发生了一起震动朝野的兵变。由于这支部队来自甘肃泾原，这起事件史称“泾原兵变”。

兵变不久即被平息，但围绕这次兵变而发生的一系列事件，让我们再一次看到了大运河之于唐朝统治的重要性，更能够了解到中国经济重心南移这一不可逆转的趋势。

泾原兵变发生时，远在江淮的镇海军节度使韩滉听闻消息，立刻封锁关口、桥梁，修建石头城，加强防备。守卫自己阵地的同时，韩滉还支援汴渠上的宁陵城（今河南商丘），与李希烈正面交锋并将其击溃。此时，韩滉实际上控制了江淮财赋的源头。

> 泾原兵变
> 唐德宗征召来自泾原的部队赴淮西平叛。这支部队途经长安时，由于前来犒赏的京兆尹王翃只提供粗茶淡饭，引发强烈不满，直接导致兵变。长安城被攻陷，唐德宗也急忙逃到了今陕西乾县的奉天。

为什么江淮对大唐变得如此重要？中唐之后，北方由于战乱、藩镇割据等原因，生产力大不如前，藩镇也不再向朝廷贡赋，逐步兴起的江淮成为军国大计之所系。除了粮食之外，南方的军用器材和布帛也格外重要，布帛曾被朝廷用来与北方游牧政权交换马匹。

从江淮往长安运送漕粮，沿线最重要的一个节点是京口。京口即今天的镇江，就是韩滉所控制的江淮之要冲。对于远在长安的皇帝而言，不仅要运河畅通，还要江淮安定。

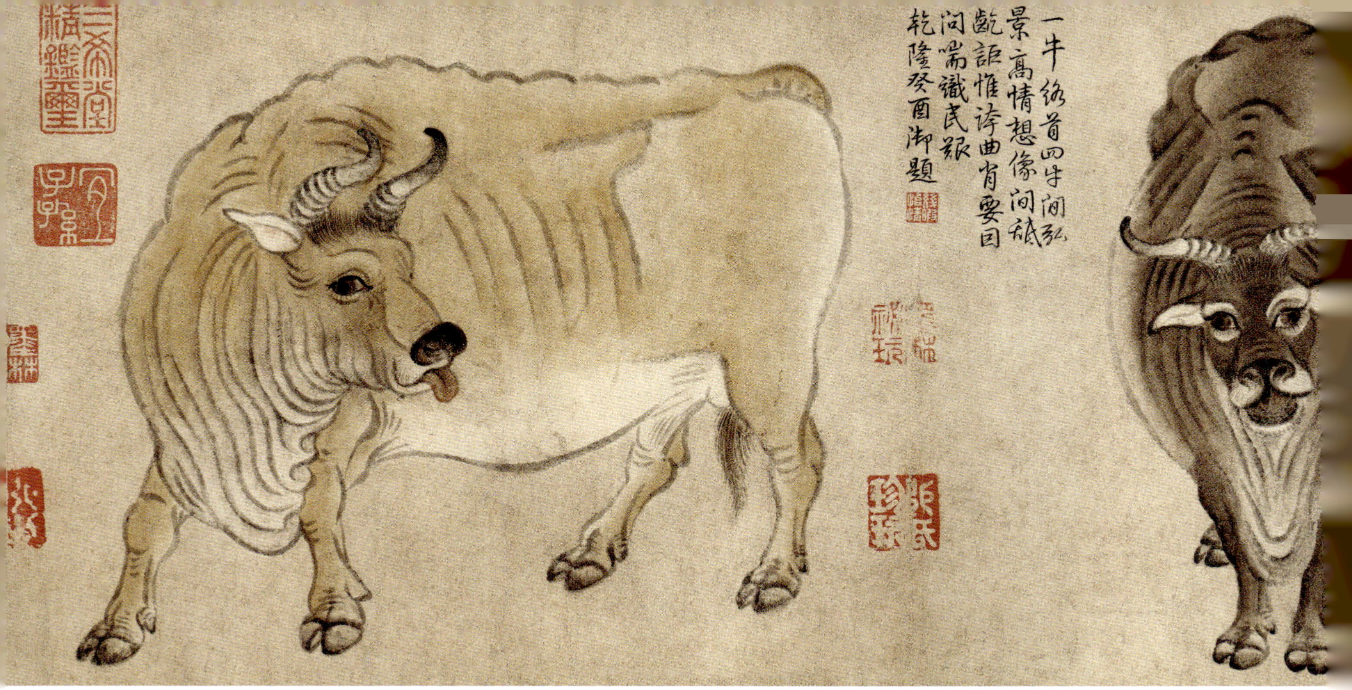

五牛图 唐 韩滉 故宫博物院藏

幸好韩滉是一个忠诚的人。就在李希烈叛乱被平定的唐贞元二年（786），汴渠终于再一次畅通，韩滉立刻指示向关中发粮。当时，关中粮食已经吃光，就连皇帝身边的禁军也饥肠辘辘了，军中有人摘下头巾大喊：“拘吾于军而不给粮，吾罪人也！”

这时，传来了韩滉三万斛米已到陕州的消息，唐德宗激动地对太子说：“米已至陕，吾父子得生矣！”

唐德宗是幸运的，因为就在不久之前，他还听信谗言，怀疑韩滉在泾原兵变期间修筑石头城是怀有异心。杀了刘晏、间接害死颜真卿、怀疑韩滉，唐德宗对待功臣的态度，也注定了他这一生都过不上踏实日子。从唐贞元八年到十五年，汴州又陆陆续续爆发了五次兵变。

805年，在汴渠上和自己的节度使们纠缠一生的唐德宗驾崩。第二年，一位名叫白居易的后生来到长安，拜访文学前辈顾况。顾况拿白居易的名字开玩笑说：“长安米贵，居大不易。”想一想刚刚驾崩的德宗，什么叫“长安米贵”，也就不难理解了。

四

正是因为对汴渠和汴州的看重，唐朝后期不断在这里增兵防卫，加强当地藩镇力量，以制衡周围的藩镇。因此，到了晚唐时期，无论是交通便利程度，还是城市发展水平，汴州已然成为全国的中心。至于经常吃不饱饭的长安和洛阳，便渐渐告别历史的聚光灯了。中国的历史，大运河的历史，从长安—洛阳时代进入了开封—杭州时代。大运河也在百年间见证了古代中国政治地理的巨变。

唐贞元三年，也就是运送粮食救了皇帝的第二年，韩滉在长安病逝，享年65岁。后人记住韩滉这个名字，恐怕大都是因为他还是一位著名画家，为我们留下了旷古奇作《五牛图》。与同时代的艺术大师颜真卿、治漕名臣刘晏相比，韩滉有了一个还算体面的结局。

陈寅恪先生在《唐代政治史述论稿》中，对于大运河和唐朝兴衰的关系，尤其是安史之乱、藩镇割据之后的历史，作了精辟的论述：“唐代自安史乱后，长安政权之得以继续维持，除文化势力外，仅恃东南八道财富之供给，至黄巢之乱既将此东南区域之经济几全加破坏，复断绝汴路运河之交通，而奉长安文化为中心仰东南之财赋以存立之政治集团，遂不得不土崩瓦解，大唐帝国之形式及实质，均于是告终矣。”

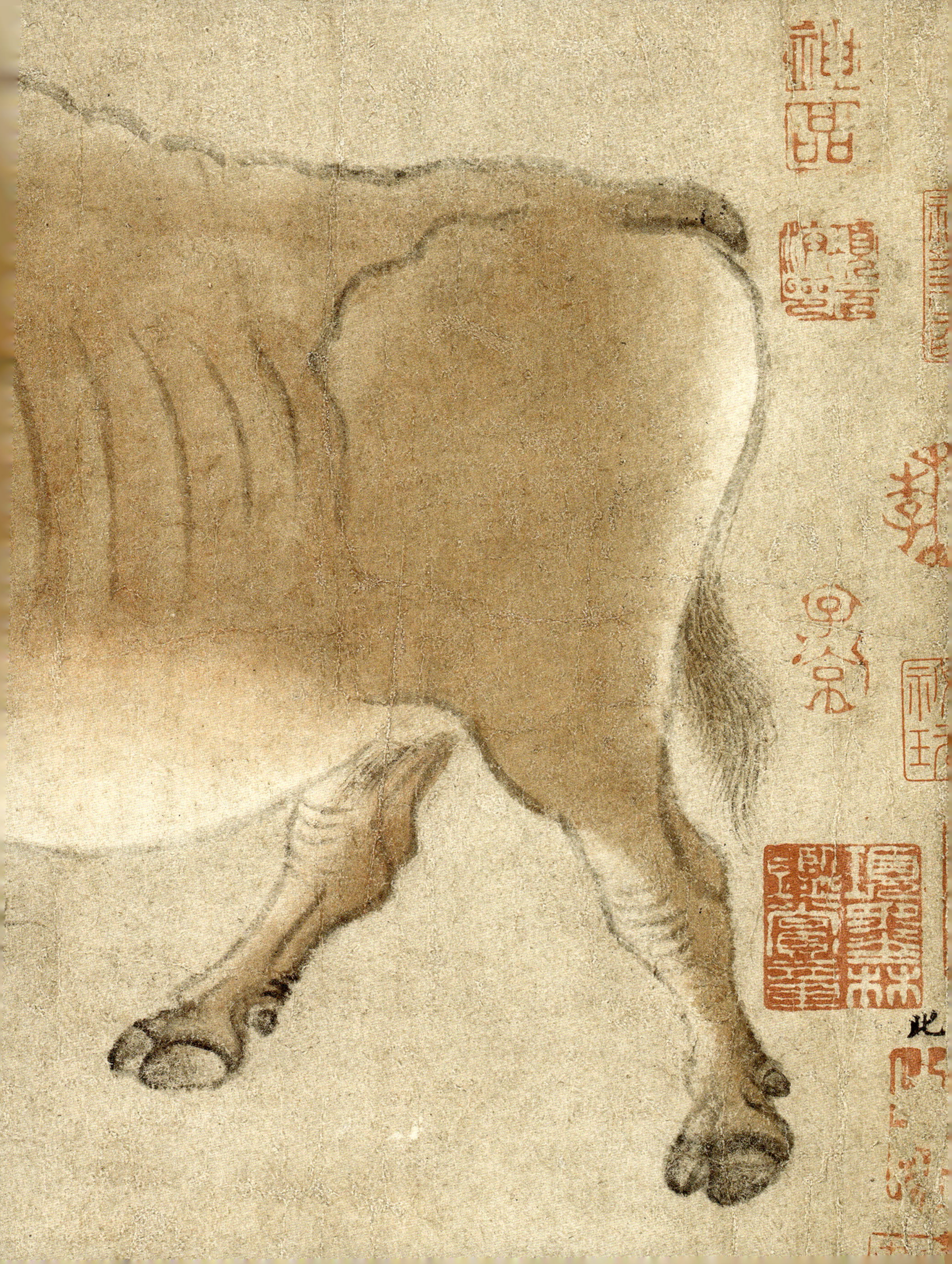

"清明上河"与市舶之利

以汴河为代表的繁茂水网体系，塑造了《清明上河图》中热闹的开封城。

这是流传千年的巨幅画卷。一千年前的一个春天，刚刚清理过淤泥的汴河注入清澈的水流，重新开放。清明时节，河上百舸争流，已经期待了一个冬天的人们借着春意纷纷出行。在城市郊区的虹桥两岸，开封城的老少妇孺们穿上新衣，品尝美食，游春、购物、听书、看曲……经过一百多年的和平发展，大宋的经济社会文化达到了顶峰。这幅《清明上河图》，描绘的就是这样一个充满活力的美好时代。

在这幅宽24.8厘米、长528.7厘米的绢画中，张择端用极其细致的笔触、优美的构图，描绘了一幅精妙绝伦的人文和社会图景。画面中有绅士、官吏、仆役、贩夫、走卒、说书艺人、看命先生、妇女、僧人、儿童，甚至乞丐，多达500余人物；还有牲畜、房屋、店铺、船艇、车舆、轿子，以及河道、桥梁、林木、山水。其中汴河及两岸的场景，足足占了整幅画卷的三分之一，是运河赋予了画卷中的美好生活。

（左页、下页）清明上河图
该图用散点透视构图法，生动记录了北宋都城东京的城市面貌和当时社会各阶层人民的生活状况，更描绘了在汴河滋养下繁荣的城市景象。

一

开封成为帝国之都，是政治家的选择，也是运河的选择。

上文说到，唐中期之后，汴州已经超越了洛阳和长安，成为国家最重要的经济要冲。来自江南的漕粮赋税通过汴河之利汇聚在此，霸据汴州的节度使因此势力迅速壮大，进而将此地培育成了政治中心，能够和长安与洛阳匹敌。

赵匡胤建立北宋后，为了避免唐末五代期间的藩镇之祸，实施中央集权，屯兵于中央。大量的驻军自然需要巨额漕粮，这要求都城必须位于运河之上。加上五代战乱之后，洛阳已经残破不堪，定都开封便成为不二之选。

定都开封的最大好处便是水网密集、交通便捷。此前，后周世宗柴荣先后三次疏浚汴河，为北宋设置以汴河为主的航运体系打下了基础。北宋定都开封之后，围绕开封修浚的四条运河——汴河、惠民河、金水河与广济河被称为“漕运四渠”。后三条运河相对而言漕运量较小，真正起到关键作用的，还是隋唐通济渠延续下来的汴河。东南来的漕粮都要从汴河运抵开封，朝廷专门设置了“发运司”管理运河的物资转运。每年六百万石粮食从东南发来，可以保证开封六七十万人一年的口粮。

汴河之上常年流转的除了漕粮之外，还有币帛、茶、盐、泉货、金、铜、铅、银、羽毛、胶、漆等货物。有交通，有货物，自然就有商人来往聚集，也就有了繁华的市镇。汴河运载着来来往往的客商和旅人，沿线的城镇因此而兴旺，餐饮、住宿、仓储、贸易乃至娱乐休闲业应运而生。

宋代开始，因商贸经济不断发展而诞生的新兴城市开始涌现。北宋熙宁五年（1072），日本僧人成寻在中国游历，从淮河边的泗州城出发，沿着汴河前往开封，将其在中国的诸多细节都写到日记里。在这部名为《参天台五台山记》的日记里，他写下的“大桥上并店家灯炉火千万也，伎乐之声遥闻之”，记录了沿河见到的市镇繁华景象。

运河城市里的达官贵人乃至平民百姓，也因运河之便不断提升着生活品位。当时流行饮茶，产自福建的茶叶通过运河送到饮茶者身边。文人雅士们用磨好的茶末冲泡抹茶，比较谁的技术更高，便是当时流行的“斗茶”。这种抹茶传到日

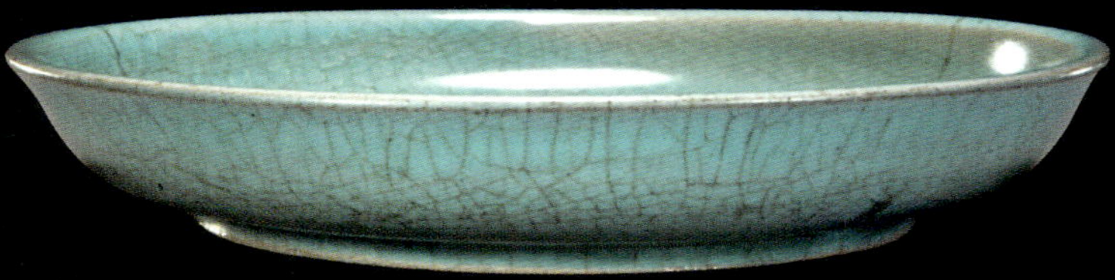

汝窑天青釉刻“寿成殿皇后阁”铭盘 宋 故宫博物院藏

建窑黑釉兔毫盏 宋 故宫博物院藏

定窑白釉刻“徐六师记”铭皮囊壶 宋 故宫博物院藏

本之后，到今天成了日本的茶道文化。

同样传到海外的还有瓷器。五大名窑的产品都需要通过运河转运。开封官窑、越州哥窑就设在运河沿岸，定州定窑、汝州汝窑、禹州钧窑的产品，也都要通过运河运往杭州、明州（今浙江宁波）等地，然后销往海外。和其他货物相比，瓷器易碎，更需要水路运送以确保安全。

二

维持这样的繁华，要有完善高效的治理模式。

皇帝是运河治理的最高领导，甚至在北宋初期，皇帝本人还要亲自下河，督办运河事务。北宋淳化二年（991），汴水在浚仪溃决，宋太宗赵光义圣驾亲临

文会图 北宋 赵佶（宋徽宗） 台北“故宫博物院”藏
宋徽宗赵佶本人喜爱茶，不仅经常宴请群臣，有时还组织斗茶活动，《文会图》即描绘了皇帝和文臣们饮茶、品酒、赋诗的场景。茶叶沿运河从南方北上，也把茶文化带到了北方。

治水现场，所乘的步辇在淤泥中行进了一百多步，两旁的大臣都惊呆了。皇帝却说，东京有兵将数十万，还有百万户百姓，所有的漕粮都要依靠运河，我怎么能置若罔闻呢！当水势得到控制之后，宋太宗才开始吃饭。史书记载，不光是皇帝本人，就连其周围的亲王和近臣，都浑身是泥。

因为汴河引的是黄河水，黄河的泥沙不断在此淤积，必须定期疏浚。北宋初期规定每年疏浚一次，但越到后来，疏浚的频次越低，宋真宗之后竟然长达20年未疏浚一次。由于长期淤积，有的地方河床比附近城市高出很多，从汴河大堤上看一些城市街巷，好像从山坡上俯瞰山谷一样。

汴河向南的扬楚运河也是一个难题。扬楚运河连接扬州和楚州（今江苏淮安），基础是隋代的山阳渎。运河有一段借淮河作为运道，淮河风大浪急，对漕船构成极大威胁。宋神宗年间，每年在此沉没的船只有170艘之多。所以历任发运使的一个重要任务便是治理扬楚运河，采取的办法多是开凿新的运河，避开淮河。比如皮公弼开挖洪泽新河，蒋之奇开挖龟山运河，都是为了寻找比较安全的漕运通道。

北宋漕运的管理模式，大部分时间沿用的是唐代裴耀卿和刘晏所采取的分段运输，即转般法。黄河在冬季无法通航，因此每年只有三四月至十月之间半年左右的通航期。江淮的米粮首先分别运送到真州（今江苏仪征）、扬州、楚州、泗州等地的转般仓。等到运河水源充沛时，再由发运司送往汴京。负责运送的船只再返回江南时，还可以从真州装载官府专卖的食盐，既避免了空船而回，又能获取一定的经济利益。

然而，运河的畅通，并不意味着民心的相通。北宋的运河，既承载着盛世的繁华，也见证了末世的颓败。

三

宋徽宗登基后，人们发现，运河上出现了越来越多奇怪的物品，经常会见到特殊尺寸的船只，运载着奇形怪状的石头。这些石头有一个专有名词：花石纲。

宋朝时，运送物资的编队被称作“纲”，运马的叫“马纲”，运米的叫“米

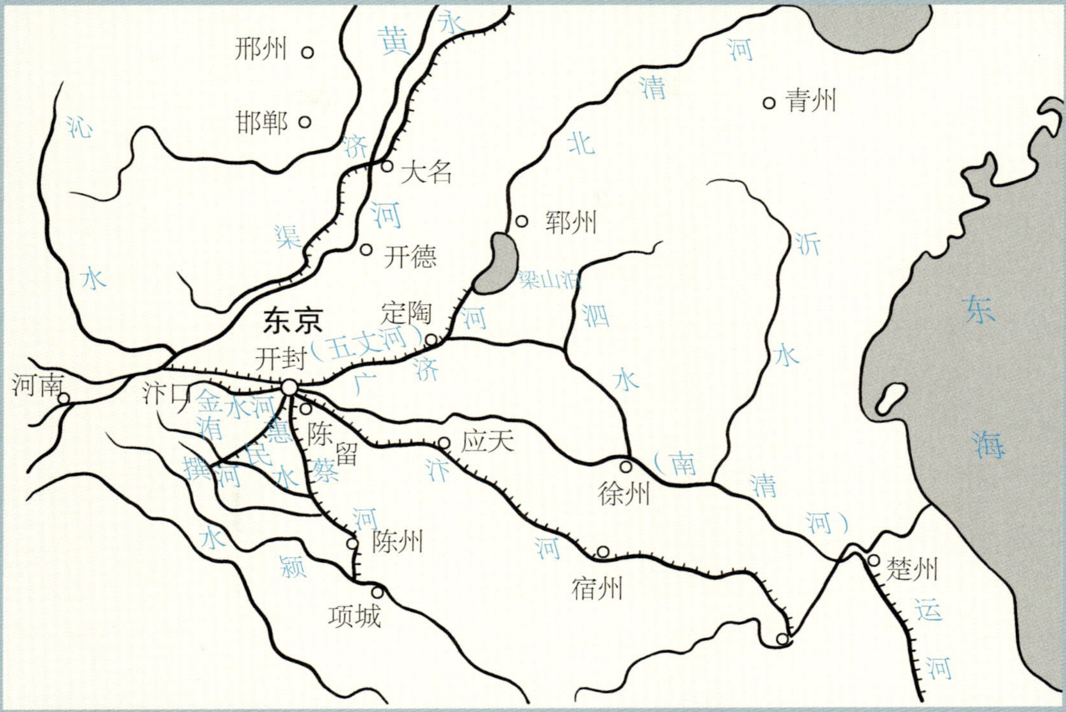

漕运四渠示意图

围绕开封修建的四条运河——汴河、惠民河、金水河与广济河被称为“漕运四渠”，奠定了开封城丰富密集的水网，也让这座都城享受了四通八达的交通。

饷纲”。宋徽宗酷爱各类珍宝和奇花异石，为了满足他的欲望，先是童贯在杭州设立了“造作局”，专门搜刮民间原料钱财，为皇帝制造各种奢侈用品，随后又由蔡京在江浙一带设立了“苏杭应奉局”，搜罗各种石头。

上有所好，下必甚焉。皇帝爱好的东西，各地贪图富贵的官员便挖空心思寻找。如果看上了谁家的东西，便做上记号，登记为等待供奉的贡品。要是往外搬运时候不方便，往往还会把墙拆掉。有时候拆的不仅是百姓的家门，甚至连城门也不能幸免。一次，灵璧县的地方官进贡了一块巨石，通过运河运送到开封，因为石头太大，最终拆了一座城门才得以进城。

北宋的花石纲前后持续了二十多年，形成了一场波及全国的大灾难。很多家庭因为花石纲倾家荡产，家破人亡。方腊便是被“造作局”压榨得无以为生，揭竿起义。不到三个月，起义军便在各地民众的响应下占领了六州五十二县。宋徽宗这才被迫下了罪己诏，撤销造作局，废除花石纲。

花石纲只是北宋漕运颓败的冰山一角，更为要命的是整个体系的崩塌。蔡京掌权之时，将一直行之有效的转般法改为“直达法”，而且不顾沿途河道条件不同，让江淮船只直接将漕米运送到汴京。直达法施行后，漕运效率比之前差了很多，船只航行耗费的时间增加，路上浪费甚至被盗卖的米粮增加。另外，直达法使得沿途的水闸开闭没了节制，大量水源在反复开闭之间流掉，运河常因为水浅而断航。

所以，《清明上河图》所描绘的，既是一个在运河哺育下繁荣似锦的都城，也是一个摇摇欲坠帝国的末日图景。

1120年，宋与金秘密签订“海上之盟”，约定南北夹击消灭辽国。北方的金国将辽国城市各个击破之时，宋军集结北上，希望直捣辽京，一举歼灭已经被金打残的辽军，轻松摘取胜利果实。结果，命悬一线的辽军竟然把数倍于自己的宋军打得落花流水，败退开封。金国顿时看透了纸糊一般的宋军防线，在灭辽之后，没几年便大举南下，把宋徽宗、宋钦宗直接绑到了北国，这就是著名的“靖康之耻”。

不久前还在运送各种奇花异石的运河，则在最后时刻以一种奇妙的方式见证了北宋的灭亡。

《清明上河图》所描绘的，既是一个在运河哺育下繁荣似锦的都城，也是一个摇摇欲坠帝国的末日图景。

宋军北上伐辽之前，大规模的兵丁和战备物资通过汴河、黄河、永济渠向北方前线运送，浩浩荡荡的运河水，似乎即将见证一代圣主收复燕云十六州的历史巅峰。怎奈，昏庸的君臣，在运河水上的技能只剩下了榨取民脂民膏，却早已忘了如何用兵征战。

不知道当宋军被打得落花流水溃败南归之时，运河有没有记录下慌不择路的脚步声？

开封州桥遗址北宋石雕壁画 河南省文物考古研究院提供

四

北宋灭亡之后，南宋和金国，以淮河为界南北对立。运河曾经在数百年间发挥的联系南北的功能也就不复存在。

由于金国对运河治理力度有限，淮河以北的河道基本断绝。宋孝宗年间的使者楼钥在《北行日录》中记载了上述情景：“（乾道五年十二月）二日癸未……宿灵璧。行数里，汴水断流。三日甲申……自离泗州循汴而行，至此，河益堙塞，几与岸平。（六年正月）二十四日……宿宿州。汴河底多种麦。”

在南宋一边，经过初期对遭到金国破坏的运河进行整治后，整个国家重新建立起完整活跃的漕运体系。南宋定都临安（今浙江杭州），依靠长江以南丰富的水系以及隋炀帝时期修建的江南河，与各地搭建起了水上交通网络。南宋朝廷所需要的财赋主要通过各地沿长江运至京口，再从京口南下沿运河抵达临安。陆游的《入蜀记》曾写道：“自京口抵钱塘，梁陈以前不通漕。至炀帝始凿渠八百

里，皆阔十丈。……朝廷所以能驻跸钱塘，以有此渠耳。"施锷《淳祐临安志》也说："城外运河，在余杭门外北新桥以北，通苏、湖、秀、镇江等河。凡诸路纲运……皆由此达于行都。"

可见，虽然国家分裂为南北两部分，但南侧的宋廷对运河的需求并不亚于此前历代。南方丰富的物产资源，源源不断向行都临安供给。也难怪，身在临安的王公贵族们，很快就忘记了靖康之耻，而"直把杭州作汴州"了。

南宋时期对于大运河的另一个贡献是开凿了西兴运河，即从钱塘江岸上的西兴镇起，东经萧山县、绍兴府，到上虞县以东的通明，接余姚江，其下游与鄞江相通，在定海县入海。这条运道是今浙东运河的前身。从这时开始，浙东运河成了联结内陆和海上丝绸之路最重要的一条水道。内陆的物产经过长江、江南运河，在西兴转运至浙东运河，再到明州，从这里整装出发，驶向汪洋大海。

如果说大运河最重要的功能是漕粮运输，那么浙东运河则显得颇为另类，它从诞生之日起，便不是为了运送粮食，而是承载着中华文明与海外交流与交融的使命。

（右页）剔红山水人物圆盒　明　中国国家博物馆藏
（左页）祥龙石图　北宋　赵佶（宋徽宗）　故宫博物院藏

“裁弯取直”的运河与元代统治

元代定都大都，漕运河海并举，侧重海运。忽必烈时期，对运河进行了“裁弯取直”，构造出京杭大运河的基本形态。但其核心功能依旧是将国家的经济中心与政治中心相联系，使前者服务后者。

一

1271年，忽必烈改国号为大元，正式即位为皇帝，定都燕京并改称大都。1276年，元朝攻占临安。至此，从隋炀帝时连通的大运河迎来了根本性的转变。曾经以东西为主要走向的大运河，从元代开始变成了南北走向。

唐代之前，中国政治中心位于长安、洛阳，所面临的外敌也基本处于西北。唐中期之后，随着突厥势力衰弱，经济中心向东南移动，外部的压力则从西北转移到了东北。崛起于东北的契丹、女真人分别建立了辽、金两朝，和大宋各占半壁江山。此时，无论是政治还是军事地位，曾经辉煌的长安和洛阳都已经衰落。渐渐凸显出来的则是长年以来的一个帝国边缘的城市——燕京，也就是今天的北京。

北京位于华北平原最北端，西北两面是山，东边通海，南

（左页）元世祖出猎图 元 刘贯道 台北“故宫博物院”藏

面是一马平川的平原，非常适合北方游牧民族南进。更为重要的是，东部邻近渤海，南部面向平原的地理条件，也使北京具备了另一个优势——漕运。

漕船从江南先通过水路抵达淮安，然后转道黄河，在河南封丘西南的中滦旱站登陆，陆运90千米，在今河南卫辉的东北再转入御河，向北走水路辗转抵达通州，到通州之后还要上岸，再陆运22千米抵达大都。

从杭州到大都，最快的方式其实是海路。有元一代，粮食运输以海运为主。元至元十九年（1282），丞相伯颜建议以海运为漕粮运输主通道，从今天江苏刘家港出海北上，抵达大沽口，再从天津运到北京。相比从内陆运输，这一条海运路线不用三番五次转运。

作为新的政治中心的大都，且不说与开封、杭州相比，就连与当年的长安、洛阳相比，自身产粮能力都非常有限，基本属于消耗型城市，对南方物资的依赖度更高。在庞大的需求下，元代统治者需要开辟不止一条路线来保障大都的运转。内陆运河的重新利用，就是在这样的背景下提出来的。

但是，原有的大运河不仅很多段落都已淤废，运输需要陆路水路多次转换，而且绕道很远。一路上上下下折腾，耗时费力。

改造大运河并使其重新畅通，列在了忽必烈的计划之中。

二

早在灭宋之前，元朝统治者就曾考虑通过河路设立水站，向南方运送军事物资。奉命考察沿线河道情况的官员，名叫郭守敬。

由于金朝时期的运河没有得到很好的维护，永济渠已经无法疏通。郭守敬没有了历史包袱，可以放开思路，寻找新的选择。他的方案是，不必再恢复曾经连通洛阳的部分，而是让运河直接从河北进入山东，走德州、聊城、临清、济宁一线，最后在徐州进入黄河，向南接通淮扬运河。

如果说大运河是一张弓，那么自此以后，漕运不再走弓背，而是直接走弓弦，距离大大缩短了，我们今天称这一做法为“裁弯取直”。

不过，郭守敬的计划并没有立即实施，当时南下伐宋正值紧要关头，朝廷也拿不出更多精力来落实裁弯取直的方案。直到元至元十八年十二月，兵部尚书奥鲁赤负责修建自济州（今山东济宁）至须城（今山东东平）安山镇的济州河，算是迈出了裁弯取直的第一步。济州河虽然解决了一部分问题，但还是没有直接连到大都，而是汇入大清河入海，再从海上绕道大沽（今天津）。

为了进一步连通内陆的运河，元至元二十四年，礼部尚书张孔孙、兵部尚书李处巽和马之贞主持了另一项工程，从须城安山开凿人工河道直抵临清的御河，全长125千米，忽必烈将这条水道赐名会通河。至此，从江南北上的漕粮，可以不用经大海，直接抵达通州。

距离连通大都和江南，只剩下通州到大都这一段了。当时，从通州前往大

《水图》之云舒浪卷 南宋 马远 故宫博物院藏

《水图》卷专门刻画不同情境下的水，这幅“云舒浪卷”突出浪头咆哮腾空的气势，宏大壮观。不过，偏安一隅的南宋却无法如画面中的巨浪一般雄壮，难以抵抗忽必烈的铁骑。

《运河全图》中的通惠河一段 清 张鹏翮 中国国家图书馆藏

《运河全图》描绘从北京至浙江之间的清代运河全程。节选图中通惠河段为元代修建，在清代运河体系中依然发挥着重要作用。

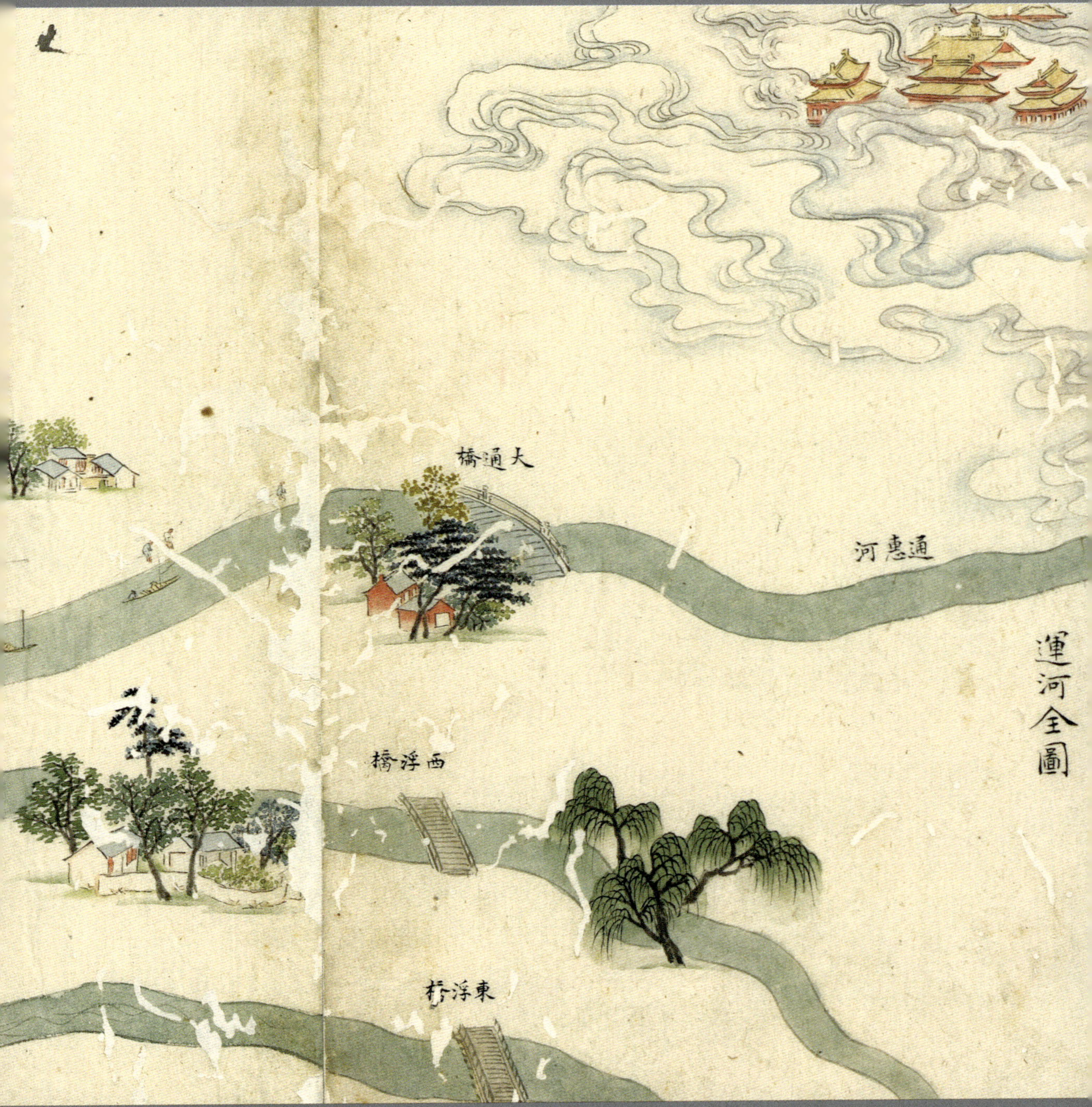
運河全圖
大通橋
通惠河
西浮橋
東浮橋

都，一般都要用牲口驮，加上北方风沙大，下雨的话更是泥泞不堪。本来有一条旧的运粮河，但因为水源问题一直无法正常通航。郭守敬引水昌平东南的白浮泉，将水源、京城、通州连为一体。忽必烈兴奋异常，和当年唐玄宗赐名广运潭一样，将这条河赐名为通惠河。至此，从江南到大都，我们今天所说的“京杭大运河”在众船汇聚于积水潭那一刻正式成型。

元代的皇帝们后来发现，运河要不断疏浚才能保持通畅，而大海则不需要这么麻烦。因此，似乎还是走海路更加方便一些。元朝近百年的漕运史，虽然河海并行，但漕粮运输的主线还是海路。

不是说海路危险吗？但在统治者看来，危险不危险，与他们何干呢？

三

从某种程度上说，元朝的灭亡与海漕有极大关系。与河运不同，海运可以达到的上限是非常大的。打个比方，纵使10条船中有3条无法顺利抵达终点，那么把数量扩大到100条船，不就能保证运量了吗？至于中途遇到船毁人亡的惨剧，则基本不在元代统治者考虑范围内。

元朝的漕运制度中，有一条令人匪夷所思的规定：如果在运粮过程中，船只损坏，导致粮食损耗，那么押运官必须赔偿损失；但如果船不只是损坏，而是彻底沉没，甚至船民死亡，押运官反倒不用赔偿。如此一来，官员一旦看到船只漏水，宁可不管不顾，任其沉没，也不愿意去拯救船只和船民。

尽管实现了运河的“裁弯取直”，但元代统治者在河运和海运之间还是青睐“效率更高”的后者，榨取江南漕粮，让百姓深受其苦。

这还只是漕运苛政中的一项坏政。元朝统治期间，东南沿海的百姓深受其苦。大都的人口与日俱增，对江南漕粮越发依赖。宫中的统治者完全是坐享其成，粮食从种植到收割，从征收到运输，全都是由老百姓承担。运河注定无法满足这样的需求。根据元朝末年的一份数字记载，从江南至大都的海漕运量，从最初的六七万石，到最后增至三百五十万石。

难道一百年内，江南的粮食产量竟然增加了五十多倍吗？显然不是，这是统

（右页）元世祖忽必烈像 明 中国国家博物馆藏

元代大运河历史地图

“裁弯取直”后，大运河可从江南直通大都，彻底改变了历史走向。不过，汴渠虽然基本废弃，连接河南、河北的卫河则延续了下来。

治者对南方百姓压榨性的肆意掠夺。

元朝把人分为四等：蒙古人、色目人、汉人、南人。为统治者生产粮食、保障衣食住行的主要是社会最底层的南人。这也导致了所谓的漕粮征收，其实和掠夺并无二致。更过分的是，当时全国一统，北方农业百废待兴，加上运河沟通南北，正是恢复生产的时机。可南方人到华北看到的场景却是纵有沃野千里，但几乎不修水利、田地荒芜。

台州人柯九思曾写过这样一句诗：“十年沃野连千里，能减东吴漕运船。”意思是如果把这些田地好好耕耘，十年间就可以迎来大丰收，对东南漕粮的需求也会相应减少。

这种所谓的漕运，按照今天的话说，完全不是一种“可持续”的模式，不仅仅是一种社会和族群不平等，更动摇了统治的根基。江南有识之士曾发出悲恸的呐喊：“奈何独使东南之人，竭力以耕，尽地而取，而使之岁蹈不测之渊于无穷乎？”国家这么大，土地这么肥沃，为何偏偏仅剥削和攫取东南的子民呢？

甚至到了元朝末年，眼见天下大乱，统治岌岌可危，大都的朝廷仍然不顾江南灾荒，继续加重漕粮苛政，最终导致了官逼民反，海漕体系崩溃。到了此时，当年费力开凿的内陆运河，也早已荒废在淤泥之中了。

四

元代对于漕运体系进行了改变，用“裁弯取直”的方式重新界定了大运河的南北走向，取得了显著的工程成就。但运河的核心功能并没有变，依然是将国家的经济中心与政治中心相联系，让前者为后者服务。

只不过，元代的大运河只是简单将政治和经济中心从物理层面联系起来，但在制度上和治理方式上却没有实现真正的畅通。元代统治者并没有真正经营运河，甚至其所依托的海上漕运，也在各种弊端之中走上末途。

通过漕运，让国家的不同区域联结起来，不仅是为了构造统一的格局，更要将这种统一通过有效的治理持续下去。元朝没有做好，其后的明清两代则将这个目标基本实现了。

南粮北运与明清国运

明代、清代的漕运体系越发复杂和成熟，也越发对国家和百姓产生重要影响。通过大运河的维系治理，明清时期的帝国版图得到了有效维持，也塑造了今天中国版图的总体格局。在这一时期，大运河和长城也发生了奇妙的关联，共同守卫了国家。

一

明朝中期，正统十四年（1449）七月，蒙古瓦剌部首领也先大举侵犯。在太监王振的怂恿下，明英宗朱祁镇坚持御驾亲征，不仅兵败，而且在土木堡被俘，朝野震惊。消息传到北京后，主和派试图迁都南京，兵部侍郎于谦挺身而出，主张坚守北京城。于谦的勇气博得了大家的信赖，在刚刚登基的景泰帝朱祁钰的支持下，他运筹帷幄，开始指挥决定大明命运的战役——北京保卫战。

此时，大运河和长城，这两项古代中国最伟大的工程有了奇妙的交汇。它们彼此配合，上演了一场荡气回肠的守家卫国的战斗。

于谦其实面对的是一个烂摊子。京师的戍卫精锐尽出，在土木堡之变中“劲甲精骑皆陷没”。因此，如何用最短的时间

（左页）明成祖朱棣像 现代 杨令茀摹 故宫博物院藏

强化防务，成为于谦需要解决的紧要问题。他迅速调整了京城外围长城边关的指挥系统，在重要关隘部署精干将领。可是瓦剌攻击力过于强大，紫荆关等隘口的将士们顽强抵抗多日后，无奈失守，但也为京城赢得了宝贵的几天时间。

接下来就要轮到大运河出场了。

于谦在短时间内迅速从各地征调了22万大军，增兵京师。这些部队中包括三类兵马：第一类是两京和河南的备操军，即预备役；第二类是山东和沿海的备倭军，即防备倭寇之乱的部队；第三类是长江以北一直到北京沿线的运粮军，也就是沿运河负责漕运的漕军。京城还亟需储备粮草。其时大部分粮食囤积在通州，万一被蒙古军队占领，京城便会陷入绝境。于谦不仅鼓励京城百姓和兵丁家室前去运粮，还要求各地进京的备操军、备倭军和漕军，进京经过通州时到粮仓自行取粮，超额携带的还能有奖赏，如此成功解决了军粮问题。

在于谦的统帅和军民的众志成城之下，北京保卫战取得了最终的胜利，回过头看，大运河在其中真是功不可没。

我们总说，大运河关乎着“国运”，恐怕没有比“北京保卫战”更鲜活的证明了。当然，大运河和国运的关联，不是也不能每天都通过惊心动魄的战斗来体现。在明清两代，更多时候大运河的意义是通过南粮北运来联系经济中心和政治中心，维系统治体系的正常运转。

二

明朝初年的都城南京地处长江沿线，与江南产粮区距离较近，国都的粮食运输不存在问题。但在朱棣迁都北京之后，南方漕粮如何运至京城便成为困扰统治者的难题。与元代海运河运并行、侧重海运不同，明清两代的大部分时间，各地的粮食都要仰赖大运河来运输。数百年间，大运河上见证了无数从南方运往北方的漕粮，也见证了中国最后两个封建王朝的国运变迁。

在明朝大臣谈论漕运的奏章中，出现频率最高的一句话是“国家财赋，仰给东南”，这说明了南方粮食对于国家政权的重要性。明朝大臣刘天和所著《问水集》卷五《治河功成举劾疏》中曾写道：“臣窃惟运河国计所系，凡宗庙军国所

京杭运河全图　清　国家基础地理信息中心藏
图中可见居庸关、八达岭等。

漕运与长城边镇的联系

在明代，大运河和长城总是通过粮食、通过人，有着千丝万缕的关联。随着在北方大规模修建长城、设立边镇，运河上的漕粮也有一部分在到达天津和通州后继续北上，供给戍卫边疆的将士。例如，明长城蓟州镇和后来从中分出的密云镇、昌平镇是距离京师最近的边镇。文献记载，明万历十年（1582），密云和昌平分别有15万石和19万石通过漕运系统运来的粮食，昌平镇的粮食甚至全部都来自于漕运。

需，营建宴赏之费，与夫四夷薄海之朝贡，京师万姓之仰给，举由是以达。”可见，大运河不仅是生活在紫禁城中的皇帝及其宗亲的生命线，也是国家政治、军事、建设、外交乃至社会的供给线。

明清两代对于漕粮的来源有明确界定，即来自山东、河南、江苏、浙江、安徽、江西、湖北、湖南八省。这些地方的钱粮征收上来之后，通过各地的水系源源不断向运河汇聚，最终北上抵达京城。

除了粮食之外，大运河还要运送很多生活物资。黄仁宇在《明代的漕运》中详细列出了当年沿着运河北上的物品：“包括新鲜蔬菜和水果、家禽、纺织品、木料、文具、瓷器、漆——几乎所有中国所产的物品都通过大运河进行输送；诸如箭杆和制服之类的军需品，笤帚和竹耙之类的家用器具，也经过运河送到北京去。”

到了清代，对运河的需求比明朝更大，因为清朝的北京城除了王公贵族和大臣之外，还有数十万的八旗兵丁及其家属。这些人的口粮和日用品都要由大运河供给。经过多个朝代的开挖、疏浚、治理，到清朝中期，京杭大运河达到了其所能够达到的“巅峰”状态。下面这一段话所描述的路程，应该就是大运河最完善时期的线路：

从京城东郊的通州城东石坝和土坝起航，沿白河南下天津，抵达天津三岔河口，再沿卫河向西南，经过吴桥，从德州桑园镇进入山东。在山东境内，首先继续沿卫河从德州至临清，在这里进入需要翻越水脊的会通河，通过数十道闸，翻越南旺枢纽之后，在济宁以下经过南阳新河、泇河、中河，与黄河相遇。穿过淮安的清口枢纽后，大运河进入里运河段，一直到扬州，再渡过长江，便是江南运河，一路扬帆到杭州。

中国东部平原上，不同河段的高程差异巨大，加上黄河、淮河、海河等水系横贯其间，使得明清两代的南北大运河始终面临巨大的工程挑战。从北向南有三个必须解决的问题，一是京城通惠河的水源，二是山东段的会通河翻越“水脊”，三是协调运河与黄河的关系。简而言之，既要有水源保证通航，又要保证航运的安全。

第一个问题，在元代曾有过解决方案，但到明清之后便不再有效，因此从通

清代大运河历史地图

清代大运河自南向北分别包括浙东运河、江南运河、淮扬运河、中运河、会通河、南运河、北运河、通惠河等段落。其中在苏北中运河、泇河和南阳新河的开凿，目的是解决借黄行运带来的种种问题。清代大运河是中国古代漕运制度最后面貌的缩影。

州到京城一段，在明清两代大部分时间内是很难通航的。第二个问题，在明代通过南旺枢纽已经基本解决。第三个问题则一直困扰着人们。由于黄河不断改道而侵占运道影响通航，从明朝中期开始，便尝试不再“借黄行运”，而是通过另行开凿河道，让运河与黄河彻底脱离开来。但直到清代中叶康熙年间，才通过开辟“中运河”，实现了这个目标。假如没有中运河的工程，大运河很有可能很快就淤塞了。

这些挑战以及应对方式，还有在其中涌现出的杰出历史人物，我们将在后面的章节中详细讲述。

三

通过大运河，整个明清帝国的漕运体系犹如人的心血管系统，京城就是心脏。心脏没有血液，人将会失去生命，那么如果没有大运河，明清两代的历史会发生什么改变呢?

没有大运河，也就没有今天的北京城。有人形象地说“北京城是大运河漂来的”。明永乐四年（1406），朱棣下诏从次年开始重新修建北京城。建造新的都城需要大量木材和砖瓦，这些建筑材料主要从四川、湖广、江西、浙江、山西等地采办，砖瓦则通过临清和苏州等地的砖厂烧造。几乎是同时，永乐帝开始重新贯通会通河的工程，于1415年竣工。朱棣委派户部尚书夏原吉“缘河巡视军民运木造砖”，确保物资运输和施工。明永乐十八年北京城建成。可见，明代京城建设和运河开凿从最开始便是相得益彰。此后，皇宫的修建始终依靠运河运输的物资支撑。

明万历年间，西方传教士利玛窦数次往来运河，他的笔记里曾写道：“经由运河进入皇城，他们为皇宫建筑运来了大量木材、梁柱和平板……这样的木排来自遥远的四川省，有时是两三年才能运到首都。其中有一根梁就价值三千金币之多，有些木排长达两英里。”

没有大运河，可能明朝几任皇帝的命运都会改变。

比如在运河上得天下的永乐帝。在靖难之役时，燕王朱棣与建文帝争夺的重点大都位于运河沿线，包括沧州、德州、济宁等沿线重镇几易其手。当双方僵持、济南久攻不下时，朱棣出其不意地绕过济南，经泗州直接攻占扬州，卡住了南京的咽喉，并最终获得了胜利。

还有因运河而死的正德皇帝。明正德十四年（1519），江西宁王朱宸濠杀死朝廷命官，率众起兵作乱。一直希望能够“建功立业”的朱厚照看到了机会，决定御驾亲征。其实叛乱很快被以王守仁为首的官兵平定了。但正德帝想趁亲征之机游历江南，在众多大臣的反对下坚持下旨出征。这次“南巡”路线基本沿着大运河行进，从涿州出发，经过临清、扬州，在南京游玩了很久才启程返京。结果，在淮安清江浦，正德帝在钓鱼时不慎落水，虽然被救上船，但在惊吓之下害了疾病，回到京城没多久就驾崩了。

明朝中期，朝鲜官员崔溥沿运河北上。他每到一处都会联想到中国历史文献典故。在杭州，他想到苏轼的“浓妆淡抹总相宜”；在苏州，他念起“姑苏城外寒山寺”；在绍兴看见兰亭，就说是王羲之临水宴会之地；在淮安看见胯下桥，就想到了韩信受胯下之辱的故事。他最熟悉的是《禹贡》，每到一个地方都要和《禹贡》里的描述相对应，在太湖就说这是震泽底定；到了淮河，发现和《禹贡》里所说的黄河淮河对不上，还专门和中国的官员探讨了中国北方水系变迁的问题。

大运河也见证了清朝后期太平军一段惨烈的北伐故事。1853年开始，太平军在林凤祥、李开芳的率领下从南京出发，一路北上，前锋一直杀到天津杨柳青，令京城的皇帝大为震惊。由于孤军深入，战略不当，北伐军随即被清军抵挡，只得向南突围，最终在山东聊城一个叫冯官屯的村子驻扎，等待救援。围城的僧格林沁此时想起了运河水。冯官屯西北有一条干枯的河道，雨季用以排涝。僧格林沁经过一番实地考察，下令开挖渠道，从东昌府三孔桥引运河水到冯官屯。两三千名民夫用水车昼夜不息地向围墙内倒灌，一直灌满全村。在水攻之下，太平军力不能支，最终败亡。从此，太平军不再对京城产生实质威胁，大清王朝在运河水的“支援”下度过了一次危机。

明清大运河对国家的支撑，通过外国人的经历与记录也有体现。没有大运河，有个朝鲜人恐怕就回不去家了。明弘治年间，由于海难不幸漂流到中国的朝鲜官员崔溥，从浙江登岸后，用了44天沿着大运河一路北上抵达京城，最终顺利回到朝鲜。崔溥在《漂海录》中记录下了自己一路的经历，对于护送他回家的这

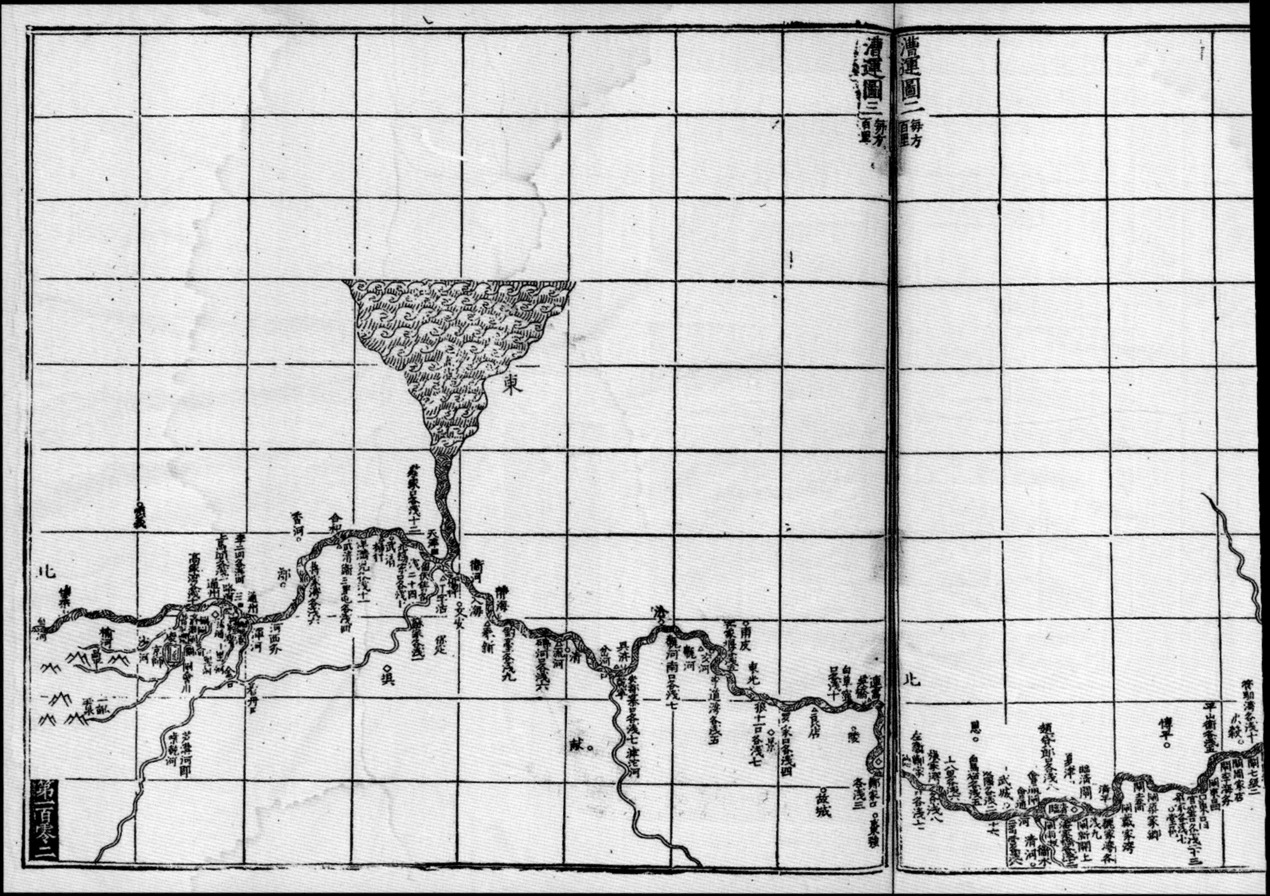

条大运河，他始终保持着赞许和敬佩。他向陪同的明朝大臣傅荣感慨，如果不是有运河，他们这些流离失所的人要想回家，肯定要走崎岖万里之路，受跋行的苦难。如今他们安坐在船里就能抵达远方，避免了颠簸劳顿，真可谓是“受赐亦大矣”。

崔溥还记录下了傅荣谈论大运河的一段话。这24个字，是一位明朝大臣对大运河最准确、最真诚的夸赞，在今天看来，也丝毫不为过：“一带脉络，万里通津，舟楫攸济，功保万全，民受其赐，万岁永赖。”

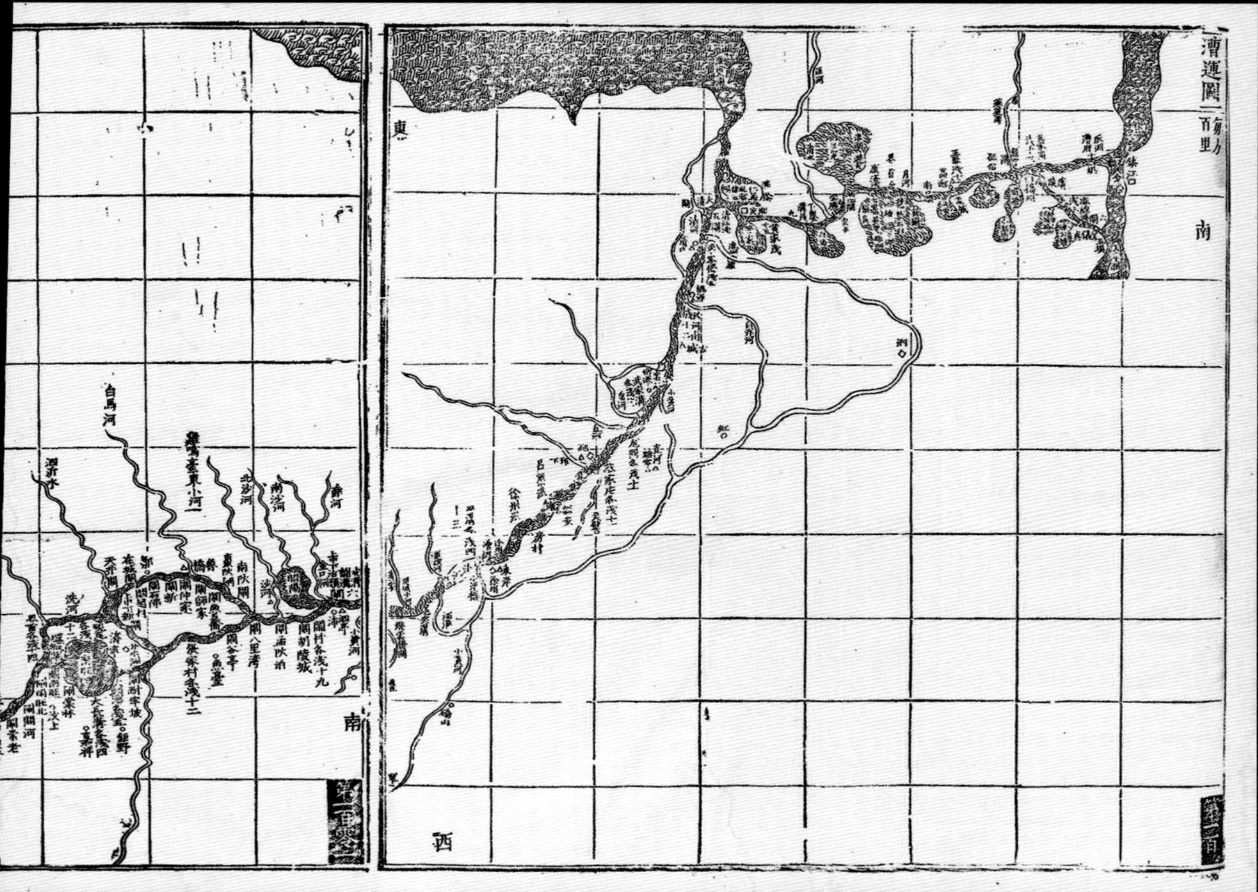
漕運圖二
南
東
西
白馬河
泗沂水
洸河
南陽
張家村各淺十二
小黃河

康乾南巡与水利治理

康熙帝和乾隆帝各六次南巡，目的之一是巡视水利，也是满族皇权对江南汉人统治的宣示。

一

1750年，江南的老百姓度过了一个忙碌的夏天。沿着运河的住户们，家家门口都搞起了大“工程”——铺设木板。

在运河途经的江南城市，城里的住家大多沿河而建，出门即是运河。这个夏天，整个河道两岸热闹非凡。大批的木匠在这里聚集，他们要做的事情是在门外搭建结实的木头板子，并且用钉子牢牢固定。这条由木板搭建而成的临时道路是沿河的纤道。

任由门口天天响着“叮叮当当”的噪声，老百姓们却没什么怨言。他们知道，这些木纤道是为了远在京城的皇帝修的。乾隆帝将在第二年的春天，开始自己的第一次“下江南”之旅。

为什么要增修木纤道呢？这是因为皇帝的龙舟要经过江南的运河，但城市中的河段两侧就是民居，根本没有纤夫下脚的道路。届时成千上万的纤夫，排着整齐的队伍拖拉龙舟，必须

（左页）乾隆皇帝大阅图 清 郎世宁 故宫博物院藏

要有足够宽的道路才行。如果道路不够宽、不够结实，万一哪个纤夫脚底下打滑跌到河里，惊了天子，那恐怕就有掉脑袋的危险了。

决定铺木板的是两江总督黄廷桂。来到江苏之前，黄廷桂从来没有在南方主政的经验。作为一个军人出身的官员，骑马打仗是他的特长，在江南水乡摆布水道则完全是另一个领域的知识。但他不敢怠慢，提前预习功课，精心安排“预演”。

其中最令他担心的是沿线水路情况。自最后一次康熙南巡已经过去了40多年，江南的运河水道还能否保证大规模的巡游，谁也没底。因此，黄廷桂将所有能动员的官兵、民夫甚至基层官吏全都调动起来，去疏浚运河的河道。大量成年男子被迫放弃土地里的庄稼，前来支援挑河修路。光免费干活倒也罢了，这些百姓还有不少人家里的房子被强拆，土地被强行征收。

这是为什么呢？由于这次南巡计划中的队伍过于庞大，除了皇帝的御船之外，大大小小的船只将“填满”江南运河。为了避免主航道发生堵塞，当地官员还专门探路，把主要道路旁支的小路也给拓宽。为了王公贵族能够顺利通行，老百姓的房子和田地只能默默牺牲掉了。

二

如此劳民伤财的南巡，目的是什么呢？说来奇怪，让老百姓这般牺牲，乾隆帝的目的却是要赢得江南的民心。当然，此“民”非彼“民”，满族统治者需要的，是通过下江南，拉拢江南的汉人士子。

清朝初期，江南文人一向是满族统治者不放心的对象。一方面，前者看不起后者的文化水准，认为其不过是通过野蛮的军事行动统治着国家而已；另一方面，由于当年征战江南时给当地人留下的血腥记忆，从心理和情感上满族统治者也难以令南方人接受和信服。因此，无论是康熙帝还是乾隆帝，都格外看重文化工具的力量。要真正的“得民心”，需要靠文化。

对传统的中国读书人而言，金钱一直以来都不是人生价值的重点。在政权中的地位、在社会上的名誉，才是他们最看重的东西。南巡就给了皇帝和士子们一个共同的契机，这个契机的官方名称叫“召试”。

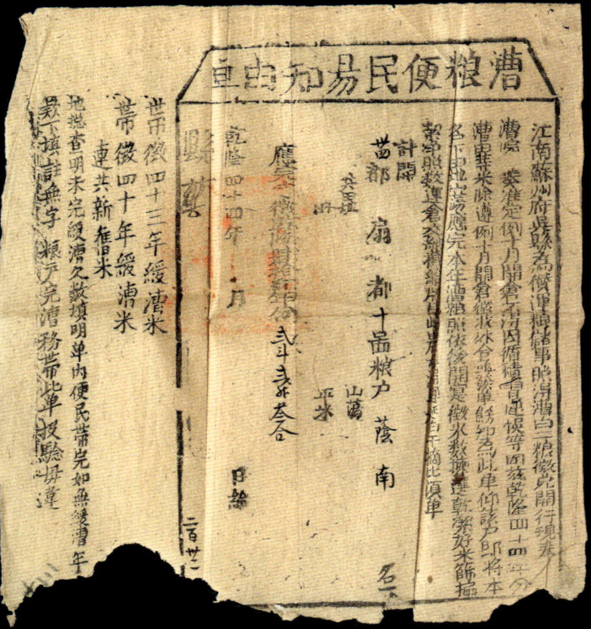
漕粮便民易知由单

苏州府吴县发给荫南的漕粮便民易知由单 清 中国国家博物馆藏
易知由单是在田赋征课前发给各纳税户，令其限期缴纳的通知单，体现出清廷通过税赋对百姓实现统治

清朝中期，参加科举考试的人数已经大大超过了能够给予功名的额度，即使考中功名，也很难获得一个真正的官职。为此，皇帝想出的办法是，在南巡过程中专门组织现场考试，在常规的科举渠道之外遴选优秀的人才。康熙帝六次南巡中有两次举行了召试，乾隆帝则更进一步，每次南巡都举行了召试。

比如清代中期的著名学者钱大昕，虽然早在苏州声名鹊起，但每次考试都名落孙山。乾隆帝第一次下江南时，他幸运获得了召试的机会，顺利完成了皇帝所出的三个题目，中了举人。从此，钱大昕平步青云，名利双收。到清乾隆四十五年（1780）第五次南巡之时，钱大昕更是成为了《南巡盛典》的修编人员。

乾隆帝本人不满足于召试，他还鼓励沿线的文人才子们呈献诗词和绘画，给出好诗和好画的会得到丰厚的奖赏。画师徐扬的故事就颇为励志。《苏州府志》记载，乾隆帝第一次南巡时，徐扬还是个监生，给皇帝呈献了画册。过了两年，皇帝不仅赐他为举人，还擢升至内阁中书。举世闻名的十二卷本《乾隆南巡图》便是徐扬总指导下的作品。

无论是钱大昕还是徐扬，都是个人因为南巡而受益，最终又为南巡留下图文记忆。他们的经历，也是皇帝与江南士子之间，通过运河建立利益和情感联系的真实写照。

京杭道里图 清 浙江省博物馆藏

经考订，其底本由清代总河靳辅、画家周洽等人于清康熙二十六年（1687）编绘。

乾隆南巡图 清 徐扬 中国国家博物馆藏
行进在运河上的乾隆御船和一排排拉纤队伍，声势浩大。

三

大多数时候，皇帝的运河之旅从宿迁才真正开始。在此之前，一般都要走陆路，从涿州、河间南下，在德州经过运河，然后继续沿陆路赴济南、泰安以及曲阜，最后在宿迁进入黄河运道至淮安。随后的路线一般便是完全沿着运河行进了。

在和皇帝本人反复沟通过后，黄廷桂等沿线各省大员一起制订了一个南巡路线，旱路1758里，33站；水路1346里，19站。水路和旱路的交汇处则是南巡物资的聚集之处。虽然皇帝在北方走陆路，但是皇帝的船——安福舻和翔凤艇要提前从水路运到宿迁。皇帝是1751年春天开始南下，这两艘船则需要在前一年就运到宿迁，以防北方冬季运河结冰。到了宿迁之后，江苏的官员要用布把这两艘御

舟盖起来，好好保护，免受风吹日晒。

其他物资和陪同人员的船需要由江苏和浙江两省来负责解决。大臣每个人可以有一到两只船，侍卫的官员两三个人共用一只，兵丁们则是十几个人共用一只。乾隆帝的第一次南巡，共用了440只船。

与当年隋炀帝的数万艘船相比，400多艘船的规模要“单薄”了许多。但这并不意味着乾隆帝比隋炀帝简朴。实际上，他的每一次下江南都是一次奢靡之旅，花销无数。除了征用民夫、拆迁民房之外，黄廷桂还得筹措白花花的银子，用以保证各项工程的进行和物资的储备。就连“预演”之时邀请的向导大臣，也要用最高的规格接待。为此，甚至有地方官员参奏黄廷桂。乾隆帝知道造成这个奢靡之风的根本原因在他自己，所以也就睁一只眼闭一只眼了。

无论是康熙帝还是乾隆帝，每一次的南巡都有两条线索，一条在明，一条在暗。明线是考察“治水”。清朝一代，运河与黄河的水患治理贯穿始终，尤其是黄河夺淮并与运河交汇的淮安一带，更是帝国经济维系的重中之重。治理黄河，疏通运河，是康熙帝和乾隆帝在内政方面的心头之痛，所以淮安一带的治水工程向来是皇帝考察的重点。

暗线是“治人”，通过对江南士子开设召试，与当地意见领袖谈论佛法，统治者尽最大力度笼络人心。康熙帝首次南巡时，刚刚平定三藩，整个帝国还处于不稳定的状态，年轻的皇帝希望以一己之力扭转清廷在江南人心中的形象。

无论是不是南巡的功劳，到了康熙末年，尤其是乾隆年间，国家的统一和民心的凝聚已经不可同日而语，江南文人怀念“故国”、抵触大清的情绪早已淡漠。大清终于实现了从武力的征服到人心的统一。要是没有大运河，这个统一恐怕来得也不会这么顺利。

此时，江南运河两岸的老百姓，眼中的景象早已不再是“故国的江南”，而是大清的江南了。

中国的皇帝巡幸传统

统治者的巡幸，在中国自古以来就有传统。最初，巡幸也称为巡狩，起源于夏商周时期。当时的统治者大多是贵族武士出身，通过巡狩这种具有象征意义的打猎活动，宣示自己的权威和政治主权。自秦始皇开始，历代统一王朝的统治者都开展了各式各样的巡狩活动。秦始皇、汉武帝等都曾进行大规模的东巡狩，秦始皇甚至还死在了返程的途中。隋炀帝开凿运河下扬州，实际上也是这种巡狩传统的体现。到了宋金之后，北方少数民族往往会设立多个都城，并在不同都城之间进行季节性迁徙，也是一种颇有特色的巡狩机制。到了清代，作为少数民族皇帝，康熙帝和乾隆帝一方面希望保持“马上皇帝”的本色，坚守满洲传统；另一方面也效仿汉族帝王的经典模式，四处巡狩，宣示皇家气魄。在正式南巡之前，康熙帝已经向北巡幸过盛京和塞北，向西巡幸过五台山，向东巡幸过泰山。因此，“下江南”与其说是一个独立事件，不如说是众多巡狩活动之一而已。只不过，康熙乾隆“下江南”，对整个国家乃至后世的影响，都是其他巡幸无法比拟的。

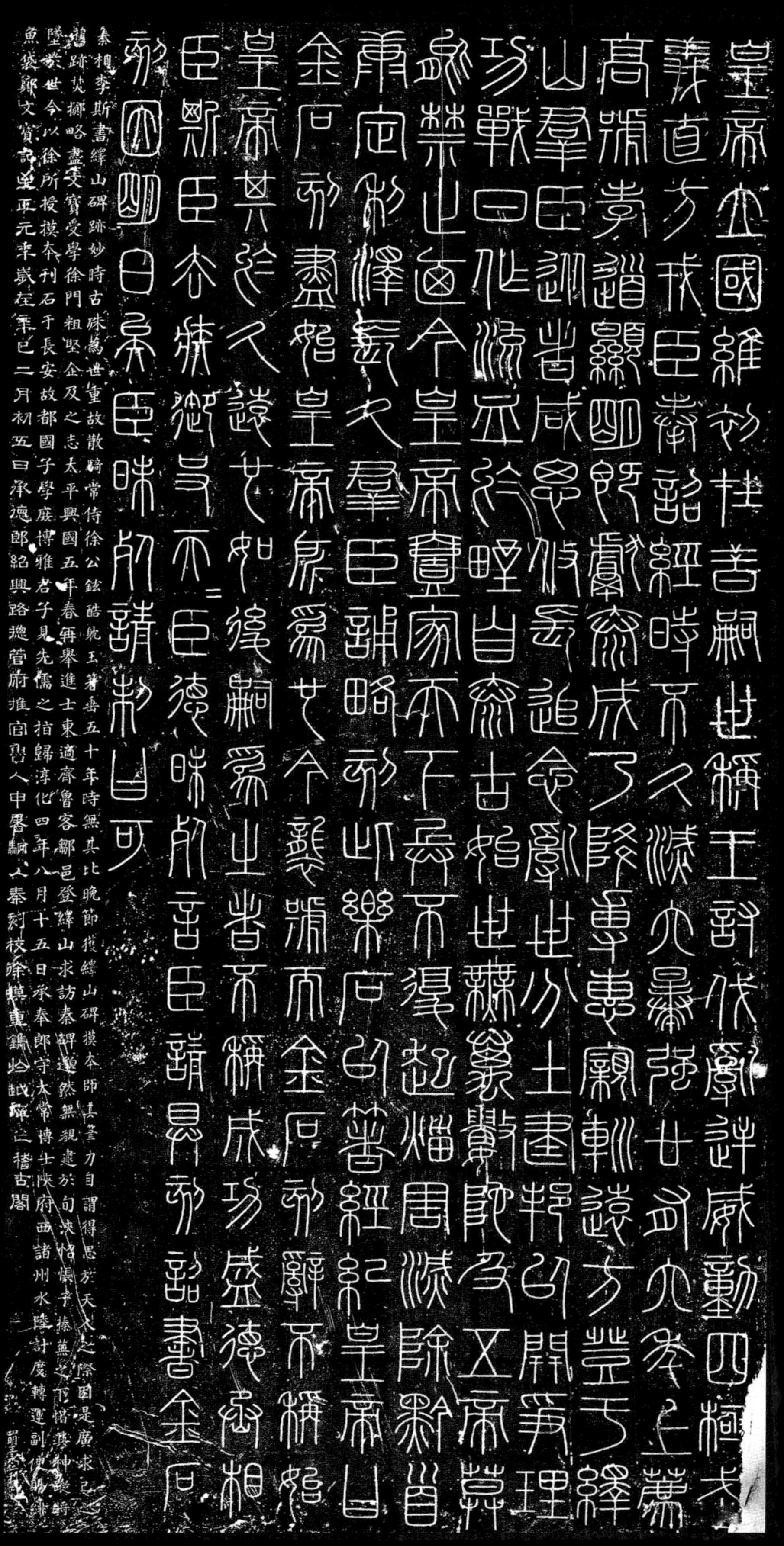

峄山刻石拓片

秦始皇统一全国后，巡游天下，所到之处多有刻石。经过山东峄山时，命丞相李斯勒石立碑，颂扬其统一天下的功绩。峄山刻石现有宋代摹刻碑存于西安碑林，元代摹刻碑存于邹城博物馆。

總督漕運部院

晚清凋敝与漕运终途

当国家关注的重心从内陆转向泱泱大海，当现代交通方式充满勃勃生机，漕运的终结便不可避免了。

洪水来临的时候，人们一般有两种应对方式，一是加高、加固河堤，二是打开泄洪装置，引流泄洪。1917年，山东德州发生大水灾，大运河西岸的村民既没有加固河堤，也没有开闸泄洪，而是把东岸的大堤给凿开了。

洪水以滔天之势迅速淹没了运河东岸几乎200万亩的地区，水深达1.5米。东岸老百姓哀鸿遍野。最终，西岸的肇事者有四人被抓获，但东边的村寨却很难得到实际的补偿，事情不了了之。

不了了之的原因还有一个，当时这种事情太常见了。在洪水来临之时，把它引向对岸让另一边受灾，虽然是非常不道德的行为，但在那个年代，似乎已成为一些老百姓的常见做法。

一

1891年，北运河一段发生水灾后，西边的老百姓相对富裕，把自己这一侧的大堤重修加固，而东岸的村民们则因为

（左页）淮安漕运总督公署旧址

穷困，没钱修筑大堤。这个事情的后果是，在此后数十年内，西岸都免受水灾侵害，而东岸则几乎年年遭殃。更悲惨的是，东岸本身土地就向东倾斜，一旦发水，洪涛如入无人之境，侵夺农田，让东岸农民的生活雪上加霜。

防洪这种事情，怎么就成了老百姓自发组织的行为？官府就不能拨付款项加固堤坝吗？答案是“不能”。因为清朝末年，官府已经没钱了。1891年，治理黄河的中央财政经费被极大削减，1901年，这个命运又降落在了大运河头上。总体来说，清朝政府已经不愿意、也没有能力维持治水的经费了。

为什么在1901年，朝廷大幅削减运河的维护经费？还有两个历史背景：一个是在此之前，义和团运动中一部分漕运河道被截断，运河断漕成为一个既成事实；另一个则是庚子赔款，清政府需要每年支付赔款白银几千万两，必然要削减原有的经费预算。

随着经费的削减，曾经负责管理河道的机构和人员不得不裁撤。济宁以南的河段因为还相对保持畅通，所以保留了一些河营和管理机构；而山东北部的运河却再也无力维系。

朝廷没钱、没人，治水的责任便落在了地方官府头上。地方官府此时却在频频卖地。在聊城和临清等地，从1902年开始出现了此前难以想象的场景——当地的官员把运河河床作为农田来出售，曾经繁忙的运河河道里种满了粮食，而且是在官家合法出售的土地上种植粮食。此时，距离朝廷大规模削减运河治理的预算，仅仅过去了一年而已。

这种看似奇怪的举动，恰恰反映了地方官府的心态。维持运河的交通，必须要保证水源，而这样所带来的收益，远远不抵水灾隐患带来的治水开销。现在治水费用朝廷又不再支持，还不如让老百姓安心种田。当然，这样做还可以从私自开垦的土地中牟利，何乐而不为呢？

失去了朝廷的统一调配，把河道治理疏浚的任务交给地方，带来的另一个后果便是地方之间各自为战，难以形成合力。大家各扫门前雪，不管他人瓦上霜。这也就不难理解文章开头所讲的西岸人把东岸大堤给扒了口子的故事了。

二

我们很难想象，千余年来维持国家命脉的漕运，竟然在一朝一夕间便被抛弃得如此彻底。让我们放宽历史的视野，回到1855年，看一看改变漕运命运的一年。

1855年8月1日，黄河在河南兰考北岸的铜瓦厢决口。河水先流向西北，后改东北走向，从夺淮入东海摆回了渤海。

黄河改道带来的最直接影响，便是从山东东阿切断了大运河，令本来在山东一段条件尚可的漕运变得艰难。雪上加霜的是，这一带还爆发了捻军起义，清政府根本无力关注黄河改道带来的漕运问题。到了1860年代，叛乱得以平定，关于黄河以及运河的命运，开始引发朝中几番大讨论。

简而言之，有人认为应该让黄河回到故道上，有人则认为应该顺其自然，让其留在新的河道上。我们姑且把他们称为“故道派”和“新道派”，双方的争论有两个焦点，第一是经费，第二是漕运。

故道派认为，让黄河重新回到原有河道，可以重新利用既有的大堤，只需简单加固就可以承担起防洪的重任。而如果是留在新道上，那些现有的堤坝完全无法承受大洪水的冲击，必须靠朝廷出资修筑大量河堤。而且，黄河故道历经几百

“户部漕河工”银饼　清　中国国家博物馆藏

漕河祷冰图 清 黄钺 中国国家博物馆藏
大运河通畅与否很多时候取决于天时，一旦断航便无计可施。清嘉庆二十三年（1818）的《漕河祷冰图》就描绘了户部给事中陶澍沿运河南行视察漕运，行至露筋祠（在今江苏高邮）时因运河结冰而无法北还的场景，陶澍不得不向“露筋娘娘”祈祷。这一场景显示出清朝官员对于漕运通畅的掌控是很弱的，这也是清朝末期废除漕运呼声渐高的缘由之一。

年，已经相对稳定，而新河道的潜在危机则不可预测。

新道派则认为，回到故道能省下修建堤坝经费的说法站不住脚。黄河之所以决口改道，就是因为旧河床淤积过高，堤坝已经不堪重负。对旧河道进行疏浚，对原有的堤坝进行加固，在费用上不可能更节省。因此，“省钱”并不是一个合理的理由。

故道派旋即指出，让黄河回到故道，还能够加强对大运河的有效治理，恢

复正常的漕运。黄河改道之后，大运河与黄河的交汇点从淮安改到了东阿，一方面使得东阿到临清一段的河道干涸了，黄河的淤泥也会进一步影响山东北段的运河河道，另一方面也让多年以来在淮安治水的工程体系一下子失去了功用。

故道派拿出的不能让运河断漕的论据，看似非常有理。而新道派的观点可以用四个字来形容——置之不理。新道派根本没有认真去反驳关于运河通航的问

津浦铁路全图

题，因为在他们看来，运河能否正常通航，根本不重要。况且，有相当一部分人，早就想废除漕运了！

三

清末，通过漕运带来的收益已经无法弥补高昂的成本。这个成本有很大一部分来源于漕运的舞弊。漕运的水手中有不少是世袭的运丁，算是国家低级“公务人员”。当他们发现自己常规的收入不能满足生活时，就会利用权力盘剥沿线商人，并且在运漕粮的过程中夹带私货，沿线贩卖。甚至有的时候，他们会洗劫沿河的村庄，让沿线官民叫苦不迭。

运丁的所作所为，表明漕运体系从上至下的运行方式已无法适应时代变迁，不是整顿吏治就能简单解决的。因此，在不少人看来，漕运已然是强弩之末，不如趁着黄河改道的契机，彻底废止。

到晚清时，京城的粮食安全已经不太需要大运河来保障。自道光年间开始，海运漕粮的比重越来越高，太平天国占据江苏、浙江地区后，南方漕粮纷纷改道海路进京。随着上海、天津等港口的兴起，很多粮食和货物都可通过海路运往北京。海运技术的成熟、机械船舶的使用，以及路线相对稳定，使得海运比河运成本更低，更高效。洋务运动时，李鸿章兴办的轮船招商局承担了大量漕米运送的事务，到光绪年间，轮船招商局承运的漕粮达到了每年60万石。

这么一对比，运河的漕运显得非常“鸡肋”。1902年清政府裁汰运河机构和人员，结束了一千多年来的漕粮运输。尽管还象征性地表示：粮食不走运河运输了，但是运河的河道还是要维持。可现实是无情的，这些空话还没有落地，很多北方河段就迅速干涸了。

更重要的是，国家治理的重心，已经不再是运河。20世纪初，随着现代交通工具的发展，尤其是几乎和大运河并行的津浦（从天津到南京浦口）铁路的修建，大运河的漕运功能大都被现代交通方式所替代，根本不值得为其大费周章了。

整个国家的未来，当时看起来已经与运河流经的区域无关。随着近现代工商业的发展，沿海地区无论在经济上还是在政治上，对于清廷的重要性迅速增强。

维系封建帝国的统治，曾经是运河骄傲的角色，但是这个角色已经彻底让位于沿海的城市，以及这些新的商业口岸所承载的产业形态。

朝廷里最具话语权的掌权者们，大都是这些沿海商业勃兴的受益人，比如李鸿章。在上文提到的关于黄河是否改回原河道的争论中，李鸿章是坚定的“新道派”，也是最终拍板定夺的人。

从春秋时期的邗沟开始，到隋炀帝开通隋唐大运河，再到元朝连通京杭运河，这条流淌了两千多年的水道，竟然如此惨淡收场，着实令人唏嘘不已。

四

因漕运废弛遭受影响最大的是沿线的商人。如果河道不再通航，他们的商业活动几乎就要一夜归零。所以，山东一些地区的商人们组织起来，和当地政府合作，希望通过自身的投资勉力维持运河的畅通。

1903年，一些使用南运河的商人们同意，每年向政府捐资1.3万两，用于重新组建维护河运的机构和人员，规避曾经的漕弊问题。在济宁，因为当地官员私自把运河古道的土地卖给农民耕种，还引发了当地商人们的抗议。

清光绪二十七年（1901）七月初二，朝廷以时势艰难、财政匮乏为由正式下诏停止漕运，有着将近两千年历史的漕运制度寿终正寝。

但是，这些都是零星的事件，仅凭几个商人的力量，如何能扭转局面呢？随着津浦铁路的兴建，不少商人也很快抛弃了原有的阵地，转移到了济南等地。据说，今天济南城中一个区域的居民，便是20世纪初从聊城迁移过来的商人后代。

济宁、临清、聊城、德州、沧州……这些在大运河的孕育和滋养下曾经名闻遐迩的名字，随着漕运的废止，失去了往日的繁华。

不过，与其哀叹它们的命运，不如换个角度去想，世界上又能有哪个国家，哪个城市，因为一条运河，而兴盛了千年之久呢？

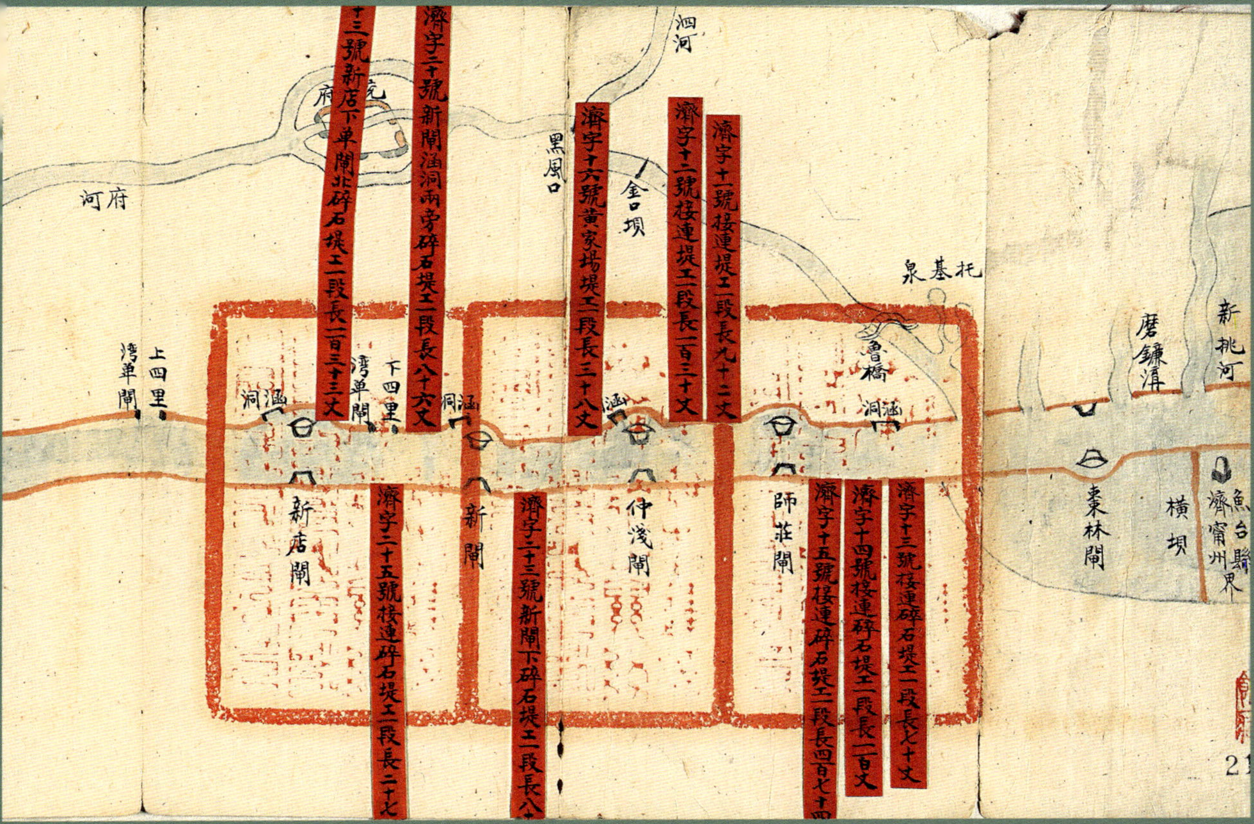

运河厅光绪贰拾叁年修筑济宁州汛运河两岸残缺堤工题估图 清 中国国家图书馆藏

清朝末年的治水经费

有统计表明，1850 年以前，朝廷的治水经费占总支出的 12%，到 1900 年左右，降到了 3%，1905 年更是降到了 1.38%。

各个省的治水经费也捉襟见肘。清道光年间，河南的治水经费每年有 150 万两多，而到了清朝末年，则降到了 40 万两。山东相比河南多一点，有 60 多万两。这还是总共的治水费用，如果仅就大运河来说，更是杯水车薪。1903 年，山东治理大运河的费用从前一年的 16 万两降到了 7.5 万两。

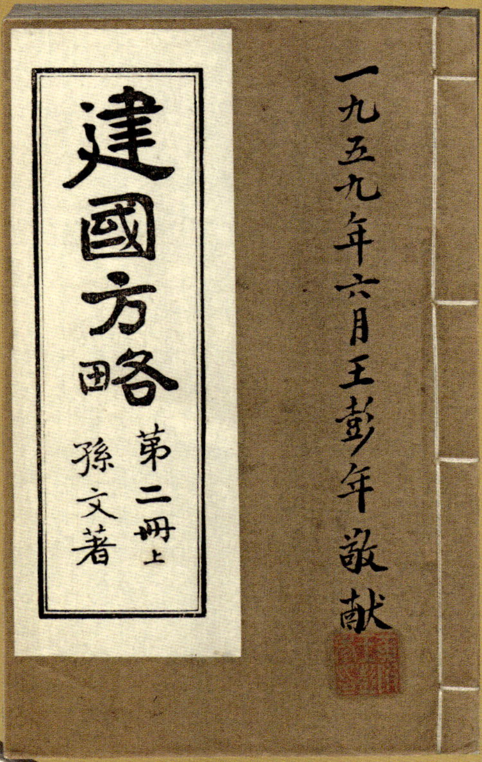
建國方略
第二冊上
孫文著
一九五九年六月王彭年敬献

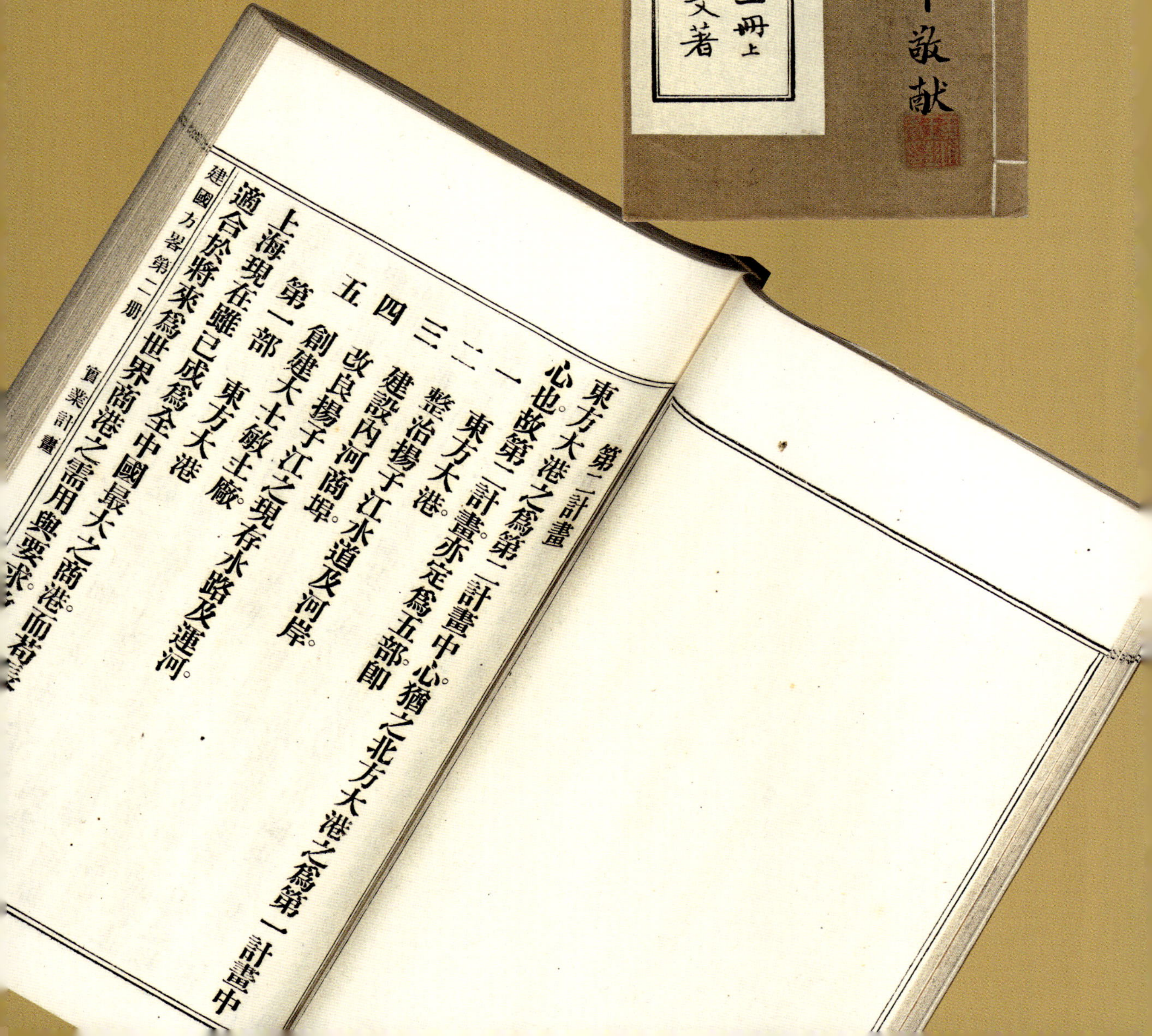
第二計畫
東方大港之爲第二計畫中心猶之北方大港之爲第一計畫中
心也故第二計畫亦定爲五部即
一 東方大港
二 整治揚子江水道及河岸
三 建設內河商埠
四 改良揚子江之現存水路及運河
五 創建大士敏土廠
第一部 東方大港
上海現在雖已成爲全中國最大之商港
適合於將來爲世界商港之需用與要求
建國方略第二冊
實業計畫

《建国方略》与民国工程

孙中山的《建国方略》将大运河的疏通列为重要工程，民国政府和张謇等有识之士也为疏浚和治理运河作了诸多尝试。但是，在正值内忧外患的华夏大地上，缺少一个强力的政府，无论多么宏伟的蓝图都难以变成现实。

一

1918年6月，在连续经历了“二次革命”、护国运动和护法运动等一系列失败后，孙中山住进了上海法租界莫里哀路29号。尽管处于政治生涯的低谷，但他依旧对中国的未来充满信心。在他的脑海中，已经勾画出了一幅庞大、完整的国家发展蓝图。孙中山开始提笔写作，两年后，他将自己对国家建设方方面面的思索作了全面的阐述。《孙文学说》《实业计划》《民权初步》三本著作，共同书就了近代以来最为宏大的国家建设叙事。这三部著作合称为《建国方略》。

顾名思义，三本书分别从心理建设、物质建设、社会建设三个方面，对中国的未来做出规划。其时正处于革命的低潮期，孙中山用自己的笔激励革命者，鼓励他们积极参与国家的建设——“夫革命事业，莫难于破坏，而莫易于建设”。

（左页）建国方略 民国 孙中山 中国国家博物馆藏
孙中山在《建国方略》之二《物质建设——实业计划》的第四部《改良现存水路及运河》中提出了整治大运河的构想。

在《建国方略》中，孙中山对国家交通体系非常重视，特别是在水利方面有着很深入的思考和精彩的洞见。他专门论及大运河，认为应该全线疏浚和复通：“千百年来，为中国南北交通枢纽之古大运河，其一部分现在改筑中者，应由首至尾全体整理，使北方、长江间之内地航运得以复通。此河之改筑整理，实为大利所在。盖由天津至杭州，运河所经皆富庶之区也。”

除大运河外，书中还提到了要开展黄河、淮河的治理，开辟新的运河，建设导淮入海、入江工程，设立国际港口，等等。在孙先生的脑海中，未来的中国将是一个拥有完善水运体系的国家，这些河道和港口将是国富民强的基石。

《建国方略》内容丰富，气势恢宏，在细节上又体现出孙中山对国家、对人民细致入微的情感和敏锐的判断。不仅是孙中山，民国时期有许多有识之士都深知大运河对国家的意义，并奋战在疏浚甚至重新贯通大运河的事业中。无论是山东、江苏的运河治理工程，还是导淮入海工程，都在不约而同地践行《建国方略》的理念。

《中国水利问题》，李书田等人著，商务印书馆1936年出版发行。该书是中国第一部按流域阐述水利历史沿革、自然概况、治水方略等问题的专著。由于当时水旱灾害连年发生，治水成为迫切的国家要务，而各流域雨量、地形、河道分合、历史沿革差异很大，李书田等水利专家认为要解决全国的水利问题，应该按照不同流域各自的特点分头治理。当时的权威水利专家和相关流域的学者都参与了编写。

二

民国时期，由于现代交通方式的发展，铁路、海洋迅速替代运河，成为南北交通的主要通道。大运河在济宁以南尚可通航，济宁到临清的会通河一段不仅干涸，甚至被老百姓占作了农田。

在李书田等人所写的《中国水利问题》一书中，对当时大运河的现状有着精辟的总结：北平至通州一段“旱季浅处水深仅半公尺，舟楫遂不复通行”；北运河“自清季平津铁路告成，此河交通骤形减色”；卫河“因地势平衍，河流易变”；会通河“漕运既废，河身干涸……已尽为麦田矣”；江淮之间“犹能保持残喘”；江南运河“河身淤塞日甚，非根本筹治不能为功矣”。总之，大运河每个段落都有各自的困境。

因此，恢复这些历史上的航道是“实有必要”的。1933年，负责华北、黄

美国及中国各水利局专家　万金红提供

山东南运河筹办处职员　万金红提供

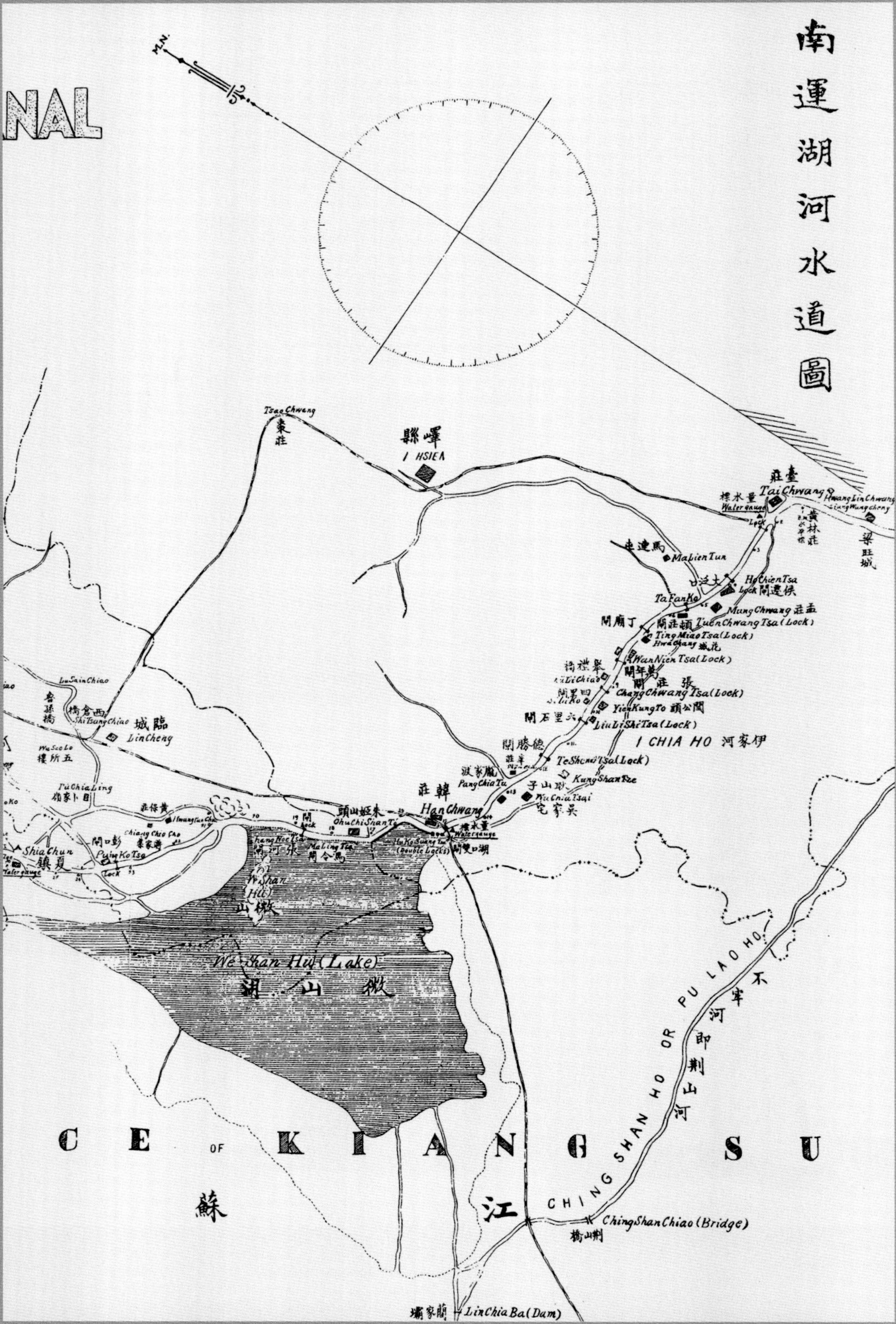
南運湖河水道圖
NAL
M.N.
I HSIEN
Tai Chwang
Water gauge
Lock
Ma Lien Tun
Ta Fan Ko
Mung Chwang
Tuen Chwang Tsa (Lock)
Ting Miao Tsa (Lock)
Wan Nien Tsa (Lock)
Chang Chwang Tsa (Lock)
Yien Kung To
Liu Li Shi Tsa (Lock)
I CHIA HO
伊家河
Te Sheng Tsa (Lock)
Kung Shan Tze
Pang Chia Tu
Han Chwang
韓莊
Hu Kou Suang Tsa (Double Locks)
Lin Cheng
臨城
Shi Tsang Chiao
Shia Chun
Puin Ko Tsa
We Shan Hu (Lake)
微山湖
CE
OF
KIANGSU
江蘇
CHING SHAN HO OR PU LAO HO
不牢河即荆山河
Ching Shan Chiao (Bridge)
荆山橋
Lin Chia Ba (Dam)
藺家壩

南运湖河水道图

河、导淮、太湖的四个水利机关，会同河北、山东、江苏、浙江四省的建设部门，共同商讨如何恢复运河的工程，提出了一系列的方案。

第二年，山东省建设厅专门在聊城设置工程局，并征召大量民工，重新疏浚了会通河黄河以北到临清段。会通河治理的目标是实现引黄济运，并完善沿线的农业灌溉。可惜没过几年，日军占领了聊城，运河治理计划也就半途而废了。

对于山东运河的治理，其实早在《建国方略》发表之前，就有人进行了深入调查和思考。1914年，在潘复的统筹下，山东成立了南运湖河疏浚事宜筹办处，并组织了沿河的实地勘察测量，提出对山东段南运河的整治计划。潘复的这段故事在本书第五章“运河人物”中有专门讲述。很遗憾，他的宏图大业也因为纷乱的政局而胎死腹中。

三

让我们把目光再投向江苏。江苏由于地处南北运河之中，又有淮河入海的要务，一直是水利治理的重点省份。围绕江苏的运河以及导淮工程，国民政府也作了很多尝试。

1914年，江北大旱，运河干涸，负责江苏民政事务的韩国钧组建筹浚江北运河工程局，召集里运河地区的士绅会商，开展里运河的整治疏浚，由江苏省政府内务司长马士杰任总办。到1920年3月，筹浚江北运河工程局改组为督办江苏运河工程局，由江浙两省水利会会长张謇、副会长韩国钧担任正副督办。

在运河工程局的统筹下，江苏开展了一系列的运河治理工作。这个时期的工程主要是修补漏洞，处理险情。春季时，趁着水量较少进行赶修，在夏天雨季之前做好防灾减灾的准备。但因为资金筹措不易，少有真正的疏浚工程。马士杰创造性地采取了以工代赈的办法解决经费短缺问题，比如1914年江北饥荒，政府划拨专门经费，请饥民疏浚河道，工程劳酬同时也作为赈灾款发放。

与此同时，江苏还注重水文测绘和人才培养。在《治运筹备概略》中，马士杰将其主要工作成绩总结为“筹款、实测、储才、购置”。通过30多个月的实地勘测，“清江以下南至于江运堤以外，东至于海以及归江各坝之河道，下河归海各县之河流海口”范围内的河道和水利情况都得到了细致勘测，并编制成图。

江南运河的治理还采用了现代化的机械手段。江南水利局在成立之初便购买了价值18000元的连珠式挖河机器一架，每天可以挖泥沙万余石；到1935年的戚墅堰运河工程，更是全程机械参与，动用挖泥机船1只，运泥船7只，显示出水利技术的不断进步。

总体而言，无论是苏北还是苏南，在民国时期持续不断地对运河进行疏浚和治理，以确保航运和农业灌溉。这些工程取得了一定效果，体现出政府对民生的关注，但是这些项目并没有达到预期的目标，主要还是与政府的执行力，以及时局不稳的大环境有关。

民国初年到抗日战争前的20年间，军阀各派势力争权夺利，军事政治争斗不休，社会生产遭到极大破坏。江苏地方政府即使有心治理运河，但限于行政资源和资金短缺，始终不能持续进行工程项目。即使筹集了一些经费，也经常被挪作他用。另外，江苏的南北两部分也未能实现全省统筹，苏南苏北未能形成联动，本来就有限的行政资源得不到充分利用。

四

民国时期水利治理的另一个重点是导淮入海。1855年黄河向北改道后，被黄河侵扰数百年的淮河因淤积破败，堵塞了出海口，不断发生洪涝灾害。清朝末年，以爱国实业家张謇为代表的有识之士提议开展导淮入海工程。张謇是近代中国以科学方法规划治水的先驱。1911年，他自费组建了30多人的测绘队，开始测绘淮河水系，留下了大量的以导淮为主的设想、规划、方案等文字，以及测绘图纸等资料。

1938年，国民党政府下令扒开郑州花园口黄河大堤，黄河改道向南，洪水漫流，灾民遍野。直到1947年，黄河才回归北道。这也是黄河历史上最后一次重大改道。

张謇虽然成长于传统文化环境，但思想开放，积极接纳新技术和新理念，倡导实业救国，是中国近代民族工业和教育业的奠基人。他深知水利事业是国之根

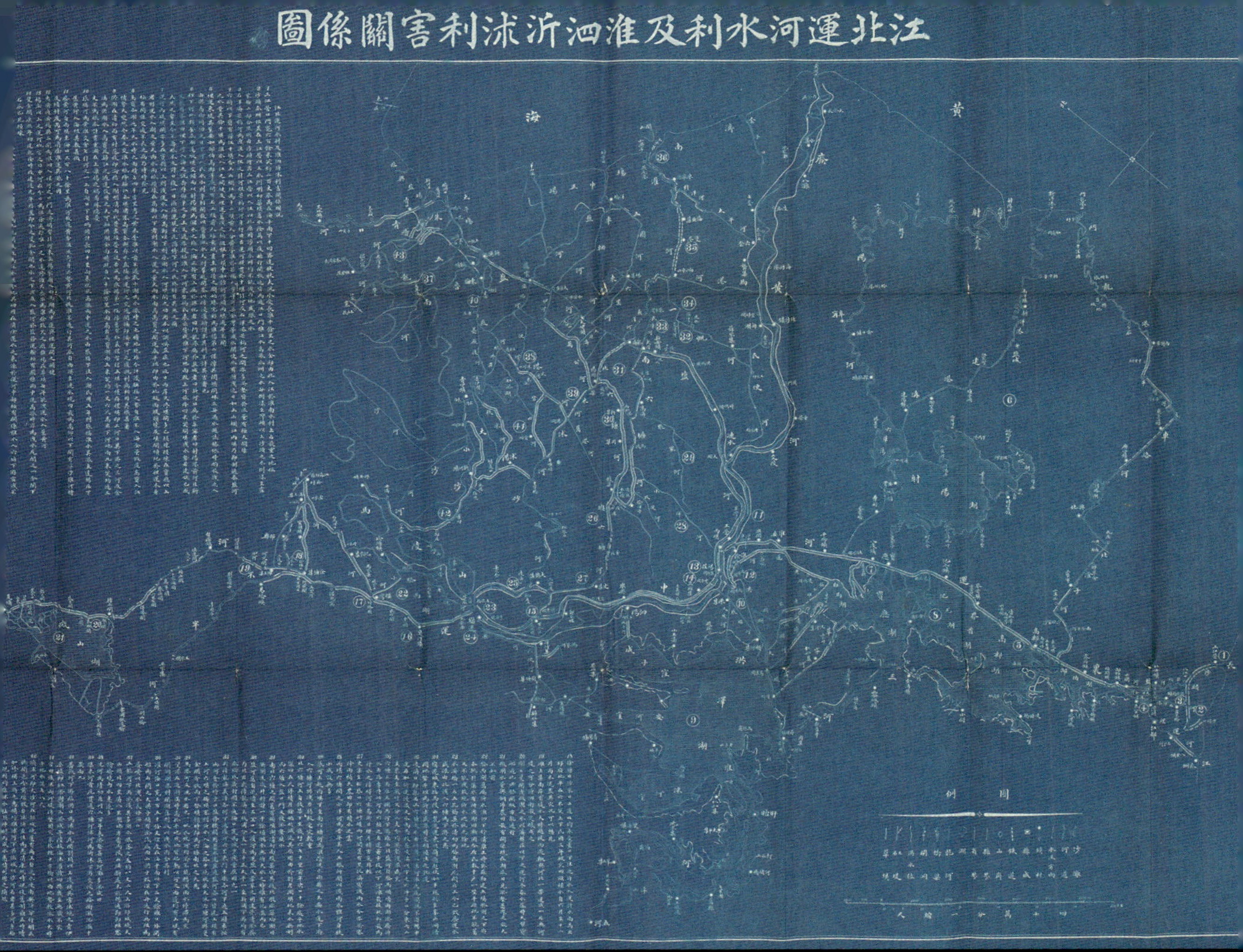

江北运河水利及淮泗沂沭利害关系图 民国 中国国家博物馆藏

民国时期对北运河及高邮、宝应诸湖的精确测绘并附图说，1916年由时任全国水利局副总裁的潘复勘察审定

本。民国初年，张謇在兴办实业的同时持续关注水利事业，先后担任水利总长、水利局总裁等职位，导淮工程是其毕生致力的事业。

张謇逝世后，他所心系的导淮工程于1929年正式提上日程。在当时的《导淮工程计划》方案中，淮河的洪水可以从长江和东海分别宣泄。入江一线，由洪泽湖三河闸下泄至邵伯入运河，再入长江；入海路线则选择废黄河故道。根据测算，如果工程顺利，淮河下游5000万亩耕田可以免受洪水威胁，其中2000万亩

“运河支队”的抗日故事

在20世纪上半叶，大运河对国家的贡献，不仅因其扮演了服务国家建设（尽管没有最终实现）的角色，而且还在抗日战争期间留下了浓墨重彩。生活、战斗在运河两岸的中华儿女，用血肉之躯守护着自己的家园，为最终的胜利建立了不朽功勋。其中有一支队伍专门以运河而命名，这就是活跃在苏鲁边界、运河两岸的“运河支队”。1939年9月，八路军一一五师到达鲁南后，将活动在运河两岸的几支地方武装组织起来，实行统一领导，于1940年1月1日在山东省枣庄市周营镇正式成立“八路军一一五师运河支队”。“运河支队”是由罗荣桓元帅亲自命名的。这支队伍从最初的1500人，到1945年8月进行对日大反攻时发展到3000人。在抗日战争中，运河支队在党的领导下，与铁道游击队、微湖大队团结协作，战斗在运河两岸、微山湖畔，共毙伤、俘获日军近千人、伪军4000余人。运河支队还完成了护送刘少奇、陈毅等中央首长的任务，并掩护1000多人通过秘密交通线到达延安。

运河支队雕塑

能够得到淮河水灌溉。应该说这个设计本身是合理的，但施工过程中却因为国民党政府的腐败而导致款项被贪污，本来1500立方米每秒的入海道标准，减少到了485立方米每秒。关键的三河闸工程一直到1937年日军逼近洪泽湖时仍未完工。最终，导淮工程在内忧外患中夭折。

五

1920年，《建国方略》出版。孙中山对国家和民族的热忱之心，通过洋洋洒洒、细致入微的数十万文字一点点抒发。但他也深知，在整个中华文明处于历史黑暗的时刻，在国家建设还在步履蹒跚的当时，自己有生之年注定无法看到书中描绘的国富民强愿景。

1925年3月，孙中山在北京病逝；1926年8月，张謇在南通病逝。在那个时代，两人对国家发展强盛的理念和实践似乎都有些超前。无论是张謇的实业救国，还是孙中山恢宏的国家建设方案，都有那么一点点不切实际。在内忧外患的华夏大地上，缺少一个强力的政府，无论多么宏伟的蓝图都难以变成现实。他们这些理想要得到真正实现，还要等到多年后的新中国了。

大运河的命运也是如此。

尽管民国期间曾有过许多重新贯通运河的努力，但都半途而废。1938年，国民政府为了阻止日军西进，竟然在郑州附近的花园口掘开黄河大堤，使黄河改道，注入淮河，造成河南、安徽、江苏大面积的黄泛区，无数百姓付出了生命和财产的代价。但这不仅没有改变武汉失陷的结局，还直接造成了数年后的大饥荒。

曾经为了缓解淮河流域洪涝而施行的民国导淮工程，最终也以这样的诡异而讽刺的结局成为了历史。

新中国与大运河的重生

新中国成立以来，大运河扮演的角色更加多元化，不仅承载着南来北往的货物，还承担了守护人民生命财产安全、服务农业灌溉生产的新任务。大运河与中国一样，在新的时代实现了重生。

新中国成立后，国家百废待兴，治理水患、保障人民生命财产安全，成为共和国政府担负的重要使命。

率先启动的“引黄灌溉济卫工程”，是新中国第一个大型引黄工程，在黄河下游河南武陟县的堤防上开口引水，至新乡市汇入卫河，改善了这一地区的农耕条件，让黄河变害为利，也给了百废待兴的新中国水利建设以极大信心。这一工程也被赋予了更响亮的名字——人民胜利渠。

有了这样的成功先例，国家对运河的治理也信心十足。从第一个五年计划起，国家就把京杭大运河航道开发和治理列入重点规划。1958年，交通部和河北省、山东省、江苏省、浙江省成立了大运河建设委员会，提出了一个宏伟的计划——重开京杭大运河，到60年代实现全线通航，让2000吨的大江轮能从杭州直达北京城。虽然这一蓝图因不切实际最终没有完全实

（左页）徐州邳县大运河工地 1959年 晓庄摄

一定要把

三河闸竣工典礼 晓庄摄

1951 年，毛泽东主席发出了“一定要把淮河修好”的号召。三河闸是导淮入江的口门，这张照片记录了 1953 年竣工典礼时的欢庆场面。

现，但很多点段因此加深、加宽，便利了航运。

如果说在封建时代，大运河在其沿线对待水资源的根本做法是攫取，那么新中国治理运河的方式则是利用。“利”不是帝王之利，而是人民之利。前者是将沿线的水源都截断、汇聚起来，用以保证航运畅通；后者则是综合考虑水源使用的途径，妥善处理蓄水、泄洪、灌溉的关系。治理大运河的目的不再是维系其畅通以满足统治者的需求，而是逐步建立一个平衡高效的水利体系。

在这一背景下，运河整治有计划地开展。但因为资金、技术条件有限，贯穿南北的大运河不可能在朝夕之间旧貌换新颜。整治工程是一步步进行的。

一

江苏一直是水利治理的重点地区。在这里，治水工作最优先考虑的是防洪。因为历史上的不当使用和晚清民国时期的疏于管理，以淮河为代表的江苏自然水系留下大量残破的堤防，洪水漫决的场景时常发生。

1950年夏季，淮河流域发生了特大洪涝灾害。河南、安徽两省共有1300多万人受灾，4000 余万亩土地被淹。在毛泽东主席的指示下，10月14日政务院颁布了《关于治理淮河的决定》，提出了“蓄泄兼筹，以达根治之目的”的治淮方针。11月3日，周恩来总理主持政务院第57次会议时指出：“尽管长江、淮河、黄河、汉水都有水灾，但是淮灾最急，是非治不可的。”当时正值抗美援朝关键时刻，国家财力有限，有人提出可否暂缓。总理怀着对苏北人民的深厚感情说：“苏北人民在战争期间，响应党的号召，上去那么多人，流了那么多血，出了那么多烈士……我们应该支援他们。”他召开专门会议，批示拨出治淮工程款原粮4.5亿斤，小麦2000万斤。有了粮食的保障，治淮工程顺利开工。

1951年5月，毛泽东在《人民日报》上发出号召：“一定要把淮河修好。”这再一次给治淮工作以极大的鼓舞。治理淮河的一系列工程中，江苏集中加固了里运河河堤，对洪泽湖、骆马湖拦洪蓄水，兴建了苏北灌溉总渠。大运河与洪泽湖、骆马湖、微山湖等湖泊之间形成了良性的互动关系，既能够有效控制洪水，又能够利用三大湖调节水量、供给灌溉。在民国时期谋划多年但最终失败的淮河

（左页）淮河入海水道大运河立交工程 缪宜江摄

入海工程终于在和平年代实现了。

洪涝初步得到控制后，运河水逐步被引导来滋养农田。里运河、中运河等河段在保证水源的基础上实现了更高水平的灌溉。由水利、交通部门投资，陆续兴建了配套工程，陆续挖深、拓宽运河航道，并逐步实现了运河梯级控制。通过沿线江都、淮安等抽水站，实现了江水、淮水北调，为把淮北建成商品粮基地提供了条件，使得数百年来深受“保运”政策影响的淮北农业彻底改观。

与此同时，改善大运河的交通功能也成为关乎国计民生和地方经济发展的重点。作为明清两代最重要的运河节点，淮安在新中国也成了运河治理的风向标，其通航效果更是牵一发动全身。新中国成立后，淮安工农业生产和人民生活必需品中的五分之四都要靠水上各类船舶来运输。但淮安河段河道窄、弯道多、暗滩多、水位浅，严重阻碍大吨位船队的通行。为此，从1958年起开启了京杭大运河扩建工程，对淮阴、淮安段进行截弯取直，另辟了一条运河。七万多民工投入到了这项工程建设中，完成土方1937万立方米。1959年底竣工后，曾经卡住大运河“脖子”的这一段落的通航能力大大提高。

改革开放后，江苏运河的治理更上层楼。亚洲最大的水上立交——淮安枢纽工程的建成，可谓是新中国运河治理成就的标志性事件。这项工程实现了淮河入海水道与京杭大运河的交叉，既可维持运河的正常航行，又满足了淮河入海水道泄洪以及周边地区的排涝，其意义堪比当年的清口枢纽。

在保证防洪、灌溉、通航的基础上，江苏对生态环境也有了更多关注。生态护坡的建设，在运河沿线因地制宜的绿化，改善了沿线人居环境，实现了经济效益与社会效益的双赢。

二

山东在当时也是运河疏浚整治的重点地区。

新中国成立初期，黄河将山东境内的运河一分为二，黄河以北长265千米，以南长264千米，几乎是各占一半。但这长度相当的两个段落，无论在水源基础还是整治难度上都大相径庭。济宁以南的水源相对充足，经过数次整治后维持了

苏北导沂整沭工程平面图　20世纪50年代　中国国家博物馆藏

航运功能。济宁以北段在历史上就以缺水著称，新中国成立之后，航运功能不断萎缩，20世纪70年代后，这一段落再也见不到通航的船只。因此，山东境内的治水，根据水源条件，不同段落各有侧重。

国家第一个五年计划从实际出发，适当改变了运河航道原线路。新规划的大运河航道里程短、工程量小，综合考虑灌溉、排水、发电、工业、城市用水等的利用。山东境内的位山枢纽、东平湖蓄水工程是这一段落的关键。位山枢纽工程旨在解决运河穿黄的难题；东平湖泄黄河水30亿立方米以上，旨在解决山东境内运河用水；微山湖西侧有泄洪深槽，宜于航行，因此大运河的航道由曾经的微山湖东侧调整到了湖的西侧。

在黄河以北，临清到聊城段的运河治理以抗洪排涝、引黄灌溉为主要目标，城市内通过改善水质等工作，提升了城市景观。黄河以南的运河治理，则要兼顾排涝、灌溉和通航功能，同时也要呼应黄河和淮河治理大局。

比如为替代济宁和梁山之间古运河而新开挖的梁济运河。1959年，为改善黄河以南至南四湖段的通航，开始挖掘梁济运河。这条新运河从梁山县开始，流经梁山、汶上、嘉祥、济宁任城区，在李集村西南注入南阳湖，全长87.8千米。经过十几年的工程建设，梁济运河于1970年正式通航。梁济运河主体位于古运河西侧，沿东平湖，经过梁山，穿越南旺湖洼地，沿线流经黄河到南四湖之间的低洼地带，利用了地形特点，将沿线的河湖勾连起来。这条运河既满足了航运需求，同时“解放”了南旺湖、马踏湖、蜀山湖等当年为支持南旺枢纽而设置的水柜，使它们可以支持农田灌溉。不过，后来因为河道淤积、入黄船闸达不到黄河防汛要求，梁济运河在今天已不通航。

治淮纪念章

治淮委员会章

20世纪50年代 中国国家博物馆藏

三

除了江苏、山东等地之外，运河沿线各个省市都实施过因地制宜的项目。比如北京的两大水库与两大引渠工程。新中国成立后，作为首都的北京需要迅速提升工农业生产水平，改善城市生活环境。从1951年开始，北京陆续修建了官厅水库和永定河引水工程，后来又建成了密云水库和京密引水工程。这四个工程作为首都供水的心脏和动脉，为城市建设提供了坚实保障。另外如北京、天津之间的北运河，也通过规划修整，在一段时期里恢复过水上运输，为工业生产和客运提供了保障。

总体来看，在21世纪之前，大运河对于国家而言主要还是作为航运、灌溉的重要基础设施，服务于关系国计民生的核心行业。改革开放之后，虽然公路和铁路交通都取得大规模发展，水上的货运仍是中国东部各类物资流通的主要方式。在江苏和浙江，因运河水滋养孕育的江南，仍保持着全国最繁荣地区的角色，经济富足，文化发达。

> 今天我们所谈论的大运河，既包括从古流淌至今的运河，也包括新中国以来形成的新运河水系。古老的运河逐步走入百姓的生活，并在文物专家的呼吁下，被更好地保护，焕发出新的活力。新的运河则延续着重要航运体系的功能。

应该说，新中国时期，大运河扮演的角色更加多元化，不仅承载着南来北往的货物，还摇身一变，承担起守护人民生命财产安全、服务农业灌溉生产的新使命。还应该看到，大运河是始终处于变化之中的。很多沿线城市在运河旧河道之外采取绕城等方式开辟新的河道，便利了航运，也赋予运河新的面貌和内涵。因此，我们今天谈论的大运河，不只是古代的运河，也包括新时期形成的新运河水系。

随着运河治理的深入，以及人们对美好生活的向往，大运河在改革开放后，尤其是21世纪以来，又进一步深入百姓的日常生活和精神领域。大运河成了城市和乡村景观的重要组成部分，大运河的文化遗产价值不断被关注和保护。21世纪初，以“运河三老”郑孝燮、罗哲文、朱炳仁为代表的许多专家学者开始动议大运河申报世界遗产，这条流淌了两千五百年的运河，再次升华了自己与国家之间的关联。运河在今天与未来如何进一步焕发新生，我们将在本书的最后一章——“运河未来”中讲述。

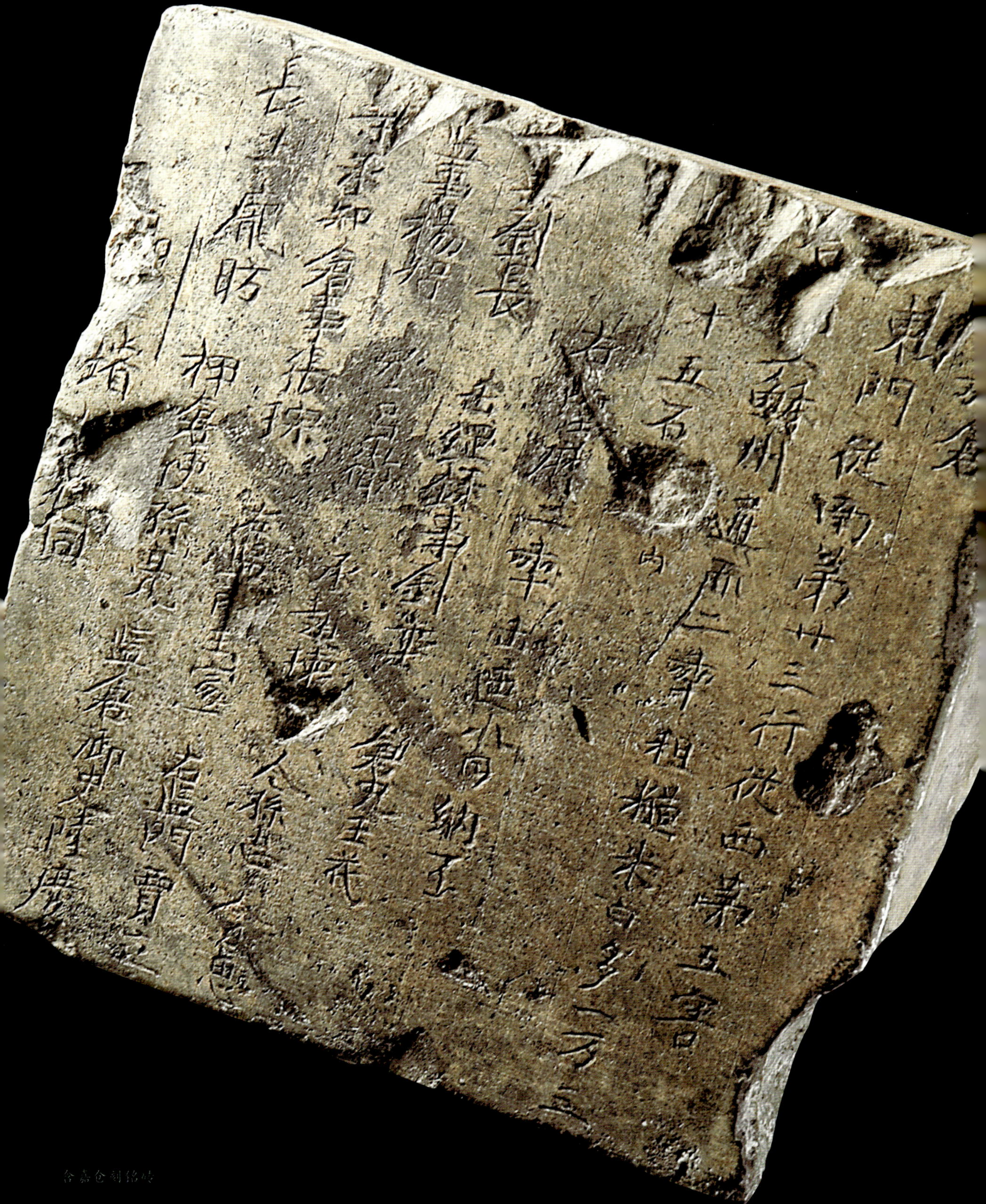

含嘉仓刻铭砖

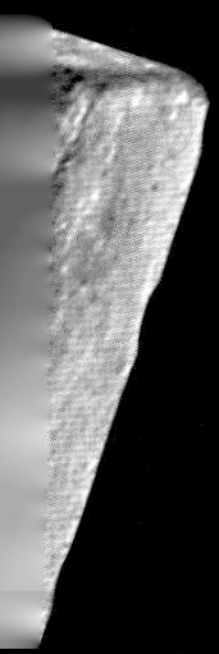

第二章 运河工程

陶船
东汉
1954年广东省广州市先烈路出土
中国国家博物馆藏

纵贯南北的大运河，是中国人适应空间地理、利用自然山水，不断求知、探索和创造的成就。它依靠的是最普通的材料——土、石、铁、木，造就的却是最精巧复杂的工程体系。在恢宏的规划视野、丝丝入扣的工程设计和精益求精的施工组织之下，大运河的河道不断疏浚，堤坝日渐稳固，水上遍布设计精妙的桥、闸和做工精良的船只。因为有了南旺分水枢纽、清口枢纽等工程，再起伏的高差，再汹涌的江河，也拦挡不住往来的漕船。即使风雨不顺，沿线的仓窖也可以将漕粮稳妥安放，不易损腐。大运河的工程是复杂的，也是简单的。说它复杂，是因为各种创造性的工程实践很难用浅显易懂的话语来描述；说它简单，则是因为，它就是中国人接受着自然馈赠，并同自然对话的智慧结晶。

纵贯南北的运河规划

大运河的规划，是在社会需求与自然赐予和约束之间，在恢宏的规划理念和重重现实挑战的磨合甚至妥协之间，在能工巧匠的智慧和一次次的“试错”之间，不断适应自然、利用自然甚至改变自然的尝试与探索。

在许多示意图上，大运河都会被画作是一组连接北京、杭州、洛阳的完整线路。作为示意图，这种画法并没有错，但也会给人以误解。大运河并非自始至终都是一个完整、统一、持续的单一河道。相对于恒定，变化才是它更鲜明的特质。

大运河不是一次性完成的工程。它纵贯南北、横跨东西的恢宏尺度，是由许多点段组成的河道体系，其中有自然的河流、湖泊，也有人工开凿的段落。这些点段形成的历史时期各不相同，即使在同一朝代之内，同一段漕运也可能不断变换着行进的路线。

1890年，斯蒂芬斯·吉恩斯出版了《世界各国的水道和水运》一书。在书中谈到中国大运河时，他坦陈："就许多方面来说，世界上最值得注意的是中国的大运河。它也是所有其他运河中，我们了解得最少的。"吉恩斯提出了一个非常精辟的观点，即使到了今天，要真正了解大运河也是很难的。

因为与西方那些一次性开凿的运河相比，中国的大运河更是一个历经两千多年的集体智慧的成就。它的规划与工程实践，面对的是许许多多世界性的难题，需要用超凡的聪明才智和实践力去通盘谋划，逐一解决。

一

大运河工程体系之中，最直接的规划要点是解决与自然水系的关系。

我们常说大运河贯穿了海、黄、淮、江、钱塘五大水系。更为全面准确的说法，还应加上一句话：并最大限度地利用了这些水系。

在明代，大运河沿线每个段落都有自己的俗称，白漕（北运河）、卫漕（南运河）、闸漕（会通河）、河漕（茶城至淮阴西南口之间黄河漕运段）、湖漕（淮安至扬州段，因借沿线众多湖泊行运得名）、江漕（长江运道湖北至南京）、浙漕（江南运河段镇江至杭州）。很多俗称都得名于自然水系，可见后者对运河影响之深刻。

在现代测绘技术还没有诞生的过去，选择最优的运道走向、最合适的工程节点，主要凭着人们对自然河道习性的经验判断。比如，隋炀帝开凿通济渠时，避开了此前连通黄河和泗水的古汴水，从浚仪（今河南开封）古汴水河道出来，另寻其他河道，最终在盱眙进入淮河水系。这个打破历史定规的选线，为的是让运河"避繁"和"避险"。避繁是指旧体系必须沿着古汴水至徐州进入泗水，然后再从泗水入淮，绕了一个大弯，而新的河道路线则更直、更短；避险是因为旧路线在泗水进入丘陵地带，遇有徐州洪、吕梁洪等险滩，因此新开辟的通济渠相对更为安全。

对自然水系的利用，在具体河段的表现各有不同。比如通济渠西段要从洛阳进入黄河，先是引谷水、洛水，绕洛阳城后，再到偃师进入洛水，最后从板渚

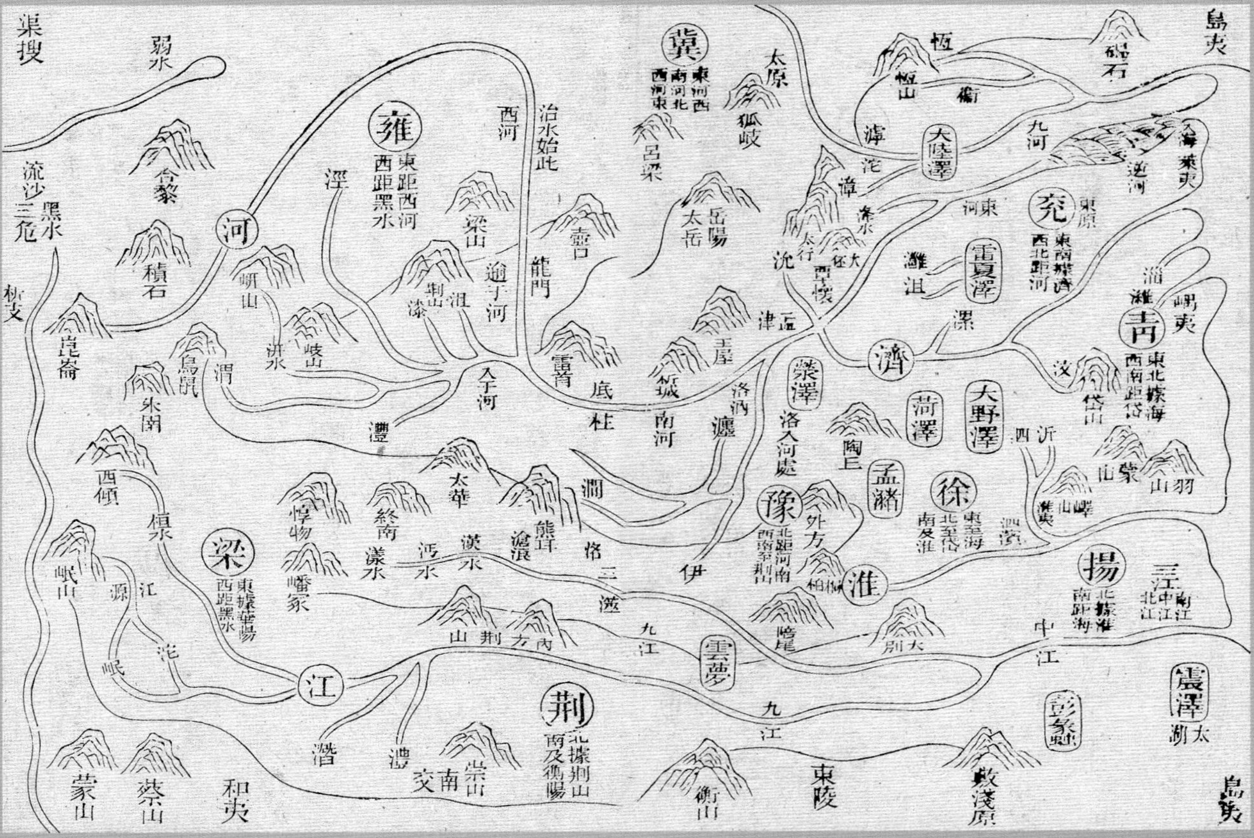

禹贡所载随山浚川之图 南宋 大连博物馆藏

该图主要表示了禹贡九州和宋代州郡的山脉、河流、湖泊等要素，对一些重要地名及九州界线都注有文字说明，可作古今对照。

（今河南荥阳）进入黄河。再如北宋淮扬运河一段，在北端的末口进入淮河后，还要溯淮河西行15千米才能进入泗水，这一段河道弯急水悍，漕船屡屡遇险。宋代治水能臣们便尝试避开这段淮河运道，在淮河以南先后开通了沙河、新河、龟山运河等运河。

综上可见，“运河沟通五大水系”的说法看似简单，但也是人们根据自然地势特征将不同水系连接在一起而付出大量智慧的结果。

三

三の卅八

江蘇省江北運河工程局代電　芭運會字第　　號

4350

遵存　五、廿五、

事由：為電催迅籌帶征治運經費五億元匯局以應工需由

贛榆縣縣政府案查前奉江蘇省政府(36)府建一字第一〇一八七號亥江代電飭知各該治運有關縣份於編製三十七年度預算時列入治運經費預算五億元一案業經本局於三十六年十二月九日以運會字第三一六七號亥佚代電特飭該縣遵照省令辦理在案茲以時屆春季運堤東西兩岸固應急需趕修而特聯又屆汛漲防汛工作更為重要惟此項工程經費為數達六百餘億曾經本局電請省政府撥款并請特飭有關各縣迅速籌措治運經費五億元派員分別守提以濟工需在案茲奉(卅七)府建字第一七〇一號指令開「代電悉已據情特飭治運有關各縣迅速籌措匯交該局濟用矣仰即知照此令」等因奉此除分電外合行電仰該縣迅將治運經費五億元即日籌匯本局以資工用勿延為要江蘇省江北運河工程局卯參印

監印
校對 張允鎏

二

路线的选择借助自然河道之利，关键的工程则是要克服自然地理之弊。大运河沿途一系列伟大的工程实践，本质是为了解决自然地理条件的制约因素。简而言之，大运河工程规划要解决的两个根本问题，一是水源，二是水道。

中国东部平原属于典型的温带季风气候，夏天多雨，冬季干旱。因此沿线主要水系的季节性也颇为一致，夏季泛洪，冬季干涸。对运河而言，最基本的要求是既要保证充足的水源，又要确保不会因为水量过大而造成水患。因此，几乎所有的运河河段都面临着如何平衡“聚水”和“泄洪”的问题。

比如通惠河，最初以卢沟河为水源，但卢沟河含沙量过高，不便行舟。元朝郭守敬的西山引水工程另开源头，补充了通惠河的水量，是当年最具创造性的工程代表作。又比如黄淮流域，黄河在汛期洪水滔天，在枯水期又干涸萎靡，曾有过以其他支流替代黄河作为水源的尝试。

再比如山东的水源问题。会通河的水源最初主要依靠汶水和泗水，这两条河的特性与黄河极为相似，旱涝两季分明，因此每年春天漕运最繁忙的时候反而是最缺水的。而鲁中山地又使难得汇聚的水源面临如何有效分配的问题。明朝初年在会通河上实施了一系列的工程，包括修筑戴村坝增大汶水的支援力度，开掘和汇聚上百条鲁中山地的泉源，设置沿线水柜调节冬夏两季的水量，建设南旺分水枢纽确保北方运道的通航等。这组复杂、系统工程的谋划和设计，需要对当地自然地理条件极为熟悉才能实施，民间的智慧为此做出了巨大贡献。

> 大运河要保持贯通，面临两大自然方面难题：
> 水源——北方水量少，降水随季节变动，黄河含沙量过高。
> 水道——要翻越起伏的丘陵，穿越汹涌的江河。

要实现纵贯南北，京杭大运河还要翻越起伏的丘陵、穿过汹涌的江河。

河道并不水平，沿线高程几番起落，也就有了解决高差的堰、埭、单复闸的发明。会通河又被称为闸河，沿途遍布三十多座船闸，漕粮船队一点点通过提升的水位爬升，经过南旺枢纽后再一点点下降，周而复始，翻山越岭。

穿越一条奔腾的江河总是充满艰险，更不要说同时穿越两条。清口水利枢纽

（左页）江苏省江北运河工程局为催治运经费五亿元致赣榆县政府的代电 民国 中国国家博物馆藏

就遇到了世间罕见的江河平交格局。中国人创造性地发明了“束清刷黄”的方法，用一道道水工设施，赋予淮河力量，抵御黄河侵扰，护卫漕运安全。

大运河是工程智慧的结晶，既因为它具有复杂精妙的工程设计，更是因为实现这些设计的，是取自身边的、最简单的材料——土、木、铁、石。

开挖、疏浚河道，用最简单的铁锹和木杴，用竹筐搬运。筑造堤防，用挖挑出来的黄土配以沙石，用大石或铁盘夯实。加固河岸，用青石砌筑，或植下榆柳，让树根与河堤盘根错节。建造船只，用上好的木料和坚固的铁钉。一道道灵活的船闸，是石木配合而成；一座座便捷的桥，也是木工与石工的智慧表达。错综复杂的清口枢纽，纵然眼花缭乱，也不过是由最基本的土木铁石拼合而成。

可见，大运河的工程智慧，就是中国人接受着自然馈赠，并同自然对话的智慧。

三

大运河杰出工程规划成就的背后，也有军事、政治层面的因素。

回顾历史，因军事目的而开凿的运河，往往时效性强，但持久性弱。夫差的邗沟、曹操的华北运河、杨坚的山阳渎，都因规划相对仓促，后续难以持久。即使后世重开，也需要重新选址规划。隋炀帝和永乐帝所开凿的全国性运河，则在军事基础上进而通盘考虑了各种政治因素，不为一时一事，放眼千秋万代。

在政治层面，大运河另一个突出特点是朝廷的统筹力。所有的开凿和维护都是由朝廷统一策划施行，包括选择路线、疏浚工程、加固堤防、建立漕运制度等，都是那些工程杰作能够不断演进的基石。这种由中央统筹的规划模式从隋炀帝时代一直延续至清，在今天还有影响。

但需要承认的是，大运河的规划建设，在工程与技术、政治与军事层面都是杰出的，在社会层面却是需要反思的。

大运河主要服务于王朝统治，注定要牺牲掉部分民众的利益。为调解水量而设置的许多水柜，本应是富庶的民田；北京西山引水工程这一创造性的杰作，引的是当地百姓的农耕和生活用水；翻越水脊的南旺枢纽，夺走了山东不少地区

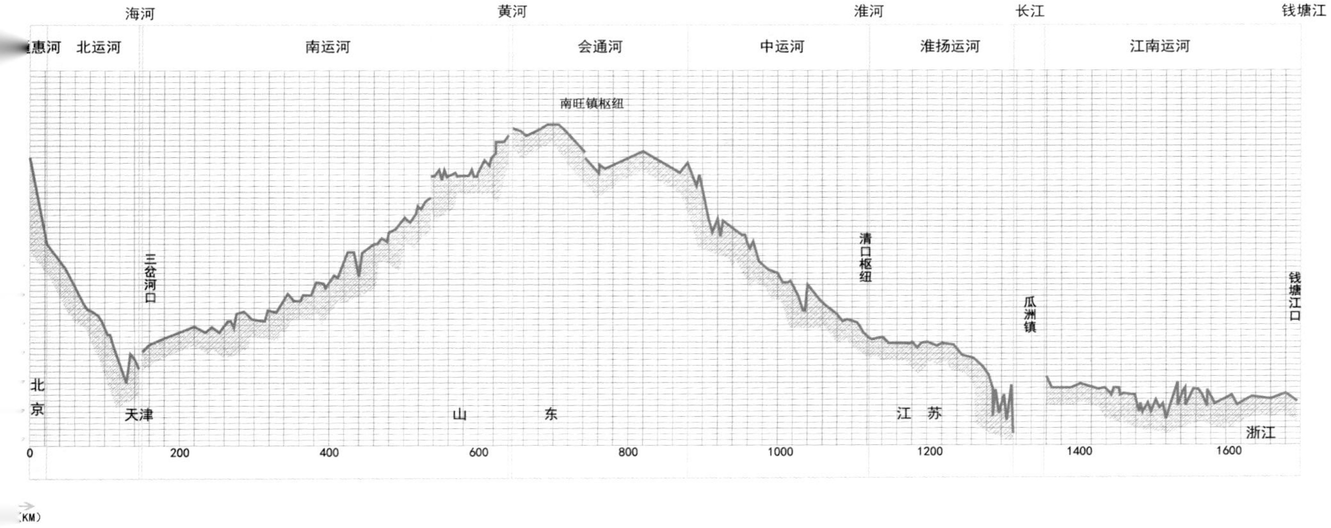

大运河高程示意图

大运河沟通海河、黄河、淮河、长江、钱塘江五大水系，必须逾越不同河流流域间的分水岭造成的地势高差。

百姓赖以生存的河水与泉水；清口枢纽不断高筑的高家堰，让洪泽湖成为淮北数百万百姓头上的悬湖，直接改变了这里的环境和社会生态。

今天，我们应以一种辩证的、动态的视角去理解大运河纵贯南北的规划和实践。这些伟大的工程，是在人的需求与自然规律之间，在恢宏的规划理念和重重现实挑战的磨合甚至妥协之间，在能工巧匠的智慧和在一次次的“试错”之间，不断适应自然、利用自然甚至改变自然的尝试与探索。

李约瑟曾说，大运河“是一项伟大的工程，当人们意识到它连接的是世界两条最大的河流(长江和黄河），而其中一条还是最为多变的河流（黄河）时，便更能体会到它的惊人之处”。

我们可以回应李约瑟，大运河远比他想象的更为“惊人”，也更为复杂。

西山引水与三山五园

庞大的北京西山引水工程，既为我们展现了古人杰出的工程智慧，更给了人们一种信心——定都燕山脚下，维系天下一统的信心。这是此前历代王朝从来没有想象过的可能性。

大运河北方的终点段落是通惠河。从通州，大运河一路“爬坡”，最终抵达京城。

不过，北京自古以来就面临水源方面的各种限制和挑战。这里属于海河流域，历史上长期以永定河水系作为城市的支柱水源。永定河在隋代叫作桑干河，金代叫作卢沟河，清康熙三十七年（1698）始称永定河。但与其名字截然相反，这条河实际上很不稳定。

北京属于典型的暖温带半湿润大陆性季风气候，每年的降水非常集中，6月到9月之间的降水量能占到全年的85%。此时，处于汛期的永定河裹挟着大量泥沙，从燕山峡谷奔涌而出，从西侧涌入北京，横穿而过，并在平原上肆意摆动。因此，老百姓更愿意将永定河称作“无定河”。由于泥沙含量高，永定河很难为京城运河水系提供稳定的水源。

从金代开始，北京一跃成为国之都城，对于水的需求量迅速增加。既然永定河提供不了稳定的水源，那么必须考虑别的

（左页）五园三山及外三营地理全图 清 常卯 中国国家图书馆藏
清光绪二十三年（1897）绘制。全图采用了中国古代地图传统的形象绘法，将五园三山及其护卫营房建筑绘于图上，园林以及周围秀丽的山水、寺观、林木、村舍、道路、桥梁等绘于同一平面，保存了大量现已不存的人文景观概貌。

方法，找到可靠的源头，供给运河和城市用水。

为了实现这一目的，从元朝开始，通惠河的水源工程便成了大运河最重要的水利工程之一。以郭守敬为代表的杰出工程师，发掘了白浮泉、西山诸泉的泉水作为水源，构建了瓮山泊等水柜，开辟了引水的长河，并在沿线建造各种水利设施解决高差问题。

这一沟通西山和京城的引水工程，既创造了一条畅通的通惠河，同时重新塑造了北京城的河湖体系，造就了京西北的“三山五园”及其深远绵延的文化。

一

北京西部和北部是太行山余脉，东南是平原，来自东南的潮湿空气在山前受阻，形成降雨。西山一带以石灰岩为主，溶洞较多，透水性强，便形成了许多山泉，如香山、玉泉山上众多喷涌的泉水。山下是今天北京海淀一带，也是永定河故道所在，地下水丰富。这一系列山泉河湖，构成了京西北地区丰沛的水资源。

颐和园昆明湖原为众多泉水汇聚成的天然湖泊，郭守敬引玉泉山及白浮泉注入后改称“瓮山泊”，乾隆帝赐名“昆明湖”。这一西山引水工程支撑了北京城西北的“三山五园”景观，即香山、玉泉山、万寿山和静明园、畅春园、圆明园、静宜园、清漪园（颐和园）等皇家园林。

不过，这些水源仍不足以支撑对水需求量极大的漕运。京城的运河能够实现畅通，最直接的因素是京北昌平的白浮泉。

昌平位于京城西北，白浮泉位于昌平东南，要引泉入城的话，最近的路线是直接引向东南。但是，这条看似便捷的线路，中间要穿越沙河、清河两条河谷，技术上困难重重。因此，作为这项工程的设计师，郭守敬采取了“绕行”策略——先将白浮泉引向西山，再向南汇入瓮山泊，最后进入京城。如此办法，可以使水流高程平稳下降。

这一条渠道统称为白浮瓮山河。在白浮泉南流之处修筑白浮堰，将本来流向东南的溪水人工拦截，向西引导。白浮瓮山河沿线一共经过12条天然溪道，每

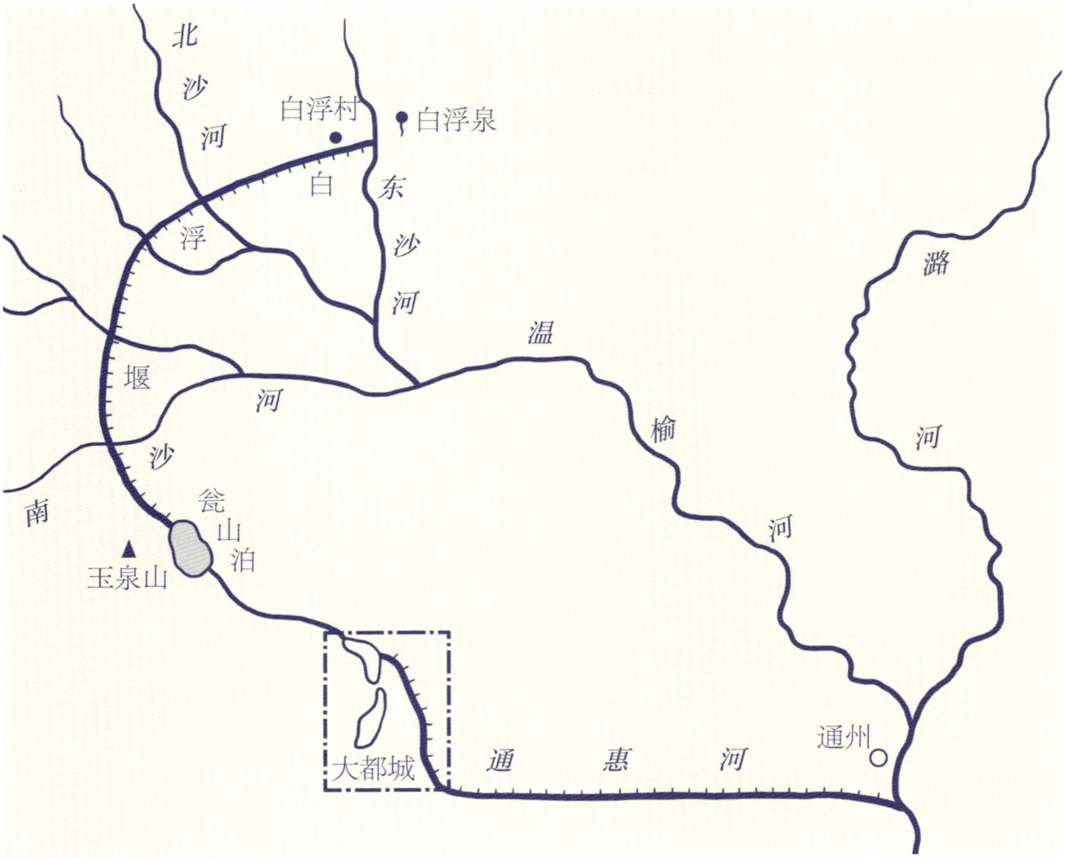

元代通惠河水源工程及路线

逢河与溪交汇之处，便在溪道下游筑坝拦截水流。溪流被截断后，统统汇入瓮山河，在河堤的辅助下，受控的水流随之沿西山一路南下，汇入瓮山泊。

瓮山泊便是今天颐和园的昆明湖。元朝之前，瓮山泊以自然湖泊沼泽的形态存在。元朝之后，汇聚了玉泉山泉水和白浮泉南下而来的水流，瓮山泊成为调节京城水系及通惠河的重要水利枢纽，并陆续修建了一系列的闸坝。玉泉山的泉水源自瓮山泊西侧，白浮瓮山河从北而来，两者汇聚在此后，通过瓮山泊的东堤和各种闸坝控制蓄水，形成了京西北最大的“水柜”。

这些积少成多的水，再下一步的去处便是城里了。将其引入城内的渠道称为长河。长河依托高梁河的故道，从瓮山泊东南侧的绣漪桥流出，经过长春桥、白

运河来水归江全图 清 中国科学院图书馆藏

该图采用平立面结合的形象画法，描绘京师至扬州府仪征县入长江段的运河河道，沿线的山峦、河流、泉源、湖泊、闸坝、河堤，以及府州县城镇。自玉泉山引水入京的线路清晰可见。

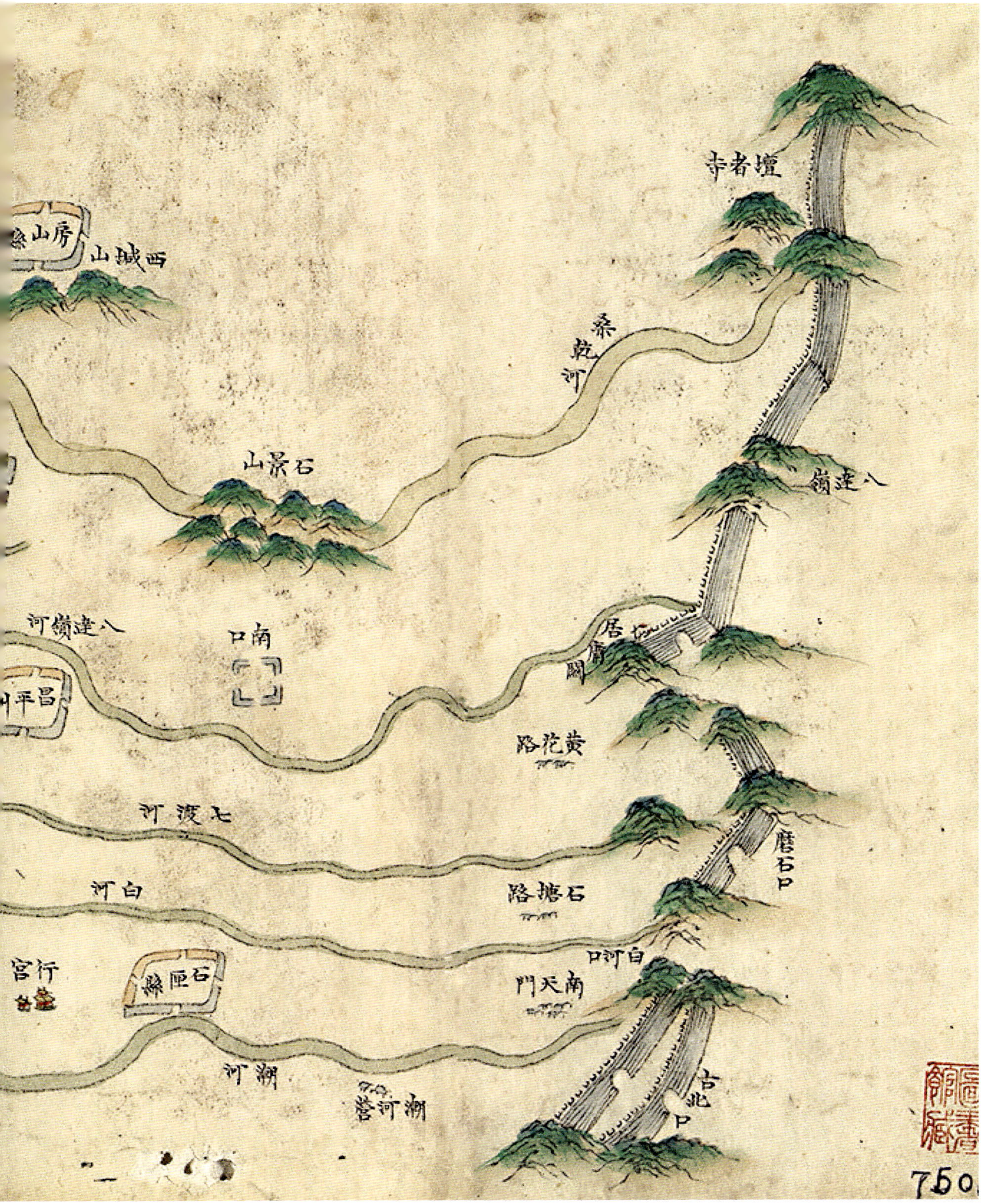
房山縣
西城山
壇者寺
桑乾河
石景山
八達嶺
八達嶺河
南口
居庸關
昌平州
黃花路
七渡河
白河
石塘路
磨石口
白河口
行宮
石匣縣
南天門
潮河
潮河營
古北口

750.

石桥、高梁桥，从西北进入城内。这条长河全长10.8千米，沿线还辟有一些小水柜，用以调控水位。我们在今天北京紫竹院和动物园里，还能看到一些小型湖泊，便是当年水柜的遗存。

至此，西北山泉的汩汩溪流，经过精心设计，纷纷辗转汇入京城。从西北到东南穿城而过，通惠河之水便一路向东了。

除了通惠河主河道之外，元代京城北侧还有一条运河的支线，称为阜通河。河道从当年积水潭北出口，向东出光熙门，再汇入温榆河。这条河在元代和通惠河一同承担了漕运的功能，到明代作为护城河的一段使用。因为沿途设置了若干座坝，因此阜通河又叫坝河。

二

庞大的西山引水工程，一方面保证了运河水系的畅通，另一方面还支撑了三山五园。

三山五园指的是北京城西北密集分布的皇家园林，包括静明园、畅春园、圆明园、静宜园、清漪园（颐和园），以及香山、玉泉山、万寿山等。在玉泉山、万泉河水系，以及引白浮泉而成的瓮山泊的基础上，明清时期京城西北郊形成了丰富的山水文脉，从私家到皇家，这里的园林艺术达到了中国造园工艺的最高境界。

海淀西山万泉河水系泉眼众多，稻田遍布，金代开始在此兴建苑囿，明清之际出现了以清华园、勺园为代表的私家园林。清代康雍乾三朝，为了支撑西北郊新建的延绵几十里的皇家园林，保证园林用水，对河湖水系进行了大规模的人工改造。

康熙时期整修了万泉河，在清华园遗址上兴建畅春园。雍正乾隆时期，相继对圆明园、静宜园、静明园进行大规模扩建，同时修建了颐和园，“三山五园”正式串联到一起。如此一来，对水的需求量便大增。因此，乾隆帝在前代基础上，更大规模疏浚万泉河和玉泉山的水系，将瓮山泊赐名为昆明湖，并进一步扩大其规模，同时在清漪园西开辟高水湖、养水湖，用以维系京城西北的稻田风光。

“三山五园”水系是一个完整的体系，河湖以闸、堤、桥相分相连，既满足

（右页）都畿水利图 清 弘旿 中国国家博物馆藏
该图生动反映了乾隆年间北京地区水系分布与水利设施、风景地貌、苑囿城郭等有关状况。右图为昆明湖部分。

蓄水泄洪的需要，又实现了统治者在京郊大规模建造园林和配套景观的设计。这组由人工不断调节的西山众水，最终成就了独特的京城西郊皇家园林景观。

正如乾隆帝自己在《万寿山昆明湖记》中所写："清漪、静明，一水可通。"可见，当年的西山引水工程系统，令那座本来水与城的关系不那么"友好"的北京焕然一新，输送的不仅是运河上的物资，更是一种独特的审美和生活方式。而后者比前者带来了更为深远的影响，甚至塑造了后世北京城的山水、城市和文脉的格局。

三

元代及明清之后的西山引水工程，持续数百年，是充分利用自然地理条件开展水利工程，并服务于政治经济需要的典型。

不过，我们也要看到，之所以设计和实施如此庞大复杂的工程，其根源是北京城缺水的现实，而这一客观自然地理背景，始终是京城水系最大的掣肘。

到明代，由于昌平为帝王陵寝所在地，为了保护皇陵地区的风水，白浮泉水系的水源不能够再为京城所用，再加上皇城内用水量的增加，导致通惠河水源迅速减少，从通州到京城的漕运只好水陆并行。到了清代，由于水源缺乏，通惠河反复面对疏浚和干涸的境况，很少能够维持长时段的畅通。即便到了今天，京西"三山五园"这一独特文化景观体系，也面临着供水来源不足的问题。

西山引水工程不仅支持了运河水源，也塑造了北京的城市格局。

换一个角度讲，对于西山引水工程，我们也充满着感慨和感激。

感慨的是，如此复杂的引水、蓄水、供水体系，为我们展现了古人杰出的工程智慧，留下了人与自然互动的完美结晶。感激的是，尽管后来通惠河时通时断，但这一奠基于元代的漕运通道，给了当时的人们一种信心——定都燕山脚下，维系天下一统的信心。这是此前历代王朝从来没有想象过的可能性。

从这个方面来说，将西山涓涓溪流汇聚、引导的这一水利工程，对今天中国统一版图的构建所起到的作用，是不可估量的。

（上页）五园三山及外三营地理全图
经雍正、乾隆、嘉庆、道光四代皇帝的精心营造和扩建，耗费了大量财力、人力、物力，在北京西郊建成了中国历史上空前的风景秀美、气势宏伟的皇家园林区。

运河源头白浮泉 高晨翔摄

侯仁之先生与北京水系的研究与保护

侯仁之先生是中国现代历史地理学的创始人之一。在多年的学术生涯中，他不仅关注北京市的城市水系发展变迁的历史，还格外关心其保护与延续，尤其是对构成北京大运河的诸多水系的研究与保护。1951 年侯先生归国以后撰写的第一篇论文便是《北京海淀附近的地形、水道与聚落》，针对当时海淀被确定为“新定文化教育区”而对其地理条件和发展过程所作的研究，并基于研究对这一地区的未来发展提出了很多建议。后来他陆续撰写了《北平金水河考》《北京历代城市建设中的河湖水系及其利用》等文章，并在此基础上呼吁对莲花池、什刹海、高梁河、万泉河、白浮泉、万宁桥等运河相关遗产进行保护。在他的努力下，很多运河历史遗迹被保护下来，并重新焕发了活力。在今天的白浮泉遗址处，竖立着 1990 年侯先生亲笔撰写的《白浮泉遗址整修记》碑文，反映了这位学术大师思想与实践的成就，也体现出其知行合一的优秀品格。

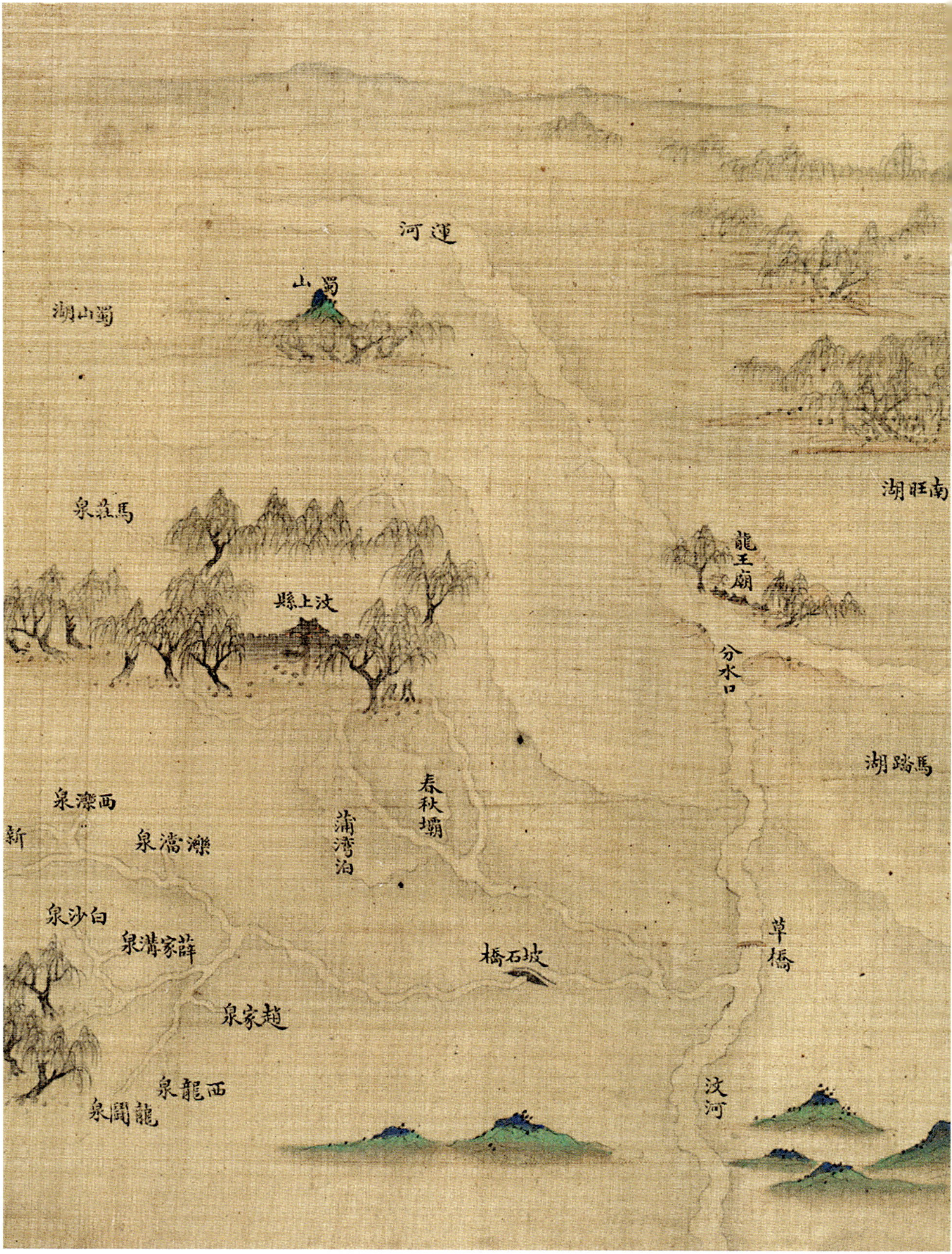
運河
蜀山
蜀山湖
南旺湖
馬莊泉
汶上縣
龍王廟
分水口
馬踏湖
西濼泉
新
濼澮泉
春秋壩
蒲灣泊
白沙泉
薛家溝泉
坡石橋
草橋
趙家泉
西龍泉
龍鬬泉
汶河

南旺枢纽与翻越“水脊”

南旺枢纽使大运河得以翻越水脊，运河之水从此“七分朝天子，三分下江南”。这一工程杰作得以实现，依靠的主要是来自民间的智慧。

清朝末年，曾参与过治水的麟庆，把自己的身世和经历用图画的形式记录下来，起名《鸿雪因缘图记》。其中有一幅画面中是这样的场景：画面下方涌来汩汩水流，正面对着的是一座庙宇。水流在庙宇前分为两支，一支向左，一支向右。一艘漕船驶过庙前，自右向左缓缓行进。

麟庆将这幅图起名为“分水观汶”，在画家的笔下，汶水的丝丝波纹犹如接到了指令一样，很有秩序地分为两股。不过，让运河之水在这里变得如此“听话”，其实是很费了一番周折的。

一

元代“裁弯取直”后，运河沿线最艰难的段落之一，是要穿越鲁西地区的丘陵。因为各种造山运动的影响，山东丘陵地带海拔为650~800米。在这片丘陵的最西端，大运河几乎是擦

（左页）山东十七州县运河泉源图 清 中国国家图书馆藏
该图描绘山东省各州县境内泉源、城郭、山岭、林木、河流、运河、桥涵、闸坝等；图说著录泉流、河流、湖泊的名称，并说明水量和接济运河的路径。

着丘陵而过，艰难北上。由于高程和水源的双重问题，如何翻越这处“水脊”，无论是工程还是航运，都是最具挑战性的难题。

而元代的会通河恰恰在水脊的选择上出了偏差。郭守敬测算的大运河最高处是济宁城一带，他选择在城南设置天井闸作为水脊，然而实际上这里的地势在整段会通河中并不是最高的。与之相比，济宁以北的南旺还要高出五米左右。因此，如果从天井闸分水，势必会造成向北的运河仍然要往高处流，这样带来的结果是会通河“常患浅涩”。由于这个失误，整个元代会通河每年运送的粮食只有十万石，效率很低。

明代永乐年间重开会通河，山东这一段的高程差再次成为工程难点。朱棣委派承担这项任务的人是工部尚书宋礼。宋礼调配了青州、兖州、济宁等地十几万民夫疏浚会通河，半年多就完成了工程。但是，最核心的水脊问题依旧没有解决，天井闸并不是整个运河的最高点，从济宁向北方临清的一段水源接济不上，依旧困难重重。据说宋礼还担心治理不好运河会有杀头之罪，因此日不能食、夜不能寐。

依靠官方的头脑解决不了问题，便只能求诸民间智慧了。宋礼在山东四处寻访能够破解难题之人，最终找到了一位名叫白英的“老人”。

二

白英家住汶上县城东北的白家店村。据闻此人从小聪明好学，博通古今，不仅会种庄稼，还精通水文地理。白英原本不是山东人，而是在明洪武年间从山西洪洞县迁到山东汶上。按照白英生于1363年计算，他应该是在少年时期，随着成千上万的乡亲们一起，远走他乡。

白英对自己的“新家”显然更为熟悉。他生活在汶水旁，对当地的地势情况十分清楚。当宋礼前来请教之时，白英将自己多年来所学和观察得来的智慧和盘托出，提出了一整套方案。

首先是要反思元朝以来以天井闸作为水脊的设计。元代的会通河引汶河水作为主要水源，引水的方式是在济宁城东北方向修建堽城坝，将东来的汶河水挡

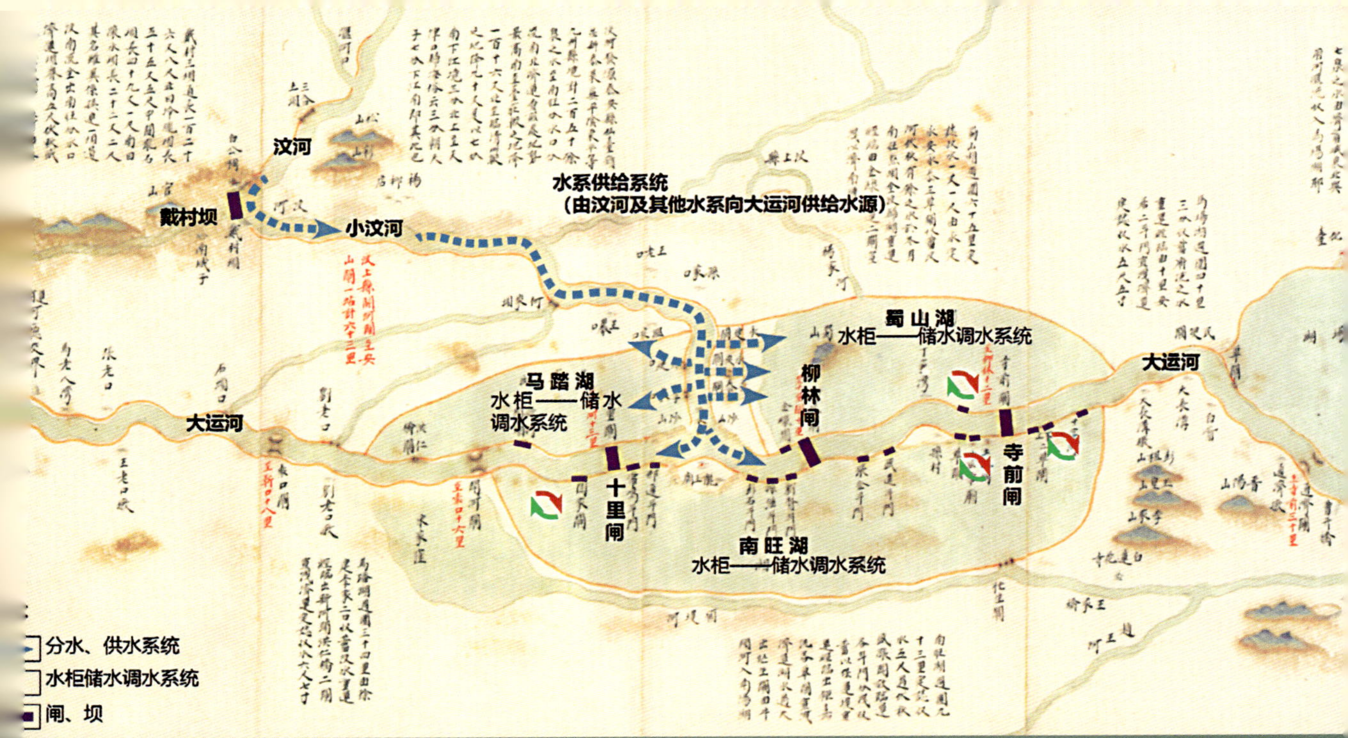

南旺枢纽运行机制示意图 中国文化遗产研究院

本图以乾隆年间运河舆图为底图，阐释南旺枢纽的运行机制，左侧为北。

左上方的汶河水在戴村坝的拦截下，改变了自然流向，通过小汶河流至南旺水脊，以支撑水源。

图正中是马踏湖和蜀山湖等水柜，盈水期可蓄积，枯水期可释放，保证合适的水量。

蓝色虚线的底端是最终的分水环节，通过分水尖，将水流分为两股——左侧流向京师，右侧流向江南，即“七分朝天子，三分下江南”。

住，向南流入洸河，洸河流到济宁的天井闸处，南北分水。白英告诉宋礼，要解决水源问题，必须更充分地利用汶水。他建议改造堽城坝，不让汶水再流入洸河，而是继续向西流。但也不让它汇入大清河入海，而是再修建一座水坝，把汶水往真正的水脊——南旺汇聚。这座水坝的地点是东平县的戴村，因此也称为戴村坝。

所有这一切的策略，基础是对于自然地理条件的清楚认知，是判断到整条运河的制高点并不在天井闸，而是在南旺。正是基于这个准确的判断，所有的“引汶济运”工程才得以开展。

需要特别说明的是，和绝大部分中国东部的河流不同，汶水并不是自西向东流，而是自东向西流，它发源于山东旋崮山北麓沂源县境内，汇聚泰山山脉、蒙

戴村坝 赵辉摄

戴村坝

戴村坝整体结构设计精巧，既能够发挥拦截汶水、向南导流的功能，又能够在汛期适时泄洪，避免溃坝。具体而言，戴村坝分为三个主要部分，从北向南依次是三合土坝、太皇堤和主石坝。

北端的三合土坝和太皇堤都是东北－西南向，主要功能是直面东南方向涌来的汶水，让水流减速，拐至西南向。在汛期，三合土坝和太皇堤又能起到保卫主石坝以及适时泄洪的作用。戴村坝的主体是主石坝，呈南北向，长443米。主石坝又分三段，北边玲珑坝、中间乱石坝、南边滚水坝，高度从北向南依次降低。随着汶水水位的升降，三段石坝分级漫水，水量大的时候通过漫水让小汶河不至于过载，保证运道安全。

主石坝的建筑形状略呈弧形，弓背向着迎水面，在物理学上增加了坝的预应力。同时，为保证跌水坡与坝基的安全，又在坝的跌水面修了一道缓冲槛，水漫过后在这里可以减速，以减小冲击力。整个大坝为石结构，重达1吨至6吨的巨石，镶砌得十分精密。为防止洪水冲塌，石与石之间采用束腰扣榫结合法，一个个铁扣把大坝锁为一体，固若金汤，气势磅礴，雄伟壮观。

山支脉的诸多水流，自东向西汇入大清河，然后北上入海。改建后的堽城坝拦住了汶水向南的去路，让其继续西进，最终遇到戴村坝，从戴村坝再向西南，流向南旺。

这一道从戴村坝“拐弯”的河渠被称作南旺引水渠，因为是出自汶河之水，又称作小汶河。

三

复杂的“南旺枢纽”，至此走出了关键的第一步。不过，汶河之水抵达南旺一带之后，才是工程的关键。

前文中曾提及，由于气候地理原因，华北冬天和夏天降水量迥异，汛期需要防洪，冬春季则水源枯竭，需要在水源充足之时尽可能储水。于是，运河两岸利用低洼地蓄积了若干湖泊，即“水柜”，比如蜀山湖、马踏湖、南旺湖等。在湖泊出入口处设置斗门，汛期把斗门打开，把水放入水柜；旱季再把水柜里的储水放出来，补充运河水源。

水源问题的最后一道关是如何调配南北水流。会通河以北的水资源远不如以南充沛，因此必须让更多河水流向北方，以保证漕运能够顺利通向京城。按照白英的设计，在小汶河进入会通河入口处的对岸修建一道300米长的石护坡，同时设置一个鱼嘴形的分水尖，将三分之二的水引流向北，三分之一向南。民间流传着一个说法，汶水“七分朝天子，三分下江南”，便是这个分水尖的作用。

为了控制水量，保证运行，南旺枢纽一共设置了38座水闸，安排专人看守，每一节都严格调控水量。南来的船只一点一点通过水闸“爬坡”，再一点一点“下坡”。为了确保水源充足，白英还指导在运河东侧挖掘了300余个山泉，扼控泉水，汇入运河。

整个南旺枢纽的修建共征用了30万人，用9年时间完成。建成之后，南旺枢纽在极大程度上解决了会通河这一段的运力问题，每年从东南运粮能够达到几百万石。

会通河的贯通让朱棣极为高兴，宋礼获得了极高的奖赏，白英却因为操劳过度，进京复命时，在德州病故。永乐帝感念白英的功绩，封他为“功漕神”，乾

江西挽运图 清 中国国家图书馆藏

南旺枢纽最初的设计为“七分朝天子、三分下江南”。但因为河道淤塞等诸多问题，到了清朝时候，这个水量分配竟然反了过来，只有三分水流能够向北流了。在清乾隆年间绘制的《江西挽运图》中，清晰标注了分水的“三分往北，七分往南”字样。

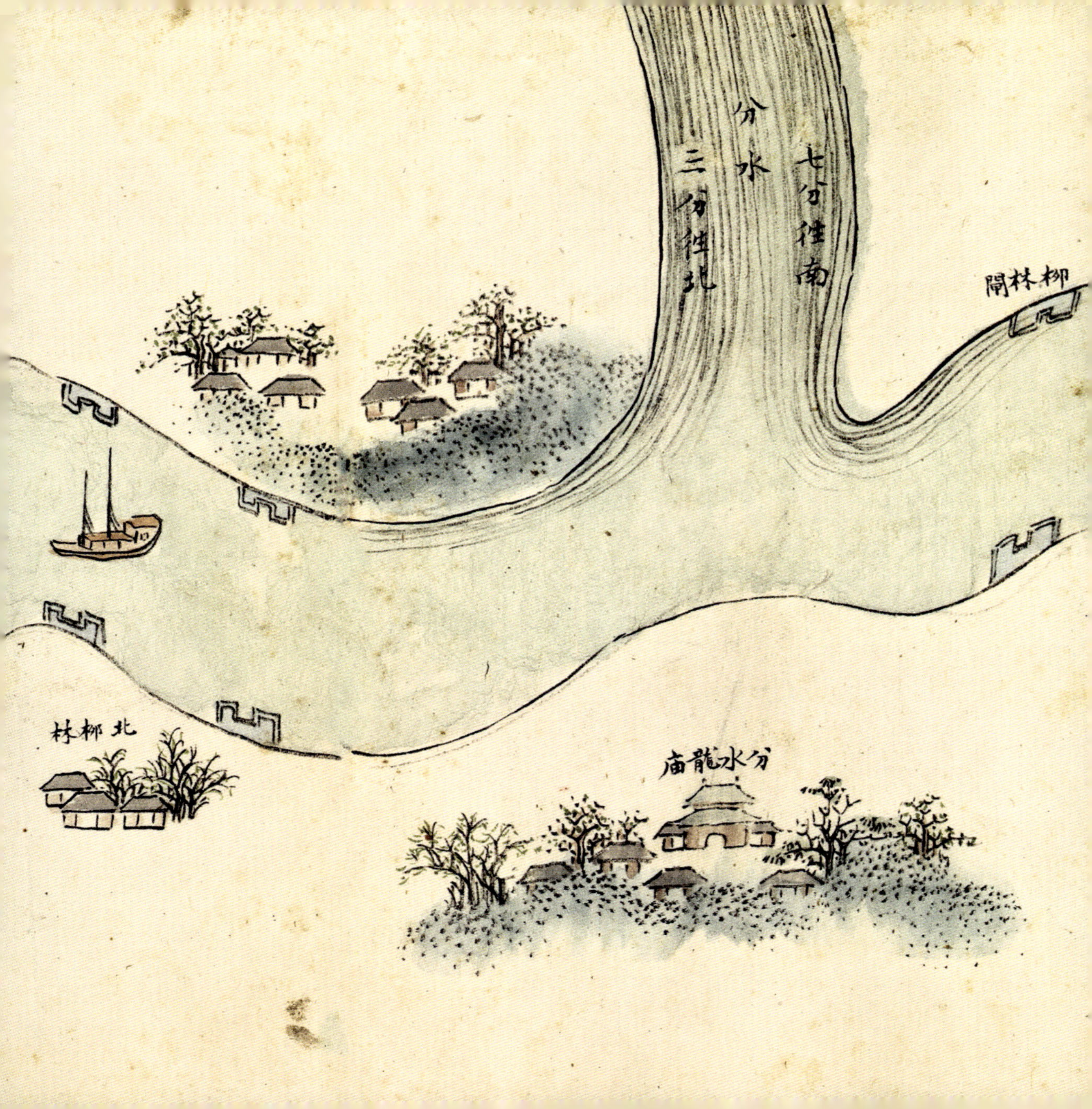
七分往南
分水
三分往北
柳林閘
北柳林
分水龍廟

隆皇帝后来封他为“永济神”。与皇帝的封功相比，白英在民间更是深受爱戴，他和宋礼的故事被老百姓编成了各种版本的“白英老人”传说，一直流传至今。

明清两代，大运河成为贯穿国家南北的交通动脉，南旺枢纽就是这条动脉的心脏。来自民间的智慧解决了这里的“心梗”问题，让全中国的血流畅通。

民国初年，荷兰水利专家方维因十分敬佩地说：“此种工作，当十四五世纪工程学胚胎时代，必视为绝大事业，彼古人之综其事，主其谋，而遂如许完善结果者，今我后人见之，焉得不敬而且崇也！”

《鸿雪因缘图记》之分水观汶　清　麟庆撰、汪春泉等绘　芷兰斋藏

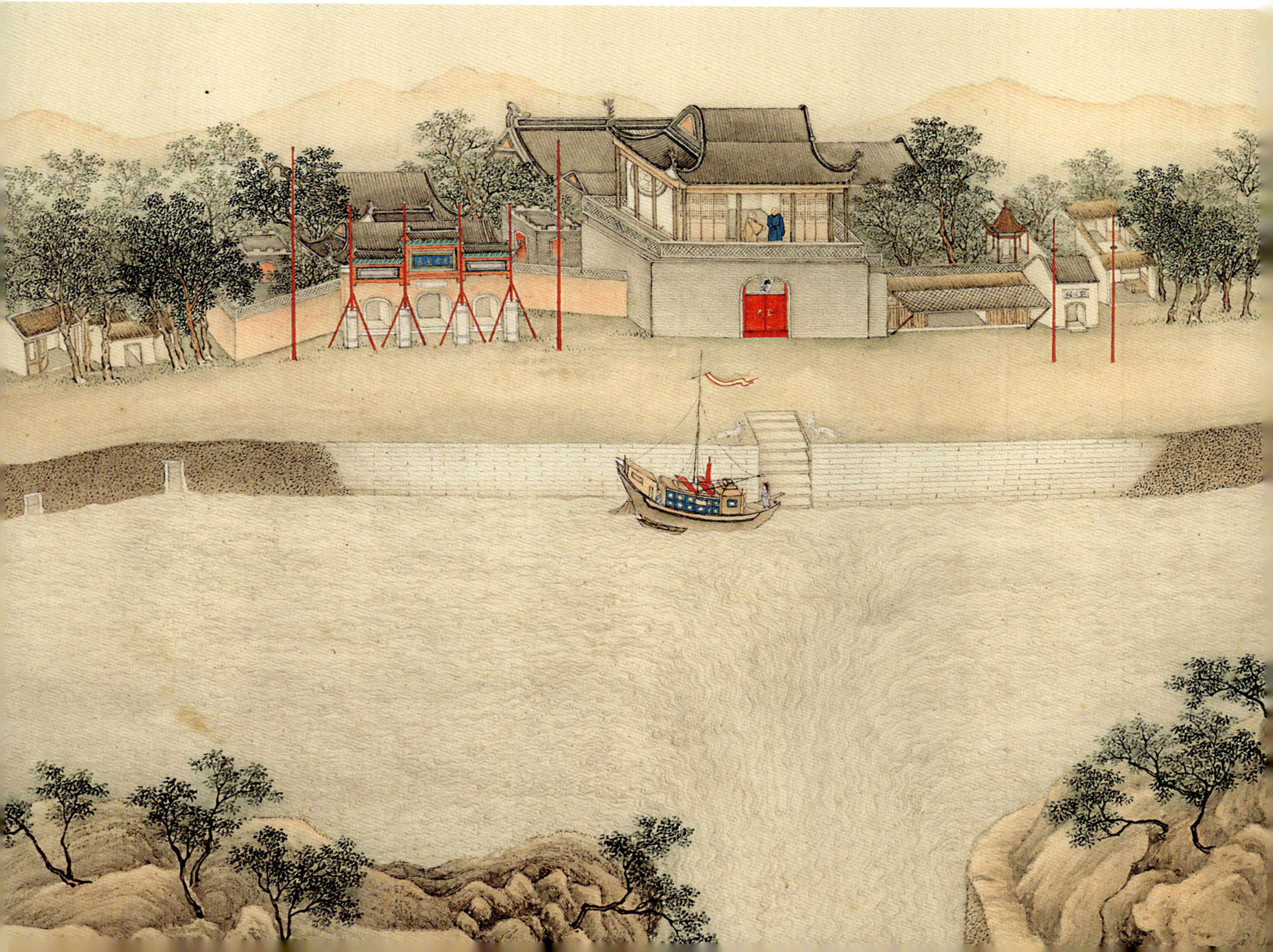

白英像

明代的“老人”制度

明朝为了更好开展基层社会的治理，在正式的官阶系统之外，还建立了严密的基层组织。明洪武十四年（1381），朱元璋开启了著名的“黄册”制度，也就是户口制度。他把老百姓按照一百一十户编为一“里”，一里之中按照人丁粮食的贡献量选出十人作为里长，剩下一百户分为十个“甲”。每一年，由一名里长率领十个甲首轮值整个一里的各项事务，十年一个轮回。在其中，又设置了“里老”这一职务，由乡民推举出一名德高望重的人，由州县任命，负责协调各种乡村事务。相比里长的轮值性质，“里老”的角色是持续性的。毕竟老百姓之间张家长李家短的这类琐碎小事，不能总由县官决断，所以里老的设置目的是将道德教化、处理民讼的事情化解在基层。

里老在民间俗称“老人”，白英就是这样一位“老人”。有传说当年宋礼遍访济宁一带，最后偶然遇到一位白胡子老人指点迷津。但其实按照史料记载，白英比宋礼还小两岁，出生于1363年，修建会通河的年代是1402年，白英不过39岁，还远远称不上老人，甚至按照今天的标准，他还能算作青年呢。

因为老人制度颇有成效，明朝统治者根据行业需要还设立专职的“老人”，比如在集市镇店设集老人、店老人，在水次设仓老人、掌守老人，在河道、桥闸设水利老人、浮桥老人等。不过，随着经济和社会的发展，朱元璋最初设计的里甲制度在明朝中晚期已经远远无法适应现实需要，人口流动和土地兼并已成为不可逆转之势，“老人”制度也与里甲制度一样，最终消亡。

清口枢纽与黄运淮治理

清口枢纽是大运河上持续时间最久、设计最复杂的工程。对清口的治理可谓牵一发而动全身。这组由河道、闸坝、堤防、疏浚、维护、水文观测等工程共同组成的运口大型水利枢纽，是明清两代国家水利体系的核心，也是大运河工程智慧最集中的呈现。

在今天大运河清口枢纽遗产点，留有一座“御制重修惠济祠”碑。这座碑是1751年乾隆帝第一次南巡之时，在清口重修惠济祠后所刻。碑文由乾隆帝亲笔所书，称颂了康熙帝多次南巡至此，治理黄淮水利所取得的功绩。碑文的第一句话就开宗明义：“经国之务，莫重于河与漕，而两者必相资而成。”

国家治理，没有比治河和漕运更为重要的事情了。乾隆帝在清口写下这句话并非偶然，因为这里正是整个国家水利体系的核心。为了保证运河畅通，明中期以后的数百年间，黄淮运交汇处的清口枢纽一直是治河治漕的“一号工程”。

一

1128年，黄河发生重大改道，向东南夺淮河入海。黄

（左页）《乾隆南巡图》中皇帝巡视清口枢纽的场景

河、淮河、运河三股水流在清口交汇，漕船能否在三股势力的纠结中顺利北上，关乎京师的粮食安全以及整个帝国的安危。

黄、淮、运三条河道互为犄角之势，但又有强弱之分——黄河高于淮河，淮河高于运河。运河要穿过两条自然河道，必须同时面对来自西北的黄河和来自西南的淮河的干扰。只要黄淮洪泛，运道必然严重受阻。

黄河从西向东，运河从东向西，南侧则是洪泽湖。洪泽湖最初规模不大，淮河、濉河、泗水三条河流在此注入。自然状态下，洪泽湖的水应继续东流入海。但湖东侧修建的高家堰将水流拦住，加上淮河被黄河夺道后无处宣泄，洪泽湖规模便越来越大。

至此，清口枢纽的一切自然背景都已齐备：汹涌而来的黄河、无处宣泄的淮河、寻求通道的运河。而清口枢纽工程要解决的问题也是三点：让黄河听话、借淮河之力、使运河畅通。

为了实现这些目标，一方面，反复加固大堤，不断增设闸坝，设施日趋复杂，运口频繁变迁，耗费了不可计数的人力、物力、财力；另一方面，清口枢纽也是大运河工程智慧集大成者，堪称人类水运水利技术的杰出范例。

“永定河北岸同知关防”铜印 清 中国国家博物馆藏

二

清口枢纽并不是一次性完成的工程，而是一个不断变化完善的体系，甚至总是在解决旧问题的过程中产生新的问题。所以，我们无法拿出历史某一刻的清口枢纽说这就是它的全貌。但至少在清乾隆时期，清口枢纽达到了相对最为完整、效果最佳的状态。

清口枢纽分为四个部分：自东而来的里运河，依托洪泽湖的引淮工程，抵御黄河的御黄体系，以及渡过黄河之后的中运河。

里运河面临的问题是高差。运河相比黄、淮都要低，因此，要过黄河，就必须将运河与黄河置于同一水平面。清江浦河修成后，运河并不直接进入黄河，而是向南绕了一个大弯，并在弯道中间不断修筑闸坝（包括惠济闸、通济闸、福兴闸等），一步步抬升运河水位。到运河出口处，漕船的位置得以与洪泽湖和黄河处于同一水平面。

引淮工程的目的是让清水向北抵抗黄河的浑水。要实现这一目标，既要求出水量足够大，又要求出水口足够给力。第一点通过洪泽湖及其大堤来实现。明万历年间，河道总督潘季驯以不断加高加固洪泽湖东侧大堤的方法，将西来的淮河水储积在洪泽湖内，使湖水水位抬高到超过黄河水位。这一条绵延数十千米的巨大土方工程即是高家堰。

潘季驯的策略是“束水攻沙、蓄清刷黄”。这便需要做到第二点——出水口足够给力。在高家堰的北侧，即洪泽湖的出口，设置多条引河，并建有束清坝，犹如给一个庞大的水库开了几个小口，再用坝体将水道约束变窄，使清水喷薄宣泄而出，冲刷黄河河道。为了保证高家堰不被蓄积在这里的清水冲垮，在大堤南侧建有以“仁、义、礼、智、信”为名称的若干减水坝，用以在汛期泄洪调节水量。

康熙帝曾说，他登基后要重点解决三大问题：削藩、治河、漕运。尤其是在成功削藩后，康熙帝更加关注治河和漕运的交汇点——清口的安危。他首次南巡就前往高家堰做了现场指示：“须岁岁防护，不可轻视，以免前功尽弃。”从明万历八年（1580）起到清乾隆十六年（1751）的171年内，高家堰不断加固维修，至今仍蜿蜒曲折，成为令人叹为观止的壮丽景观。

（下页）清口水利枢纽遗址航拍

运河与淮河相遇后，下一个关键问题就是如何防御黄河冲击了。

御黄的目标只有一个，不让黄河泥沙淤积在运口。办法主要有两种，一种是主动作为，一种是被动防守。上面提到的“束清刷黄”便是主动冲击黄河的做法之一，还有一种是挑河。清朝，在黄河南侧修建了多座“挑溜木龙”，将黄河走向约束至东北方向，减轻其向东南方向的冲击力，同时在清口建造御黄坝防止黄河泛入洪泽湖。

被动防守的策略，其一是让运口避开黄河。为了避开黄河的冲击，运河的出口在历史上不断南移，从最初位于惠济祠以北处，最终迁移到了南运口处。其二则是通过堤防体系化解淤泥的影响。黄河堤防体系主要由缕堤、遥堤等组成。距离黄河主河槽较近的临水大堤统称为缕堤，用以将黄河约束在主河槽内；在远离河槽二三里的河漫滩上修建遥堤，在汛期可以容纳漫出缕堤的洪水。此后又将加固遥堤的策略改为“放淤固堤”，使黄河洪水所携黄沙沉积在缕堤与遥堤之间，最终靠泥沙淤积形成黄河河槽。

清口枢纽的最后一个环节是开凿中运河。17世纪中期之前，漕船出清口后，还要继续逆流而上，在黄河里航行180里，到徐州一带才重新进入人工河道。这一段行船速度慢，需要人在岸上拉纤，又因风涛险恶，船沉人亡的事故时有发生。清康熙年间，靳辅、陈潢在黄河北岸开凿出一条平行于黄河的人工运道，因位于遥堤与缕堤之间，故名“中河”。中河口距离清口很近，漕船出清口后直接进入中河，避开了黄河一百多里的险途。

黄河历史上发生过多次重大改道。1128年，南宋守将杜充为阻遏金兵，扒开黄河大堤，河水南侵，开始“夺淮入海”，也直接导致明清两代的清口枢纽成为运河重中之重。1855年，黄河在兰考决口，改道向北，沿大清河故道入海。黄河“夺淮”历史就此结束。

三

然而，控制黄河、拦挡淮河以保障运河，毕竟是通过人工手段抗衡甚至试图改变自然规律，但再高明的技术，也难挡自然之力。

由于黄河泥沙在清口的淤积速度远大于清口引河的冲淤量，到了18世纪末19世纪初，蓄清刷黄的措施已经基本失效，严重淤积的清口地势相对较高，造成淮

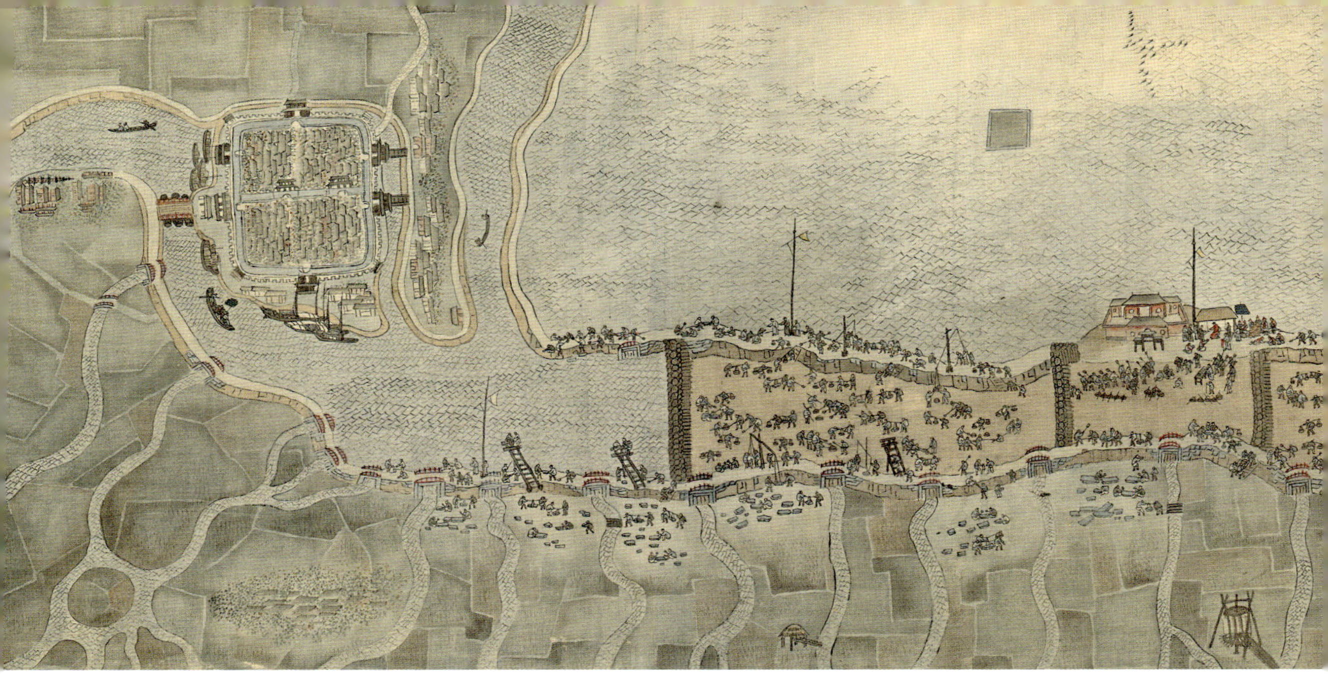

高明治水图 清 赵澄 中国国家博物馆藏

清顺治六年（1649），淮安至扬州间的运河决堤，洪水泛滥，酿成大灾。朝廷命官员高明加以治理，经过三年的努力，治河成功。当地士民为感谢高明，特请画家赵澄绘制此图。图中生动展现了古代疏浚河道的场景。

河河水难以冲出清口，而是向东南出洪泽湖下泄至高邮湖、宝应湖，再向东入海或汇入长江。黄河也常从清口倒灌入地势较低的运河，造成运河泥沙严重淤积。

19世纪开始，清口枢纽已放弃“蓄清刷黄”的方针，改为“灌塘济运”，即挖出一个可容一千多艘船的塘河，用水车抽清水入塘，塘内水位高于黄河时便开坝放船入黄河。至此，黄河与里运河已实质上被截断。1855 年，黄河向北改道，夺大清河入渤海，清口水利枢纽随之失去了其应有的功能，迅速淡出历史舞台。

清口枢纽是大运河上持续时间最久、设计最复杂的工程。对清口的治理犹如心脏手术一般，可谓牵一发而动全身。这组由河道、闸坝、堤防、疏浚、维护、水文观测等工程共同组成的运口大型水利枢纽，完整实现了“筑堤束水、以水攻沙、蓄清刷黄、济运保漕”的工程意图。

毫不夸张地说，清口枢纽代表了人类农业文明时期东方水利水运工程技术的最高水准。在称颂清口枢纽之时，我们更应该纪念的，是那些为治理清口付出心力与智慧的能臣巧匠，他们探索着自然和人力之间的微妙平衡，为我们留下了丰厚的精神财富。

大运河的河与堤

大运河是“实用的天才工程”。人们因地制宜地挖掘、疏浚、治理着各式各样的河道，加固河堤，开凿减河、月河，通过极富想象力和操作性的方法和工具，维系着运河的通畅与安全。

北宋景德三年（1006），汴梁城中的汴河管理机构发生了人事变化，新上任的官员名叫谢德权。一上任，谢德权就发现了汴河的问题。宋朝初期治理汴河主要是对河床清淤，并不关注河堤的管护，只是将河里的沙子挑出来堆在岸脚，河水泛滥时沙子又被冲回河中央，再次淤塞河道。谢德权做事干练，他改变此前敷衍的做法，要求把河中的沙挑尽，直到看见下面的土才算合格，而且沙子要倒到堤外。他还造了一个大铁锥来测试大堤是否夯实，如果铁锥能够刺进去，就说明不结实，负责管辖的官吏就会被治罪。

谢德权治理汴河的经历让我们透过历史细节，看到了大运河能够流淌千年的秘诀——通过定期疏浚和加固，让河道畅通，让河堤安全。

（左页）姑苏繁华图 清 徐扬 辽宁省博物馆藏

题跋中称为《盛世滋生图》。乾隆帝每次南巡都在苏州停驻较长时间，对这座城市情有独钟，于是命画师徐扬摹写城市景象以随时欣赏。图中的河堤有的是条石垒砌，有的是自然堤岸。

一

大运河的河道是什么样子，它有多深、有多宽？

河道需要足够深才能保证漕船通行。我们拿最窄、最浅的会通河举例。根据《明史·河渠志》的记载，明永乐年间重新疏浚会通河时，要求河道深一丈三尺，宽三丈二尺。明朝一尺大约为今天的31厘米，换算成今天的标准，当时会通河深约4米，宽约10米。

> 根据清代的记录，按照每艘漕船装载粮食不超过四百石的标准，船只吃水“不得过六捺”。一捺是将拇指与食指尽量伸展后两个指尖之间的距离，六捺大约相当于今天的1米。因此当时规定“相沿河水三尺五寸为度”，也就是运河水深1.2米左右即可。

河道的宽度要和漕船规制联系起来看。以明代最主要的浅舱平底船来看，底长五丈二尺（约16米），宽九尺五寸（约2.8米）。如此看来，在理想条件下，即使是最窄的河道，也能保证两条漕船的交错。

河道的宽度还要看不同地区的地理条件。一般来说，自然河道比人工河道宽。马戛尔尼使团中的斯当东曾记录他们从北向南经过南运河的情形，一开始河道不宽，水流很急，因此船只行进需要拉纤且速度很慢。当河道变得有80英尺（约25米）宽之后，水流缓了下来，船就稳了。

即使设计得足够宽和深，但在实际运行之后，河道并不会一直保持原先的尺度。这时候就需要不断进行维护，主要的工作是清淤和疏浚。

运河的人工河段自身没有水源，所有的水都来自沿线的自然河道、湖泊甚至泉水。不仅水源有限，运道还时常因为黄河等携带的泥沙，导致河床淤积且不断升高，严重干扰航运。因此，河道的疏浚始终是治理漕运的重要事务。

宋朝的汴河清淤工程在今天看来已经具有非常高的水平。汴河主要以黄河为水源，泥沙淤积严重，必须经常清理。河道的修浚方式有两种，一种是让运河水断流，在河床上挑浚；另一种是不断流，在水上作业。

汴河清淤时，每过一年或三年便采用第一种方法，在冬季黄河水浅之时将

（上页）高明治水图
数千名人夫分工有序，先将河道断流，在河道中用铁锨、木杴来挖土、筑堤。图中出现的工具还包括提土用的杠杆，排水用的水车，堵塞决口用的搪凌把、木龙，取土用的筐、簸、锸等。

汴河与黄河的入口处堵住，清空汴河水，到河床上将淤泥挖挑出来。根据王巩的《见闻近录》记载，汴河的河底有石板石人，位置是固定的，作为深度的参照物。每次人工清淤时，要一直挖到石板石人的位置，以确保注水之后汴河通行顺畅。

人工在河床上挑挖淤泥采用的工具和方法在今天看来也很常见：先用铁锹或木杴将泥挖出，然后用竹筐等容器运至岸上。这种方法历经千年也没有大的变化。清朝的《高明治水图》中挑挖河道的场景，将淤泥如何通过人工方法一点点清理的过程展现得淋漓尽致。清道光年间麟庆编撰的《河工器具图说》，通过图谱的方法一一描述近三百种河工器具，“修浚类器具”中，最基本的挖河工具，依然是铁锹。

至于第二种方法，即不清空河道而疏浚，宋人的办法是“木岸狭河”：加设木桩、木板作为“河岸”，让河道变窄，以加大水流速度，既可以让舟船行驶更快，也可以带走泥沙，减缓淤积速度。木岸狭河最早出现在宋仁宗时期，皇帝专门发诏书，要求从汴京到泗州一段“置狭河木岸”。经过不断尝试，木岸狭河的方法颇为有效，史书记载：“旧曲滩漫流，多稽留覆溺处，悉为驶直平夷，操舟往来便之。”

还有一个不用排空河水就能清淤的方法，是将铁笆等器具绑在船上放置在河底，通过船只向前牵拉，器具自带的锯齿等结构能够将河底泥沙掀起，通过水流将泥沙冲走。这种工具在宋朝叫铁龙爪。到了清代有铁篦子、混江龙，原理基本一致。

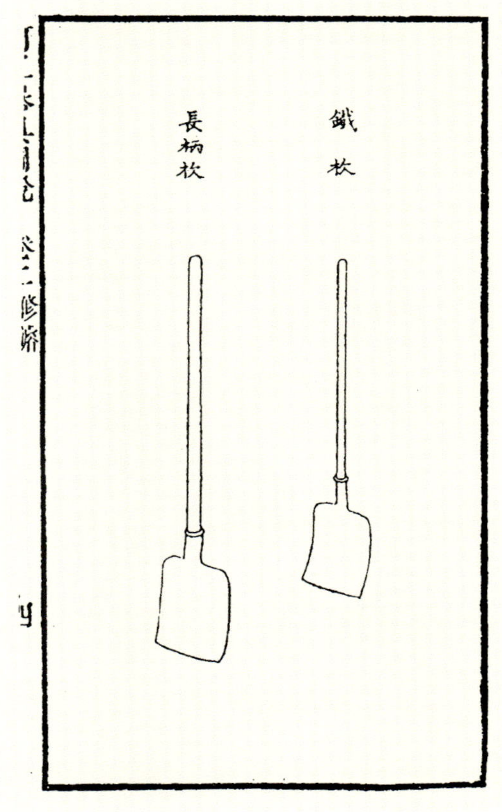

《河工器具图说》中的疏浚工具

在清代还出现了一种更先进的“清河龙”，原理是将搅起的泥沙通过装置吸入船舱里，再整舱将泥卸出。但根据实践经验，无论是铁龙爪还是清河龙，对运河还有些效果，对于黄河这种自然河道，基本上还是无可奈何的。

二

河道与河堤是相辅相成的整体，河堤的修筑与维护对河道同样重要。

大运河的大部分河堤采用夯土砌筑。如何最大程度利用好土的特性，是筑好河堤的关键。历朝历代成功的堤防都在如何夯好土方面做文章，比如前面说的谢德权巩固汴河堤防。

这种做法直到清代依然在延续，有“堤工坚实，全仗硪工”的说法。硪（wò），是用来砸实地基或打桩的一种工具，通常是一块圆形石头或铁制的饼状物，重50千克左右，四周系有8根或10根麻绳。修筑河堤时，由8人或10个人一起，每个人拉住一根绳子，由其中一人指挥，大家同时操作，先是向上拉，然后同时撒手，让硪重重落下。有一句行话叫“起得高，落得平，便是会打硪人”。如果撒手的时机没有把握好，落下来的硪就会东倒西歪，土也就夯不平了。夯土的要求也有标准，按照“八折”的量来夯，即如果一开始土高一尺，那么打硪之后要达到八寸才行。

加固堤岸的另一个方法是在堤岸上种植特定的植被。这个办法在隋代通济渠上已经大规模采用，著名的“隋堤柳”并不仅是为了美观，树根深入堤下可以将堤岸和土基牢牢联结，提高大堤的整体稳定性。宋代魏岘在《四明它山水利备览》中明确指出河堤种树的科技价值：“植榉、柳之属，令其根盘错据。岁久沙积，林木茂盛，其堤愈固，必成高岸，可以永久。”上文提到的谢德权在加固汴河堤防后，即要求大规模种树。当日本僧人成寻乘舟自江南运河至汴河时，沿途见两岸“植生杨柳相连”“榆树成林”，欢喜惊叹不已。

土堤岸在风浪的冲刷下很容易坍塌。因此在江南运河的一些段落，从唐代开始采用垒石之法，筑造直立的石岸墙，也称作“驳岸”。驳岸大部分是以青石筑成，上面铺上石面，作为纤道使用。

（左页）康熙南巡图 清 王翚等 故宫博物院藏
全图描绘的是清康熙二十八年（1689）第二次南巡的全过程。此节选图中的一段运河河堤，由条石砌筑而成。

砌筑堤岸的土，以石灰、沙子、黄土混合而成，称作“三合土”。石砌的堤岸，所用的石头有固定的尺寸，而且要求打磨平整。条石之间的黏合剂一般采用石灰、沙土和糯米汁拌和而成的灰浆。

堤岸的修护和河道清淤时间基本一致，都是开春时节。按照清朝人戴望在《管子校注》中的说法，“春三月，天地干燥……利以作土工之事，土乃益刚”。因此，《清明上河图》中热闹非凡的汴河两岸，应该是刚刚完成了清淤和加固堤防的工作。这不仅是汴京城最好的时节，也是汴河最干净、整洁、安全的时节。

三

大运河并不是只有一条主干道，它实际是由主干和支线共同组成的。在一些河段，当主线不便通行时，也会修建一些局部绕行的水道，称为月河或越河。

淮扬运河一段，自古邗沟起便借助沿途诸多湖泊行运。明朝起，运河主要是沿着高邮、邵伯、宝应、白马等湖泊东岸北上。由于湖中风浪太大，如果从西侧刮来狂风巨浪，船只安全很难保证。因此人们一直在寻求避开湖运的方法。

其中最主要的办法就是修建月河，即沿着湖另修一条河道。潘季驯等人在湖泊东岸通过加筑河堤，将湖最东侧变为运道；或是在东岸以东数里处专门开挖新的河道，引入湖水作为漕运用水。

在描绘清顺治年间淮扬运河治理的《高明治水图》中，我们看到正在断水清淤的运河堤岸的另一侧便是波光粼粼的水面，想来应该是某座大湖东侧的运道了。

运河沿线的月河分布广泛。漕运时段，月河可以为主线分流，供漕船等候过闸。每当主河道断流清淤时，也通常开启月河作为临时通道。明万历之前，南旺枢纽一带每到岁修都要停航，后来开凿了月河，在疏浚时候也可保证不再断航了。

大运河还有一种河道称作减河。由于中国东部汛旱两季分明，运河一方面存在水源不足的问题，另一方面在汛期还要防范水患。在汛期为了减轻河道和堤坝的压力，普遍采取了向东侧放水的策略，即在漕河的东堤一侧修建一系列的泄洪通道。明朝后期要求当水位高于2.7米时即开闸分流。这些泄洪通道称作减河，有减轻河道水量之意。比如在南运河一段，为了在汛期保证运河干流平稳行船，相继修建了以四女寺减河为代表的一系列减河，在运河东岸建造砌石结构的多孔水闸。

当然，这种分流措施是以牺牲东岸良田、房屋甚至百姓生命为代价的。这也导致山东、河北一带数百年间百姓的生产和生存条件都受到了极大影响。

如果水位高差过大，运河经过时往往会流速过快，给航运带来危险。会通河上通过设置诸多闸的方式解决高差问题，而南运河上则有另一种代表性做法——人为利用弯道，以减缓河道的纵比降，降低河水的流速。不建闸而实现水流的调控，这种方法称作“三湾抵一闸”。斯当东曾称赞中国人在河道设计上的高超智慧，并和欧洲作比较，欧洲的运河往往是一条直线，而中国的大运河则是弯弯曲曲的。斯当东对这种设计赞不绝口，评价其是“实用的天才工程”。

确实，讲求实用性，是整个大运河河道体系的特色。大运河不仅仅是一条河，更是在人与自然较量、妥协甚至牺牲的过程中，无数工程智慧汇聚的结晶。

沧州运河的“三湾抵一闸” 万金红摄

大运河的桥

中国古代桥梁在宋代有一个惊人的发展，建造了一系列美丽的桥，是国外任何地方都不可比拟的。——李约瑟

一

穿越城市的运河，不仅要确保水路的通行，还要保证城市居民出行不受影响。由此，桥的修建便尤为重要。其中建造起来最便捷的一种是浮桥——过人时候把浮桥在漕河上搭起来，船只在附近停泊等待，待等候的船只达到一定数量时浮桥开启，船只全部通过后再关闭。

不过，浮桥毕竟需要定期启闭，在繁忙的河段很难保证交通顺畅。因此，大运河上要实现水路陆路都畅通的目标，需要建造能够同时通航和行人的桥梁。这类桥需要具备两个基本要求：桥身坚固结实，桥洞足够宽。这两句看似简单的表述，可着实考验了古代建桥者的水平。

唐代扬州城，水系纵横交错，城市跨河桥梁工艺也达到了很高的水准。1978年，考古工作者在扬州市中心发现了两座唐代木桥的遗址。其中一座桥的遗迹相对完整，能够据此推测复原当时的样貌。这座木桥长度为36米。桥身用6排桥柱支撑，构成了5个桥孔。中间的桥孔宽8米，应该是当时过船的孔洞。

（左页）《康熙南巡图》第七卷中的拱桥

这6排木柱，每一排都有5根，柱头削成尖形插入地下2米，木柱之间用横竖的木枋串起，保持结构的稳定。桥面略成弧形，上面设有高约1米的栏杆，保证行人安全。另一座桥虽然遗迹保存得没有第一座完好，但规模与第一座桥完全一致。我们可以推测，当时扬州城内的木桥，可能大都是按这个模式建造的。

这种木桥虽然达到了相当的高工艺水准，但毕竟是在桥中心用一排排木柱支撑，限制了通过船只的宽度。如何才能让更宽大的船在运河上畅通无阻呢？北宋京城汴河上的虹桥给了我们答案。

二

北宋一代，开封城内的汴河是全国最繁忙的河段。要保证京师的粮食供应，汴河必须绝对通畅。这便对开封城内的桥有了更高要求。

一开始，汴河桥是采用唐代植柱子的木梁桥，经常遭到大船碰撞，桥和船遭到毁坏，还发生人员伤亡事故。有人认为是桥的位置问题，建议把桥迁移。但迁移之后依旧连续发生撞桥事故。又有人认为迁移的地址还不如原来的，就把桥搬了回来，结果还是上演一幕幕撞桥剧。这时大家才意识到，关键问题不在于桥的位置，而在于桥本身。洪水季节，汴河水流湍急，如果桥柱再一阻挡，桥下的水流就更无法方便行船。因此，最好的办法就是不要桥柱。

这种桥在当时已经存在，大家称之为“无脚桥”。只不过不在开封府，而在山东青州。

青州城和开封面临的问题相似。它四面环山，一条洋水河穿城而过，每到洪水季节都会出现水流冲击桥柱、行舟困难的问题。知州夏竦在全城发布通告，寻找能修桥之人。最终“应聘”的是一个退休的监狱狱卒。他的办法是将大石头固定在两岸，用几十根木料相贯，叠插在一起，不用一根桥柱就横跨洋水河，而且使用50多年桥都未曾损坏。

青州无脚桥的成功，也让汴河沿线的城市看到了希望。此时在汴河下游的宿州城，知州陈希亮效仿青州建造了无脚桥，皇帝大加赞赏，并且要求将这种

（右页）运河图 清 英国图书馆藏
清康熙后期绘制。图中标注了运河上为数不少的桥梁。

東洞庭
太湖
西洞庭
寶帶橋
上方山
尹山
蘇州府
吳縣
長洲縣
崑山縣
太倉州
常熟縣
福山
穿山
白茆閘
白茆口

苏州宝带桥

造桥技术用到开封。这个指令的直接成果，便是成就了中国历史上鼎鼎大名的一座桥——《清明上河图》中的虹桥。

虹桥解决的最重要问题是尺度。根据推测，桥洞的间距可以达到20米，相比此前数米的宽度增加了一倍还多，足以通过庞大的船只。在汛期水流湍急之时，也不会因河水冲击桥柱而对桥梁本身结构造成危害。

虹桥的另一个引人注目之处，是其在南北两岸根据水流特点和使用者的需求而进行的不同设计。在桥的北侧设计有专门供纤夫拉纤行走的过道，这是因为汴河北岸相对平坦，便于拉纤。而这样的设计在南岸则没有，因为南岸河湾外侧长期受水流的冲刷而又高又陡，无法行走。逆流而上的船需要拉纤，所以靠北行驶；而顺流而下的不需要人工牵拉，则靠南侧行进。

北宋末年，金兵南下，在战乱之中虹桥被毁。可惜的是，这种高超的木拱桥工艺在中国历史上似乎就此失传了，后人不仅不能亲眼见到，甚至难以复制这个杰出的工程艺术品。以至于在后世许多仿照《清明上河图》的作品中，多用石拱桥代替木拱桥。这可能是因为后世画家未曾亲眼目睹虹桥，所以不具备这类桥梁知识，不敢下手绘制吧。

三

汴河上之所以要修木构虹桥而不是更为结实的石桥，并不是因为石桥不好，而是因为石桥建造起来太费时费力。对于交通忙碌的开封来说，断航太久会影响城市生活。实际上，大运河上也有大量的石桥。最有名的石桥要属北宋汴京的州桥。

州桥是平桥，只能通航低矮的平船，那些用于漕运通航的石桥，则要以拱桥形式建造。石拱桥的建造工艺也是大运河历史上的一个亮点。

中国石拱桥历史悠久。尤其是在江南地区，由于水网繁密，半圆拱的石桥因桥下通航空间大，成为便利交通的首选。始建于元代的灭渡桥位于苏州城东南角，桥孔宽度达到14.5米。为了支撑桥体，主拱圈由若干条弧形板拱石并列砌筑，拱石之间相互挤紧，共同受力。灭渡桥高而不峻，稳重大方，是江南古桥中的典范。和灭渡桥一样知名的单拱石桥还有无锡的清名桥，距今400多年历史，桥孔跨度13.1米，全系花岗岩堆砌而成，是大运河在无锡的一个著名地标。再如绍兴的八字桥，因为地形条件所限，独创了“八”字形的桥梁，巧妙地解决了复杂的水陆交通问题。

一旦河道过于宽阔，单拱石桥便要让位于多拱石桥了。比如嘉兴长虹桥，巨型三孔实腹，气势宏伟，形似长虹；杭州拱宸桥，三孔驼峰薄拱薄墩联孔，是大运河在杭州的端点标志；更著名的还有苏州的宝带桥，53孔联拱，长度超过300米，气势恢宏，文徵明曾以“天外飞虹彩，波心日泻金”描绘宝带桥的隽秀景象；就连乾隆帝也为其倾倒，写下了“宝带春风波漾轻”的诗句。

广济桥曾名通济桥、碧天桥，初建于明弘治年间（15世纪末），现今的桥为清康熙年间（17世纪末）重修。广济桥是京杭大运河上仅存的一座七孔石拱桥，也是大运河上保存至今规模最大的薄墩联拱石桥。

这里要专门提一下多孔桥的代表作之一——杭州塘栖镇的广济桥。

这座古桥不仅呈现出历史的面貌，也是文物保护与时代发展在今天有效结合的一个范本。20世纪90年代，广济桥曾经面临存与拆的争论。作为船只进入杭州的必经之地，广济桥在当时越来越成为水上交通的一个瓶颈。1992年，竟然发生了连续七天的大拥堵。加上广济桥自身年久失修、货船撞击等缘故，有一些声音呼吁应将其拆除，保证河道的运输通畅。百姓闻听之后，纷纷要求将其保护下来。当地有识之士表示，“长桥兴，塘栖兴；长桥毁，塘栖完”！

由于当地人的反对，拆桥的计划没有被采纳，取而代之的是对交通实施疏导和控制。1997年，塘栖镇北开挖全长3.64千米、宽60米的四级标准航道，对运输船只进行一定的分流。到了2006年，广济桥水域实现全面封航。在这段时间中，虽然进行了一些小修小补，但大规模的保护修缮工程势在必行。2007年，广济桥修缮工程启动，总投资200余万元，这是该桥500多年来进行的最大一次修缮工程。

广济桥的废保之争，意义不仅是保住了一座古桥，更让人看到了当地人对与自己生活息息相关的历史古迹的态度，让人们看到，现实与历史之间并不是零和关系，而是能够互相扶持、互惠互利。保住了广济桥之后，塘栖镇留住了自己的一份历史文脉，其镇内文化遗产也焕发出了新颜。这个江南水乡著名的水路码头，由于有效的遗产保护，继续在今天展现着她非凡的活力。

杭州广济桥

闽浙木拱廊桥

汴河虹桥的工艺其实一直在民间延续了下来，比如位于浙江、福建山水之间的木拱廊桥。闽浙木拱廊桥由短小木构件榫卯搭接形成两套结构系统，并通过上下交叠编织组成大跨度、无柱的拱体系。现存的木拱廊桥中，单孔最大净跨度达到37.6米，比虹桥还要多出近一倍，体现出了高超工艺的民间传承，也让我们幸运保留下了北

温州泰顺三条桥 黄贵强摄

建造出的桥梁解决了大跨度、深溪涧、防山洪冲毁、施工等一系列难题，体现出人类对大自然条件的巧妙利用。在闽浙山区，木拱廊桥是老百姓生活中极其重要的交通设施和公共建筑，一般建于村落水口或用来连接山涧古道，融入了山地人居的多方面功能以及乡土文化。由木拱廊桥所形成的功能文化空间对增进民众情感交流和文化认同具有重要作用。

20世纪80年代，乡土建筑专家们在调研木拱廊桥的起源时，发现了一些桥梁建造工匠的家谱，其上记载他们的先祖是随宋室南迁，再后抵达闽浙山区的。这些先民之中，说不定就有当年参与了建造汴京虹桥的工匠呢。

大运河的闸

为解决因河道高差带来的行船问题，中国古人不断探索和革新着通航设施，从最早的堰，到单闸，再到复闸。可以说，大运河之所以能够畅通两千余年，与这些因地制宜的工程智慧是分不开的。

一

“水往低处流”，这是一句人人会说的大实话。凡是有水流动的地方，必然是有天然坡度高差的地方，运河也是如此。中国东部地势高低起伏，带来了明显的运河航行问题。某些区段水源不足，坡降大，航行困难。因此，要让船在运河上顺利航行，就必须解决这种高差带来的坡度问题。

解决这个问题最直接的办法就是在河道上修建水工建筑物，用以控制水流。最早采用的办法是修筑堰埭。堰埭是横卧在水道之上的拦截设施，可以抬高水位。在水流上下游，用平缓的坡面让船只通过。据文献记载，这种堰埭早在三国时期就已经出现，在运河过长江的瓜洲和京口分别有伊娄埭和京口埭。

不过，堰埭有比较严重的弊端。船只过埭时必须用人工或

（左页）《水程图》之清江浦闸 明 钱榖、张复 台北“故宫博物院”藏
《水程图》由王世贞策划，钱榖、张复合绘，表现了明代中期大运河全线各地景观。

是牲畜拖拉，非常耗费体力和精力。在瓜洲堰，甚至需要用22头牛来拖拉船只。而且，这种办法对于船本身而言也不方便，各种磨损会导致船只出现破损，不但使用寿命缩短，还会出现安全问题。

闸的出现很好地弥补了堰埭的不足。如果说堰埭是一堵两侧有缓坡的墙，那么闸就是一道门。在闸发明之前，船是要翻墙的；有了闸之后，就不需要“翻”这个动作，可以直接“穿”门而过了。

在水面落差很大的河段，尤其是运河和天然河道交汇的地方，闸的存在可以防止运河水由于高差原因向自然河道流失。比如淮河相比邗沟水位低，如果没有闸保证邗沟的水位，运河很快就会流空。因此平时的闸门是关闭的，以保证运河水位，过船时再开闸放行。

最初的闸是单闸，这种闸虽然能够让船只不用翻越堰埭，但通过之时往往因为上下游的河水高差过于悬殊，导致瞬间出现湍急的水流。顺流而下时犹如今天“激流勇进”的游戏，逆流而上时则非常吃力，需要通过人力或绞盘把船牵拉向上。和耗费的力气相比，单闸更主要的问题还是水源流失，特别是在水源不足的时候，一旦放闸，运河里的水很快就随着船一起“流”掉了。

二

要解决水流过急的问题，是不是可以设置一个缓冲区呢？智慧的古人想到了一个办法：一座闸不行，那就多设置几座，复闸也就应运而生了。

复闸既能够保证船只平稳行驶，同时也解决了水量流失的弊端。因为每次开闸时，流失的水量都只是一个闸室和下游水位差的部分，相比此前的“激流勇进”，已经非常节水了。

复闸的原理很简单，多增加一些闸门，在闸门之间设置闸室。要过船时，先开启一个闸门，让闸室两侧水位齐平，船只进入第一个闸室。然后关上第一道闸门，再开第二道闸门；依次延续，一直到船通过最后一道闸门。

最早明确记载复闸的文献是《宋史·乔维岳传》。北宋雍熙元年（984），转运使乔维岳为了解决淮安到淮阴一段新开凿的西河的船只过堰问题，“创二斗门于西河第三堰，二门相距逾五十步，覆以厦屋。设悬门积水，俟潮平乃泄

通惠漕运图 清 沈喻 中国国家博物馆藏
这幅图卷描绘了清代康熙年间通惠河漕运的情况。由于水源不足，清代废弃了通惠河上过去大量闸坝，实行倒载制，漕粮由人夫搬运到闸上游停泊的船只中。本片段即反映此场景。

之”。这组复闸有上、下两个闸门，闸室长约为76米，用可以升降的平板闸门控制。

沈括在《梦溪笔谈》中也专门提到了复闸：“天圣中，监真州排岸司右侍禁陶鉴始议为复闸节水，以省舟船过埭之劳。”沈括还记下了这种先进技术的另一个好处，那就是能够省钱省力，他写道：“岁省冗卒五百人，杂费百二十五万。”

到了明清时期，面对高差更为剧烈的会通河段，复闸技术成为解决南北运输难题最为关键的技术手段。在会通河段，南来北往的船只随着一道道船闸不断浮升，而且还要通过开闭南旺水脊两侧闸门的方式，控制南北水流平衡，防止运河断流。正因为水闸众多，会通河被称为“闸河”。

团结奋斗
自强不息

三

虽然闸的原理听起来很简单，但要实现这些功能，还需要完善的工艺和材料作为支撑。一般而言，闸两侧有闸墩，呈“八字状”分布的迎水雁翅、正身和分水雁翅；闸底铺设基础材料，在正身上设置闸槽，用以穿插闸板。建造一座闸所用材料主要是石头和木头。宋代真州闸采用的是石砌基础和木结构的闸墩。后来因为木闸墩耐久性有限，将闸墩也改为石砌。

元之后，大运河上的闸，闸体以石砌为主。不过也有例外。明永乐年间，漕运总兵官陈瑄循北宋沙河故道开凿清江浦河，筑移风、清江、福兴、新庄四闸。明永乐十四年（1416）增建了一座闸，因为当时创制简陋，最初只采用木板为闸，名字也就叫“板闸”。一年后，临时用木头搭建的板闸改建为石闸，但板闸的名称一直保留了下来，直到今天。

闸门的材料一般为木板。一种是可以整体升降的一块大木板，称为“悬门”。这种整体升降的悬门需要通过“机械”来操作，虽然技术高超，但因为设计和施工维修要求很高，所以使用得并不多。另一种运用得更多的是“叠梁门”，也就是用一块一块的木板从下到上依次放入闸槽拼起来。这种叠梁门操作起来方便，人工放置或开启即可。

南宋诗人杨万里曾有诗描述叠梁门开启后船只鱼贯过闸的场景：

春雨未多河未涨，闸官惜水如金样。
聚船久住下河湾，等待船齐不教放。
忽然三板两板开，惊雷一声飞雪堆。
众船遏水水不去，船底怒涛跳出来。
下河半篙水欲满，上河两平势差缓。
一行二十四楼船，相随过闸如鱼贯。

在这首诗里，“忽然三板两板开”说的就是人工开启叠梁门时的情景。只不过由于水流的落差，刚刚开启了两三块木板，就已经“惊雷一声飞雪堆”，水流像飞雪一样喷涌而来了。

（左页）淮扬运河扬州邵伯船闸

明朝末年的著名传教士利玛窦曾经数次往返于运河之上，记录下了他在大运河上过闸的有趣经历。第一次沿运河北上时，由于漕运船只拥挤，水量有限，在设置了几十座闸的会通河一段，利玛窦的船经常在闸口前面排队等待。他记录道：只有当水位升到一定高度，船只才能过闸，而借助两个闸之间的高差所带来的流力运行。利玛窦称这种等待为“冗长无味的耽搁”。他还观察到，闸的出入口还会波涛翻涌，稍不留神船只就会倾倒，船上的人被淹死。为了确保船只安全，官府还雇佣了大量的纤夫，在岸上牵拉河道里的船只前行。

而利玛窦的第二次运河之旅就大不相同了。因为他随身带了进献给皇帝的精致礼品，沿线官员都恨不得先睹为快。利玛窦便请沿路的官员前来观摩礼品，这些人大饱眼福之后，行使一下特权，给利玛窦放行。与第一次“冗长无味的耽搁”不同，这一次利玛窦过闸河就畅通许多了。

运河上的船只往往要在一个闸口前排队等待许久才能过闸，且由于高差导致的汹涌波涛，还会有一定的风险，也由此滋生出“过闸费”等腐败现象。有些负责管理船闸的吏役和当地无赖串通一气，把持过闸牵缆的事务，借机勒索漕船。

清朝之后，为节约水源，废弃了大量闸坝，在漕运季节闸门不再开启，漕粮由人力搬运到停泊在闸上游的船只中。比如在清康熙年间画家沈喻绘制的《通惠漕运图》中，描绘了漕船从北运河进入通惠河的场景。因为高程差，北运河的船只在通州北门外的石坝下停靠，民夫们扛着漕粮包，沿着石台阶拾级而上、“翻”过河闸，向通惠河搬运。

民国时期，国民政府引进了西方船闸技术。比如在京杭运河苏北段建有淮阴、邵伯、刘老涧三座近代化船闸。尤其是1934年2月着手兴建的邵伯新式船闸，是长江进入运河苏北段的第一座闸，从建筑材料到船闸设施，都是引入的西方先进技术，以钢筋水泥混凝土代替砖石建筑材料，以钢质对开的闸门代替木质垒梁门，以启闭机启闭闸门代替过去的人工起吊垒梁木，以输水廊道代替闸门输水。邵伯新式船闸的建造，标志着大运河的船闸进入了现代化阶段。

在此之前，现代式样的水利设施已经出现在了京城潮白河上。1912年，北运河上源潮白河决口，为令其重归故道，民国北洋政府于1922年聘请美国水利工程

最早的复闸——长安闸

长安闸位于今浙江省海宁市长安镇，曾是连接江南运河和上塘河水系的重要水利枢纽工程。

长安闸的前身是义亭埭，于唐贞观八年（634）所建的过船闸坝。为了解决行船过闸时水量损失大的问题，唐宋时期江南运河曾经多次将闸改建为坝，但也造成了船只翻坝费时费力。长安闸就是在这样的背景下，于元至正二年（1342）由义亭埭改建而成的，并设专门机构进行运输管理与维护。

长安闸是现存唯一被《国际运河名录》所记载的复闸例证。“复闸”是多个闸门组成多级闸室，通过联合运用，有效地平衡航道水位差，将河段的高差集中到一处之后分级控制，使得整个河段的水流都比较平稳，船只航行的条件得到极大改善。

长安闸不仅多个闸门联合运行，还配置了更加精细的澳及澳闸。澳有两个，分别以积水、归水为名，积水澳的正常水位高于或平于所连闸室（一般是上游闸室）的高水位（即复闸上游的水位），以补充船只过闸所耗之水，抬高闸室水位与上游平以待下次开闸入船；归水澳正常水位低于或平于下闸室的低水位，以回收闸室水位降低时的下泄水量，使其不流失到下游；归水澳中的水可以根据需要提升至积水澳中重复使用。澳的水源是蓄积高处的流水或雨水，提升低处的积水或流水，或者在临近大江的地方引蓄潮水。普通的复闸过一次船最少也要消耗（下泄）一闸室的水，而“澳”的存在则使这些本来要下泄流失的水得以重复利用。

澳闸在运行管理上比复闸要求更高，需要严格的运输组织管理。但当时的管理体制无法与较高水平的工程相匹配，这项复杂的水利工程并未应用多长时间，水澳很快就被废弃，复闸后改建为单闸，有的甚至一度出现废闸为堰的倒退现象。

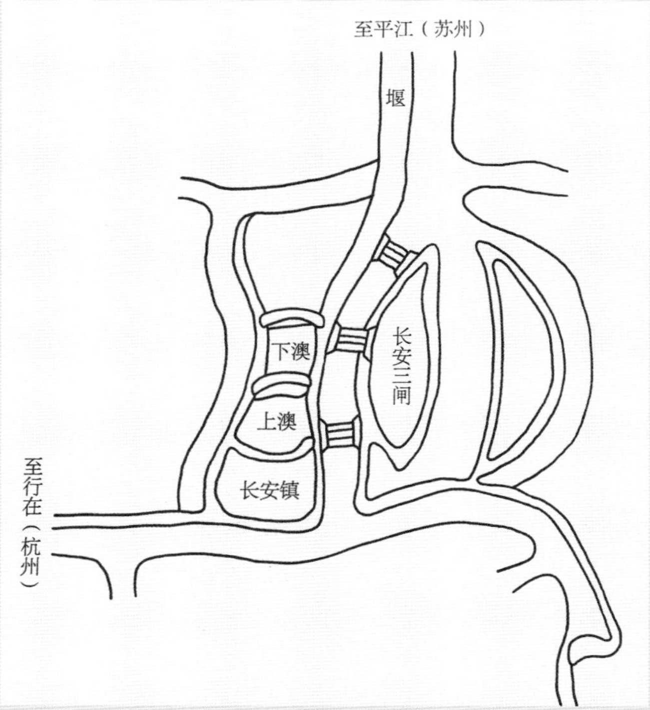

南宋长安闸示意图

师勘测设计和主持建设了苏庄闸，包括潮白河主河道的拦河闸，和右岸的分水闸（拦河闸30孔、分水闸10孔，孔宽均为6米）。苏庄闸采用钢筋混凝土结构，机械操控闸门起降，兼具蓄水、泄洪、济运的功能。当时京东北的许多货船都从闸下经过，抵达通县码头卸货。为方便两岸交通，在拦河闸上建了一座钢制大桥，因为是洋人设计的，当地人称为“洋桥”。洋桥建好后，汛期时，泄水闸桥向下游泄水，飞花溅浪，景色壮观，堪称当时顺义一景，得名“洋桥破浪”。虽然口门已经堵塞，但分水闸本体保存至今。

四

如今大运河沿线保留下来的最知名的一组复闸，可能要属北京什刹海一带的澄清三闸。元代漕运的终点是积水潭，即今天北京城中的什刹海一带。经通惠河从南方而来的漕船在这里聚集装卸。为了保证通惠河的水源，节制水流以保证航运船只的通行，在积水潭出口处修建了一座水闸和一座桥，即澄清上闸和万宁桥，后来又在河道下游分别设置了澄清中闸和澄清下闸。

今天，在这些闸的遗址上，我们能够明显看到石砌的闸墩和闸槽。澄清上闸还保留着当年用于开闭船闸的一对绞关石，石头顶端的粗圆孔是为了穿过圆木和绳索所设。闸旁边还有元代的镇水兽，守卫着桥和闸的平安，保佑过往船只安全通行。

元代漕运终点是积水潭，漕船在这里聚集装卸，澄清三闸是这段历史的见证。

如果有机会得以观察今天现代船只过闸的场景，我们会发现，除了使启闭闸门环节更为现代化之外，其实现代闸和古代复闸的原理别无两样。从最初的堰埭到斗门，从单闸到复闸，在人与水的较量、人对水的自然特性的利用上，大运河上的船闸技术不断进步，中国先人也不断创造着具有划时代意义的成就。

板闸

明宣德四年（1429），朝廷于运河客商辏集之处设立了七处钞关，令往来船只缴纳船料钞。其中淮安钞关设置于板闸。从此，板闸附近因淮安钞关的设置而兴盛，形成板闸镇。由于钞关设立于此，板闸镇的名气甚至超过了板闸本身，成为南北往来客商云集之所在。明崇祯年间，因为河道淤塞，过关的船舶改走月河，板闸便因此被废弃了。清朝初年，谈迁在《北游录》中曾写到板闸，可见闸虽然废了，但地名依然存在。

2014 年 8 月底，大运河申遗刚刚成功不久，“中国淮安——世界运河文化旅游区”的子项目之一——板闸风情街项目开工。施工过程中，发现了大量条石，且条石堆叠成 40 多米长石堤，部分条石上有生锈的铁锔，用来固定两块石材。淮安市博物馆的研究人员闻讯后进入施工现场，经过实地调查和勘探，最终确定这就是当年陈瑄所建造的板闸。

从发掘情况来看，闸整体略呈对八字形，全长 57.5 米，残高 5.2 至 8.3 米，以 17 至 26 层条石垒砌而成。闸平面结构分为迎水雁翅、正身和分水雁翅三部分。立体结构主要由筏形基础和闸墙两部分组成。除了闸之外，还发现了古河道、堤坝、码头和建筑基址，可以想见当年板闸两侧的繁荣盛景。

板闸遗址的发现恰逢其时，它更直观地将大运河的水、闸、渡、城、商贸、文化、管理等各种关键词都凝聚起来。一座闸，足以见证运河的昔日辉煌，更承载着运河文化复兴的使命。

板闸遗址 淮安市文物保护和考古研究所供图

大运河的船

中国古代的漕运与漕船制造业相辅相成，复杂的漕运管理体制，在漕船制造这一个环节得到了淋漓尽致地体现。

一

楚汉相争之际，刘邦派遣谋士郦食其前往齐国之地，去劝说齐王归顺汉营。郦食其在齐王面前将刘邦和项羽对待降臣截然不同的方式进行了对比，大肆宣传刘邦宽以待降、大家纷纷拥护的美誉。他用了一个例子向齐王证明：“豪英贤才皆乐为之用。诸侯之兵四面而至，蜀汉之粟方船而下。”

对于一个说客而言，可以理解其适度夸张自己主公的魅力。但刘邦的确如其所说，深得民心，并凭此最终取得了天下。而我们在郦食其的这句话中，格外关注一个词——方船。

方船，可能是中国漕运船只最初的形态。简单来说，方船是两艘小船拼起来的一种漕船。因为形状是方形，故叫方船。这种漕船由两艘船并排排列，用一张加板置于其上，连为一体。方船还有一个名称叫作漕舫，“舫”字在汉语里最初的释

（左页）《清明上河图》中的船

义即是并排的两艘船，直接指代的就是秦汉时期运送漕粮的这种方船。

之所以有方船这样的形态，是因为当时造船的技术水平不够高，船舱较小。要运送更多粮食，需要双体船拼在一起并在其上设置更大的粮仓。这种方船应该一直沿用到了隋代。在《隋书》中对于当时潼关以西的漕运记载写道："因借人力开通漕渠，用方舟漕运。"

到了唐代，船舶制造技术有了很大飞跃，而且漕船建造过程的管理也日趋完善。此时，方船逐渐退出历史舞台，取而代之的是各种因地制宜的单体船。为了制造更适合运河漕运的船，刘晏花大力气搜集了当时全国各地的几十种船只，并进行了逐一比较，最终在"节级转运"的原则下，按照运河每个河段水深和宽窄的差异，确立了三种主要船只类型：适于黄河航行的"上门填阙船"，在黄河与长江之间宜于通济渠航行的"歇艎支江船"，以及在长江宽阔江面航行的大型货船。

唐代木船的建造技术已经较为成熟。比如江苏如皋发现的木船，窄长的船体用三段木料榫合而成，分为9个隔板舱，船板使用铁钉钉合，用石灰和桐油填缝。这类内河船只船底平、吃水浅，头尾齐平，一直到明清时期，这个形制基本没有大的变化。

这时候，漕舫一词虽然延用了下来，但已经不是最初"双拼船"的含义了。方头方尾，平底，甲板宽阔的单体船，此后统称为舫了。再后来，本来是动态的舫更是具有了静态的特征，人们将仿照船的造型在园林水面上建造起来的船形建筑物也称之为"舫"。

二

宋代是船舶制造工艺蓬勃发展的时代。《清明上河图》上百舸争流，全面记录下了当时航行在汴河上的船只。图中船舶共有20多艘，可分为六大类，分别是漕船、客船、货船、游船、客货两用船以及杂船。这些船大都没有风帆，是由于汴河通航的春夏两季风力不大，顺流靠漂流，逆流则靠拉纤或摇橹行进。

汴河的漕船船身扁平、宽阔，每30艘船编成一"纲"。船头设有压浪板，在

《天工开物》之漕舫图

《天工开物》为明代科学家宋应星所作，是中国古代一部综合性的科学技术著作，其中即包括船舶建造技术，并辅以配图。

船首形成一个“凹”字形，让迎面而来的波浪分散，避免冲击船身。每艘漕船上大约有20名船工，陆地上还有纤夫。船中央立有桅杆，从桅杆上拉出的绳索，由岸上的纤夫牵引。

图中最醒目的一艘船就是正在通过虹桥的那艘大船了。船的桅杆和底座之间通过转轴联结，可以灵活调节，自由收放。这条船看似即将撞上虹桥，但紧急时刻，船工正在向下收回“人”字桅杆。如果再仔细观察，还能看到船前用以放锚的绞缆机，船的两侧用于防护波浪的设施。华丽的船身，宽敞的船舱，精密的设计，可谓当时造船工艺水平的缩影。当然还有形色各异的人们——紧张忙碌的船工，不明所以的船客，桥上看热闹的老百姓……

汴河上还有一种“圆滚滚”的货船，两头尖，中间宽，配以能升降的平衡舵，既能够容纳更多货物，又能够在风浪中保持更好的稳定性，而且吃水少，操作灵活，应该是当时比较流行的货船。还有一种专门的客船，与货船圆滚滚的形状截然相反，呈狭长形，上造一排房屋状的建筑物，让人可以在其中欣赏船外的风景。

明朝要保证在水流相对有限的运河中运行万余艘漕船，对船只的结构和大小都有了更统一的标准。其中最常见的是浅舱平底船，底长五丈二尺（约16米），宽为九尺五寸（约2.8米），全船共13个舱。这种船只无论是在江河上行进，还是翻越漕闸，都灵活轻便。这种船的名字叫作“四百料”浅船，顾名思义，就是运送四百多石粮食的船。一般来说，每艘船能够达到的装载量是五六百石，但实际运粮过程中，因为运军还要携带私货，装载量达到一千石也不少见。明天启年间的工部尚书王佐就说过，规定本来这种船运送漕粮最多五六百石，但大家都携带私货，所以今后造船时按一千石为上限。

在山东梁山县贾庄的水洼里挖掘出一艘明朝运粮浅船，根据其五丈一尺，宽一丈，高约五尺的规格，当时判断是早期的漕船，最终结论确实也是明洪武五年（1372）建造的。

王佐说得还算客气，实际的情形不只是在运货量上不断突破上限，而是连船只标准都被突破了。《天工开物》第九卷就曾写道，当时运军造船的时候，为了多装私货，竟然把船的长度私自增长了两丈之多，首尾宽增加了二尺。

漕船的维修在明代有定规，三年小修，六年大修，十年重造。不过也根据漕船行驶的河道地理条件，尤其是是否“过坝”而异。比如江北里运河的浅船不过坝，十年一造；过江的江南船是五年一造，因为每年都需要经过瓜洲坝两次，船只会有较大损伤。也有根据木料来进行分类的，比如楠木的就十年一造，而杉木、松木的就要年头短一些。

（右页）清代御船“镜春舻”“水云乡”“木兰艘”图样 中国科学院文献情报中心藏

鏡春艘

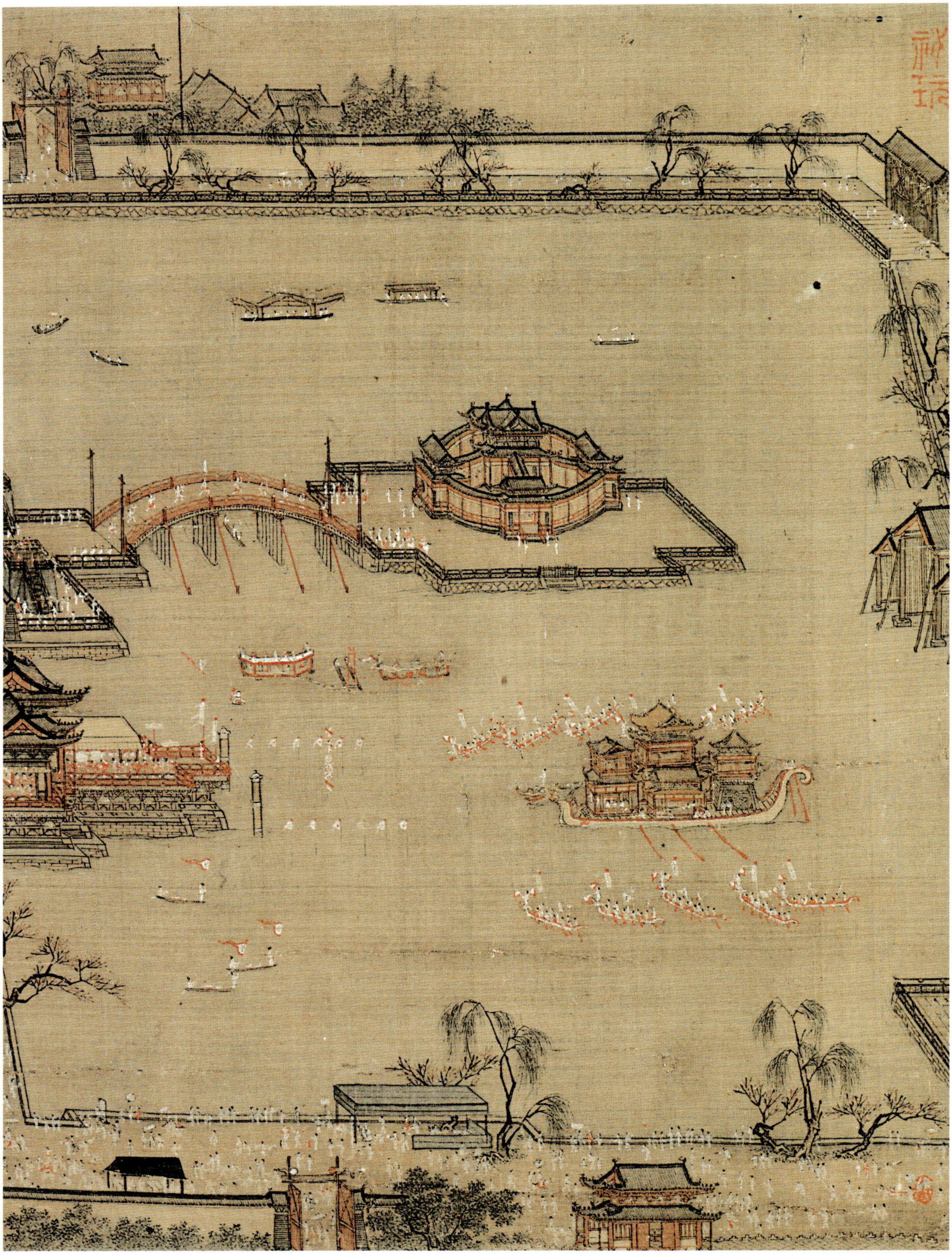

三

中国古代工匠的造船方法体现出这些能工巧匠杰出的智慧。早在秦汉时期，造船者就发明了船台和下水滑道。在宋代出现了与现代造船厂十分接近的船坞。当时每造好一条船，下水时需要很多人一起看管，以防被河水冲散。监造官张平专门开凿了巨大的池子，将河水引入，既保证了船只下水，又不至于进入湍急的河水，这种船坞比欧洲还要早上500年左右。在张择端的《金明池争标图》中，图右侧中央那个柱子插入水中的建筑，就是船坞了。

中国古代漕船的特点：
◎ 最早形态是方船
◎ 钉接榫合法
◎ 水密隔舱
◎ 能升降的平衡舵
◎ 逆流需拉纤
◎ 形制和维修标准化

更让人赞不绝口的是模型和图纸的发明。为了普及工艺方法，将其标准化，宋代的工匠普遍采用仿小船造大船的办法，即以做好的微型船模为基础，仿造出大船来。后来，在船模的基础上又发明了设计图纸，将船模的形象、尺寸，甚至用料、人工、造价等信息都汇集到一张图上。这可能就是最早的造船设计图纸吧。这些图纸经过复制，发放到每个船厂，造船技艺既能够传播开来，又能够确保船只的标准化。同样，西方的造船图纸比中国晚了三四百年。

具体到“小技术”层面，中国的工匠也令人啧啧称赞。我们看《清明上河图》上的船，有的船身上有很明显的“排钉”，这可不是为了装饰好看，而是一种非常先进的技艺——钉接榫合法。这种技艺在唐朝时候就已经发展得非常成熟。以如皋出土的唐代木船为例，这艘船的两舷船板用7根长木，上下叠合成“人”字缝，以铁钉成排打入，铁钉断面呈方形，每边直径0.5厘米，长为16.5厘米，钉帽直径1.5厘米，每隔12厘米打入一排，上下两排交叉，相距6厘米。“人”字缝中间，用石灰桐油填实，严密坚固。

（左页）金明池争标图 北宋 张择端 天津博物馆藏
金明池是北宋时期著名的皇家园林，位于东京城外。园林中建筑全为水上建筑，池中可通大船，战时为水军演练场。《金明池争标图》描绘了金明池中水军演练的场景。画面中各龙舟左突右进的空间安排，营造出争标的激烈、刺激与紧张气氛。“仙桥”右下方的“水傀儡”“水秋千”“乐船”的描绘则将宋代的水上百戏表演呈现在观者面前。图右侧中间那个柱子插入水中的建筑就是船坞了。

这种钉接榫合法也是遥遥领先于世界的智慧。在当时的欧洲国家，船板联结所用的方法是以皮条绳索绑扎。这种捆扎的方式相较于钉榫而言，船体的强度以及航行安全性都不能相比。

四

造船不仅是工艺水平的体现，更是管理艺术的展示。唐朝刘晏负责造船之时，在全国设立了10个船厂，委派了10名官员专职负责每个船厂的管理，并直接向刘晏本人汇报。这种“扁平化”管理提高了标准化程度和生产效率。同时，造船的费用由国家承担，参与的工匠不纳入租庸和劳役体系，使得工匠能够更积极参与到造船事业当中。

刘晏最为人称道之处，是提出每造一船花费百万钱的标准。当时，他的下属们一致反对这个数额，因为根据成本估算，每艘船实际上“五十万足矣”。刘晏力排众议，对大家晓之以理。他的理由是：“当有赢余于众人，使私用无窘，则官船坚固。”通俗点说，刘晏认为造船必须使参与的人有一定的盈余，而不能完全根据所谓“直接成本”来测算。把一切账目都在明面上落实，比大家偷偷摸摸搞隐性贪赃贪腐要好。这样也能确保造船的质量，不偷工减料。

有了好的技术和管理，再下一步则是最关键的一环——人才，要有专门的技术和管理人员。唐朝在造船方面的工匠人员储备基础雄厚，据《大唐六典》卷七《工部尚书》记载，唐朝有“少府监匠一万九千八百五十人；将作监匠一万五千人。散出诸州，皆取材力强壮、技能工巧者……”有了如此众多的专业人员作为保障，唐代漕运体系在船只建造方面一直没有出现过问题。

造船是一门非常讲究管理的学问。在船只修造过程中，监管非常重要。刘晏本人深知此点，因此他对关键的工艺步骤都要自己进行检验才放心。他对水密隔舱、货舱等都进行严格检查，比如钉合榫接是否严密，船板厚度是否达到标准，船板之间的缝隙是否严格使用规定材料填缝，等等。这种严格的监督检查制度一直延续了下来。在宋代，一些船厂的监督管理官员非常重视从材料加工到装配之间的各个环节，当天加工完成的板材和组件，要求尽量快地装配

（右页）古代漕船模型 扬州中国大运河博物馆提供

好，既能够节省堆放原材料的时间，更防止了在中间环节舞弊的可能。这种衔接紧凑的流程，也能及时发现问题，解决问题，提升工匠的施工效率。

中国古代的漕运与漕船制造业相辅相成，复杂的漕运管理体制，也能通过漕船制造这一个环节淋漓尽致地体现。高超的技术，细致的管理，甚至难以避免的腐败，都在漕船身上以小见大，折射出漕运体系的整个面貌。今天对于《清明上河图》中那艘著名的虹桥大船有着各种解读，有人认为它已经来不及放下桅杆，即将撞上虹桥。如果说船是时代背景的象征和体现，那么即将撞桥的船，是不是也预示了北宋即将灭亡的命运呢？

人物乘船竹根雕 清 中国国家博物馆藏

考古发现的运河和内河船

随着考古发掘的深入，出土了不少木结构的运河和内河船只，为我们展示了古代漕运船只的丰富面貌。

1996年，河南永城侯岭发现了唐朝初年沉于通济渠的漕运船，残存长度24米、宽5米多，由木板接合而成，随同出土了铜钱、瓷器、三彩器、陶器等物品。2006年，北京南护城河和西护城河一带的古蓟城南侧早期河道发现了三艘唐代木船。2017年到2018年，山东昌邑发现了一艘残长约12米、残宽为3米的沉船，推测年代也是隋唐时期。

内河航行的船只一般根据河道的特性采用平底的构造，在宋代称之为“防沙平底”，在元代称“平底船”，明代中期以后通称“沙船”。考古发现的宋代船只相较唐代数量更多。比如1978年在天津静海黄河故道发现的沉船；2011年在河南滑县新区发现的两艘沉船；2012年在河南沁阳沁河河道内发现的3艘沉船；2007年在安徽宿州发现的北宋中晚期河船；1998年和2001年在沧州东光分别发现的载有磁州窑瓷器的沉船；1960年江苏扬州施桥出土的木船，推测为往来于长江和运河之间的运输船；还有1978年上海南汇大治河和嘉定吴淞江故道内出土的近海运输船。

元明清三代的“平底船”和“沙船”也有大量发现。1976年河北磁县清理出6艘木船；1988年在北京方庄发现一艘金口新河河道沉没的漕船；2010年在山东菏泽市区发现了由12道隔仓板分成12个船舱的元代木船；2002年在山东聊城通济闸口北侧运河河道内发现了一艘元代沉船；1993年在江苏太仓发现了元末明初的漕运沙船；2013年洛阳偃师汉唐漕运故道内出土了两艘清代沉船，分别命名为运河一号、二号；2013年在山东菏泽郓城发现了一艘清朝中晚期的沉船。

上面提到的船只，一些是沉没，另一些是被废弃，都是用于内河航行的小型的船。这些船只的发掘出土，为我们展现了古代内河航运很多有趣的历史细节。

大运河的仓窖

大唐盛世，是因为她的幅员辽阔，或是她的军事力量，也是体现在日常治理中的种种细节，以及在背后所支撑的实际执行力。

一

隋大业十三年（617）冬天，东都洛阳城外出现了一个奇怪的景象，正在交战的起义军和驻城守军开始互赠“礼品”。一边是王世充指挥的守城军不断往外运送衣物，另一边李密领导的瓦岗军则抬着一车一车的粮食回赠给守军。寒风彻骨，缺衣的起义军得以保暖，少食的守军终得饱腹。

对于任何一个军事指挥官来说，用粮食交换衣物，都是一个令人匪夷所思的决定。也正是这个决定，葬送了李密的大好局势。

实际上，在作出这个昏聩决定之前，李密和瓦岗军一直顺风顺水。隋朝末年，天下大乱，各地反隋势力风起云涌，其中以瓦岗军影响最大。据说李密加入瓦岗军后，给当时的首领翟让出的第一个计策便是攻占洛阳城外的洛口仓，开仓赈济灾民，迅速博得百姓支持。

历史记载，开仓散米之后，大家随意领取，沿路仅因为搬不动而放弃的粮食，就如白沙一般一望无际，大米和积雪一样厚！

（左页）俯瞰回洛仓

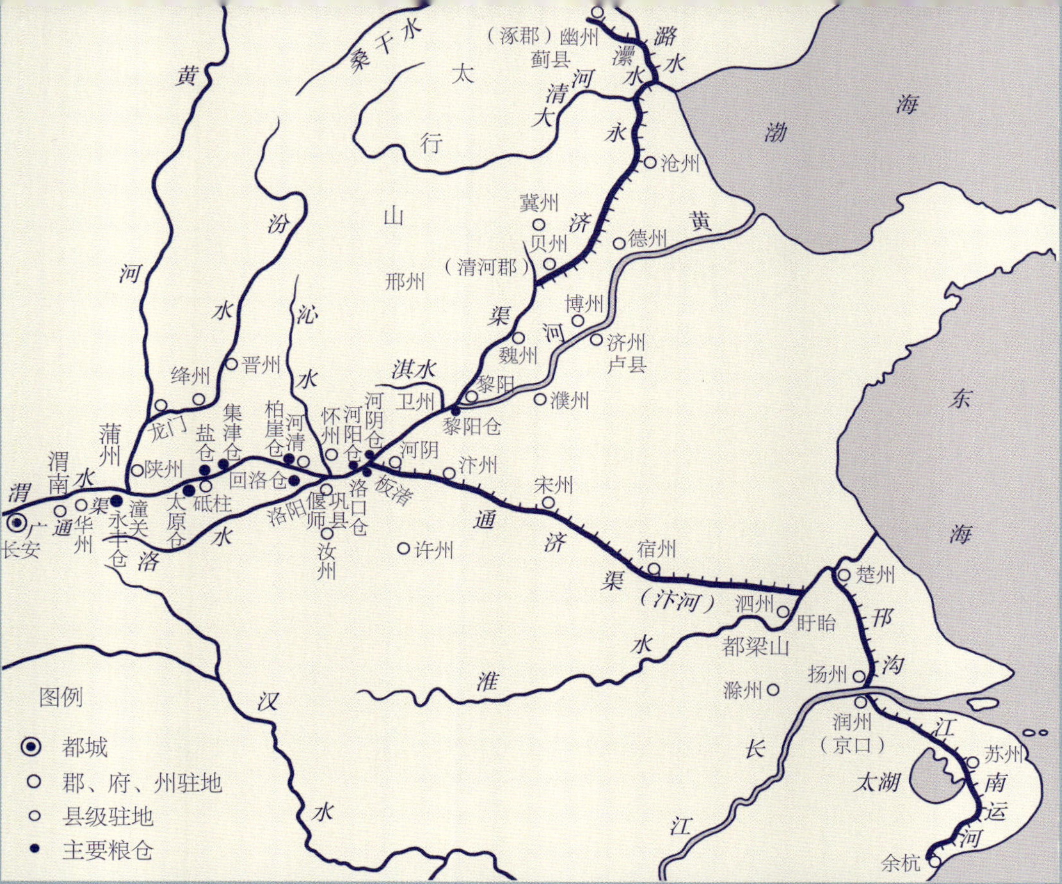

隋代主要运河粮仓分布图

洛阳周边及黄河沿线粮仓分布集中，以“六大粮仓”为代表，确保统治集团的政权稳定。当时粮仓的分布也表现出南北的粮食生产还没有出现根本的差异，北方的粮食通过黎阳仓存储和中转，东南方向还没有分布重要的粮仓。

获得赈济的百姓也纷纷加入义军，瓦岗军的队伍据说扩大到了几十万人。

乱世之中，谁让老百姓有饭吃，谁就能赢得民心。李密看中了回洛仓距离洛阳城近的优势，在那年寒冬占据回洛仓，将守城的王世充困于洛阳城内。由于粮仓在城外，城里缺食，守军和民户不断外逃，投奔李密。一时间，胜利的天平已经彻底倒向了起义军。

这便有了开篇的一幕，李密或许是志得意满，或许是一时糊涂，听从了下属邴元真的建议，同意与王世充做物物交换：一方出粮食换取另一方的衣物。粮食和衣服哪个更重要，普通人都能想明白。根据《隋书·李密传》记载，刚刚做完“贸易”，李密就后悔了，他发现，原来每天从洛阳城里逃出来投降的官兵有几百人，此后越来越少。没过多久，王世充恢复了元气，乘势攻出城。李密则败走长安，投奔李渊，迅速从人生巅峰跌落，正可谓成也粮仓，败也粮仓。

三年后，李世民占据回洛仓，截断了运河，断了洛阳的粮道。李世民不会再犯李密的错误，王世充也没有了拿衣服换粮食的可能，只能开城投降。唐代统治者吸取了隋朝和王世充粮绝洛阳城的教训，弃用回洛仓，由建在洛阳城内的含嘉仓取而代之。自此，回洛仓的历史角色已经完成。

二

对回洛仓的军事争夺引出另一个问题——隋唐两代对于漕运粮仓的部署和管理。漕运不仅要求河道畅通，重要战略物资的储备、流通与管理，也格外重要。

隋朝在运河沿线修建了大大小小众多仓储，尤其是集中修建了六大粮仓。除了洛口仓和回洛仓之外，根据《隋书·食货志》记载，还“于卫州置黎阳仓，洛州置河阳仓，陕州置常平仓，华州置广通仓，转相灌注”。

在隋文帝时期，粮仓的设置基本按照黄河、渭水转运一线并行排列。到了隋炀帝统治之时，转运的粮仓越发向洛阳周边聚集，呈中央密集、东西北三面稀疏散布的结构。不过，洛阳周边的大小粮仓也过于集中了。从通济渠与黄河汇合之

“顺治元年丰济仓记”铜印　清　中国国家博物馆藏

《江西挽运图》中天津附近的南仓、北仓

处，一直到洛阳，仓窖可谓密密麻麻。单纯从转运的角度，根本没有必要在这一段短途路线上部署如此多的粮仓。

而且如此大规模集中粮食，显然也不是仅仅为了转运洛阳和关中，而是尽可

边是官仓里的粮食堆积如山，一边是遍地饿殍。隋朝统治者不仅不肯发放粮食赈灾，反而还要征用更多劳力修建更多仓窖。这也难怪，当李密振臂一呼，打开洛口仓赈济灾民之时，老百姓宛如看到了救星一般。

“巡长芦仓”铜印 清 中国国家博物馆藏

宋朝人想象力的极限了。然而，经过考古发掘，我们发现回洛仓的仓窖数量竟然达到了七百座，超出了司马光记录的一倍还多。

三

1971年，考古队员们发现了盛唐时期洛阳城内的“天下第一粮仓”——含嘉仓。随着含嘉仓面世的，竟然还有一整窖唐朝的粮食！其中48%已经碳化，而52%仍是有机物。

含嘉仓不仅供应洛阳城里的粮食，还起着关东和关中之间漕米转运站的作用，可谓天下第一粮仓。

含嘉仓最为人称道的，是它的建造和储藏工艺。我们不禁好奇，是什么样的建造手法，能让粮食历经一千多年还不腐坏呢？

建造粮仓，首先面临的问题是如何保证干燥。储粮场所应选在尽量离河道远的地方，但又要考虑到粮食是从河道运输过来，离水太远转运也会很麻烦。所以，最好的办法是选择一个地势相对较高，而且有利于排水的场所，即干燥、向阳的坡地。洛阳这几个粮仓，以含嘉仓为代表，都是采用的这个方式选址。

下一个问题便是建造仓窖时要保证坚固性。洛阳地区广泛分布的黄土，干燥时坚硬，湿润时容易塌陷。人们想到的解决办法是从仓窖的构造入手，把仓口修得尽量宽，而仓底尽量窄，仓口仓底的比例约为二比一。仓窖的侧壁是一个斜坡，仓壁和仓底的夹角远大于90度。在装满粮食后，粮食的压力均匀地分布在壁板上，一方面能使壁板紧密地与仓壁贴合，将湿气渗透的可能性降到最小，另一方面也减少下层壁板压力。

下一步要对窖底和窖壁进行强化处理。夯实底部，拍平仓壁，随后上火烤，一方面让窖内环境较快干燥，另一方面也烤出坚硬的红烧土，比普通的土更容易防水。最后再上一层防潮的涂料，将红烧土块、烧灰、碎炉渣和黏合剂拌和成泥状后，涂抹在经火烤过的窖底和接近窖底部的壁上。

如果把建造窖坑视作装修的话，那么到了这一步，算是有了一个“毛坯房”。下面便是要进一步装修了。这个装修说简单也简单，就是铺木板和草。

木板的铺设，一般是从窖底的边沿略呈六边形向中心铺，越接近中心的木板越宽而短，靠近窖壁的木板则窄而长。有的窖除铺木板外，还铺了四层草，最后再加铺一层木板，如含嘉仓第58号仓窖。随后，在木板或是草上面，再铺一层谷糠，谷糠之上再铺编织好的席子。

这些铺设都弄好后，粮食也铺满，那就剩“封口”了。含嘉仓第160号仓窖完整保留了当时顶部密封的状况。其方法是粮食上加盖席子，席子上垫40~60厘米厚的谷糠，糠上再盖席子，最后用黄土密封成上小下大的圆锥形。

发掘的时候，考古学家惊喜地发现，含嘉仓第160号仓窖密封得非常完美。粮食与仓窖之间是层层木板、草、谷糠、干土等，基本上与外界隔绝，基本不受外界气温影响。仓窖注满之后将粮食夯实，能够确保谷物颗粒间尽量少地存有空气。含嘉仓第160号仓窖内储存的谷子黏结得很坚硬，一定是在入存时压得很紧实。怪不得，这里的粮食能够保存一千多年。

这种“装修”方法，都在唐朝《仓库令》中有明确规定。唐朝的工匠们也确实没有偷工减料，而是按照规定一步步建造着粮仓，甚至有些时候还要比规定的增加一些工作量。

四

大运河的仓窖规划、建造和管理，不仅是技术的表现，也是国家治理体系和能力的体现。还是以含嘉仓为例，有唐一代对于如何建造仓窖有着非常完备的一套制度。中央的工部是工程和工匠管理的最高机构，规范和执行着各种与工程有关的制度，也管理着颇具开放创新精神的杰出工匠群体。唐代完备的工匠制度体系，以及多个层级的监管体系，塑造出了切实有效的“标准化”机制，让整个工匠行业和工程实践有了坚实的基础。在这一基础上，也孕育出了我们今天常说的“工匠精神”。

这种“工匠精神”，既依托于制度本身，更表现在执行层面。在盛唐时代，人们有着很高的制度执行力，这也保证了仓窖的高效管理。

为了保证粮食能够储藏长久，在入窖之前，对于粮食本身的质量要严格把关，必须要“干”，即干燥，而且“净”，不能有杂虫等可能导致腐坏的因素。万一有一些米虫混入，那一整窖的粮食估计就都会被污染。

按照严格规定存储的粮食，肯定是不能随意开仓的。每打开一次，都会令粮食与外界空气和水分接触，密封得再严实也会造成影响。因此，当时的规定是，一个仓窖一旦打开，必须出尽，才能打开下一个仓窖。纳粮入仓时也是将同一品种粮食尽快装满一窖，封闭之后再启用下一个空仓窖。这么细致的制度，在《仓库令》里也有体现：“诸仓屋及窖出给者，每出一屋一窖尽，然后更用以次者。有剩附账，有欠随事惩罚。藏库亦准此。”

唐代完备的工匠制度体系，多个层级的监管体系，塑造出了切实有效的“标准化”机制。

我们在今天感叹含嘉仓出土的粮食能够历经千年而不腐的时候，更应该感叹的是带来这一奇迹的唐朝建造、管理、运行仓窖的一整套技术和制度手段。

唐朝之所以伟大，不仅是因为她的幅员辽阔，也不是因为她的军事力量，而是体现在国家治理中的种种细节——例如大运河仓窖明晰的选址策略，精湛的建造工艺，高超的防潮技术，以及在背后所支撑的实际执行力。

汉代的仓储

华仓瓦当

中国古代的仓储在汉代已达到了相当高的水平。中央管辖的敖仓、华仓等与漕运体系直接发生着关联，关系着粮食运输、军事行动，并发挥了受灾时稳定物价和社会的功能。

今天河南荥阳东北敖山，是秦朝时黄河和济水分流之处。秦始皇统一中国后，在这里设置粮仓，称为敖仓。从黄河运输而来的漕粮，在此卸载后转陆路至都城。敖仓战略地位极为重要，《史记·高祖本纪》曾写道："汉王军荥阳南，筑甬道属之河，以取敖仓。"当年楚汉相争时，刘邦将军队驻扎在荥阳城南，修建甬道直通黄河，以便掌控敖仓的粮食。

汉武帝时期，长安人口激增，需要增加粮食储备。汉武帝令人修建漕渠以便利粮食从关东转运。考虑到黄河在渭河口进入漕渠时从大船换小船的需要，便在渭河口附近设立了华仓，又名京师仓，并设立中转码头。在渭河枯水期，可以将黄河运来的粮食暂时储存；也可以在渭河航运不便时直接在此转陆运。经过考古发掘，发现华仓遗址规模宏大，主建筑的一号仓有地上建筑，东西长 62.5 米，南北宽 26.6 米，周围罗列数个大小不一的小仓，贮藏品种也各不相同。华仓的另一大特色是凭借其巨大的空间，令热气容易散发，控制仓内温度，并且在夯筑地面以上设置架空地板，既防潮又通风，满足了储藏粮食的各种需要。

太仓樊村泾遗址

除了运河仓储之外，要全面了解中国历史上的仓储遗存，还必须要提及海洋贸易仓储。元明时期，繁荣的海洋贸易让江苏太仓成为对外港口之一。《太仓州治城图》中记录了市舶司、课税局等元明时期有关海运的府司机构，以及粮仓、驿馆等服务于海运贸易设施的位置，浏河、致和塘、樊村泾等历史水系与桥梁仍保留至今。位于太仓的樊村泾元代遗址则是其中最引人瞩目的遗存之一。樊村泾遗址发现了分布有序的元代中晚期大型仓储基址和居住生活基址，并且在古樊村泾与致和塘交叉处发现三处河湾泊岸迹象，经浏河向东通达东海，构成了完善的河海联运交通体系。樊村泾遗址出土了数以吨计的元代中晚期精美龙泉窑青瓷器、瓷片，经与韩国新安沉船瓷器的器型和纹样比对，可证明樊村泾遗址出土的瓷器有相当部分为外销瓷，足见江苏太仓在中国海外交通史上有着举足轻重的地位。

胡人俑 唐 西安博物院藏

第三章 运河城乡

三彩骆驼 唐 故宫博物院藏

大运河串联着城市与乡村，哺育了恢宏的都城和鲜活的市井。无论是帝国的首都，还是郊野的农家，都能在这张水运大网中找到自己的位置。中国的“六大古都”——西安、洛阳、开封、杭州、南京、北京，都因大运河而留下千百年的沧桑史。天津、济宁、淮安、扬州等都市，张家湾、杨柳青、道口，以及江南水乡那些形形色色的的古镇，或因运河而繁荣，或因运河而衰落，赋予着大运河更丰富多样的价值。而那些在运河两岸似乎默默无闻的郊野村落，则是大运河所能触及的最基本单元，也在那些繁华的都市之外，勾勒出大运河质朴而有韧性和张力的另一面。

运河之都

中国有“六大古都”，分别是西安、洛阳、开封、杭州、北京、南京。这六座都城都可以称作“运河之都”，它们都与运河直接发生着联系，既因运河而获得了自己的生命力，同时也反过来影响着运河的走向和命运。

一、西安

西安，古称长安。在隋唐长达300多年的统治时期，这里是国家的政治中心。隋唐大运河通过广通渠将东都洛阳与首都长安联系起来，因此长安也是毫无疑问的运河之都。

长安坐落于关中盆地。关中在古代一般指四关之中，四关即东函谷关（后指潼关）、西大散关、南武关、北萧关。关中盆地之所以在政治军事上战略意义显著，是因为其南边是秦岭，北侧是黄土高原，西侧是六盘山脉。被各方包围住的关中平原在隋唐之前一直以沃野千里而著称，定都于此，粮食可以自给自足，又足以向东俯瞰中原地区。另外，关中平原西侧的“监牧地”可以为长安城提供大量军马，在冷兵器时代，能够使其保证军事上的优势。

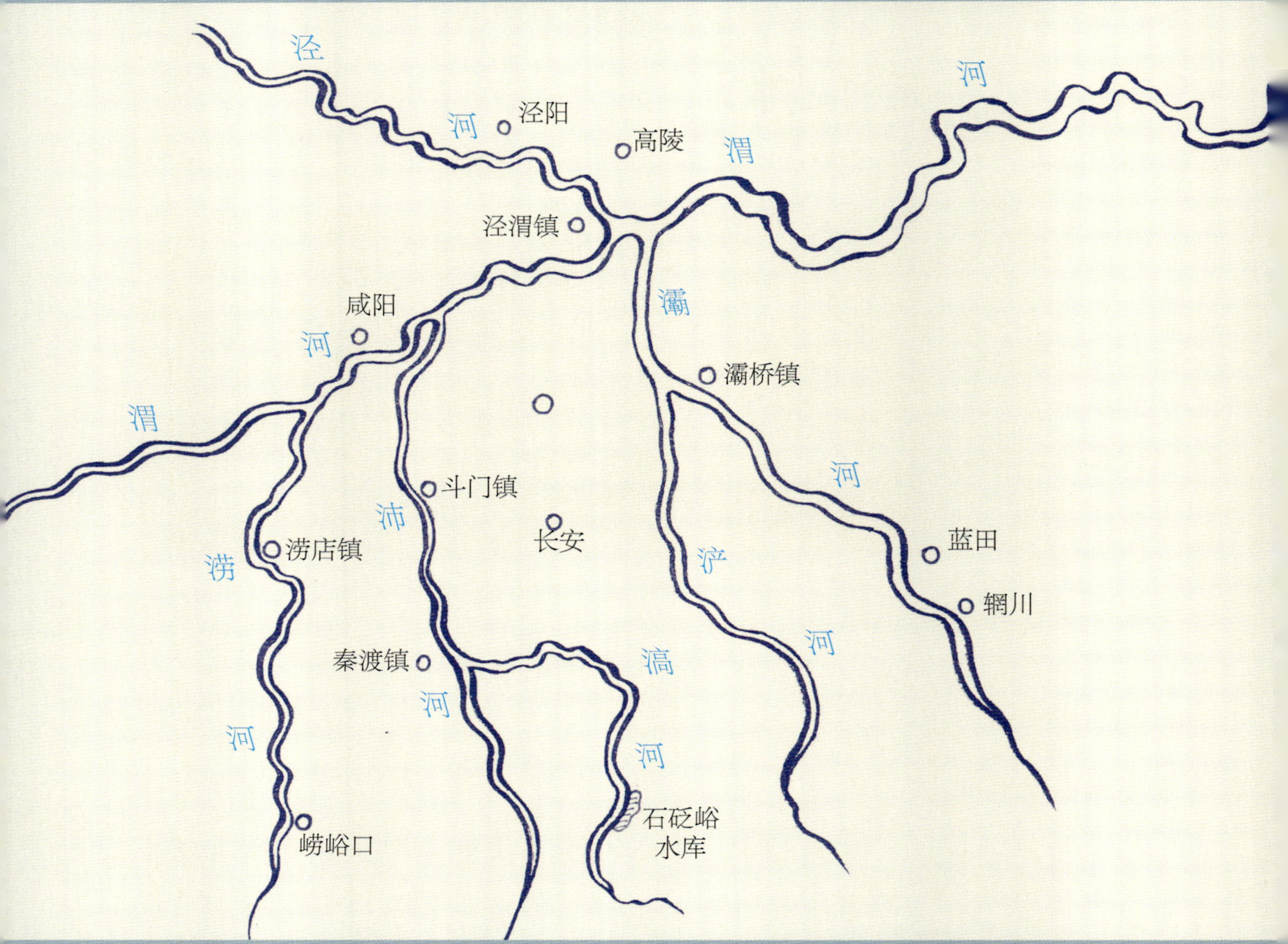

长安城周围水系

秦都咸阳，地近关中盆地的西缘。西汉初年，汉高祖刘邦曾在定都长安和洛阳之间有过犹豫。谋臣娄敬和张良都详细分析了定都长安的优势。娄敬说：“秦地被山带河，四塞以为固，卒然有急，百万之众可具也。”张良也说，关中三面环山，东侧通过渭水和黄河通往中原，定都长安可以抵御西北的匈奴，也可以掌控东部的局势。刘邦最终决定兴建长安城，定都关中。

之所以选中长安，还有一个原因：这里是面向西北、联系外部世界的节点。

从汉武帝开始，长安一直是丝绸之路上物资、人员、文化交流的东方政治中心。到隋唐时期，长安和洛阳这一组都城，共同构成了丝绸之路和大运河相衔接的纽带。

长安之所以得天时地利，也是因其所处的关中水网发达。以黄河最大支流渭水为首，辅以泾、浐、灞、沣、滈、潏、涝等河，号称“八川”，横贯关中。司马相如在《上林赋》中就曾写有“荡荡乎八川分流”。按司马迁的话说，天下财富十之有六都在关中。经过周、秦、汉等朝代的经营，到隋唐之际，长安已是全国最富庶发达的城市。

长安及关中地区的水网不仅依赖于“八川”等天然河道，人工漕渠也起到了关键作用。比如秦人开凿的郑国渠，汉武帝开凿的漕渠、白渠、六辅渠等。在隋炀帝开凿大运河之前，长安面向东方的水路孔道一直畅通，无论是农田灌溉，还是粮食转运，这个以渭水和长安为中心的水道网络支撑着这座千年帝都的运转，也为其在大唐盛世达到顶峰奠定了坚实基础。

隋开皇二年（582），隋文帝命将作大匠宇文恺在渭河南岸汉长安城遗址附近龙首原高地南麓兴建大兴城。唐朝延续了大兴城的基本布局，将名称改回长安。隋唐长安城是中国城市规划史上里程碑式的都城。其“城”“郭”“苑”的布局，让政治功能和经济生活需求有机结合，在以经济活动为主的外郭之内，分布着大量的地方行政机构、文教机构、寺庙、市场等，这种模式在南朝建康（今江苏南京）和北魏洛阳已有雏形，最终发展成为隋唐长安这一成熟的都城规划杰作。

长安城南北长八千多米，东西宽将近一万米。隋唐长安城的规划模式延续了北魏洛阳城、北齐邺城以来“城”“郭”环套的格局，宫城位于最北，皇城在宫城南侧。这种布局也与城北龙首原一带地势高亢、居室干燥有关。不过，皇帝并非一出宫城就能看到郊外，在宫城以北是一片禁苑，当时皇家娱乐，开展打马球之类的体育活动，都在这块土地上进行。禁苑极为广阔，向北达渭水之滨，东连灞河，西侧则把汉长安城包括在内，总周长有一百二十里之广。

长安城规模宏大，但东西极为对称，从宫城北端的玄武门到南端的朱雀门，构成了中轴线的核心，再向南延伸到终南山。规划中的长安城街道，如棋盘一样规整，其中最重要的一条横向大街，是皇城南门朱雀门门口的街道，东西连接春明门和金光门。这条街宽120米，是整个长安城人员和物资往来的重要通道，东西两市也被它联结起来。其地理方位、格局以及重要性，与今天北京长安街颇有类似之处。

街道与街道之间串联的，是一个个“坊”。长安城包括“东”“西”两市在内一共有110个坊，大的周长4千米，小的2千米。每个坊都有围墙，设置四个或两个坊门。这些坊是长安城治理的主要单元，由坊正负责看守。每天清晨日出之前开门，日落之后关门。坊门关闭后，除非有特许，普通百姓不能在大街上行走，如果被抓住，就要挨二十下板子。也就是说，老百姓在日落前必须回到自己的坊内。但这并不意味着必须回家，坊中也有酒店和餐馆，人们可以在坊内活动，进行聚会、娱乐。

长安城包括皇城的人口，本地居民、士兵以及一些“流动人口”，最多的时候高达百万，在当时的全世界是首屈一指的。但细分之下，长安又是一个消费城市，真正从事生产的居民不多。要养活如此众多的人口，必须依赖外来供应。这也是为什么尽管道途艰险，也要拼命修建运道，让漕运直接抵达长安的主要原因。

其实，长安城自身的城市水源系统在数百年间的经营下颇为完善。城东有引浐河水而来的龙首渠，城南有清明渠、永安渠，还有注入曲江的黄渠，城西则有引潏河水的漕渠。这些水系进入长安城后，既便捷了城市用水，也纷纷汇入了宫廷园苑，构造了皇宫内的水景。城东南的曲江池则是唐朝百姓赏花游园、欣赏风景的文化空间。

如此庞大的人口也培育了庞大的市场。长安的“东”“西”二市虽然所占空间不大，但却是长安市民日常进行贸易活动的公共空间，是城市充满活力的见证。这里除了本地商人，还有从外地来的客商。外地客商住在“东”“西”二市

（右页）懿德太子墓壁画 陕西历史博物馆藏
唐懿德太子墓壁画绘制有“三出阙”形制的阙楼。三出阙是等级最高的一种建筑形制，是至高权力的象征。通过该壁画，我们也能想象当年长安城内皇家景观的气魄。

坊墙内侧的邸店中，邸店有旅馆和仓库两种功能，外地客商可以在二市内与本地客商进行交易，也可以在邸店仓库前做买卖。

二市内开设的商店叫作“肆”或“铺”，按照不同的商品类别，被规划布置在不同区域里，由称作“行”的组织进行管理，比如揉行、药行、绢行等。随着社会经济的发展，尤其是随着广通渠的贯通，全国各地的货物云集在长安之后，行的数量和类别也大大增多。唐朝廷也从之前对于商业的严格管理，逐渐放开了政策，日落宵禁的政策也逐渐放松，甚至有的坊墙被打破，房间扩充到了坊外，城市活力进一步增加了。

长安城作为国际第一大都市，异域人随处可见。包括突厥人、回鹘人、吐火罗人、粟特人、波斯人、大食人、天竺人等。其时整个长安城的异域人数比例可能达到了整个城市人口的十分之一。日本、新罗的遣唐使一批一批来长安求学，还有到大唐来学习佛法的高僧，比如圆仁和尚就在长安居住了五年。这些人一般都是从扬州等地出发，沿运河向西抵达长安。

人员的流动也带来了文化的交融。一百多年内，长安成为丝绸之路沿线宗教交往的见证，至今仍保存有大雁塔、小雁塔等佛教胜地，以及“大秦景教流行中国碑”这样的宗教文化遗存。

作为一国之都，长安展现了充满活力的城市发展图景，在相对管理没有那么严格的其他地区，尤其是运河沿线的汴州、扬州等地，城市的面貌更是绚烂多彩。从长安城市社会生活秩序的不断变化中，我们也能够看到几百年间大运河对于整个国家经济发展的巨大促进作用。

不过，在唐朝后期，随着大运河沿线其他地区的迅速兴起，关中的经济地位也逐步让位于东南方向的运河诸城市。904年，朱温强迫唐昭宗迁都洛阳，将长安皇宫和官府的房子全部拆掉，建筑材料沿渭河运走，长安失去了帝都的身份，从此走入了历史的幕后。

二、洛阳

唐显庆二年（657），唐高宗颁布了《建东都诏》，正式将洛阳立为东都。

（左页）《京畿瑞雪图》纨扇 唐 故宫博物院藏
本图描绘京城及周边地区的楼阁雪景，传为唐人李思训所绘，即该景致为唐长安城。

在诏书中，高宗用了简单几句话便把洛阳城之于大唐的地位淋漓尽致地表述出来："此都中兹宇宙，通赋贡于四方，交乎风雨，均朝宗于万国。"皇帝毫不吝啬他对洛阳的赞美，这座都城，在他的眼里，就是天下之中。

洛阳位于豫西盆地，邙山和黄河将其笼绕，洛水横穿而过，可谓华北平原最具王都气象的城市之一。水，赋予了洛阳物质层面的繁华，更给了这座城市灵魂。洛阳得名自洛水，这是源自秦岭山脉的一条古老河流，在今天的巩义一带汇入黄河。洛水与黄河，共同孕育了华夏文明重要源头之一的河洛文化。

从周代起，洛阳就成为全国政治中心。对于意图统治中原的霸主来说，洛阳的地理优势是不言而喻的。秦统一全国后，一直到隋唐，洛阳与西安共同组成了长达千年的京畿双都，互为支撑，联结起了关中和关东的大片区域。后者在拓展疆土方面更具地理优势，而洛阳则更有利于指向中原、通达四方。

大约6500万年~2330万年前，秦岭南北两侧已经开始出现古老的河流，南侧的河流大都成为今天长江的支流，比如汉江；而北侧的河流后来多汇入了黄河，其中一条从今天陕西的箭峪岭孕育而出，奔涌向东。过了几千万年，这里的人们给它起了个名字——雒水，再后来又称其为洛水。因为在这里与更大的河水汇流，进入文明时代的人们，将这一区域并称为"河洛"。河洛文化是华夏文明重要的发源之一。在隋唐时期，古老的洛水被赋予了新的使命——为新修造的运河提供水源。

在"营国制度"理念中，一座都城不能单独于周边，而应构建起以都城为中心的一整套城市网络。因此，洛阳不仅是一座集政治经济中心为一体的都城，更是一系列京畿区域城市网络的核心点。以运河为代表的便捷的水陆交通网，则是这一城市网络得以延续、洛阳的王气得以持续千年的骨骼。

洛阳城的演化史，也是中国古代都城规划发展史的缩影。从东汉起，洛阳便不断探索政治和经济双中心功能相结合的城市规划模式，且很早就形成了以面向齐鲁、沟通江淮为趋势的"东向"经济发展脉络。东汉时期开凿绕城阳渠，配合洛河，向东经鸿沟连达江淮。至魏晋时期，洛阳城这一"东向"的城市经济规划格局愈发明显，漕运和商旅往来让城东区域成为整个洛阳的经济活动中心。晋武帝时期凿陕南山脉，决黄河向东注入洛水，提高了漕运的航运力。

到北魏时期，洛阳城政治和经济功能的结合更加协调完善。内城作为政治区域，外郭作为经济区域，以宫、城、郭三重环套的城郭配置方式，将传统的礼制需要和经济发展要求有机结合。此时洛阳城已经颇有国际大都市的感觉，正如《洛阳伽蓝记》所说，洛阳的“大市”中，“天下难得之货，咸悉在焉”。

洛阳是一座水上城市。洛河穿城而过，配以伊河、瀍河、谷水等水系，构成南北分布的商业网络。最具商业性的仓储、码头、手工业区都在洛水两岸占据一席之地。南市、北市、西市是洛阳的三大商业区，又以洛河以南的南市最为重要，有三千余个“摊位”，四百余个店面，热闹非凡。

因此，当宇文恺受隋炀帝委派规划隋朝东都城之时，虽然在汉魏洛阳城以西十八里处重新选址，但其营造理念则是一脉相承——洛阳从来不是一座简单的都城，而是一个庞大恢宏的政治经济相兼容，内城外郭相环套，并与京畿城市网乃至帝国东南疆域相串联的“天下之中”。汉魏洛阳城在今天留下了白马寺、辟雍碑、永宁寺塔遗址等历史遗存，龙门石窟也开凿于这个时代。

而让这一恢宏之作得以实现的，是以洛河为主干，以历代以来形成的城市水网体系为根基的大运河。

隋大业元年（605）三月，炀帝下诏尚书令杨素、纳言杨达、将作大匠宇文恺营建东京。十个月后东京城完工，两年后改名东都。东都的建城规制沿袭了北魏洛阳城的宫、城、郭“三城制”。宇文恺独具匠心，将宫、城设于城市西北的洛河之滨，形成了一条北起邙山、南对龙门山伊阙的轴线。宇文恺让城市的每一部分都能和天子建立关联——洛水是天上的星汉银河，京城是天帝的皇居“紫微宫”，洛水上最大的桥和宫城的南边正门相连，叫“天津桥”，取天河的渡口之意。天津桥不远处还有通济桥，成书于北宋时期的《河南志》记载：“大业初造，初曰通济桥，南抵通远市之北西偏门。自此桥之东，皆天下之舟船所集，常万余艘填满河路，商旅贸易车马填塞，若西京之崇仁坊。”可见隋代东都的繁华街市，实际上已在大兴城之上了。

正所谓“洛水贯都”，洛阳城是一座水上城市。在隋唐洛阳城的鼎盛时期，城市主要的经济轴线以洛水为主线，构成了一个沿洛水南北分布的城市商业格局，最具商业性的仓储、码头、手工业区都在洛水两岸占据一席之地。沿着运河

而来的船舶通过洛水直抵城内，给洛阳城带来了丰富的物资。比如，来自巴蜀、两淮和两湖地区的茶叶在这里汇聚，然后再转运到全国各地。还有酒肆，城北的修缮坊是当时最繁华的“酒吧街”。因为有此水利，甚至到了宋朝，洛阳的酒楼还能和汴京相媲美。

洛阳城当时有三个主要的“市”。南市因为位于洛水以南而命名，当时有三千余个“摊位”，四百余个店面，热闹非凡。北市位于皇城东侧，主要是丝帛、香料、骡马等商行。武则天时期，在北市的西北侧专门开了一条新的运河，让北市进一步成为商贸集散的繁华之地。同时期武则天又在城西南角厚载门内开设了西市。这三个市中以南市为主，南市、北市在洛阳城内偏东，这也延续了自魏晋以来洛阳城经济发展的东向格局。以洛河为主干，加上伊河、瀍河、谷水，洛阳城内河渠纵横的城市水道系统，与运河相连，延续着这座千年都城的勃勃生机。

洛阳在隋唐时期“中兹宇宙”的地位，因大运河而成就。对于大运河而言，洛阳更是不可替代的核心。由于江淮的漕粮运抵长安要经过非常艰苦的路程，因此作为南北交通的枢纽和国家的经济中心，洛阳在盛唐时期几度成为皇家就食之地。从高宗时代起，一直到安史之乱之前，朝廷在八十年左右的时光中不断往返于长安和洛阳之间。我们脑海中的大唐盛世、万国来朝，都与东都洛阳相伴相生。

和长安一样，洛阳也由一个个“坊”组成，很多坊都被起了很有教化意义的名字，比如立德、道德、劝善、修业。其中有一个特殊的坊名字直接与运河有关。在西南角通济渠进入洛阳城的地方，专门设置了一个名叫“通济坊”的区域，足见运河之于洛阳城的特殊意义。根据考古调查，洛阳的坊墙高度比长安的要低很多，也就到人的肩膀，因此坊内坊外其实并没有显得多么有距离感。可以说，与长安相比，洛阳城在严谨之中还具有灵活多姿的一面。

唐朝的诗人们在洛阳居住，他们的诗歌中也时常出现运河有关的元素，我们就拿最高产的白居易来举例。

唐太和六年（832）八月十日，白居易登上俗称“五凤楼”的应天门城楼，即兴创作了一首《五凤楼晚望》：“晴阳晚照湿烟销，五凤楼高天泬寥。野绿全经朝雨洗，林红半被暮云烧。龙门翠黛眉相对，伊水黄金线一条。自入秋来风景好，就中最好是今朝。”在东都城内，只要登高望远，就能看到与运河有关的景致。白居易这首诗写到最后，几乎就是在用大白话表达自己对洛阳城的喜爱之感。

白居易在洛阳足迹遍布各处，曾落下“闲绕洛阳城，无人知姓名”的调侃之笔。他常往来于洛河之上的天津桥，诗作中这座桥频频出现，比如“津桥东北斗亭西，到此令人诗思迷”“晚归骑马过天津，沙白桥红返照新”“上阳宫里晓钟后，天津桥头残月前”，等等。晚年他信奉佛学，因此还常常去城南的龙门石窟拜谒，写下了如“水碧玉磷磷，龙门秋胜春”，以及“龙门涧下濯尘缨，拟作闲人过此生”等诗句，都将龙门石窟和洛阳山水糅合在一起，描绘了浑厚而淡雅的东都品格。

整座城市就是白居易创作的源泉。在晚年回忆录性质的《醉吟先生传》中，他写道：“洛城内外，六七十里间，……往往乘兴，屦及邻，杖于乡，骑游都邑，肩舁适野……寻水望山，率情便去。抱琴引酌，兴尽而返。如此者凡十年，其间日赋诗约千余首，岁酿酒约数百斛。”唐开成五年（840），白居易将自己在洛阳所写诗歌合集入藏龙门香山寺。这位在进长安时曾被拿名字调侃“长安居大不易”的诗人，最后在洛阳度过了自己愉快的晚年，终于实现了名字里“居易”的期许。在洛阳居住18年后，唐会昌六年（846），白居易带着“唯此不才叟，顽慵恋洛阳”的满足，长眠于龙门东山琵琶峰。

北宋时期，洛阳作为西京，既是商业和市场的中心之一，更成为国家的学术中心，程颢、程颐在此传授理学，欧阳修和司马光在这里分别编纂了《新唐书》和《资治通鉴》。赵匡胤甚至一度动念将大宋定都洛阳，最后因为赵光义等大臣

鎏金银盏杯及托 唐 洛阳博物馆藏
自唐代陆羽著《茶经》以来，饮茶之风渐盛，大运河也为茶文化的传播推广而助力。1991 年伊川县鸦岭乡杜沟村唐齐国太夫人墓出土的鎏金银盏杯及托，即为当时人们饮茶所用器具。

的反对才作罢。

洛水从洛阳城西侧进入城内，流过皇城面前，穿过旧中桥、新中桥和浮桥，告别两岸繁华的商铺，一路向东，最终与伊河一道汇入黄河。而洛阳城的故事也恰如洛水之于黄河一样，慢慢融汇于新的力量。在大运河的不断滋养下，一座座繁华的都市涌现出来，这座天下之中的城市也和长安一样，在晚唐之后慢慢淡出历史的视野，将大运河的接力棒交给了更有活力的都城——开封。

三、开封

北宋末年，开封城郊，有一家酒店名叫“孙羊店”。店的门口有两块招牌，一个是方形的酒旗，写着“孙羊店”；另一块更大一些，是一个灯箱，上面写着两个字“正店”。到了晚上点上烛火，“正店”二字在街巷上闪亮，犹如今天的霓虹灯一样。酒楼上的宾客正在品酒闲谈，楼阁建筑上挂着各种挂饰，在当时叫作“彩楼欢门”，还有各种花球、花枝，甚至还有全国流行的吉祥天鹅装饰。

像孙羊店这种酒楼，在开封有数十家。“正店”的灯箱显示出它的合法地位。在北宋，售卖酿酒原材料酒曲、从事酒的批发，是要官方特许经营的。“正店”指的就是经过官方许可的酒户。在它的后院，我们能够看到堆了很多层的酒埕。

> 从孙羊店这一个酒楼的场景，我们或许可以用今天流行的一个说法来概括这座都城的不同之处—此前的都城都是由政府在管理，而开封城则有了“城市治理”的雏形。

这一场景并不是幻想，而是《清明上河图》的一个角落。这只是这幅传世巨作的无数个有趣角落之一，却也足够向我们传递出大量的讯息，展示着开封城作为一座帝国都城前所未有的自由与活力。

开封的兴起是各种历史因缘作用下的结果。春秋时期，此地位于郑国的边陲，郑庄公在此修筑储粮仓城，定名为“启封”，有“启拓封疆”之意，后避汉景帝刘启之讳改名为开封。战国时期，这里是魏国的都城，称作大梁。秦汉时期为郡县，到唐朝称为汴州。

由于地处豫中平原汴河南岸，汴州位于运河的水陆交通要冲。中唐之后经济地理地位日益显著。藩镇割据时期，汴州城之于整个国家的战略意义格外重要，节度使乃至后来五代皇帝均在此重兵屯守，为兵家必争之地。无论是政治还是交通角色，这里都牵一发而动全身，迅速崛起是一种必然。

由于重兵把守，南北客商云集于此，汴州的人口在唐中后期很快膨胀起来，粮食和日用品的供应则愈发依赖运河。本来汴州城只是一个州府级别的城市，因通济渠修建而设立，无论是定位还是规划都远远没有预计到后来的发展，因此城市范围小，街道狭窄，无力承载如此多的人口。

后周世宗柴荣时期，在原来的州城之外扩建出了外城，整个城市面积增加了四倍。这座新城和唐代旧制的最大不同，是在确定了官方所在的基础设施和建筑之后，其他区域“即任百姓营造”。柴荣要求，城内道路宽五十步以上者，路两旁的住户可以栽树、掘井、盖凉棚。临街的坊墙拆掉，而且私人可以盖楼阁。

北宋将开封定为都城，取名东京，也称汴京。由于地处中原平陆，开封虽然四通八达，但无险可守，所以北宋延续了此前历代营造都城的传统，对京畿地区统一规划，以东京为核心，设有西京（今河南洛阳）、北京（大名府，今河北邯郸）、南京（应天府，今河南商丘）三座陪都，形成一个区域性的城市网络。而沟通江淮河的大运河，则将这几座城市串联起来。

开封城有汴河、金水河、惠民河、五丈河四条漕渠，客商可直接从水路进入外城。市坊制在宋代完全瓦解，沿汴河一带形成了大量的邸店，货物先在这里存放，然后再向城内店铺批发。汴河与城中心交汇的州桥是最繁华的商业区。汴河也将开封与京畿地区其他城市，甚至全国各地的庞大水陆系统相衔接。

东京城更是以水为建城之本。后周显德年间，周世宗柴荣在不断疏浚汴河的同时，将蔡河、五丈河与汴河沟通起来，为北宋建立以汴河为主的航运体系奠定了基础。到北宋时，惠民河、五丈河、汴河和金水河四河贯城。尤其是汴河，作为东京的生命线，不仅提供城市所用的漕运物资，也将东京与京畿地区其他城市，甚至与全国各地的庞大水陆系统相衔接。

对于东京城里的生产生活而言，客商可以直接从水路进入到外城。沿汴河一带形成了大量的邸店，货物先在这里存放，然后再向城内店铺批发。商人们成立了行会，定期在沿河的空地上进行集市贸易，《清明上河图》上就有不少行市的

（下页）《清明上河图》中的“彩楼欢门”

孫羊店
正店

香

图景。有的集市在桥上进行，所以也称作市桥。

北宋时期的开封，见证了中国都城规划体制的一次划时代的革新。

建都之初，宋代的皇帝依然沿用既往的规划理念，按照宫城、内城、外郭城三重环套的格局营建，并且保持旧的封闭式的市坊制度。按照这个思路，开封也设有“东”“西”两市，总体格局继承了唐长安、洛阳的模式，让经济生活限定在特定的区域内。

但在北宋中期之后，伴随城市经济的蓬勃发展，民间商业活动的活力已经远远超出了规划的设想。到宋仁宗时期，整个城市格局不得不与时俱进，发生了彻底的变革。原本市坊区分的体系完全瓦解，取而代之的是遍布全城的沿街商业网点。随着沿汴河桥梁、河岸、城门等处形成更为便利繁华的行市，本来在内城的市就自然被优胜劣汰掉了。

瑞鹤图　北宋　赵佶（宋徽宗）　辽宁省博物馆藏

北宋政和二年（1112），有群鹤飞鸣于皇宫上空，目睹此情此景，宋徽宗兴奋不已，欣然命笔画下《瑞鹤图》，并题诗一首。他以为这是国运兴盛之兆，孰不知其离“靖康之耻”已经不远了。

汴河与城中心交汇的州桥是开封最繁华的中心商业区。而汴河从东南方向而来到东水门的虹桥这一条线，则是城东的商业黄金地带，《清明上河图》描绘的场景便是这一带百货辐辏的景象。

在运河经济的带动下，一些离河道较远的地区也逐渐诞生了新的街市，比如牛行街、马行街。马行街最初是一些行会代表在开封的驻扎地和交易地，多是酒楼和庄楼。后来因为酒楼众多，开封人但凡有个呼朋唤友的聚会，都喜欢来到马行街。一来二去，马行街就成了开封有名的餐饮娱乐区。传闻马行街上几乎没有蚊子，因为这里繁荣得“灯火照天”，满街都是油灯，蚊子特别讨厌灯油，所以都不到马行街上来。

《清明上河图》中，已经没有了一丝市坊制的留影，全都是临街开放的住宅和商铺，高层的楼阁殿宇。取代市坊制的是厢坊制，即在城里划分为若干厢（区），每个厢下再设置若干个坊（相当于“街道办事处”）。但厢坊制只是一种行政上的管理体系，在城市外观上已经不再通过坊墙来划分界线了。

城里的公共生活空间从唐代的“坊”变成了“巷”。告别了封闭式管理，变成了对于街道的开放治理。客商和百姓都可以在街巷上进行贸易活动，用今天的话说就是从严格规划的“购物中心”变成了相对自由生长的“路边摊”。其中东南西北四条御街上，行市、酒楼、茶坊、小吃、瓦子等店鳞次栉比，已经远不是唐朝坊市能够企及的了。后来流落南方的北宋遗民孟元老，在《东京梦华录》中事无巨细地还原了这些生活场景。

瓦子是百姓在满足温饱之余举行一些娱乐活动的地方，比如歌舞、曲艺、杂技等。瓦子也叫瓦舍，最初指的是临时的集市，后来因为成了街头艺人随意围起进行表演卖艺的空间，就用瓦子专指演艺场所。北宋年间诞生了很多类型的表演，比如“讲史”，以历史故事为题材向百姓用通俗的方式说书，类似于后来的评书。东京城的人们在汴河之畔，在街巷之间，享受着富足自由的生活情调。

据推测，在北宋末年，汴京城内所有人口可能已经将近200万。城市的东部，也就是汴河进入的区域，以及沿汴河的大街小巷中，人口密集程度最高。这么多的建筑和人口，导致火灾时常发生。北宋天圣十年（1032）八月廿三日，大内大火，连仁宗皇帝的受命册宝都焚毁了。朝廷不得不正视现实，组建了世界最早的城市公共消防机构。内城设置了14个消防区，外城有8个消防区，每隔450米设立一个消防站，站内有瞭望楼、救火的设备，还配有专门的值班员。全城共有3000多名消防员。在《清明上河图》的城楼上，我们还能看到用于报警的大鼓，以及在城楼一角瞭望的值班人员。

在某种程度上，开封的荣光是短暂的，作为因运河而生的城市，本来不是作为都城而设计的，但却阴差阳错地享有了一个多世纪的都城之荣，短暂而辉煌；从另一方面而言，开封的影响又是长久的，因为开封城奠定下的新的城市格局，影响了当时北方的辽中京、金上京城的规划，更深远塑造着后世的中国城市，比如她的直接继承者——杭州。

四、杭州

北宋靖康元年（1126），金朝攻陷开封。次年春，宋徽宗、宋钦宗和数万皇亲国戚作为俘虏被押解到北方。当时在外抗金的康王赵构在当时的应天府（今河南商丘）称帝，年号建炎，史称南宋。

在谈论南宋都城临安（今浙江杭州）之前，有必要先说一下赵构的逃亡路线。这俨然就是一条“运河逃亡之路”。

赵构登基的应天府，是汴河从开封向东之后的第一个重要城市。赵构称帝之后，在金兵的穷追不舍下，以谋求偏安为目标，一路顺着运河南下。他首先希望定都扬州，但金军很快攻占了楚州（今江苏淮安），于是赵构不得不赶快从瓜洲渡口过江到镇江。但考虑到镇江也毫无防守的可能，便顺长江到了今天的南京，当时称作江宁。

赵构的想法是，如果金兵放他一马，他就老老实实在江宁待着。但金兵并不怜悯，势如破竹直捣长江，所以他不得不再次逃到杭州，并把杭州改为临安府，祈求临时的安定。七天之后，赵构意识到安定犹如痴人说梦，便顺着浙东运河一路逃到越州（今浙江绍兴），没多久又逃到了明州（今浙江宁波）。趁着金兵还没追来，赵构赶快找船逃到了舟山群岛上。他以为金兵不习水战，结果金兵也组建了一支水军直奔定海而去，赵构又继续南逃到了温州。

直到南宋建炎四年（1130），金兵因为战线拉得太长，无法持续追击，略有

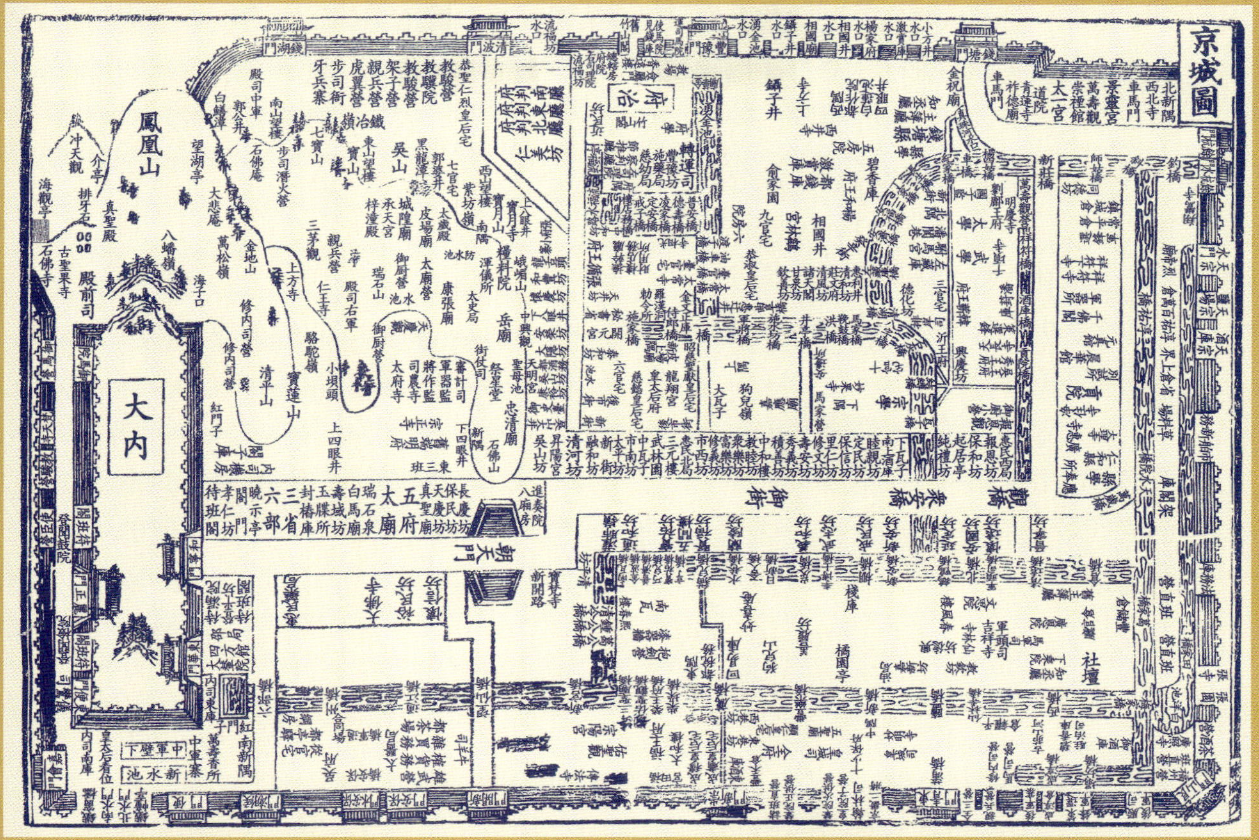

咸淳《临安志》之《京城图》复原图　南宋

该图上西下东、左南右北，详细绘注了南宋都城临安的全貌，反映了临安城坐南朝北的特殊形制和开放的街巷制特征。

遗憾地班师北还，赵构才得以从海上回来，安稳地喘口气。他回到亲自起名的临安府，把一国之都临时安在了这里。

还有一种说法是，之所以选择杭州而不是南京，是因为杭州西北侧有着众多湖泊、沼泽、水稻田等，相比长江沿岸，更适于用“水”来抵御北方不善水战的敌人。虽然这个理论有合理之处，但考虑到赵构的逃亡经历，金兵如果真想攻占杭州，恐怕也不是什么难事。因此，整个宋高宗时期的所有战略倾向都是投降求和。虽然有岳飞、韩世忠等抗金名将，但以当时的战力而言，进一步北伐是不现实的事情。其后宋孝宗赵昚时期政治清明、国力复苏，曾尝试收复北方疆土，但最终也是以失败告终。

如此一来，安心在临安过自己的日子，可能是更合理的选择了。不过，早期的南宋皇帝仍然有北还之心，所以临安城一直是在统治者很暧昧的态度下自然生长。在定都之初，临安的基础设施建设都很“保守”，皇宫的建筑和县衙差不了多少。真正将临安城大规模规划和改造，则是在南宋绍兴十二年至三十二年（1142—1162）这20年期间。

杭州在五代十国时期是吴越的国都。当时的吴越王钱镠励精图治，大规模建设杭州城，扩展其规模，并疏浚西湖、修建海塘，将杭州从一个普通城市发展为大都市。

当然，经过北宋一百多年的历程，这里早已没有了都城的威严，因此临安的改造首先要重新构建的是国都气象。从临安城的改造，也可窥见中国封建社会国都规划转型的一个关键特征——由于工商业活动比重大，经济活力十足，旧的封闭市坊制彻底退出历史舞台，取而代之的是经济为主、礼制为辅的新的规划秩序。临安城最具皇家色彩的南北主干道——御街，从名字上看是具有至上的皇家威严，实质上是商铺鳞次栉比的繁华中心综合商业区。

从一个偏隅东南的商业都市，迅速发展成为当时世界上最具活力的、集政治经济功能为一身的国际都城，足见杭州地理和物质资源的优势是多么明显。在“直把杭州作汴州”的心态之下，杭州城让我们看到了一种吊诡：一边是极端的强大敌人的压迫，另一边则是极端的安居乐业。

让这一切貌似矛盾和诡异之处成为现实的，是流动的水。虽然水流不太可能挡住北军的铁骑，但水却能赋予南人活力与灵感，赋予这座城市无限可能。

杭州城西侧是西湖，东南侧为钱塘江，运河从中间穿城而过，城里又密布着众多水道，比如盐桥河、市河、清湖河等。由于地理条件的限制，杭州城南北长、东西狭，城市主干道与这些河道平行，大都是南北穿城。因此，杭州人的主要交通方式是水路。由于湖泊和河道太多，这里不适合修造坚硬的道路，所以大部分人宁愿选择水上交通，甚至有的富户还有自己的私人船只和码头，寺庙也备有自己的船只。

按行业而自然形成的街市也大都分布在航运干道两侧，比如米市。临安人所食用的米粮主要通过大运河从苏州、湖州、常州等地运来，因此在北关外和城内

四景山水图 南宋 刘松年 故宫博物院藏

此卷图画分为四段，分别绘春、夏、秋、冬四时景象。上图为其中第二幅，描绘盛夏纳凉的场景。临安作为南宋都城所在，高官显贵们的庭园别墅建造甚多。此图立意于表现士绅官僚优裕闲适的生活，画家的注意力从山川自然的野韵转移到人工营造修饰的景物，这种题材风格的转变，从侧面反映出南宋时期，一大批无心复国的官僚们专注于享乐的生活态度。正如诗云："暖风薰得游人醉，直把杭州作汴州。"

运河衔接处设置米市，有利于漕粮供销。

和历代都城一样，临安也不是独立的，而是一张京畿都市网络的核心。南宋临安城一共有16个卫星市镇，与临安共同构成了国都城市群。临安最大的优势是水，这些卫星市镇都是沿江河航运系统设置，通过水路勾连成网。城内的水上交通网，通过大运河及其他水路通道，与城外的卫星市镇相连接。毫不夸张地说，临安城是一座因大运河而兴的水上都城。

如果说开封是先有人口聚集而后成为都城，杭州则正好相反，是先成为都城而导致人口涌入。12世纪初，杭州城最多20万人，而到了南宋末年，已经达到近百万人之多。但由于被西湖和钱塘江的地形所限制，城市本身面积很难扩张，因此城里出现了很多高层楼房。这可能是中国历史上第一次有一种现代城市景观雏形。

杭州城西侧是西湖，东南侧为钱塘江，运河从中间穿城而过，是一座因运河而兴的水上都城。

作为一座水上城市，桥梁的作用格外明显。官府也下大力气修造桥梁。1170年，城中共有71座桥梁，到了1250年数量达到了100座，南宋末年增加到了117座。为了方便行船，低桥被加高，窄桥被拓宽。另外，为了防止行人掉进河里，桥两侧还专门加设了木栏杆。

和开封一样，杭州城商业极为繁华，这一切都被马可·波罗记录了下来："有十个主要的市场，除此之外还有大量别的市场遍及城市的每个角落。……这十个市场区均由高大的楼房所包围，这些楼房的下层是一些店铺，那里有各种各样的手工艺品和器皿待售。其中的一些店铺为酒肆，专营由大米和香料酿成的米酒，总是现做现卖，价格十分便宜。"

杭州的一大优势是所有供给皇家的物资不用千里迢迢运送过来。稻米在杭州北面的江南平原即可收割运送，木柴可以从浙江下游运来，城东郊的菜园保证蔬菜供应。

相较其他国都而言，杭州城更大的魅力则在于它的美，尤其是西湖的湖光山色，是其他国都，甚至大部分中国城市都无法比拟的。而且杭州恰恰很符合中国文人对于自然山水和人文情怀的各种想象。伴随西湖、灵隐的禅茶文化发展，龙井在宋代成为苏轼、陆游等文人诗意的休闲空间。恰如陆游所写："明日一藤龙井去，谁知伴我醉行歌？"在这里品茶，也成为他们表达生活流品的意象。

从各种角度来说，把杭州作为国都，都似乎是中国文化发展到这一时刻浑然天成的必然，虽然这其中充满着各种偶然。

在"美"的作用下，杭州人也尽其所能，发展出了极致的生活情调。在这里，可以买到猫粮、猫窝、蝈蝈笼子、游戏飞镖、蚊香等在今天看来都是小康家庭才会有的东西。这里甚至还发展出了专门的服务行业，比如庆祝结婚或是升官的宴席一条龙服务。当然，最吸引人的还是西湖美景。每到节假日，人们就会涌向湖畔，抱着乐器，办个野炊，边吃点心、边听音乐、边赏美景。成百上千的小舟漂在湖上，饮酒观月。流连这幅景象的马可·波罗留下的一句话，便可以看透临安城的一切美好——世界上最辉煌最优秀的城市。

不过，马可·波罗写下这句话的时候，杭州已经不是一朝的国都了，取而代之的，是在北方迅速崛起的元大都。

五、北京

在中国开启统一王朝之后的1000多年中，北方的城市始终扮演着非核心的角色，军事功能要大于经济和政治功能。北京早在周代就已经初具规模，也一直保持着地区性中心的位置。但直到辽代，在北方游牧民族进一步南下中原的过程中，北京才逐步被赋予了更加重要的角色。后晋石敬瑭将燕云十六州献于辽朝之后，契丹统治者将幽州更名为燕京，并定为辽朝五京之一的南京。到了金朝，燕京成为中都，第一次成为一个王朝的国都。

不过，即使在当时，也没人能够预料到，燕京城竟然会最终取代关中天府长安、天下之中洛阳、四方贯通开封以及秀丽繁华杭州，成为统一王朝的帝都。即便是蒙古人在1215年攻占金中都之后，也并没有设想将国都设在这里，而是将城内的宫阙建筑焚毁。直到1264年，忽必烈将这里复名中都，并在1271年改国号为元，将中都更名为大都。

> 距今1.45亿年前到6600万年前的中生代末期，在中国北方发生了强烈构造运动，地质褶皱成山，构成了今天我国东部和北部的基本地貌。由于这场造山运动的主要结果是燕山山脉的形成，而被称作“燕山运动”。燕山运动的一个附带产物，是今天北京城北部的山峦叠嶂，以及随之产生的水系。这里有一座很有名的孤山，因为有源源不断的泉水涌出，所以被称为龙泉山。旁边有个村子叫白浮村，泉水也便命名为白浮泉。元代建都大都后，改莲花池水源为高梁河水源，并引白浮泉水。都城选址也从莲花池一带移到了东北部，奠定今天北京城的基本位置和格局。

令人玩味的是，历代汉人王朝的国都规划，尽管都以《周礼·考工记》为基

本原则，但真正完整将其实现，按理想模式来营造的，反而是游牧民族的蒙古人。在忽必烈的统筹和刘秉忠的实施下，这个中华文明中最具正统意味的都城营造理念——“匠人营国，方九里，旁三门。国中九经九纬，经涂九轨”，最终在元大都得以实现。

元大都一共有11个城门，其中东、南、西各有三个城门，北侧两个城门，正北为八卦的“坎”位，潜藏不露为吉，所以不设城门。按刘秉忠的规划，元大都的市场位于宫城之后积水潭与运河相汇的码头，太庙和社稷台分别位于城中东西两侧，体现了前朝后市、左祖右社的原则。后来的明清北京城也大体继承了元大都的格局。

在建设元大都之前，忽必烈对于城址的选择曾有过犹豫。1264年忽必烈迁都至原金中都，三年后决定放弃金中都旧址，在东北侧大宁宫选址营建新的大都城。之所以有这样的反复，与水源有直接关系，也间接和大运河发生了联系。简单来说，作为一个统一王朝的国都，元大都的水不够用。

过去，即使是水源条件相对薄弱的长安，也可以引渭水和当地河流凿通广通渠获得漕运条件，更不用说水系更为发达的洛阳、开封、杭州等城市了。在金中都时期，整个都城的生活用水一直仰仗莲花池的地表水，无力承担漕粮运输的功能。元代建都大都之后，郭守敬经过调查，决定改莲花池水源为高梁河水源，并且后来引白浮泉水，将水道贯通到原来中都城东北琼华岛一带的湖泊，然后向东连接通惠河，与漕粮运道相接。这样一来，大都城的选址就从西南莲花池移到了东北部，奠定了今天北京城的基本位置和格局。

接下来就是确定中轴线了。为了避开金中都的旧城，同时要把大宁宫南部的湖泊纳入新的城市规划，元大都的中轴线选择极为考究。刘秉忠以丽正门外第三座桥南边的一棵树作为基点，确定了一条南北贯通的轴线。这也是后来历代北京城一直坚守的一条轴线。如此说来，今天北京城位置的确定，以及中轴线的划定，和水也有着千丝万缕的联系。尽管明清两代的京城又有了许多变化，但基本格局一直延续到今天。如今，这条北起钟鼓楼，南到永定门，中间穿越紫禁城、

（左页）皇都积胜图 明 中国国家博物馆藏

明代中后期北京城商业繁荣、贸易发达。此图形象地反映了明代北京的社会生活，画中人物众多、活泼生动。

（下页）万国来朝图 清 故宫博物院藏

此画描绘的是清代藩属及外国使臣到紫禁城朝贺的场面，图中可见外国人送来的大象。

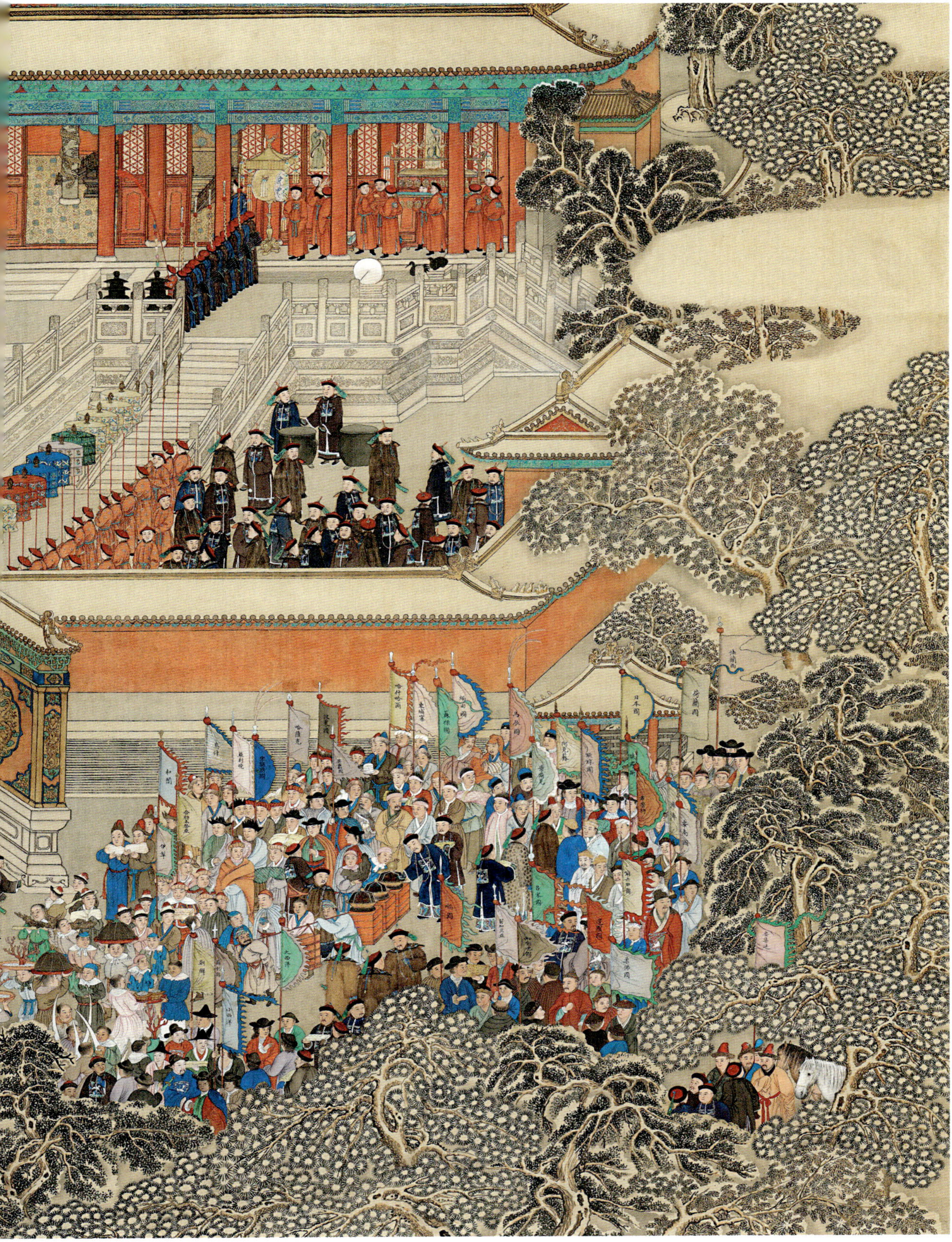

景山等景观，长约8千米的轴线，仍旧见证着这一中外城市规划历史上绝无仅有的恢宏气魄。

与位于南方的都城相比，北京城显然更加侧重政治象征意义，都城的规划和建设都突出《考工记》中理想状态下宏大、森严的面貌。不过，成为一国之都之后，北京也逐渐形成了商贸氛围。

其中最核心的因素还是运河。因为运河可以直接通到城里，各地的货物能够顺着河道由船只运到城内。大都城内的各种集市有三十多处，其中以居于城市正中心的积水潭周边、钟鼓楼这一带最为繁华。在这里有多条道路交汇，又是漕运码头，水利便通，再加上其位置严格遵循了“前朝后市”的理念，由此带来了繁华的后海、熙攘的人流、琳琅满目的货物，这不仅是今天北京年轻人休闲娱乐的场景，也是几百年前大都百姓所经历的景象。

作为漕运的总码头，积水潭还承担过另外一个有趣的功能——为皇帝的大象洗澡。当时，来自东南亚的暹罗、缅甸的大象，有作为宫廷运输和仪仗队的角色，夏天天气热的时候，大象便会成群结队地被带着来到积水潭洗澡，享受贵族待遇。

我们说“大都百姓”的时候，习惯将这些人视作一个完整的群体。但大都人本身也有阶层差异。官员和富人一般住在城里中部和南部，所以更为高级的商业区分布于此；而普通百姓主要住在西南方向的金中都故址，因此这里的市集更多

青地香莲印花布　明　中国国家博物馆藏

服务于下层民众。

元大都在古代都城规划史上的另一个突破，是在市坊制改革的方向上进一步完善。南宋临安城的坊巷规划，使得商铺进入到居住区，容易造成环境喧嚣吵闹。元大都的做法是将全城分为五十个坊，以主干道分区，坊不设围墙，在干道的坊界上悬挂坊额，以标识界线。纵向的干道两旁是商业网点，方便百姓生活。东西向则开辟一条条平行的巷道，也就是胡同，胡同里面就是居住区，不设商铺。大都的这种市坊规划是在历代都城建设的不断摸索演进中，结合政治经济需要，总结了前代规划利弊之后的产物。

大都的市场格局，在明清之后有所变化。明代把北城墙向南平移，并把南城墙外扩。城市的南移让皇城南面有了足够的空间，后来新建的南侧外城再次扩展了城市范围，因此明朝时候，京城最繁华的商业区是皇城外的“朝前市”，其他市场分布在今天的地安门、西四、灯市口、东单等地。明朝还发展出了今天北京人津津乐道的“庙会”传统。庙会是一种定期举办的集市，以商业贸易为主，还兼有各种娱乐活动，在西单以西的城隍庙，每逢初一、十五、二十五都要举行热闹的庙会。

清朝实行满汉分居的政策，城里为满人居住，汉人只能居住在外城。直到清朝中期，分居政策放松之后，京城的商业才再度有了起色。清朝时期，以北京城里寺庙为核心的庙会集市越来越博得百姓的青睐，老百姓的日常生活用品大都从寺庙里的集市获得，隆福寺、护国寺在京城东西两侧，分别聚集了大量人气。这是既往的都城商贸活动中未曾出现的特点。

京城还有一个地方不得不提，那就是天桥。天桥本来是皇帝祭天时前往城南天坛的一座桥，因只供天子行走，称为天桥。到清朝中晚期，天桥区域成为了全北京最具活力的商贸市场之一。到民国时期，大量民间娱乐场馆汇聚在天桥一带，南来的旅人和客商在此留连。以至于顾颉刚先生都发出过这样的感慨：“今日在天桥享平民艺术的娱乐，为真正北京人了。”

这一从元代就奠定基础的古老中轴线的南端，曾经象征皇家秩序的礼仪空间，就在现代商业和文化的浸透下，变成了突破传统礼制的象征，也让什么是北京、什么是北京人，有了新的涵意。

六、南京

唐建中四年（783），泾原兵变爆发。得到消息后，在金陵（今江苏南京）的镇海军节度使韩滉立刻封闭关口和桥梁，修筑石头城，开凿水井，囤积粮食。在同割据的叛军李希烈一番缠斗并取得胜利后，韩滉随即通过大运河向长安输送米粮，最终解救了被困在长安的唐德宗父子。

这可能是南京城历史上第一次扮演拯救统一国家的角色，也是大运河与南京第一次以这种方式联系在一起。

严格意义而言，南京并不是一座大运河沿线城市，但却是大运河历史上无法忽略的都城。南京进入到帝王的视野，是东汉末年及三国时期（东吴称建业）。从经济上而言，南京背靠长江，坐拥三角洲平原，农业发达。从军事上来看，长江和钟山共同将这里塑造为一个易守难攻之处。难怪诸葛亮曾说金陵是“帝王之宅”。与黄河流域许多城市都可以作为帝都相比，长江流域有此独特优势的城市，非南京莫属了。

从东吴时期起，南京（除建业外，当时又称作“石头城”）在孙权等人的建设与开发中不断成长，进一步奠定了其作为南方最适合做帝都城市的角色。尤其是从东晋开始（时称建康），再经南北朝时期的宋、齐、梁、陈四代，在国家分裂、南北并置之时，南方半壁江山的都城，除了南京，再无第二个选择。

东晋及南朝时期建康的城市规划，也是古代都城发展史上不可忽略的一页。东晋开始，在孙吴时期建业城的基础上不断完善城市的格局，使其成为中国南部的政治和经济中心。内城与外郭城在政治、经济、文化等活动的分工与结合方面进一步明确。尤其是在佛教于中国迅速传播之时，建康城在规划中专门辟出土地修建佛寺，比如梁武帝在秦淮河南岸拆迁住户敕建佛寺。而这些佛寺广为遍布的区域则是建康城郊，曾有学者说，南朝时代的建康城郊区，有一种现代大都市郊区的雏形，可谓“中国郊外的诞生”。

（左页）上元灯彩图　明　南京博物院藏

本图主要描绘了明朝中晚期的南京地区夫子庙古董市场一带元宵节期间的街市景致，透过左页街市上人头攒动的片段，可以看出明朝中叶金陵的富庶安逸。

（下页）金陵图　清　冯宁　德基美术馆藏

本图是清人描绘宋代金陵城市风貌的写实风俗画长卷，采用散点透视构图和细腻严谨的写实手法，生动展示出城市面貌和各阶层人民的社会生活。

在所有人看来，帝国的命运仰赖于能否守住江淮，而守住江淮的根本，便是保住金陵。这也是为什么当得知长安烽烟再起，千里之外的韩滉迅速行动起来加固石头城。韩滉对石头城进行了大范围的改筑，并向北扩建，形成同气相连的五座城池，史称“韩滉五城”“石头五城”。其实，早在安史之乱后，唐王室内部争权夺利之时，追随唐肃宗竞争对手永王李璘的大诗人李白，也把金陵当作永王争夺天下最重要的阵地，他在《永王东巡歌》里写道：“初从云梦开朱邸，更取金陵作小山。”虽然李白的选择显示出其政治上不成熟的一面，但也侧面说明了金陵的政治地位。

其实，南京城的城防问题，自东吴时期起就一直为统治者格外关注。到南北朝时期，其周边设置有石头城、丹阳郡城、白石垒、东府城等，在城外成犄角之势，配上环绕城市的江河湖系以及丘陵，形成了南京城的防御体系。由此看来，得天独厚的地理条件，不断完善的政治、经济、军事功能，加上颇具特色的文化和宗教因素，让南京这座古都始终都是统治者关注的焦点。

虽然北宋之后，南京再也没有续起过那长达330年的王气，但这里始终是帝国的政治风向标。南宋时，临安是国都，建康是留都。元末朱元璋击溃所有敌手之后，选择了离老家更近的南京为都。但很快就因为朱棣篡位，都城被迁到了北京。南京和北京从此开始了数十年的定都议题上的拉锯。朱棣的儿子洪熙帝一即位便将北京改为行在，着手将首都迁回南京，但没过一年就驾崩了。洪熙帝的儿子宣德帝在位十年，因为更青睐北京而迟迟没有落实南迁的计划。最终在明正统六年（1441），明英宗才将北京的“行在”二字去掉，北京作为国都的合法性才最终确认。没过几年，发生土木堡之变，朝廷中又有人动议南迁，被于谦力阻，南京最终丧失了再度成为国都的希望。不过，作为留都，南京比其他时代陪都的地位都要高很多，甚至有一套自己的行政系统。

通过自然水系与人工渠道，南京与周围城市组成了以水为纽带的江南经济圈。虽然不在运河边，但南京始终是一座运河都城。

南京不在运河边，但它是一座运河都城。虽然坐落于长江之滨，但其得以稳步发展，还是与有效利用运河水系密不可分。城东南方向的破岗渎和上容渎开凿和完善于六朝时代，是当时连接建康城与太湖流域的通道。各种物资调配和转运

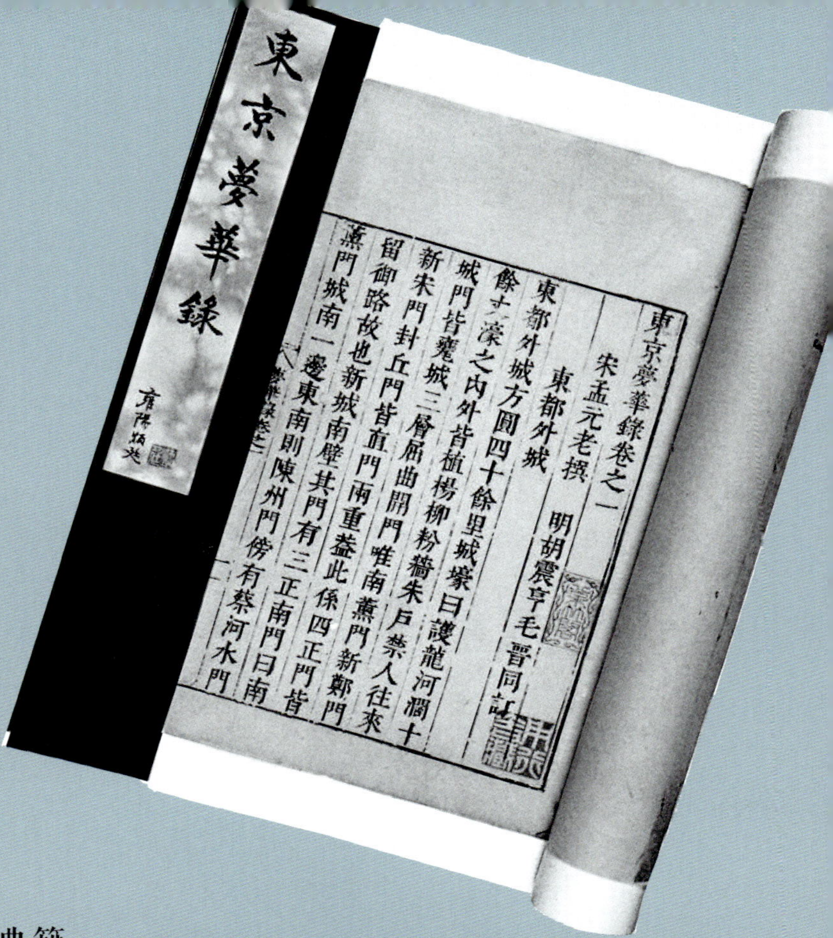

东京梦华录

关于中国古都的历史典籍

古代中国有书写某城某地志书的传统，甚至个人也留下过关于繁华都市的生活记录，这些典籍都是我们今天了解某座古代都城不可多得的一手资料。关于西安的有唐朝韦述编写的《两京新记》，北宋宋敏求撰写的《长安志》等；清代徐松编撰的《唐两京城坊考》则详细记载了唐代长安和洛阳这两个都城的街道、市场、官署、宅第、寺庙、宫殿的形状、位置，以及某些街巷居住人民的生活面貌。记述开封的最有名的可能要属《东京梦华录》，这是宋代孟元老的笔记体散文，创作于北宋靖康二年，是一本追述北宋都城东京开封府城市风俗人情的著作。所记大多是北宋崇宁到宣和年间开封的情况，描绘了这一历史时期上至王公贵族、下及庶民百姓的日常生活情景。关于杭州的则有南宋吴自牧的《梦粱录》，可与南宋乾道、淳祐、咸淳年间先后三次纂修的现存最早的杭州地方志——《临安志》对照阅读，了解当时南宋都城临安的世情风物。关于南京的则有南宋张敦颐的《六朝事迹编类》，以及民国时期胡祥翰主编的《金陵胜迹志》。若要了解所有古代都城的故事，可参考清代顾炎武编撰的《历代宅京记》，记述了历代都城的城郭、宫室、寺庙、苑囿、池台等的发展演变和分布特征。

主要依靠这两条渠道。破岗渎、上容渎西接秦淮河，与建康城相连；东接江南运河，与长江和太湖流域相通。长江运输存在很大的风险，漕运渠道的开通既缩短了南京与太湖流域的距离，也规避了长江的自然之险。在这样的运河水系上，南京城也不是孤立存在的，而是与周围的城市群共同组成了以水为纽带的江南经济圈，南京即是这一城市网络的核心。

两宋到元代，南京依靠优越的地理位置，以及若干重要仓库，始终扮演着南方交通枢纽的角色。北宋的建康城有广济仓、常平仓、大军仓三座著名仓库；南宋则有广济仓、平止仓、大军仓、平籴仓和制置司仓等。元朝的南京继续发挥着南方物资集散、中转要津的作用。因为当时南京是集庆路治所所在地，这里的仓库总称为集庆路仓。南京本地的特产，比如锦缎和秫米，也作为皇家贡品送往北京。

明朝初年，南京作为政治和经济中心，成为漕运的核心。在朱元璋的要求

红地云缎 明 中国国家博物馆藏

下，疏浚、拓宽和开凿胥河、胭脂河以及南河、上新河等，沟通了太湖流域、浙东地区和长江中下游地区，江南的粮食物资通过这些水道源源不断运往南京。朱棣迁都之后，南京再次扮演起了南方物资集散地的角色。长江中下游的物资以及南京本地的物资，必须先通过长江和本地运河，在南京集中，再装上运船或快船，经过仪真（今江苏仪征）继续北上，运抵北京。在扮演这个角色的同时，南京城自身也再次勃兴。明朝丘濬曾写道："天下财富，出于东南，而金陵为其会；戎马盛于西北，而金台为其枢。"南京在明朝的地位，通过当时旅行者流传的关于大运河行程的《水路捷要歌》也能看出，这首歌第一句就写道："试问南京至北京，水程经过几州城？"

清代的南京虽然褪去了留都的角色，但在帝国经济体系中的地位依旧十分关键。这里是两江总督的驻地，也是江宁织造的驻地，保持了江南地区的政治、军事、经济和文化中心的角色。龙江水驿和大胜水驿承担了各类物资的运输任务。尽管不在运河主线上，但乾隆皇帝六次南巡，每次都要驻跸江宁，足以说明南京的地位了。

这一至关重要的地位，外国人也知道。第一次鸦片战争时期，英国舰队翻译官马礼逊就曾说："燕京漕运，以江宁为咽喉，今但盘踞江面，阻绝南北，即可要挟，所求当无不如志。"英国人果然像马礼逊所说，在1842年8月4日，沿长江抵达南京下关江面。此时两江总督牛鉴在给道光帝的奏折中，顾不上说别的，直接把南京的得失与皇帝的饭碗挂钩："该逆据我咽喉之地，若再因循岁月，使我粮艘不能归次，漕米何以兑开？仪征不能捆盐，游徒何所得食？兼之江苏一带，专待川楚之米源源接济，而道路梗塞，商贩不前，其祸患之深，诚有不堪设想者。"

道光帝看到漕粮被英军截断，立刻没了骨气，批示"朝廷廑念漕运重地，敕耆英便宜从事"。说是"便宜从事"，其实就是派钦差大臣耆英去向英国人求和。1842年8月29日，清廷被迫在南京下关江面签订了中国近代史上第一个不平等条约——中英《南京条约》。英军撤军后，漕运才得以恢复。

可见，南京虽然不是运河边的城市，但其对运河的影响，却丝毫不亚于其他都城，甚至可以用相濡以沫、患难与共来形容了。

閶門

运河之城

大运河将全国各地串联，带动了沿线城市的兴起和发展。这些作为漕运节点的城市具有某些共性，又各有独特之处。我们选取若干典型城市，从北向南，了解它们的前世今生，也从另一个角度看一看运河的造化之功。

一、天津

在传统相声里，每每说到天津，都会有这样一句词："九河下梢天津卫，三道浮桥两道关。"词中人物则多住在"三岔河口一拐弯儿"的地方。听着听着，脑海中就能浮现出一座因水而繁荣，又特别有烟火气的城市。

关于"九河下梢天津卫"中"九河"的解读很多。比较可信的一种说法是《水经注》中记载的清、淇、漳、洹、滱易、涞、濡、沽、滹沱九条河，它们在天津共同汇入大海。其中淇水、漳水、易水、滹沱河的名字一直沿用到今天，其他河流也都还在，只是更改了名字。

无论"九河"到底指的是哪些，天津自古以来便是渤海湾

（左页）《姑苏繁华图》之苏州阊门
清乾隆年间，苏州"商贾辐辏，百货骈阗"，是大运河赋予城市生命力的鲜活体现。

路河督运图 清 江萱 中国国家博物馆藏
早期认为本图为路河漕运商贸的场景，近年也有学者指出该图实际体现的是路河尾闾天津三岔河口一带的漕运盛景和民俗民风。无论表现的地点为何处，本图都呈现出清朝乾隆年间运河漕运的壮观景象。两岸码头、衙署、店铺、酒肆、民居等井然有序；人物形态各异，极富生活气息。

一处河流汇聚、水网繁茂的所在。河流都汇聚于此，也说明天津地势低的特点。姚汉元先生总结过大运河沿线高程变化，地势最低的两个端点，南端是江南以下，北端就是天津。漕船从山东的制高点南旺向北一路下降，到天津之后，再进入最后一段爬升，才能上通州，进北京。

天津的兴盛主要是因为海漕。元代，南方粮食通过海路运到当时还叫直沽的天津，再转运至大都。这里逐渐从一个本来的海滨荒地成为了国家战略要地。进一步赋予天津生命力的是明朝的永乐帝。明建文二年（1400），发动靖难之役的朱棣从这里上船南下沧州。夺得大统后，为感念此地，朱棣便以“天子渡津之地”为由，赐名天津。明永乐二年（1404），登基刚刚两年的皇帝在天津筑城设戍，称天津卫。

没过多久，明朝废除海运，只行河运，但天津的地理优势依然保留。因为无论海运还是河运，都必须经过此地；无论是粮食还是南北货物，都要在天津中转交易。再后来，天津卫便不仅仅是一个“卫”，而是名副其实的繁华重镇了。《畿辅通志》中这样说：“天津地当九河要津，路通七省舟车……江淮赋税由此达，燕赵渔盐由此给。当河海之要冲，为畿辅之门户。”

天津由于地理位置的优越，既是粮食转运中心，也成为了北方的重要商贸中心，同时也是国家重要的盐业中心。“三道浮桥”和“两道关”，反映的就是天津城中的商贸和盐业要素。三道浮桥指的是西沽浮桥、钞关浮桥、盐关浮桥；两道关是钞关和盐关。

清乾隆《天津县志》中有详细记载：西沽浮桥离城三里，建于康熙五十四年

《运河全图》中的天津卫

（1715）；钞关浮桥在北门外半里许，建于康熙五十五年；盐关浮桥在东门外半里许，建于雍正八年（1730）。

作为河运的枢纽，天津最重要的节点是三岔河口。这里是北运河、南运河和海河交汇之处，虽然在城外，但俨然是天津的另一个市中心。相声里常说的“三岔河口一拐弯儿”，基本上就是当年最典型的天津人生活居住的环境了。

河口意味着码头，码头则意味着生计。人们聚集在三岔河口，当然不是图个

“河景房”，而是生活所致。无论是南来北往的货物还是从这里出海的客商，都要在三岔河口停留、转运。这个天然的交通枢纽也带来了谋生机遇。这里可以进行大宗买卖，也可以倒手零散货物；富商在这里住店休整，百姓也可以帮着装货卸货，靠卖力气谋生。船只和人群在这里聚集，没日没夜地忙碌着，也难怪会有“晓日三岔口，连樯集万艘”的说法。

三岔河口不仅是商户汇聚之地，也是官府甚至皇家在天津最看重的地方。从金代的直沽寨、元代的海津镇、明代的天津卫到清代的天津府，衙署都坐落在三岔河口。甚至到清末，袁世凯将直隶首府从保定迁到天津后，直隶总督衙门也设立在了三岔河口。

在今天，三岔河口更是天津城的一个标志。2007年，天津市政府依托乾隆年间绘制的表现运河繁华景象的《潞河督运图》，修建了一座长达百米的“潞河督运图”浮雕，将画面中当年运河沿岸漕船穿梭、货商云集、生活忙碌的景象刻画在现代人的生活中。这座浮雕就竖立在三岔河口。

天津并没有因运河的衰落而没落，由于始终处于河、海的交汇处，这座城市始终保持着活力。民国时期的津门作家李燃犀在小说《津门艳迹》中描述北门外十字大街商贾辐辏、舟车往来的景象时写道：“车马喧闹，行人拥挤。侯家后茶店口有几家落子馆，北门外有两个大戏园。饭馆茶楼，鳞次栉比。所有这一带的娱乐场所都和商家铺户杂错在一起，更显着相形益彰，大有相依为命之势。”

从“九河下梢天津卫”，到“杂错在一起”“相依为命”，天津就是这样一座来自水上的“混杂”都市。这种“混杂”的气质反而带给她更持久的生命力。与许多伴随运河衰落而凋零的北方城市不同，天津始终保持了与众不同的烟火气。这里既有京城余荫下北方人的视野，也有通过运河传来的南方人的细微情趣，更有来自东方大海的豁达。天津人对生活是认真的，也是淡定的，无论富贵还是贫贱，天津人都淡然处之，甚至彼此交融。

二、沧州

沧州作为大运河重镇的历史，从隋炀帝开通永济渠就开始了。更值得一提的是，运河沿线历经千余年的变迁，而沧州这个名字一直沿用到了今天。换句话说，它可称得上是大运河“元老级”的城市了。

沧州临海，以沧海之意，故名沧州。虽然名字上看着很“沧桑”，但沧州实际上是一块富饶之地。据《河间府志》记载，沧州，“东有渔盐之利，西有枣粟之饶”，物产非常丰富。

东有渔盐，说的是自两汉时期起，沧州就是国家盐业生产重地，整个河北甚至全国的盐业都少不了沧州盐灶的贡献。在古代，盐是国家严格控制的资源，是财政的重要来源，因此沧州也成了各方势力争夺的对象。西有枣粟，一方面指的是这里大面积出产的红枣，传说南北朝时的沧州道人刘仲思最早引进并嫁接、培育出被世人称为“仲思枣”的金丝枣，享誉天下；另一方面，这四个字更多的含义则是沧州物产丰富、生活富足。

沧州因为靠海，地势平坦、水系密集，非常适宜人类居住，秦汉时期就已经是人口聚集之地。运河给这里带来了勃勃生机，永济渠经过沧州，将盐运往四方；明朝重新贯通运河之后，沧州城从相对靠海的清池，迁移到了运河沿岸的长芦，沧州进一步因运河而繁荣。

沧州临海，以沧海之意取名沧州，作为盐业重地，依靠运河迎来蓬勃发展。

物产资源丰富、盐业生产重地、人民生活富足，这样一个沧州，却在世人眼中有着不同的印象。如果不是河北人，可能很多人对沧州的第一印象都是《水浒传》里的四个字——远恶军州。这是对沧州大大的误解了。

《水浒传》开篇不久，八十万禁军教头林冲便被诬陷，刺配沧州。施耐庵还怕读者不能体会林冲含冤凄惨的状态，专门补上一笔：“刺配远恶军州。”顾名思义，林冲发配的沧州，就是人迹罕至、偏远荒凉之地。再加上后来更加具有画面感的“风雪山神庙”，让人们自此之后对沧州的印象都是远、荒、雪、惨……这些词。

沧州铁狮子

沧州趣图 明 沈周 故宫博物院藏
此图所绘沧州为明代属直隶河间府的沧州，地处北方。有意思的是，画家沈周本人并未到过沧州，而只是通过画卷表现其对于这座北方运河城市的想象。画面作平远布局，主要撷取江南水乡的景致，山丘逶迤，水面浩渺，坡岸伸展，杂树成林，一派南方山川秀丽风光。同时又融入了北方山峦雄阔之势，积叠的山石多尖峻的棱角，显得坚硬凝重，坡岸、平台亦转折尖直，棱角分明，其质地多呈北方石山的特征，无疑增添了山川的雄健宏阔气势。

不知是不是施耐庵对沧州有什么误解，其实，这些词与沧州几乎都对不上。北宋时期，沧州位于宋辽争夺的边界，相对汴京而言肯定是“远”一些，但肯定没有书里写的“二千里有余”，最多一千里地。而且虽然处于边界，但北宋年间沧州可一点都不荒凉。《宋史·地理志》记载，北宋崇宁年间（也就是《水浒传》描写的年代），沧州有六万多户，十一万多人，在当时肯定是一座大城市了。

这个误解，可能是源自于施耐庵对于沧州人习武成风的印象。沧州武术全国闻名是从汉代就已有的事情。《汉书·龚遂传》记载，汉宣帝派龚遂去治理渤海郡，龚遂发现这里人喜爱舞枪弄剑，民风强悍，所以他要求当地人“卖剑买牛，卖刀买犊”。到了明清时期，沧州更是成了全国的武术至尊之地。清乾隆《沧州志》写道：“沧邑俗劲武尚气力，轻生死，自古以气节著闻。”沧州人讲究义气，习惯用武力解决问题，甚至不惜牺牲自己的生命。同时由于运河从这里经过，为了保障南北往来物资安全，沧州又以多镖局、镖师而著称。

如此说来，富庶的沧州和习武的沧州，似乎也就可以和谐统一了。但无论如何，沧州这片土地和“恶”肯定是挂不上边的。

更有趣的是，施耐庵还煞有介事地在沧州安排了一个“山神庙”。沧州因濒临大海，地势低洼，最大的自然风险是水患。整个沧州地势平坦，没有高山，更不可能有山神庙，不知林冲怎么会跑到一座山神庙里？按理说应该遍地是海神庙或是水神庙。林冲却在这里误打误撞，看见了“殿上塑着一尊金甲山神”。想来这位山神肯定是顺着运河飘来的外地神仙了。

三、德州

德州进入中国人的历史记忆几乎是一夜之间的事情。唐天宝十四载（755）冬天，长安城里的唐玄宗沉迷于歌舞升平之中，身兼范阳、平卢、河东节度使的

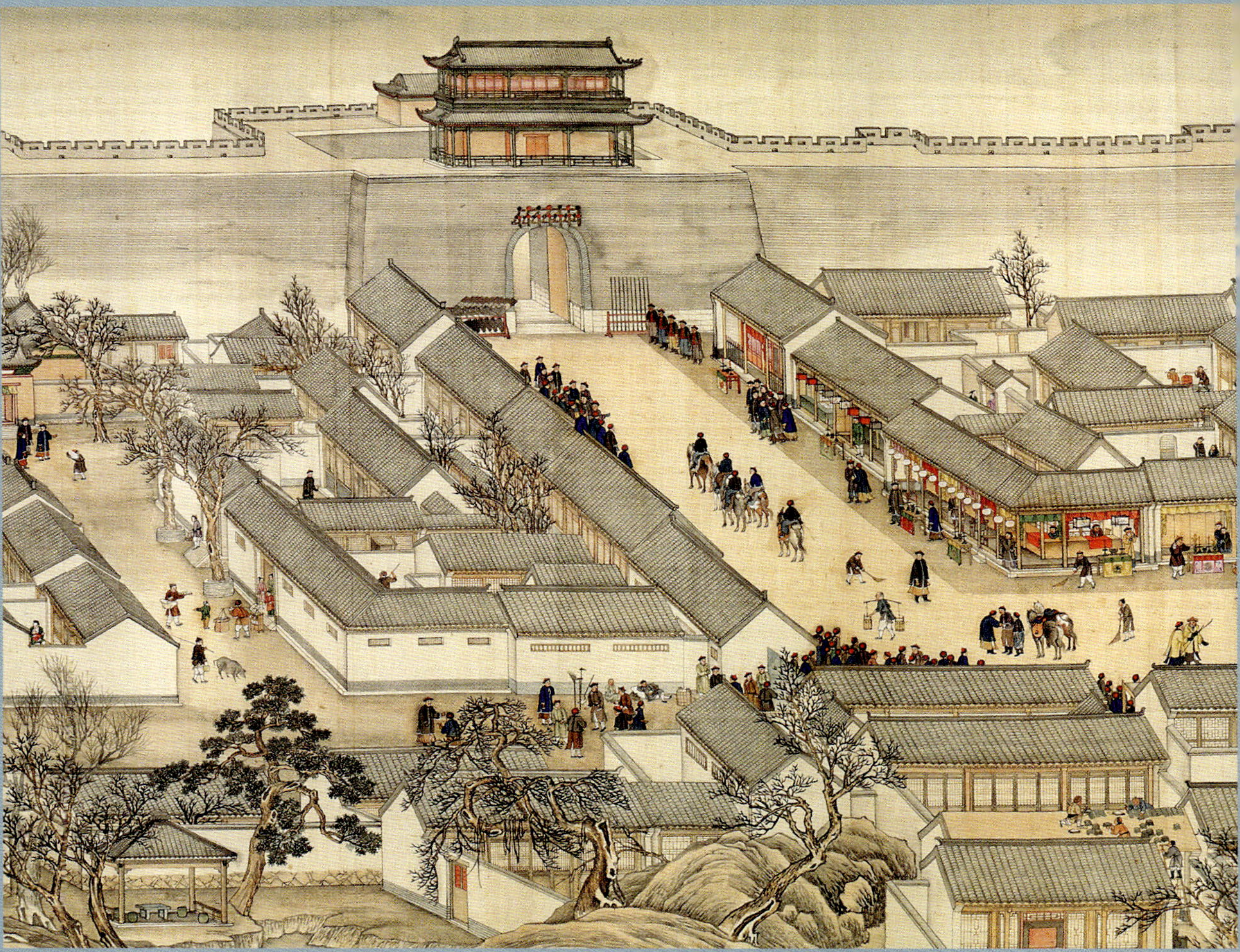

《乾隆南巡图》中的德州城

安禄山突然以“忧国之危”、奉密诏讨伐杨国忠为借口，在范阳起兵反叛。其时，整个河北一带全属于安禄山节制，当地官员也受其统辖。叛军所到之处，“河朔尽陷，守令或开门出迎，或弃城匿窜，无敢拒者”。

安禄山一方面直捣两京，另一方面也谋划稳固后方。其中黄河、运河一带的防守至关重要。他命令德州的平原太守颜真卿率3500名精锐兵士守住黄河北岸，稳固运河沿线，确保军事补给。令安禄山没有料到的是，此前“无敢拒者”的威风在德州碰了壁，颜真卿毅然选择了效忠朝廷，发出了讨伐叛军的檄文，并招兵买马，扩充队伍，形成了以德州为中心的抗衡安禄山的势力。与此同时，颜真卿的哥哥颜杲卿在今天河北正定一带起兵，兄弟俩遥相呼应，在几近沦丧的河北捍卫着大唐残剩的尊严。

颜真卿之所以能够在这里奋起反抗，一个很重要的原因便是他掌握了永济渠上的重要物资储备节点。位于德州西南的清河郡号称“天下北库”，当时为了北征而在此储存了大量军需物资，本意是要保证北方部队补给。而颜真卿控制了清河郡，得以将储存在此的布300余万匹、甲仗50余万件掌握在手，以此抗击叛军。

尽管战局几经反复，河北诸州不断易手，直到八年后安史之乱才告平息，但在“河朔尽陷”的局面下，颜真卿在德州站出来公开对抗叛军，向天下传递了平叛的信念。

因为处于运河的关键节点，德州在明代再次成为军事争夺的战略要地，并且经历了从军事重镇到商贸城市的嬗变。金、元两代，德州一带建有粮仓。朱元璋统一全国之后，依托这里的漕仓建设德州卫，作为运河重镇储存大量的粮食。朱棣兴起“靖难之役”之时，德州成了建文帝和朱棣之间反复争夺之地。建文帝派李景隆率50万南军讨伐叛军，于德州卫城东北“筑十二连城”“以护仓储”。经过反复拉锯，德州又是几番易手。最终的胜利者是反叛的一方，朱棣攻破德州，百余万石粮食尽归北军，这很大程度上决定了整个战局的走向。

这一仗打得如此艰难，也让朱棣愈发认识到德州的重要战略意义，登基加冕之后，他加强了在这里的防守，尤其是增强了粮食转运和储备的功能。依托大运河，永乐帝在德州建立了德州仓，储存山东、河南的粮食。德州仓在明清500多年间一直扮演着重要的角色，和淮安丰济仓、徐州广运仓、临清仓并称为大运河上四大名仓。

如果我们来看清朝康熙和乾隆时期南巡的路线图，会发现一个有意思的特点。无论两位皇帝在北方是走陆路，还是走水路，德州都是必经之地。尤其是走陆路之时，都要从西北进入德州，然后横跨运河向东南前往济南、曲阜一带。这是因为，大运河经过德州，北京南下的“御路”也要经过德州，这才有了交汇。

苏禄东王墓

德州和大运河的另一层渊源，还要从一个外国人说起。明朝时期，在亚洲东南部的苏禄群岛上有一个苏禄国，国家有三位国王，分别是东王、西王和峒王。国王之间关系融洽，且以东王巴都葛·叭哈剌为上。郑和下西洋时，曾在这里与东王相谈甚欢。东王对大明非常仰慕，带领另外两位国王一同前往中国觐见永乐帝。

但是，在京城度过愉快的一个月后，东王却在返程沿运河经过德州时病倒，没过多久就去世了。得知消息后，永乐帝哀痛不已。为表达对苏禄国东王的哀悼，朝廷按照中国皇族亲王的礼制，在德州城北选了一片风水宝地，于明永乐十五年十月二日，为东王举行了隆重的安葬仪式。朱棣还专门为东王写了祭文，赞赏其“聪明特达，赋性温厚”，称赞他的功绩“照播后世，与天地相悠久”。

永乐帝也考虑得很周全。他命令随团访华的东王长子都马含迅速回国，继承王位；同时要求王妃葛木宁和东王次子安都鲁、三子温哈剌等十人，按照中国的守孝传统，留在德州为东王守陵。为了让留下来的人安心守陵，朝廷还专门拨付钱粮，“恩赐十二连城之共祭田二百三十八亩”，甚至从别地专门迁来三户百姓人家，照料苏禄贵族的生活起居。这两位王子并分别按照名字里的第一个汉字取了中国姓——安、温。他们和自己的后人便从此在中国世代繁衍下去。

如今，苏禄王的墓冢安详坐落在德州的北郊。国王的后裔们作为中国的普通百姓，自食其力，枝繁叶茂。如果你在全国各地见到来自德州的姓安或是姓温的朋友，那他们很有可能是苏禄王的后代呢！

四、济宁

济宁是大运河沿线一个标志性的城市。这里是大运河的地理分界点，大运河的水脊——南旺枢纽就位于济宁境内；由于其重要的地理位置，明清两代长期将河道总督府驻扎在济宁。这里也是大运河兴衰的分界点，济宁以南的大运河一直通航至今，而济宁以北则在清末废除漕运之后便迅速被废弃了。

和山东其他城市一样，在南北大运河的滋养下，济宁城在明清两代举国闻名。除了商贾云集的强大气场之外，这里还是重要的经济作物生产区。比如明朝后期才传入国内的烟草，由于适宜的气候条件迅速在济宁推广开来。济宁在清朝的烟草产量“甲于诸郡”。到康熙时期，有人形容济宁的烟草业是“膏腴尽为烟所占，而五谷反皆瘠土”。

这里另一种经济作物是棉花，城里还出现了专门用作棉花交易的场所——棉花市街。由于棉花产业发达，也形成了盘根错节的生产关系。清朝末年，官府推行更适宜在黄河沙地生长、亩产量和售价也比本地棉花更高的北美棉花时，竟然遭到了本地人的强烈抵制，也从侧面说明了棉花对于济宁而言的经济支柱意义。

济宁在隋唐时期就已经大名鼎鼎。当时这里叫做任城，毗邻泗水，虽然并不直接与运河相接，但通过泗水进入汴河非常方便。因为地处交通要道，很多文人墨客都曾在这里留下足迹。比如杜甫就曾在此写下“秋水通沟洫，城隅进小船”的诗句，描绘了当年任城水路便捷的场景。

其实，济宁历史上还有名气更大的一位诗人。诗仙李白把家安在了这里。

李白出生在中亚，生长在四川，一生云游天下。但可能很少有人知道，游子李白也愿意“安家”，这个家就在济宁。736年，36岁的李白带着妻子许氏和女儿平阳来到济宁，并在此定居。他的儿女在这里长大，妻子在这里离世。

744年，有着政治抱负的李白在长安不受重用，回到任城。过了一年，他开始漫游天下之旅，在即将离开山东游访江南之前，写了一首梦中游历天姥山的诗。除了描述自己对天姥雄奇景观的向往之外，在诗的最后，诗人还用点睛之笔，抒发了自己对世间和人生的潇洒态度：

世间行乐亦如此，古来万事东流水。

别君去兮何时还？且放白鹿青崖间，须行即骑访名山。

安能摧眉折腰事权贵，使我不得开心颜？

京杭运河的全线贯通，受益最为明显的是山东境内各个城市，其中又以济宁最具代表性。当时留下的许多文字都毫不吝惜对济宁溢美之词：“南通江淮，北连运河，济控邳许之津要，扼宋卫之咽喉。”

明成化七年（1471）设河道总督，简称河督、总河。明清两代河道总督大部分时间驻扎在济宁。

反过来说，因为漕运的废止，受影响最大的也是济宁这类城市。今天我们期待大运河能够恢复通航，所期盼的不仅是水道的畅通、遗产的保存、风貌的恢复，我们更为期待的，是这里再次焕发经济的富庶、社会的活力，还有文化的兴盛。毕竟，孔子的家乡曲阜和孟子的故乡邹城，都在今天的济宁市境内。

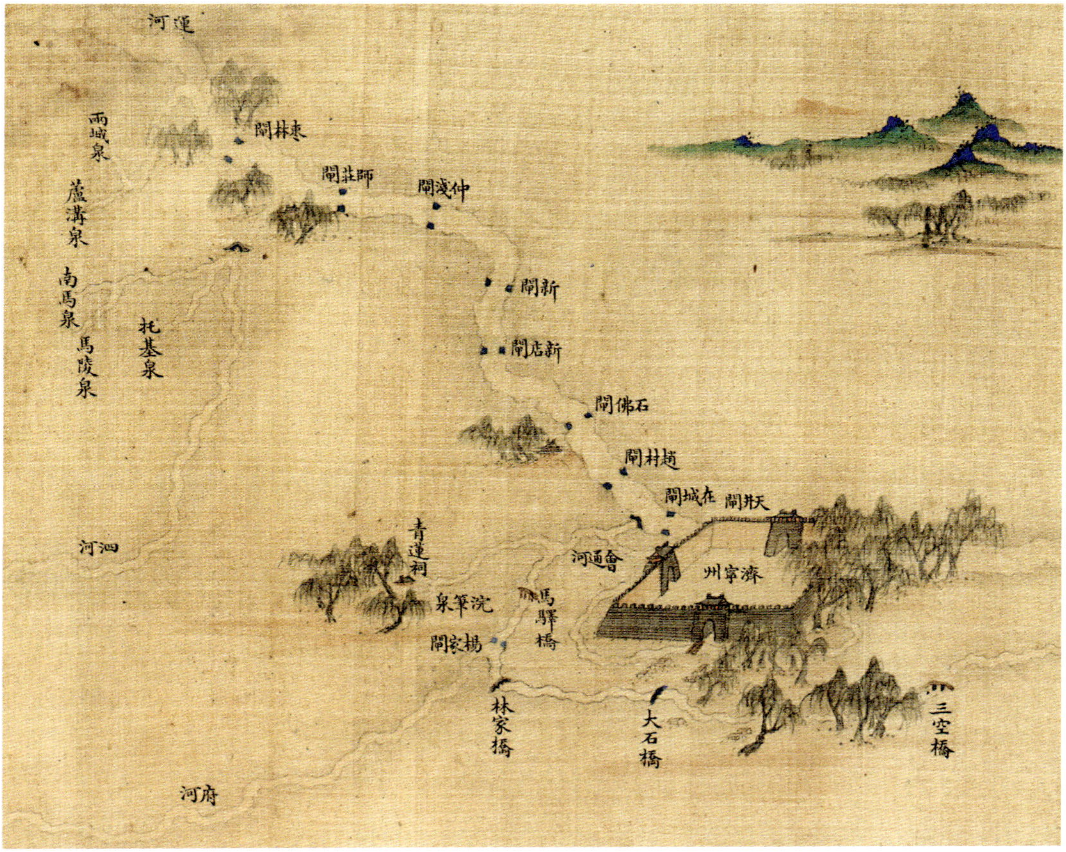

《山东十七州县运河泉源图》之济宁州泉图
着重绘制济宁州河流、泉源的位置、名称以及济运情况，同时也描绘了运河河道、闸坝等。

五、淮安

公元前486年，吴王夫差修建邗城，在城下开凿运河，引长江水一路向北，沿途经过多个湖泊后，这条人工河道最终与淮河相会在一个叫“末口”的地方。这是大运河最早的段落，得名邗沟。末口，就在今天的淮安。

作为大运河历史上古老的城市，淮安在今天似乎有些低调。但在中国历史上，她之于大运河的重要性，犹如心脏之于人的身体一样。淮安的起落关乎运河的兴衰，而运河留存在历史上的每一束光，都能在淮安找到投影。

从隋唐到北宋，南方的物资要运送至开封、洛阳等政治中心，必然要经过淮安。当时淮安称为楚州。东南的漕粮运到楚州之后，从这里转运至通济渠。无论是南来的粮食，北往的客商，还是皇亲国戚、朝廷官宦，都要在这里转运。这些人中还包括日本和新罗等国的商人，以至楚州城里出现了新罗商人专门聚居的“新罗坊”，甚至还发展出了“翻译”行业，称作“译语”。日本僧人圆仁一行来到楚州后，新罗译语刘慎言出面接待了他们。后来唐武宗灭佛之时，又是刘慎言帮忙，圆仁等人才得以从楚州城的新罗坊租船出淮河口入海，向北逃到山东半岛，最终赶上一艘海船，安全返回日本。

到了北宋，随着汴河上的开封城成为国都，相距较近的楚州更是成了这一带最重要的交通枢纽。汴河西来的船只在淮河北侧的泗州城过淮河，在南侧则是从楚州城继续进入运河。楚州和泗州遥相呼应，成了遥望东京的两大节点。

淮安是大运河兴衰、甚至中华民族命运起落的一面镜子。靖康之变后，宋金以淮水中流为界，淮安一下子从帝国的交通枢纽变成了军事边镇。南宋末年，文天祥被蒙古人俘虏，从南方到燕京途中经过淮安，感怀故国不复，在北上的苍凉心境下，他留下诗作：“九月初二日，车马发淮安。行行重行行，天地何不宽。烟火无一家，荒草青漫漫。恍如泛沧海，身坐玻瓈盘。时时逢北人，什伍扶征鞍。云我戍江南，当军身属官。北人适吴楚，所忧地少寒。江南有游子，风雪上燕山。”

在文天祥“行行重行行”的步履中，淮安也继续在历史中前行。元代起，一直以来东西向为主的漕运体系发生了改变，通过“裁弯取直”，大运河改为南北向，直接连通江南与大都。朱棣迁都北京之后，由陈瑄在城西侧开凿清江浦河，押运漕粮的船只不再经过淮安城，而是从城西进入淮河。淮安的商业活动中心，也从旧城转移到了新城。除了商业贸易之外，新城的迅速发展还与盐业息息相关。淮安以东的沿海一带拥有丰富的盐业资源。元朝之后专门设置机构负责盐业管理。明清时期，江西、湖广、河南和江南广大区域的盐大部分都依赖淮安转运，淮安城中聚集了大批富裕的盐商。

各地漕粮首先要聚集在淮安，然后由运军集中从这里向北运送到京师，所以淮安成了南方物资向北转运的最重要的集散地。如此重要的地位，也让朝廷不得不赋予淮安更大的政治使命，明清时期最重要的漕运管理机构——总督漕运公署，便设置于此。当时，商业活动多在新城清江浦一带进行，而楚州旧城里则承

淮安漕运总督公署旧址

担了政治功能，各级官署大都坐落于此。

淮安、清口一带人口构成庞杂。有大量服务于漕运事务的人员，比如那些拖拉船只或搬运粮食的劳力；也有南北往来的客商；还有驻跸于此的官员，以及驻守此地的官兵。在淮安城，各类人群按各自的方式生活着，也形成了各类信仰。由于清口一带常年面临水患威胁，因此河神、天妃等神明在这里广受爱戴。当地的关帝庙、东岳庙等场所也常年香火不断。

虽然一直处于历史的波澜之上，但位于南北交汇之处的淮安人始终具有包容天下的心胸和处变不惊的气质。

清代后期，淮安是南来北往人流的汇聚之处。一位名叫周攀龙的绍兴人从家乡来到淮安谋生，在附马巷置办了一处房屋。周攀龙有一个儿子叫周贻能，虽然中过秀才，但在乱世中很难实现自己的仕途理想，只能以淮安为中心，到各地奔

淮安府图说总图 明 镇江博物馆藏

《淮安府图说》共12幅，以一图一说的形式反映明万历年间淮安府所领州、县的地理情况。通过“总图”，可看出淮安城与黄河、运河的空间关系。

贛榆縣
東海所
海州
太湖
黃河口
海口
安東縣
姚家蕩
小海
射陽湖
鹽城縣

疌谋职。1898年，24岁的周贻能当了父亲，妻子万冬儿诞下了一个男婴。周贻能非常欣喜，对这个男孩寄予了很大期望。这个男孩乳名叫大鸾。至于学名，周家这一代族人为“恩”字辈，于是取名“周恩来”。在历史风云变幻的年代，周恩来总理一直以宽厚的胸怀和亲切的气质为人爱戴，这也正是历史赋予淮安人的独特品质。

这种品质，早在淮安还被称作楚州的年代就已经形成。唐开元二十六年（738），38岁的李白经过淮安，受到了当地人的盛情款待。他忽然想起当年同是淮阴人的韩信落魄时在这里受漂母一饭之恩，后以千金报答的典故。李白就给友人王宋城寄送了一首诗，既赞叹淮安人宽厚的待人之风，也钦佩韩信有恩必报的大丈夫胸怀。他写道：“予为楚壮士，不是鲁诸生。有德必报之，千金耻为轻。”他希望自己成为韩信这样的壮士，报答一切对他给予恩情的人。

能够让放荡不羁、不仕权贵的李白感慨赞叹，可见淮安人千百年来的精神所在。宽厚、豁达、报恩，这些美好的品质也在运河的滋养中流传下来，哺育着今天的淮安人。

六、扬州

盛唐时期，扬州是仅次于长安和洛阳的第三大城市。吴王夫差开凿邗沟同期建设的邗城位于今天扬州城的西北，战国时期的楚国和后来的汉代将其扩建为广陵城。隋炀帝开凿大运河时，扬州名为江都，已经是东南地区最具代表性的城市。唐代，在广陵城基础上营建的子城和向南扩展的罗城，共同塑造了帝国第三大城市的面貌。

无论是广陵、江都还是扬州，贯穿始终的是运河。大运河从扬州城东自北向南流过，然后在城东南角向西南流向瓜洲。无数从南方来的漕粮货物，就是在这里聚集北上，奔赴京城。唐时的盐产地以江淮地区为主，扬州以其便利的交通，自然成为盐业集散地，盐铁转运使常驻扬州，也说明此地在国家盐铁管理上扮演着极为重要的角色。扬州的繁荣，被当时人赞誉称“扬一益二”“谓天下之盛，州一而蜀次之也”。

吴王夫差剑
春秋
1976 年安徽省寿县出土
中国国家博物馆藏

扬州这一称谓也经历过一个历史的转变。唐宋之前，扬州很多时候是泛指长江下游大片地区的概念，今天的扬州城当时更多使用的名字是广陵。因此，扬州这个词对于唐宋文人而言，文化意义要大于行政角色。比如著名的《送孟浩然之广陵》中，李白在标题里写的是“广陵”，而诗文中则用的是“扬州”，其中扬州的文化韵味不言而喻。到了北宋时期，秦观专门编写了《扬州集》，希望借此明确哪些地方属于扬州，哪些不是。如此一来，加上广陵这个地名慢慢淡出行政区划，扬州的区域概念被固定了下来，原来是一个行政单位的广陵，反倒逐渐成了诗文中更常出现的文化记忆了。

扬州城的社会生活也因运河而不断重新塑造。明朝初年，扬州城因战乱人口所剩无几。因此明朝重新建城之时，将城墙范围收缩，这样一来，运河和城市便不再直接相连。到了明朝中期，城墙和运河之间的区域云集了大量徽州的商人，再加上倭寇的骚扰，当地官员和商人共同在这一块区域又加筑了一圈城墙，称为新城。在《扬州府图说》中，我们能够明显看到扬州旧城和新城两圈并列的城墙。

到了清朝，尤其是康熙、乾隆南巡以后，新城由于临近运河，交通便利，风头完全盖过了旧城。加上两淮盐运使驻地扬州，扬州几乎垄断了区域乃至全国的盐业流通。粮食和盐，这两大重要物资都以扬州为中转地，各地盐商云集新城，修建楼台公馆，而旧城甚至在当时的很多旅游导览中都被忽略掉了。

扬州以其便利的交通成为盐业集散地，在国家盐铁管理上扮演着极为重要的角色，几乎垄断了区域乃至全国的盐业流通。

谈到扬州的大运河，还不得不提唐朝高僧鉴真。鉴真俗姓淳于，少年时期在扬州大明寺出家为僧。巡游长安、洛阳多年后，他回到扬州，修建了崇福寺、奉法寺等，宣讲佛法，扬名海内外。日本僧人荣睿、普照随遣唐使入唐，邀请鉴真去日本弘布戒律。

从扬州出发到日本，鉴真东渡之旅颇多周折，直到第六次才成功抵达九州岛，其间更是经历了漂流海南、双目失明的遭遇。前五次失败的原因也是五花八门。第一次被人诬告为纠结海盗，第二次遇大风漂流到了明州，第三次被当地人使计拦下，第四次被弟子因为担心安危而拦下，第五次更是遇到不测风云漂到了海南岛。

运河揽胜图 清 王素 扬州博物馆藏

本图描绘了扬州邵伯的运河风光、商埠风华与市井风情，反映了清代扬州的社会活力，被誉为邵伯古镇的《清明上河图》。

唐天宝十二载，鉴真谋划第六次东渡。消息在扬州传开后，当地寺院依旧极力阻挠此行。此时鉴真的一名弟子仁干从婺州（今浙江金华）来到扬州，和师父约好乘坐他停靠在长江渡口的船出发。十月十九日晚，鉴真从扬州龙兴寺出发，在长江北岸登船，直趋长江南岸的黄泗浦，在这里与日本遣唐使船队会合，最终成功抵达日本，开始了传法之路。

虽然没有明确记载，但在鉴真的时代，从扬州城里到长江边还有十几千米的距离，如果是步行则需要走上好久，所以鉴真很可能是沿着扬州城东的运河坐船抵达江边的。

作为古老的运河城市，今天的扬州依旧在大运河的发展中扮演着重要角色。大运河申报世界遗产过程中，扬州作为牵头城市，为申遗成功立下了汗马功劳。

清明上河图卷 明 仇英 辽宁省博物馆藏

此图参照了张择端《清明上河图》的构图形式，描绘明代苏州城的社会生活情景。

今天，中国大运河博物馆坐落扬州；世界运河历史文化城市合作组织（WCCO）的秘书处设在扬州。扬州是大运河历史的起始之地，也是今天大运河走向世界的起始之地，更是大运河服务于国家文化公园、文化带建设的核心城市。扬州因运河而生，扬州的古今和未来，也都围绕着运河寻找着自身的定位。

七、苏州

明天启六年（1626），魏忠贤阉党专政，大肆陷害忠良，家住苏州的东林党人周顺昌便是魏忠贤的眼中钉。为了搜捕周顺昌，魏忠贤派人到苏州行凶，苏州市民群情激愤，奋起反抗，发生了暴动，打死了两名东厂特务。事后，阉党要残害暴动市民，市民首领颜佩韦等五人为了保护群众，挺身投案，英勇就义。

一年后，崇祯帝即位，魏忠贤被诛。复社领袖张溥为纪念这五位牺牲的苏州义士，写下了流诵千古的《五人墓碑记》。在文章最后，他写道："明死生之大，匹夫之有重于社稷也。"即使是最普通的人，他的生死对国家而言也有着非凡的意义。

这五位义士，都是彻彻底底的普通人。从这些人的身份上，我们也能够理解为什么这起市民反抗强权的事件会发生在苏州。五人中的头领叫颜佩韦，是一名商人子弟；马杰是颜佩韦的好友；杨念如是名裁缝；沈杨是商人；周文元是周顺昌的车夫。除了周文元之外，其他四个人都是和周顺昌毫无关系的普通苏州市民。苏州城当时已经是一个完整的"市民社会"，这些苏州市民，代表着千千万万苏州人的正义精神，而他们的身份和职业，也是当时苏州城社会构成的体现。

商人、裁缝、车夫……明朝中后期，苏州的人口构成和职业分布已经非常接近一座现代都市。利玛窦这样称赞苏州的繁华富饶："经由澳门的大量葡萄牙商品以及其他国家的商品都经过这个河港。商人一年到头和国内其他贸易中心在这里进行大量的贸易，结果是在这个市场上样样东西都能买到。"

到清朝康乾时期，苏州已经是全国最大的丝绸和棉布加工中心。以染坊为例，多达六十四家染坊一共有染工一万多人，甚至形成了红坊、黑坊、杂色坊等专门的分工。染坊排出的污水导致河水被污染，市民们联名要求将染坊迁走。清乾隆二年（1737），官府专门立碑要求染坊保护水质，这应该是中国最早的保护水质的法规。在徐扬的《姑苏繁华图》中，一万两千余人，近四百只船，五十多座桥，二百多家店铺，两千多栋房屋，共同向我们展示了当时苏州作为江南第一大都会的市井风貌。苏州的城、人、生活，是当时中国最为接近现代社会的。

带来这一切的则是运河之水。苏州是一座建在运河上的城市，城内有“三横四直”为代表的骨干水系，通往家家户户，形成河街相邻、水陆并行的双棋盘格局。在今天的苏州古城，我们可以看到山塘河、上塘河、胥江、平江河、护城河五条运河故道，以及山塘历史文化街区、平江历史文化街区、盘门、宝带桥、古纤道等运河遗产。能够如此完整保留历史上运河水系，并以此作为今天建城基础的模式，这在中国的众多运河城市中是非常罕见的。

苏州城内水系“三横四直”，南宋年间的《平江图》刻绘了大街小巷，揭示了这座运河城市延续至今的水陆肌理。平江历史街区面积约8.1公顷，位于苏州古城东北部。参照《平江图》可看到当时街区内的水系和街巷大都得以保存，通利桥、朱马交桥、胡厢使桥、唐家桥、新桥、雪糕桥都沿用着旧时的名字。全晋会馆是旅居苏州的山西商人所建的会馆，供苏州的外地人联络乡情和集会、议事。18世纪以后，会馆逐步成为商人们存货、居住和议事的重要场所，并演变为工商业行会组织，促进了不同地区间经济文化频繁交流，是大运河南北经济文化交流的实物见证。

这座城市的迅猛发展，还与安史之乱有关。北方烽烟四起，人们纷纷南逃，运河沿线的苏州成了一个方便的选择。据唐朝初年的统计，苏州城只有一万一千多户人家，到了开元年间达到六七万户。安史之乱之后，这里迅速发展到了十万多户的规模。苏州水网密布，自然条件极好，运河连通江南和京畿，也让这里成了帝国的经济中心。幸运的是，有唐一代，苏州的主政官员不断治理水系，为城市进一步繁荣打下了基础。

唐宝历元年（825），白居易从杭州刺史转任苏州刺史。到任后，他发现苏州阊门和虎丘之间交通很不方便，原因是山塘河河堤太低。山塘河是运河从西北方向进入苏州古城的主干河道，是大运河水网的重要组成部分。但苏州老百姓从阊门出来后，经过这里只能涉水，非常不便。于是，白居易专门组织清淤，并且整修河堤。这条河堤被称为“白公堤”，也就是今天的山塘街。

平江圖

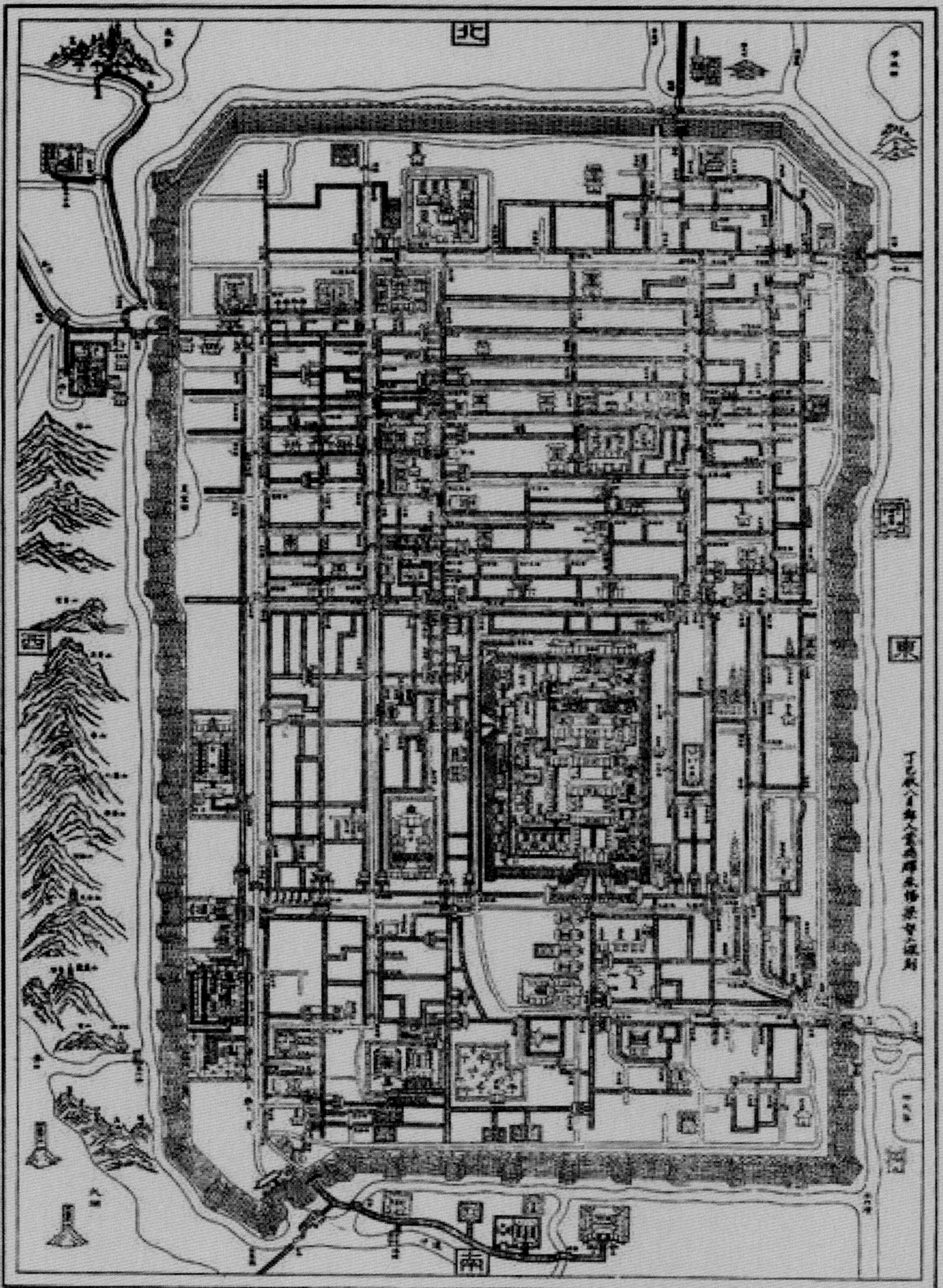

平江图

《姑苏繁华图》中的运河两岸

白居易十多岁时候曾经到过苏州，他人生的一大梦想便是在苏州或杭州当一任官员。没想到，他的梦想竟然都实现了。虽然他只在苏州任职了不到两年，但他此后一生之中始终对这里念念不忘。有一次到扬州，他还专门写下了“扬州驿里梦苏州，梦到花桥水阁头”的诗句。

山塘街好像被白居易赋予了灵魂一般，到明清时期已成为苏州最繁华的地区之一。河两岸的居所和商铺林立，包括会馆、寺庙、祠堂、戏楼、牌坊、园林、名人墓、古桥、宅第等，这些历史建筑大都很好地保留了下来。18世纪中期，苏州官府立石碑禁止捕捞，普济桥处刻有“放生官河”四个字，可以说山塘河还是中国最早的水中野生动物保护区。

南宋绍定二年（1229），郡守李寿鹏主持刻绘了《平江图》，详细描绘了宋代平江府的大街小巷。看着《平江图》，我们能直观体会到水系对于一座城市的塑造，这些河道和桥梁构成了城市的主要肌理，城市的四周由河围拢起来。《平江图》中的水系和街巷大都保存得比较完整，今天，通利桥、朱马交桥、胡厢使桥、唐家桥、新桥、雪糕桥都沿用着旧时的名字。

最后，我们再回到唐朝。

唐宝历二年，白居易在苏州任上生了病，不得不停职离任，返回洛阳。沿着运河慢慢行进的白居易，在扬州之时，遇到了一位老朋友——刚刚从和州（今安徽和县）卸任同样要返回洛阳的刘禹锡。两位老友在扬州推杯换盏，白居易送给刘禹锡一首诗，有一句写道“举眼风光长寂寞，满朝官职独蹉跎”，为这位朋友的怀才不遇打抱不平。刘禹锡却保持了非常达观的心情，在回赠白居易的诗词中写下了一句流传千古的经典：“沉舟侧畔千帆过，病树前头万木春。”

历史总是在不经意间给人惊喜。五年后，刘禹锡被任命为苏州刺史，接过白居易的衣钵，治理河道，造福苏州万民。

水上的苏州就是这样一座幸运的城市。她精致又豁达的个性，令其在历史的长河中满是韧性——无论经历多少沉舟病树，却总能迎来万木逢春。

八、宁波

明万历四十一年（1613）三月，一名来自江阴的青年人乘舟进入浙江。这个青年人从杭州出发后，沿曹娥江一路向东，经过四明山后，在宁波停留了一段时间。当年五月十九日，他从宁波的宁海出发，开始了自己的游历中国之旅。

这个年轻人叫徐霞客，是中国历史上最伟大的旅行家。从宁波开启这一段传奇的旅行，或许也是一种巧合。因为宁波这座城市，和徐霞客本人的风格不谋而合，既有大河的坚韧，也有大海的洒脱。

与其他的运河城市相比，宁波有着更为浓厚的海的品格。

宁波，古称明州，自古以来始终是一个优良的对外开放港口。特别是在唐朝时期，“海外杂国、贾船交至”，宁波与扬州、广州一起并列为中国对外开埠的三大港口；宋代，宁波又与广州、泉州并列为我国三大主要贸易港；清末，宁波被定为“五口通商”的口岸之一。

由于杭州湾和长江口的浅滩和潮汐影响，来自中国东南的远洋大帆船大多在宁波卸货，转驳给能通航运河及其他内陆航道的小轮船或小帆船，再由这些小船转运到杭州、长江沿岸港口以及中国北方沿海地区。而长江下游地区的产品则运

元代龙泉窑青瓷菊瓣纹荷叶形盖罐
新安沉船出水
韩国国立海洋遗物展览馆藏
元至治三年（1323）前后，一艘商船从庆元港启航驶往日本博多，中途沉没于新安海域，史称“新安沉船”

宁波庆安会馆

到宁波出口。宁波港和浙东运河，为大运河实现河海联运、接轨内外贸易提供了优良水道与港埠，是大运河连接世界的南端国门。

> 策彦周良，原姓井上，名周良，字策彦，号谦斋。十八岁时，策彦在天龙寺剃度，成为临济宗梦窗派僧人。策彦曾受委派，两次出使大明，第一次是副使，第二次是正使。他非常喜好做记录，尤其是首次来华时，几乎把在中国每一个细节都记录了下来。这些记录后来编写为《初渡集》《再渡集》，合编为《入明记》。这些记录里，包括了驿站里程、船闸分布、名胜古迹、土产特产、私人贸易、生活习俗，以及首次来华的行程：使团在宁波登陆，沿途经过余姚、上虞、会稽、绍兴、萧山、杭州、湖州、吴江、苏州、无锡、常州、丹阳、镇江、扬州、江都、高邮、淮安、宿迁、邳州、徐州、济宁、东平、聊城、临清、德州、景州、沧州、静海、武清、通州，最后到达北京。

这里向内连接着中国广袤的大陆，向外面朝宽广无垠的海洋。也正是这样特殊的地理条件，使宁波具有了大运河城市之中最独特的一面——她所承载的对外文化交流，几乎是最直接而不加掩饰的。

明嘉靖十八年（1539），宁波城中出现了一群日本人，这是日本“勘合贸易”的团队。其中有一位副使名叫策彦周良，这个人对中国充满了好奇，走到哪记到哪，宁波城中每一个角落似乎都躲不开他好奇的目光。

在他的笔记里，宁波城的酒铺、小吃、杂货、药店、书店等，都被一一记下：以帘子作为招幌的“加味五香酒”，“沈氏药室”的药店配上了“杏林春意”的广告词，街上有卖凉帽的帽子铺，以及“装印经书文籍”的书店。还有五花八门的酒铺招牌，比如“新酒出卖”“莲花白酒”，甚至还有“行客闻香下马，行人知味停车”的广告语。卖扇子的人家则更是文采飞扬，“自造时样各色奇巧扇”“各色泥金扇面”“发卖诸般扇面”“配换各色扇面”“发卖各色巧扇”，等等。尤其是“远播仁风”和“半轮明月随人去”，让本来无意买扇子的人，也会被吸引买一把，体验一下“仁风”是什么感觉。

一座城市在历史上有无数个精彩的片段，而宁波城的这些片段，在策彦周良的笔下，更有了多彩的生活气息。

这些生活气息之上，是深远的文化交流。

宋元时期，市舶司设置于宁波，管理海上贸易，促进了东亚的海上贸易繁荣鼎盛。这一时期，建筑技术、制瓷技术、佛教文化等通过宁波东传至朝鲜半岛、日本。创烧于浙东地区的越窑青瓷，依托港口优势，远销亚非各国，制瓷技术远播至朝鲜半岛，产品风格影响日本甚至埃及。

以宁波为端点的浙东运河，不仅是古代中外物资交流的通道，也是文明交流的重要通道。来自高丽、日本等到中国交流的使者大多由这条水路进入中原。使团在宁波登陆，回程也是从宁波出发。这些使团每次来的时候，要在宁波等候皇帝诏书，返程时候又要在这里等待季风，因此，他们往往会在宁波停留许久，对于宁波的各种风景名胜，自然耳熟能详。也正因如此，策彦周良才会对宁波留下如此细致的记录。

作为海上丝绸之路的港口和东亚文化圈交往的节点，宁波还有以保国寺、天童寺、永丰库为代表的海上丝绸之路史迹。1975年，韩国渔民在新安外方海域发现一艘沉船，上面有个铜制秤砣刻着“庆元路”字样，据此推断，这是一艘从中国的庆元港（在今浙江宁波）出发前往日本的国际贸易商船，途中因台风等原因，最终沉没在新安外方海域。

考古队员从“新安沉船”里发掘出了两万多件青瓷和白瓷，两千多件金属制品、石制品和紫檀木制品，以及800万件重达28吨的中国铜钱。该沉船本体及大量出水文物现存于韩国国立海洋遗物展览馆。

宁波的繁荣并没有停留在新安船沉的那一刻，也没有停驻在策彦访问的那一刻，而是随着时代的发展，诞生了更多值得传续的记忆，比如庆安会馆。宁波庆安会馆始建于清道光三十年（1850），由甬埠行驶北洋的舶商组织修建。会馆最初是联络乡情和集会、议事的公共场所，后逐步演变为商人们存货、居住和议事的重要场所。

庆安会馆是在水运交通便利、商业发达经济繁荣的地区逐渐发展出的商业设施，反映了大运河沿线因运河而发展繁荣的贸易和工商业情况。会馆同时又是祀神的庙宇，供奉航海保护神妈祖。庆安会馆现保存完好，作为全国首家海事民俗博物馆对公众开放。

让我们再回到明万历四十一年的五月十九日。这一天，徐霞客从宁波出发，开始游历中国。与此同时，他还写下了一部60万字游记的开篇：“自宁海出西门，云散日朗，人意山光，具有喜态。”

“云散日朗，人意山光”，既是徐霞客启程时的心境，也是宁波这座运河与大海之间的城市始终具有的阔朗境界。

运河之镇

大运河沿线的市镇星罗棋布。它们因大运河而诞生、兴盛，也因为漕运的衰落而凋零。这些市镇从北至南，表现出浓郁的地方特色，见证了运河与商业、人流、文化相汇聚而诞生的风俗民情。

本节将以张家湾、杨柳青、临清、瓜洲、震泽、道口、朱仙镇七个典型案例，介绍运河之镇的社会、经济、文化特色，展示它们如何通过运河之水，一步步成为了漕运码头、交通枢纽、商贸要地、文化名镇。

一、张家湾

假设一位明朝的官员从北京出发，去扬州赴任，他需要花多少两银子的船费呢？答案是，他非但不用花钱坐船，还可以通过坐船挣几十两银子。这件事还有一个秘诀：他上船的地点，最好是张家湾。

张家湾位于北京通州东南。明清两代通惠河行大船不便，南来北往的客商大都要在张家湾转乘小船或是转换车马入京。这样一个商贾云集、货物中转之地，必然发展成为繁荣的集镇。

（左页）朱仙镇木版年画木印版

当时的张家湾大名鼎鼎，丝毫不亚于今天的北京王府井、三里屯。很多小说笔记里都提到过这个地方。比如才子佳人小说《平山冷燕》里，才女冷绛雪由扬州进京，知府差人“直送至张家湾”；再有《野叟曝言》里面文素臣到京城游学，从扬州坐“大马溜船……到张家湾……雇一辆轿车，竟望国子监来”。

在张家湾，一个官员还能获得“坐舱钱”，坐船非但不用付船费，反而还能赚钱。明朝时朝廷在运河上设置了一些钞关，本是用来收取商税，但久而久之，当地官府拿钞关当作生财之道，对沿途商人各种盘剥。为了省钱，不少商人就开始打官家的主意，因为如果有官方身份，就能够免税或是减税。当时在京城和南方之间坐船来往的官员有很多，拉一个官老爷上船，沿途就能省下很多税钱。当然，船也不能白坐，还得给坐船的官员一点回报，就是“坐舱钱”了。不光免费坐船，还能挣上几十两银子，可谓当时运河生态的一大特色。

明永乐之后，张家湾的地位日益显赫。为了更有效地掌管这里的漕运事务，官府还专门在此设立了仓库和管理机构，并在明嘉靖四十三年（1564）修建张家湾城，在土桥设置张家湾巡检司。当时张家港已成为京城往东最大的码头。明嘉靖《通州志略》中描述张家湾是“人烟辐辏，万货骈集”。

张家湾的兴盛带动了一批基础设施的建设，比如码头群。明朝时张家湾主要

《运河全图》中北京至天津一段，张家湾占据着重要的地理位置，城池已颇具规模

有上、中、下三个码头群。上码头群一般停靠的是承担通州本地漕粮的船只；中码头群主要停泊运送至北京城的砖料；下码头群是入京漕粮转运之处，漕船在此停靠后，转运至京城。除此之外，还有专门装卸大宗物品的百货码头，以及各类物资的商业码头。

由于这里是重要的进京物资中转地，明朝政府还在此专门设置了木厂、砖行船的“抄河”。漕运总督铁保、山东巡抚和宁、仓场侍郎李钧简、达庆和邹炳泰等人先后到实地进行了考察。这些人针对是沿用张家湾作为漕运通道，还是就此改换漕运至康家沟，产生了激烈的争执。朝廷也在两者之间摇摆不定，一会儿坚持要用张家湾，一会儿又倾向于新辟康家沟。直到清嘉庆十四年，经过一番考量，朝廷最终选择了后者。“粮艘不复经张家湾矣。”短短九个字，宣告了张家湾的终局。不再通航之后，张家湾迅速衰落。

明清两代通惠河行大船不便，使得通州张家湾成为货物中转之地。清朝后期运河不再经过此地后，张家湾迅速衰落。

第二次鸦片战争时期，面对来袭的英法联军，科尔沁亲王僧格林沁率马步队1.7万人驻守在张家湾至八里桥一线。1860年8月18日，英法联军先头部队推进到张家湾附近，正当僧格林沁调派马队抄袭敌军时，突遭联军火箭袭击，马匹惊骇，回头奔驰，与步兵自相践踏。仗几乎还没开打，清军就自乱阵脚，不得不向八里桥溃退。英法联军轻易攻占了张家湾，并乘胜占领通州城。随后几日，侵略者在通州如入无人之境，僧格林沁败逃。清军在张家湾的溃败，直接导致了北京城里的咸丰皇帝在8月22日仓皇逃往承德。

曾经风光无限的张家湾，最后出现在史书中的形象，也和它所服务的帝国一样，灰暗、凄凉。

二、杨柳青

明末清初文人谈迁曾顺着运河旅行，并将沿途所见写成了《北游录》。其中一段写到一个叫杨柳青的镇子：“杨柳青，地多柳市，倍于独流，自独流以来夹水盈盈，似邵伯、高邮道中也。”一个风景秀丽的运河小镇跃然纸上。这也是大部分明朝文人对杨柳青的印象。明弘治时礼部侍郎程敏政的《静海道中》诗云：“春阴澹沲绿杨津，两岸风来不动尘。一日船窗见桃李，便惊身是卧游人。”明嘉靖时期苏州卫指挥张元凯在经过杨柳青时，也写下了“两岸蝉声客梦醒，片帆初落暮云停。故人无奈年年别，江南江北杨柳青”的诗句。

但杨柳青最终在历史上留名，却不仅因为其秀丽的风景。

杨柳青镇位于天津城西，是南运河进入天津前的最后一个漕运节点。镇子周边有大运河穿过，还有子牙河、大清河、滹沱河、漳水等河流，交通极为便利。提起杨柳青，大家可能脑海中浮现的都是“年画”二字。其实，杨柳青作为大运河上的一座著名城镇，它的重要性和文化意义可不止于年画。正是因为大运河，杨柳青才有机会在社会和文化领域取得大发展。

杨柳青镇的形成还要追溯到北宋年间。为了抵抗辽国，北宋在大清河两岸修筑城堡，并种植杨树和柳树，以阻碍敌国骑兵，这里由于柳树遍布而被称作“柳口”。金代时，在此地建制“柳口镇”。到元代，由于运河的开通以及距离海漕节点的天津较近，杨柳青逐步发展起来，官员袁桷还曾写下“朱窝杨柳青，客亭尘漫漫。为你多离别，我生无由完”的诗句，可见这里已经在运河的滋养下慢慢形成规模。

《水程图》之杨柳青

杨柳青在明朝备受官员和文人的喜爱。一方面是由于它所处的关键地位，官府在杨柳青设置驿站，以保障航运与陆上交通的畅达，还有专人负责这一区域的河防、工程、水利等；另一方面也可能是因为这个名字确实比较吸引人的目光。上文提到的礼部侍郎程敏政在《静海道中》还写道“地名杨柳青，园林隐映可爱”。或许由于这个名字的可爱之处，让杨柳青获得了与生俱来的发展潜质。

这一潜质在清代变成了现实。清朝时河道总督一职一分为三，专门设立直隶河道总督，并设立了永定河河道、子牙河通判等官职，以确保漕运的畅通。杨柳青作为漕运重镇，也加派了河兵、闸夫、浅夫、河夫等人员进行布防，以及时处理险情。朝廷的重视让杨柳青有了更鲜明的政治身份，其商业价值也进一步提升。全国各地的商人看中了这块宝地，尤其是盐商。杨柳青是长芦盐、山东盐贩售的中转站，每年有大量的官盐、私盐在此囤积与销售。为了防止贩卖私盐，朝廷专门在此设立关卡，保障政府盐利的专营性。

杨柳青的另一大特色是不仅外来客商多，其本地人也非常具有商业头脑，利用各种有利条件从事铸造、雕版、绘画、饮食、杂货等手工业与商业。据《畿辅安澜志》记载，清乾隆时期，“杨柳青居民数千家，商贾辐辏”，已成为著名的运河市镇。清嘉庆时，杨柳青全镇近5000户，人口25000余人。杨柳青年画也是在这个时期蓬勃发展，随着杨柳青镇一起扬名全国。当时全镇有年画店铺30多家，从业者近5000人，达到了一种“家家会点染，户户善丹青”的繁荣局面。关于杨柳青年画，我们将在“运河文脉”一章中具体讲述。

杨柳青人心胸开放、敢闯敢干的特点，在清朝末年更是赋予了这座运河市镇独特的历史记忆。当时社会动荡，加之运河断流，杨柳青镇经济凋零。但杨柳青人并没有坐以待毙，而是走出家门，到左宗棠收复新疆的大营，跟随军队做些小生意，或者到新疆投亲访友以求谋生。这一充满传奇色彩的壮举，后人称之为“赶大营”。每年都有许多杨柳青人，聚集在运河的码头上，拖家携口，挑着担子，带着简单的行李，踏上远途征程。经过长达数月、跨越千山万水的跋涉，到新疆开辟新的天地。

随着新疆的收复，来自杨柳青的商人迅速在新疆扎根，各个城市都有操着天津话的商人往来。在乌鲁木齐，以及伊犁、奇台、玛纳斯、塔城、喀什、和田等城镇，天津商帮俨然成为当时新疆的第一大商帮。乌鲁木齐更是曾被称为“小杨柳青”。天津“大营客”在乌鲁木齐大十字一带盖起店铺，将新疆的商业形态从流动的集市和行商，变为有店铺门脸的坐商，也带来了天津的民俗及饮食习惯。

直到今天，当我们走在乌鲁木齐、伊犁等地的街上，也许还能听到上了年纪的人说着纯正的天津话。还有一个幽默的说法：最纯正的天津杨柳青话在新疆，最地道的天津炸糕和包子也在新疆。这些远在祖国边疆的乡音，可能是大运河不经意间为我们留下的有趣“衍生品”吧。

三、临清

临清是一座“从零开始”的运河城镇。虽然早在永济渠的年代运河就已流经这里，但明朝之前，这里只是个叫作临清县的地名而已。元代运河经过了“裁弯取直”，临清一带成了会通河与永济渠北段卫河的交汇处。明永乐年间会通河重新贯通，临清开始扮演起运道节点的角色，成为了南来北往的商贸焦点，并在明清历史上留下了浓墨重彩的一笔。

临清的商业特征也能通过它的人口构成体现出来。明代临清人主要有三类，编户平民、游宦侨商、卫军。其中游宦侨商的数量始终占据一半左右，这些商人成为城市发展的主力，也影响着临清的气质。明朝末年发生的临清市民反抗朝廷权贵横征暴敛的斗争，主要就是由商人和手工业者发动的。

明清两代大部分时期，临清作为一个市镇，其经济发展水平、作用和地位，都在北方独树一帜。明朝文人王世贞曾写道：“临清大贾沃饶，舳舻以千计。”那位“漂来”中国的朝鲜官员崔溥，到了北方之后对各种事物都要和南方做一番比较，总是嫌北方不好，唯独在临清才有一些赞美之词，说这里“虽不及苏、杭，亦甲于山东，名于天下矣”。

随着南北运河的畅通，来往的生意人络绎不绝，朝廷在沿线客商聚集之地设立钞关收取“船料钞”。通州、临清、济宁、徐州、淮安、扬州、南京等地都有钞关，其中又以临清的地位最重要。这里不仅按照船只的大小和载货量来设定等级抽取税额，还要根据货物本身的价值收税。

《运河夹水归江全图》中临清一段
图中以黄色标识黄河、浊漳河、南运河，绿色标识其他河流。在临清段，可见南运河与会通河交汇处河道颜色的区别。

临清还有一个重要的角色——为皇家烧造青砖。临清的土，细腻无杂质，沙黏适宜，是烧造青砖的最佳原料，加上这里运输便利，所以永乐帝为修建北京城，在临清设立了工部营缮分司，每年烧制百万块各种各样的贡砖运送北京。当时，临清出现了几百家专门烧造贡砖的窑户。民间有“先有临清砖，后有北京城”的说法。这里烧造的贡砖质量很高，按照宫廷的要求，必须“叩之有声，断之无孔”，经过检查合格后，要用黄表纸包装好，才能正式送往京城。

京杭大运河山东段名城众多，临清有何独到之处，能享有“小天津卫”的美誉呢？这里就不得不提及临清的独特优势——钞关。

明朝初年，百废待兴，就连铸造铜钱的能力都十分有限，朱元璋采取的办法是印发纸币，官名叫“大明通行宝钞”。宝钞长30厘米、宽20厘米，这么大的纸币可谓是前无古人后无来者。宝钞全国通行，一定程度上解决了铜钱不够的燃眉之急，而收取宝钞的关卡就自然起名为“钞关”了。即使到了后来铜钱和银两都收，钞关这个名字还是一直保留了下来。

临清在明宣德四年（1429）就设立了钞关，甚至比建城年代还要早。当年，明朝廷在大运河沿线多个城市设立钞关，并派遣户部的官员赴各地监收一种名叫“船料钞”的税金。仅从名字上就能看出这种专门的税和运河有直接的关系。随着运河的畅通，运道之上来往的生意人络绎不绝，渐渐的商人越来越富裕，势力越来越大，朝廷起了图财之心，于是开征“船料钞”。钞关就设在通州、临清、济宁、徐州、淮安、扬州、南京等地的客商聚集之处。

“船料钞”本来只按照船只的大小和载货量来设定等级，按等级抽取税额，不管具体运送什么货物。不过，这个规则是相对其他钞关的，到了临清则不一

临清运河钞关遗址

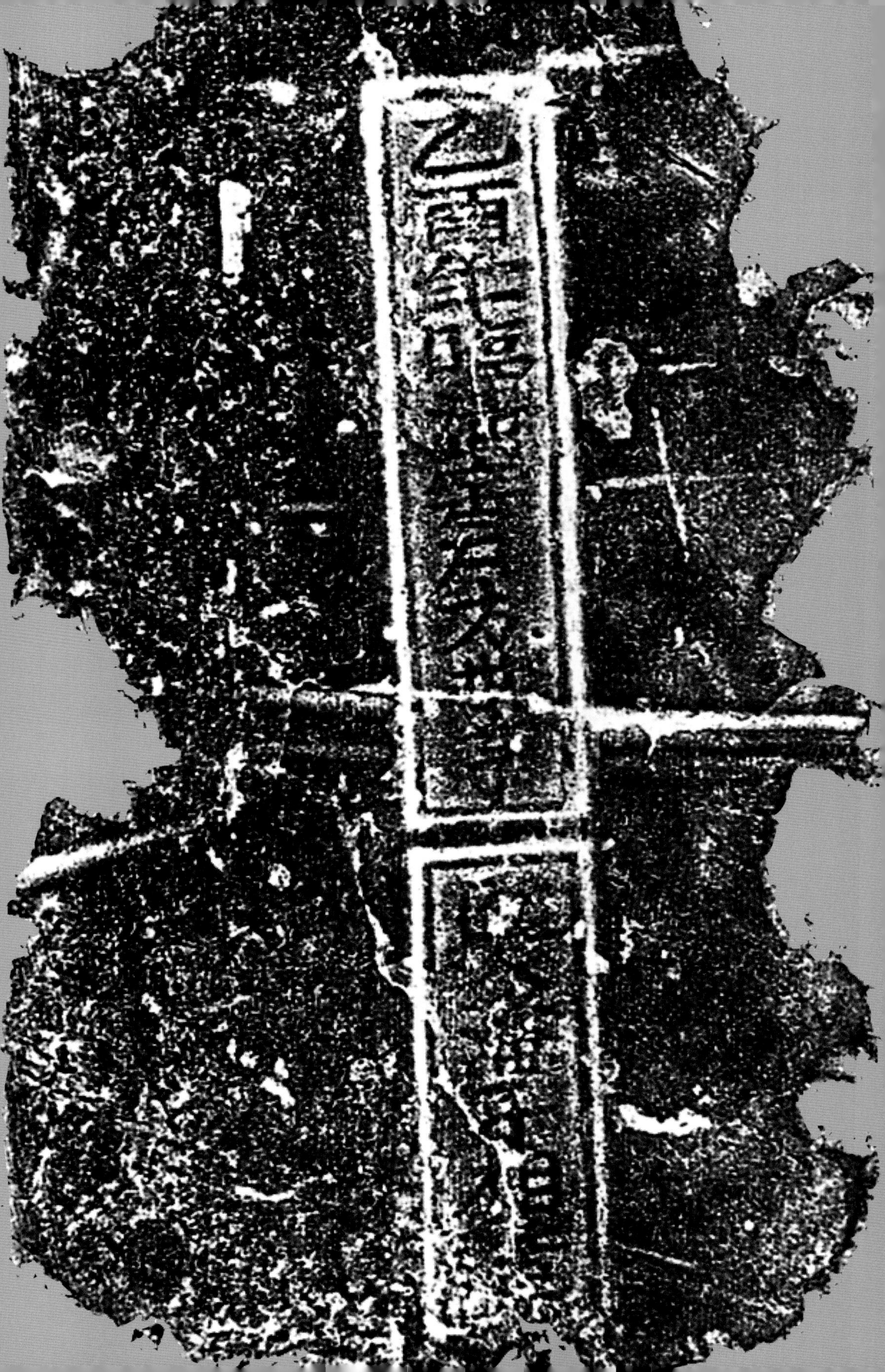

临清贡砖

样，还要加收针对货物的税，即根据货物本身的价值收税。

临清钞关真正独领风骚的时刻是明正统四年（1439），朝廷撤销了山东境内徐州和济宁的钞关，只留了临清一处。这样一来更是让临清成为税收的重中之重。到明万历年间，临清钞关的年税收总额达83000余两白银，居全国钞关之首，占全国课税总额的四分之一，相当于杭州、扬州钞关税收的六、七倍之多。

无论是规模还是实力，临清钞关都是如此庞大，也难怪在当时，能在钞关里谋个一官半职，简直是肥差中的肥差了。谈迁在《北游录》曾记载了临清钞关的一幕：一个商人将许多筐茶叶放在岸上，等待榷使前来检查，等了三天，还没见到榷使的影子，商人不敢离开，只好守着茶叶露宿在河岸边。

不过，谈迁最后也没有对此有过多褒贬，想来，这种钞关官员“耍大牌”的场景，在当时应该是见怪不怪了。

四、瓜洲

有一句民谚是这样说的：人到扬州老，船到瓜洲小。前半句说的是扬州人的年轻活力，什么人到这里都会感到自己老气横秋；后半句说的是瓜洲渡口百舸争流的气魄，多大的船到了这里也显不出来。

瓜洲在中国历史中是一个非常独特的名字。它既是军事上的战略要地，也是经济上的商贸云集的中转站，更是文学史上的重要驿站。在大运河两千多年的历史中，瓜洲扮演着丰富多样的角色，是大部分其他城镇无法比拟的。

南宋淳熙十三年（1186）的一天，谪居在山阴老家的陆游回想起自己壮怀激烈的青年时光，看着当时满朝文武不思进取，一味向金国求和的现状，大发愤懑之情。他提笔写下了很多以《书愤》为题的诗作，其中有一首这样写道：

早岁那知世事艰，中原北望气如山。
楼船夜雪瓜洲渡，铁马秋风大散关。
塞上长城空自许，镜中衰鬓已先斑。
出师一表真名世，千载谁堪伯仲间。

年轻的时候哪里知道人生如此艰难，每每经过两国交兵的前线，多希望自己成为疆场的英雄，征讨北方，载誉而归啊！怎奈年过花甲，却因为朝廷不再有北伐的意志，只能谪居归乡了。

十四年前，陆游跟随主张北伐的四川宣抚使王炎的队伍，在陕西宝鸡的大散关参加了与金兵的遭遇战。因此，大散关之战也成了陆游兵戎生涯的巅峰，也是他最重要的人生功绩。但是，诗中的另一个地点——瓜洲，却成了诗人心中永远之痛。

南宋绍兴三十一年（1161），金国皇帝完颜亮亲率大军南袭。在这个寒冷的冬天，宋军在瓜洲坚守，高大的楼船在冬夜的飘雪中抵抗着侵略者的铁骑。后来由于金军内乱，完颜亮被部下刺杀，金兵最终退败。楼船夜雪的瓜洲渡口，则成了南宋主战派的信心之源。

陆游虽然没有亲身经历瓜洲一役，但不久就追随主战派大臣张浚，屡次经过这里，筹备北伐。可惜的是，此后朝廷风向突变，主和派占了上风，没有人再提及北伐之事。陆游这种坚定的主战派便只能告老还乡了。曾经屡次往复瓜洲渡口的时候，高产的陆游却无暇写诗；而赋闲在家之后，人生的一幕幕往事浮现，对这个古渡口，便有了另一层的怀恋。

很多文人都如陆游和王安石一样，写下过关于瓜洲的诗词，其中最著名的可能要属秦观的《长相思·铁瓮城高》，在下阕中，秦观写道："念凄绝秦弦，感深荆赋，相望几许凝愁。勤勤裁尺素，奈双鱼难渡瓜洲。晓鉴堪羞，潘鬓点、吴霜渐稠。幸于飞、鸳鸯未老，不应同是悲秋。"这首词说的是他人在长江南岸的镇江，思念江北扬州城往昔的欢娱，其中"奈双鱼难渡瓜洲"一句，点出了瓜洲渡口交通枢纽的角色，更是赋予瓜洲深厚文化情感的意涵。秦观是北宋时期婉约派大家，位列"苏门四学士"，而且还和运河有着不解之缘，他是高邮人，别号便是邗沟居士。

瓜洲这个名字，在中国的文学史上是个响当当的地名。不仅因为这里是南北往来的必经之路，更因为它位于运河和长江节点的位置，被赋予了无限的空间想象。

这里要强调一个概念，瓜洲是地名，但它首先是一个地理名词。因为瓜洲的"洲"，是有三点水的，与扬州、杭州、苏州的"州"完全是两个含义。瓜洲的"洲"，是沙洲的意思。

长江流到扬州一段，由于泥沙堆积，在江中心慢慢形成了一个沙碛。在晋朝时期，这个水下的沙碛浮出水面，四面环水。因为形状像一个瓜，所以称作瓜洲。到唐朝中期，泥沙沉积越发严重，瓜洲和长江北岸的扬子津已经连在了一起，从一个江中的沙洲变成了长江南下的渡口。

唐开元二十五年（737），为了保障漕运便利，润州刺史齐浣开伊娄河，将运河直接连到扬子津。自此，从运河过江的船都要经过瓜洲，瓜洲渡口迅速崛起，到唐朝末年时已经成为了一个重要的城镇。南宋乾道四年（1168）这里修建了瓜洲城池，史称“簸箕城”。到了元代，马可·波罗经过此地之时，已经称之为“瓜洲市”了。

隋唐时期，中国东部海岸线比现在更靠近内陆，今天的上海东部、崇明岛、南通等地还都在海平面以下，扬州一带几乎就是长江入海口了。和瓜洲渡口遥江相望的渡口叫西津渡，所处的城市在当时叫京口，今天叫镇江。随着海潮的作用，长江南岸不断淤积，江水慢慢北移。到了今天，西津渡遗址已经处于镇江城里，而瓜洲渡口则在清朝后期坍陷，瓜洲城最终在清光绪年间完全沉入长江之中。

不知是不是因为往来瓜洲渡口的诗人们都步履匆匆，在他们远去之后再度回望瓜洲之时，才会留下更美好的诗句。陆游如此，白居易也是如此。在白居易的描绘中，瓜洲是想象和思念的尽头。“泗水流，汴水流，流到瓜洲古渡头，吴山点点愁。”心爱的人在南方，就像泗水和汴水一样永不复返。

同是长江渡口，为什么瓜洲给人的离别之意，要比对岸的京口更为浓烈呢？这恐怕还是因为北宋之前，中国的南方相对北方而言，离政治中心更“远”，瓜洲是江北的最后一个城镇，代表了太多的离愁别意吧。到了南宋以后，瓜洲的意象正好颠倒了过来，南方的文人们对瓜洲赋予了北向的涵义，这才有了“楼船夜雪瓜洲渡”。

“南向”和“北向”从来也不是固定的，还要看诗人的心境。北宋年间，为变法而踌躇满志的王安石有一次经过瓜洲时，他的思绪横跨大江南北，写下了可能是他一生中流传最广的作品：

> 京口瓜洲一水间，钟山只隔数重山。
> 春风又绿江南岸，明月何时照我还？

五、震泽

在江南水乡，一座座运河旁的古镇，起到了联结农村和城市的作用，震泽就是其中的代表。当年费孝通先生从苏州到开弦弓村进行调研，便是从邻近的震泽镇搭乘来往贸易的货船去的。

震泽地处吴江。吴江位于苏州以南，江南运河西侧，太湖以东，是大运河在太湖一带的重要市镇。江南运河主线从吴江向南通往嘉兴，但由于江南水网密布，在这里遍布着各种运河的“支流”，其中从吴江南方的平望镇向西分叉出去的吴兴塘，将震泽和运河主线联系了起来。震泽也由此成为了吴江的商业重镇。

明朝开始，朱元璋鼓励江南居民种植桑树，吴江丝织业开始发展，尤其是吴江西南的乡村非常适合养蚕。明朝中叶之后，震泽周边村落的桑树已经发展出了“绿荫弥望”的规模。丝织业在这里迅猛发展，不仅因为老百姓学会如何生产，更在于老百姓“可以”生产。明朝中期之后，百姓向国家纳税的方式发生了根本性变革，从过去必须缴纳粮食，变成了可以用货币纳税。

江南地区从唐代以来一直是漕粮征收的重地，允许漕粮以货币形式缴纳之后，农村的老百姓可以脱离种植粮食的硬性要求，转而发展其他经济产业，比如

铁锚
清
中国国家博物馆藏

更具价值的经济作物。一些农村生产粮食，另一些农村发展桑蚕业、丝织业，然后在茂密的江南水网中，这些村民们汇聚在镇子里进行交易。如此一来，产业分工越发精细，生产力也随之提升。

明弘治年间，震泽镇还是一个人烟稀少的小镇。到了明朝末年，这里已经迅速发展为了蚕丝生产贸易的重镇，“人叶耕织，家通贸易”。运河穿城而过，两岸的铺面沿河展开，形成一条条水巷。震泽的铺面以丝业为主，周边农村生产的丝绸，通过水道运到这里，在运河两岸摆布开来。外面的客商也从苏州、吴江等城市沿着运河至此。丝绸产业以运河上的市镇作为中心，农村提供桑蚕原料，经过加工交易，最终通过苏州等都市运往全国各地，甚至海外。

水乡古镇的发展，也让官府在这里的治理方式有了变化。宋代，朝廷在包括震泽在内的运河沿线城镇设置巡检司，主要功能是保证运河通行，以军事管理为主。明代之后，市镇发展，巡检司的主要功能便成了确保治安。比如运河与吴兴塘交接的平望镇的巡检司，主要的职能是稽查盐贩，足以见得这里依托交通枢纽所带来的贩卖私盐的暴利。

在古代中国，任何一个行业都有自己的守护神，漕运也不例外。在江南水乡运河沿岸的市镇里，漕运的信仰主要有两类，一类是刘王信仰，一类是金总管信仰。刘王本来是外来的神仙，作用是驱逐蝗虫、保丰收，到江南之后，刘王和本土神明结合在一起，开始扮演保卫漕运的角色。金总管的原型是宋代的漕运总管金元七和其子金宁一，他们死后分别被封为利济侯和宁济侯，官方册封了，百姓自然跟随，因此这父子俩也成了民间供奉的守护漕运的天神。

江南百姓历来承担着沉重的税粮负担，风调雨顺、漕运畅通，是他们辛苦耕作、缴纳税粮、养家糊口的根本。在相当长一段时间内，江南的老百姓要自己把漕粮运往京师，即使后来主要由漕军运送之后，也需要通过当地的水路将粮食送到一些中转仓窖。因此，当地人格外看重漕运的平稳，以至漕运神的供奉活动非常密集，甚至还出现了庙会。震泽东北5里的双杨村便是一个庙会聚集点。每年，由来自震泽、盛泽的丝业公所组织，吴江西南运河沿线各村镇庙的代表，驾着船，通过运河聚集于此，共同祈祷神明保佑。

江南水乡古镇

在长江下游太湖以东，大运河的江南运河一段，尤其是苏州、无锡、松江、嘉兴四府境内，广泛分布着由大量湖泊、河道构成的密集水网。经过宋元及之前的长时间开垦，水网密集区域逐渐被改造成为适宜居住的水陆混合地区。在明至民国时期，随着区域经济的不断发展，在这些由河道和圩田构成的水陆混合地区中，逐渐繁荣和兴起了大量的市镇聚落，承担了链接城市与乡村之间的商业功能，并发展了丝绸、棉布等代表性手工业，由此形成了具有典型市镇格局和生产生活特征的江南水乡古镇。最具代表性的有周庄、同里、角直、乌镇、西塘等古镇。小桥、流水、人家、烟雨，江南水乡古镇成为了今日中国人所认同的“中华文化”的代表之一，“江南”这一概念的意向和象征性，逐渐超越了实物的载体，对各阶层的人群产生了持久深远的影响，成为了人们理想中的精神家园。

无锡清名桥

六、道口

明万历年间，朝廷对西北、西南边疆和高丽进行了“三大征”，导致军费迅速增加，财政入不敷出。为了补充财力，万历帝派出大量矿监税使到各地收税，尤其是那些商业繁荣之地。这些人到地方之后，不仅剥削当地商户百姓，而且画地为牢，互相争斗。卫河沿线的道口镇，竟爆发了一次朝廷税使之间的械斗。

道口当时有两处收税关口，一个叫广和店，一个叫普宁店。这两处关口由不同的税官设立。一日，有一批运盐船刚刚在广和店纳完税，普宁店这边听说后，在河道上安装桩木，拉上锁链，阻挠运盐船行进，也要征税。这让广和店一方大为不满，一场斗争就此爆发。于是只见道口镇的街面上，上百号人各执弓箭兵器，很多平日衣冠楚楚的官员不顾斯文，堂堂朝廷命官像社会混子一样，拉拉扯扯，扭打在了一起。最后，朝廷派来的巡察使认为，普宁店这帮人的领地应该属于山东，他们在道口镇的行为是“越境抽征”，算是解决了这次纷争。但是，通过这场械斗，也能看出道口镇作为运河重镇，是各方势力所觊觎的一块肥肉。

道口镇是卫河东岸的水陆要冲，卫河从镇西北流至东北，并在镇西侧形成了两个长约 1.5 千米的港湾，使得道口镇成为一个天然的良港。

道口镇的重要角色，很大程度上是由于大运河的卫河由此经过。三国时期，曹操主持开凿白沟，推动了黄河以北地区水路交通体系的完善，也带动了沿线城镇的发展。至隋唐两代，永济渠与黄河并行，位于河北进入河南要冲的浚县和滑县，成了国家漕粮的运转中心。今天大运河的遗产点中，浚县以黎阳仓而闻名，滑县则留下了道口古镇。

明清时期，在各个天然河道和黄河故道的基础之上，曾经的白沟和永济渠发展成为卫河，成为河北地区的重要运道，专门转运从河南征来的漕粮。但由于北方运河水源的问题，卫河常年浅涩。因此，从明代到清代中期，整个河南漕粮的交兑地点不在河南境内，而在卫河下游北直隶大名府的小滩镇。

朝廷每年从河南征集的漕粮一共40万石，这些漕粮要在一两个月内全部在小滩镇汇聚和上缴，小滩镇规模有限，附近水运条件更好的道口镇得到了更大的发展助力。作为卫河要冲以及河南、北直隶的节点，道口镇便成了豫北盐粮的集散中心。

一个行政单位，因所属地不同而增加管理成本，进而滋生腐败，这种现象从古至今层出不穷。道口镇就是这样一个典型。正如上文所写，其位于北直隶和河南交界处，竟然连山东的矿监税使也能来分一杯羹，可见道口属地管辖权的混乱。道口镇和小滩镇一样，明代属于大名府所辖，如果从河南来的百姓到这里交粮，就要受到当地官兵的勒索。据说当时河南人到河北之后，就算坐在树下休息，也被河北人勒索二三十文钱，更别提交兑粮食时所产生的额外勒索了。

明清时期，道口镇地处卫河水路要冲，成了豫北盐粮集散中心。但因其位于多省交界处，管辖混乱，也滋生了官兵腐败勒索之风。

清雍正时期的名臣——河南巡抚田文镜痛陈其弊端，说服皇帝将河南漕粮的交兑地点改换至河南卫辉，并将滑县和浚县划归至卫辉府管辖。道口镇自此成为了河南属地。这个措施一方面解决了漕粮交兑的问题，另一方面也将卫河漕运和治理事项在河南境内统一整合，河道疏浚的效率也大大提高了。

道口的兴盛不仅因为漕运，还因为卫河直通天津，成了长芦盐场向河南、河北等地行销盐引的必经之路。清乾隆《滑县志》记载："凡漕粮入津，芦盐入汴，率由此道。"清末民初的道口镇并未像其他运河沿线古镇一样迅速没落，反而随着天津开埠，成为天津商贸圈中的重镇，和朱仙镇、周家口镇、社旗镇成为中原四大名镇，甚至还有了"小天津"的美誉。

到了民国时期，道口镇依旧保持了中原重镇的地位。1906年，道清铁路（道口至清化）修通，道口镇更是迎来了巅峰，铁路"沿线所经，昔为殷周之地，绵亘八县，横贯豫北"。运河非但没有因为铁路修通没落，反而愈发体现出其作用。1932年出版的《道清铁路旅行指南》记载，来自天津的工业品、油、盐和各种洋货及从苏杭运来的纱罗绸缎经运河输入道口，"平时水深五六尺，载重十五六吨帆船均可通行"。这些货物再由铁路、陆路发往山东、山西、陕西及豫北各地。

到1936年，镇上共有商户365家，比浚县县城的商户还多。报社、慈善机

同和裕银号

构、商会、银号、茶馆、澡堂、舞厅……这些标志着现代生活的场所，道口镇应有尽有。就连滑县、浚县县城没有的电报局、长途电话局，在道口镇也都能找到。

在这些商号中也有爱国实业家的探索。1912年，爱国实业家王晏卿在新乡创办了同和裕银号，三年后，在道口镇开设第一家分号。后来同和裕银号“北伸平津，南延沪宁，东至新浦（今属江苏连云港），西达成都、太原”，都与道口镇通畅的航运业有着不可分离的关系。尽管后来同和裕银号退出了历史舞台，但它仍是道口镇标志性的近现代记忆。2015年，同和裕银号在旧址上重新修复，成为今天道口古镇的地标。

如今的道口古镇，保留下来了清代修建的城垣，格局依循运河走向，有顺河街、一面街、水胡同等纵横交错的道路系统。除了街道肌理之外，还保留有1000多座临街的古商铺和古民居。不过，相比古镇，道口在全国最为闻名的还要属非物质文化遗产——道口烧鸡了。据说清乾隆年间，道口烧鸡的创始人张炳偶遇清宫御膳房的御厨，交谈之中学会了“八料加老汤”的秘法，让自己制作的烧鸡口味脱胎换骨。

当然，一个地方美食要做到名闻天下，还需要一些助力。道口镇旁流过的大运河，便是道口烧鸡走向全国的这个助力了。

七、朱仙镇

运河沿线的城镇，其命运与运河的兴衰息息相关，一部分甚至关系到了民族兴亡。若论运河城镇中最能体现家国大义的，恐怕要属开封西南的朱仙镇了。

《宋史·岳飞传》记载，南宋时期，岳飞与金兵对垒时，金军号称十万大军驻扎在朱仙镇，被岳飞前哨五百背嵬骑兵一举击溃，不得不退回四十五里外的汴京城。当地百姓一见到岳家军的旗帜，就争相推着车、赶着牛运粮食来慰劳他们。

尽管也有人认为，朱仙镇大捷的具体史实仍有待进一步研究，但朱仙镇这个名号，已深深烙印在了华夏儿女的集体记忆之中。甚至到了明朝，面临土木堡之变，当时力主坚守京城的于谦专门借引岳飞将军在朱仙镇的战功而明志，写下《岳忠武王祠》：

匹马南来渡浙河，汴城宫阙远嵯峨。
中兴诸将谁降敌，负国奸臣主议和。
黄叶古祠寒雨积，清山荒冢白云多。
如何一别朱仙镇，不见将军奏凯歌。

前文曾经提到于谦指挥的“北京保卫战”借助运河之力赢得胜利的故事。于谦在这里所援引的朱仙镇大捷，同样也是运河边熠熠生辉的胜仗。同样是抗击外部入侵，英雄的历史和民族的气节，在这座镇子交相辉映。

朱仙镇的兴起与其毗邻开封的地理背景有关。唐朝时期，随着开封的逐步发展，朱仙镇成为区域性的交通节点。至北宋建都开封，朱仙镇的地位获得了提升，在文献记录中已有关于这里作为“军镇”或“草市”的说法，具有了一定的商贸基础。岳飞和金兀术对垒此地，也是因其军事地位使然。

明朝时，随着贾鲁河的开凿，朱仙镇的地位得到了跃升。贾鲁河流经朱仙镇，向南到周家口后，汇合沙、颍等河流后进入淮河，并以此连通至安徽、江苏、浙江的航道。而通过贾鲁河北上则可以连通山西、河北乃至北京。因此，作为贾鲁河运道中点的朱仙镇，到清朝中叶进入极盛时期，商旅云集，南北物产在此转运。

有了这样的商贸交通地位，朱仙镇规模和人口也迅速发展起来。全镇面积达50平方千米，人口30多万，和湖北汉口、江西景德镇、广东佛山一起号称全国“四大名镇”。贾鲁河在朱仙镇一段又宽又深，据说码头可泊船两百多艘，从开封到朱仙镇之间四十多里地的行旅商贾“昼夜不绝”，其商业地位甚至已经超过了开封。

不过，朱仙镇与开封之间的“此消彼长”，在大历史进程中显得有点微不足道。随着清朝后期黄河水患频发，贾鲁河河道淤塞，外加现代陆路交通的发展，内河漕运的失势，朱仙镇和开封一同没落了下去。

清道光二十三年（1843），黄河决堤，贾鲁河“河身淤成平陆，河身以上又淤高丈许，朱仙镇民房冲去大半”，遭到毁灭性的冲击。清朝末年，由于贾鲁河淤积堵塞，水量连基本的通航都无法维系了。清光绪三十二年（1906）的统计表明，朱仙镇的人口从巅峰时的30多万人口，跌落至仅有15000人，到了1934年，更是仅剩8500多人。

朱仙镇与湖北汉口、江西景德镇、广东佛山一起被誉为全国“四大名镇”，也是其中唯一一座位于运河边的名镇。

如今，朱仙镇依然保存有历史繁荣时期的街巷格局，沿着贾鲁河分布着商铺和民居，估衣街、炮房街、京货街、仙人街等地名也延续了当年的记忆。朱仙镇以岳飞而闻名，坐落于这里的岳飞庙始建于明朝成化年间，与河南汤阴岳飞庙、浙江杭州岳飞庙并称三大岳王庙。

这里深厚的历史底蕴也孕育了杰出的非遗作品，朱仙镇木版年画是其中的代表。作为第一批国家级非物质文化遗产，它采用主版和镂印相结合的方法，以构图饱满、线条粗犷简练、造型古朴夸张、色彩新鲜艳丽而著称。所有颜料均为植物原料，有久不脱色、不跑色的特点。朱仙镇木

岳飞庙

版年画也被誉为中国木版年画的鼻祖。

与运河之都、运河之城相比，大运河沿线的市镇虽然名号没有那么响亮，但更能直接体现运河在全国漕运和经济交流上的影响力。它们原本都是默默无闻的小地方，依靠地域交通之利，逐步成长为了人流聚集、百态兴旺的代表之地，实现了从偏僻村落向商业市镇的转变，孕育了丰富多彩的市井风情。这些市镇又是受运河兴衰影响最大的地方，当漕运衰落，大部分运河市镇也跟着凋敝了。

运河之乡

从景观到产业，再到民情，运河沿线最常见的乡村风貌，看似相对偏远和疏离，但却又与家国命运紧紧相连。

古代中国绝大部分地理空间都是乡村，运河两岸也不例外。但是我们却很难像描述运河的都城和古镇一样，单独记述某一个或某几个具体的乡村。这是因为运河之乡一方面太相似，很难加以区分；另一方面关于运河乡村的记录相对较少，更罕有具体某个乡村的文献史料。幸运的是，运河的乡村其实留下了不少的印记，无论是在文人的诗词中，还是在画家的笔触下，甚至在近代西方旅行者的日记里，这从不同侧面为我们提供了关于运河之乡的素材。

下面，我们就分几个方面来体会一下运河两岸的乡村。

一、乡景

许多画作都留下了乡村景观的面貌。并不是说这些艺术家将其画笔聚焦在运河乡村，而是他们在描绘运河都市场景时，自然会顺带记录下城郊农村的场景。古代中国的城市之外很少

（左页）《乾隆南巡图》中运河岸边的乡野景象

有所谓的城乡过渡地带，出了城关，一般直接就进入到了广袤的郊野。即使在清朝中后期的京城，出了城门没多远也就是茫茫农田了。因此，透过这些画作，我们能够直接看到当时运河乡村的面貌。

“砍头树”指的是人们把长成的树枝砍下来做成“木岸”，而保留粗壮的树干和树根，后者盘缠在一起，牢固堤岸的泥土。所以我们能够看到很多下粗上细的榆树，上面是新长出来的枝丫。

《清明上河图》中描绘有汴京的郊区，卷首就是一派农村场景。北宋初年，开封城外都是空地，老百姓在此开辟田园菜圃。到徽宗时代，这里已经是一派繁荣的农村景致，有田园，也有饲养畜禽的农场。画中可以看见菜圃、村社、猪圈等，还有农民在茅舍外贩卖自家的农产品。除此之外，为涵养水土，确保汴河的畅通，汴河两岸的农村景观也有不少人工痕迹，比如可以见到不少“砍头树”。

《姑苏繁华图》的开始同样是令人心旷神怡的乡村景观。头顶斗笠的农人在烟雨江南的田圃上耕作，耕田紧邻着河水，灌溉十分方便，还有一只小黑狗欢快地在田埂上跑着。一个渔夫正在将巨大的渔网收起，看使劲的力道，这张网估计收获不菲。河岸上有个牧羊者赶着几十只羊，不知是不是奔向城里的肉铺。另一边还有一个刚挑水回来的大爷正在家中的院子里休息，目不转睛地看着自己养的两只鸡在争斗。郊野的树林中，三三两两的人漫步其间，应该都是出来郊游的，走累了就在草地上一坐，开始野餐。

这些名作中的运河之乡不一而足。也有许多专门描绘运河场景的著名画作中，留下了乡村的景象，有的如《运河全图》中的山峦叠翠，有的如康熙、乾隆南巡图中的秀丽江山，也有如《水程图》《潞河督运图》中对农田等场景的细细刻画。作者的视角和心境不同，所呈现出来的运河之乡的面貌也不尽相同。但大部分都具有一个共同点——充满人间生活的气息。毕竟大运河并不是开山劈水的产物，沿途尽管经过一些自然障碍，但终究选择最平稳安全的路线行进。因此，即使是远离城市的空间，运河之乡也决然不是雄壮奇秀的山水画，而是安宁祥和的生境。

二、乡业

运河之乡最重要的功能是漕粮生产。它的产业模式，直接反映着大运河在经济层面的价值。

运河两岸的乡村种植最广泛的粮食作物是水稻，运河水被广泛用于灌溉。但随着官方的保运政策，可用于灌溉的水越来越少，两岸的农业景观也随之有了变化。明朝初年，朱元璋通过政令措施在全国推广棉花种植，山东北部运河一带棉花逐渐成为主要作物。到明朝中叶，运河两岸的棉花已是“地无南北皆宜之”。清乾隆时期，棉田甚至超过了粮田的面积，让官府反倒担心起粮食不足的问题。虽是南北皆宜，毕竟南方水土更为滋润，江南地区的棉布质量更高，纺织技艺更好。北方的棉花则产量更大，通过运河运往南方地区。一南一北，共同构成了沿途的棉田景观。

运河两岸还种满了果树。农民们专门开辟果园，种植枣、梨、桃、李等果树。比如在山东阳谷县，清朝初年谈迁沿运河北上时，写下了这里“梨枣弥望”的场景。农民们种植果树并不只用于自己消费，大量的果品通过运河运向全国各地，还为此出现了专门从事果树经营的农户。漕船从京城返回南方时往往空船起行，到山东一带购入大量果品，再到南方卖出。

清朝时，英国马戛尔尼使团中的斯当东格外关注运河沿线的农耕。他看到，在京津一带主要农作物是高粱，收割之后，高粱秆还可以用来扎篱笆。到了沧州附近则开始出现小麦，每家还会用一小块空地种植蔬菜，养一些家畜和家禽。至山东境内，除了小麦之外，还有种植棉花和烟草的土地。到了南方，水稻便成为粮食的主流了。

大运河沿线乡村的景观也是中国农业生产的缩影，这些作物主要包括高粱、小麦、水稻、果树、棉花以及烟草等。大运河上的渔业也很有特点，渔民们发明了很多聪明的捕鱼方式，比如训练水鸟，或是在船板上伪装饵料。有些人家世代生活在运河船上，创造了独特的运河水上经济。

斯当东对于农耕技术和方法的观察也颇为仔细。他看到的中国人耕作一般不弄犁沟，而是把种子平均撒在土地上，这样有助于更多利用土地，避免浪费。他

《清明上河图》中开封城郊的野趣

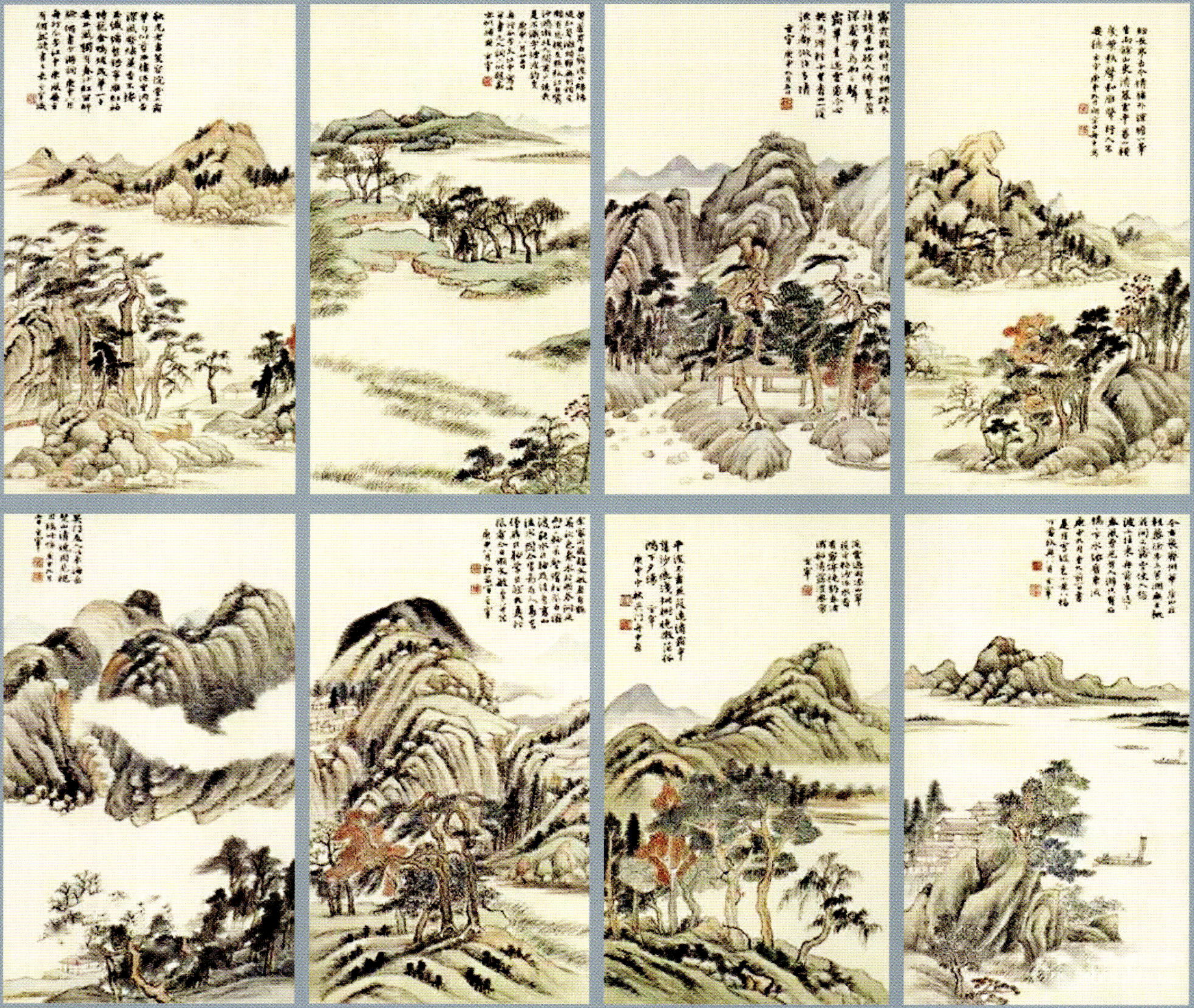

秋兴八景图 明 董其昌 上海博物馆藏

该图共八开，所描绘的为作者泛舟吴门、京口途中所见景色。例如第四开，画面为近水滩蓼映衬一带疏林远山，秋意阑珊，颇有萧瑟寒凉之感。题款为：“黄芦岸白萍渡口，绿杨堤红蓼滩头。虽无刎颈交，颇有忘机友。点秋江白鹭沙鸥，傲杀人间万户侯。我是不识字烟波钓叟”。

还测算了中国人对于布料衣服的需求，以及棉花产量无法支撑需求这一点，然后勾画出了一个全球贸易链：中国人用银元购买印度棉花，汇票寄至英国，英国从中国购进丝、茶和瓷器，最后银元又回到中国。

过了南旺，水量大了起来，使团也有机会近距离观察中国的捕鱼。他们首先看到了一种专门捉鱼的鸟，“每只船有十几只鸟。船主做一信号，它们马上飞到水里去捉鱼。我们非常惊奇地看到在它们很小的嘴里衔着很大一条鱼。它们被训练得真是好……把全部捕获品交给主人，自己不吃一条”。微山湖一带，斯当东还领略了更为奇特的捕鱼方法：“在船的一边安上一个漆成白色的木板和船成四十五度的角度，向水中倾斜。在明月之夜，月光射在这块白漆板上反映在水面，好似水的波动。鱼以为是食料，纷纷往木板上跳……”

除了捕鱼，运河两岸渔民捕捉水禽的方式也很令人称道。他们会事先把空瓶子或是葫芦之类的东西放在水上漂浮，水禽慢慢和这个东西熟识，不再引起警觉。这时，人到水里去，头上戴着空瓶或是葫芦，慢慢接近水禽。水禽便失去了戒备心，直接被人抓住。这还不算结束，因为如果它发出声音，会惊吓到其他的同类。因此捕捉者要迅速把水禽按到水面底下，让其发不出声音。

斯当东似乎非常欣赏这种水上经济，他津津有味地记录下中国人如何利用一切可能来使用水，比如在其中种植蔬菜。他评价道：中国人利用湖、河和运河做许多有用的事情。水上交通相应减少了陆路交通的需要，大片陆地可以腾出来做农业生产。在中国，水里的生产价值不亚于陆地。

三、乡情

运河两岸乡情，指的是老百姓日常生活及其精神面貌。但因为农民是不会自己书写的，我们必须通过文人的记录才能得以一窥。

陆游在中晚年时期曾居住在浙东运河边的村庄30余年，写下了大量关于乡土人文的文字，为今人留下了运河农人生活的记忆。他居住的地方是绍兴府所辖的山阴县，这里最有名的景观是镜湖，镜湖北岸就是与之平行的漕河。在水网密布的江南水乡，陆游经常坐着船，往来于村庄之间。在他的诗文里，这些村落的

（下页）《姑苏繁华图》中的苏州郊区乡景

名字不断涌现，“西村渐过新塘近，宿鸟归飞已满枝”。还有如柯桥、梅市、鲁墟等，都是当地水网之间的节点，也是聚落间市场所在。陆游诗文的画面感很浓厚，几个字就能够展开一幅有趣的生活场景，比如“高林日暮无莺语，深巷人归有犬随”，以及“兰亭之北是茶市，柯桥以西多橹声”。通过眼睛和耳朵，陆游把运河聚落的乡景如地图般绘制下来。

陆游所描绘的运河乡里是宁静安详的。浙东的乡村世界与城市关联并不紧密，生活圈子很小，民风也很淳朴，即“人情简朴古风存”。这种乡土社会在陆游的眼中是满含温情的，邻里之间结为一体，有福同享有难同当。在农事生产中，大家要互相帮助和协作，“结队同秋获，连穑听夜舂”，以及“比邻通有无，并税先期足”。村落中最热闹的时候要属逢年过节，每到此时，村中家家户户都要一起聚餐饮酒。如果当年收获不错，村里还会集资请人来唱戏。南宋绍熙四年（1193），陆游生活的村中就请了戏班来表演，“太平处处是优场，社日儿童喜欲狂”。

作为一个上层士人，陆游在乡村聚落中的地位是很高的，再加上江南水乡本身相对富足的生活，因此在他的笔下，运河乡情温暖、安宁。但这种场景不一定遍布运河沿线，尤其是到了北方，运河边乡里百姓的生活水平和精神风貌就大不一样了。关于南北方运河两岸的对比，在明清时期来华使臣的记录中有着鲜活的记载。朝鲜人崔溥在《漂海录》中就不断强调他对运河南北截然不同的观感：长江以南“繁华壮丽，言不可悉。……闾阎扑地，市肆夹路，楼台相望，舳舻接缆”；长江以北，到临清一带还算是“繁华丰阜，无异江南”，但再往北就“人烟不甚繁盛，里闬萧条”了。

陆游笔下的运河之乡温暖安宁，“人情简朴古风存”。

对于不同地方的人，崔溥更是褒贬分明：江南人生活安详，邻里家人和睦，女子大门不出二门不迈，人们大都文明识字。江北人则人心强悍，尤其是山东以北，“斗殴之声炮闹不绝，或多有劫盗杀人”，女人们也都要抛头露面干农活。

三百年后的斯当东也有类似的对比。因为马戛尔尼使团是从北向南行进，所

运河渔家生活 ［英］威廉・亚历山大
亚历山大是马戛尔尼访华使团随团画师，他将在中国的见闻创作为速写和水彩画，其中包括很多运河上的场景。

以他们对运河的感触和崔溥正相反，是越来越“好”。北方的女子“无论从身材和面貌上看，都和男子没有什么差别……使团成员们偶尔发现几个比较年轻漂亮的妇女，从样貌和线条上看都值得称赞。好奇心驱使她们跑出来看外国人，但立刻被家里的男子喝叱回去，似乎生怕她们被他们所认为的野蛮人看到”。

到了苏州一带，女性形象在斯当东眼中变得漂亮起来。使团成员都认为，苏州的妇女比北方妇女更漂亮，而且更会打扮自己。斯当东对此也做出了自己的解释，即北方妇女终日在田地里风吹日晒，和男子做同样的粗重劳动，再加上繁杂的家庭事务使她们没有时间打扮，因此面貌黝黑，四肢粗壮。相比而言，苏州的妇女则不大出门，而且喜欢在前额上戴一个坠着宝石的黑缎小帽，同时佩戴耳环。

但斯当东在某种程度上与陆游有着“共识”，那就是运河乡里的精神气质是淡然安宁的。中国人在他看来有着良好的生活习惯，天性宁静，过着一种简单而有规划的生活。另外，中国人“只求温饱便满足，并不求发财致富”。斯当东说，北方运河上的人们衣着和住房都显示出贫穷的一面，但是大家脸上的表情都很愉快，“说明他们还能保持一个最低的生活，同时也说明他们并未感觉受到不公道的待遇”。运河的乡情还通过节日展现给了英国使团。他们经过山东的时候，正赶上中秋节，两岸热闹非凡，各种宗教仪式配上爆竹声、锣鼓声，让英国人大开眼界。烧香拜神的活动从午夜一直到第二天天亮。

谈论运河之乡，还有一个关键词是“乡愁”，并不是我们今天谈论的怀旧之意，而是取其原意——发愁的愁。运河沿线百姓的生活是很艰苦的，甚至很多困境恰恰是运河本身带来的。同样是描绘南宋的江南村落，谢和耐在《蒙元入侵前夜的中国日常生活》中就展现了与陆游笔下截然不同的图景——农村中的中下等自耕农、佃农和长工，生活基本需求也很难满足，常常举债度日，食不果腹，甚至变卖亲子、背井离乡、落草为寇。他还得出一个结论：如果不是牺牲了农村，也就不会有繁华的城市，城里许多富人的财产全都来自于他们在农村中的田产收益。

运河直接给两岸百姓带来了农耕上的困境。运河用水与农耕用水始终充满着矛盾，与民争水的情况在沿线各地都普遍存在。尤其在山东一段，水源匮乏导致官府必须将沿线水源都集中起来支撑漕运，在春天最需要耕作用水之时，老百姓却难以获得足够灌溉的水源。朝廷还颁布了很多法令，严禁农村百姓盗用运河水。

而当洪涝来临之时，首当其冲的仍旧是运河乡村的土地。一般到夏天，漕粮基本都已抵达通州，加上雨季来临，运河上就要宣泄多余的水。泄洪的渠道往往通向农田，牺牲掉的是老百姓的生计。尤其在淮北一带，屡屡发生黄河、淮河溃决，需要向下游泄洪的情况，以致淮北地区数百年间良田废弃，自然生态遭到极大破坏，百姓流离失所，滋生了大量游民，也让社会生态长期处于紊乱的状况。

四、运河之乡与运河中国

在谈了运河之乡的景致、产业和人情之后，我们似乎看到了一个与大城市、与国家格格不入甚至自成一体的乡村。但实际上，无论多么偏远和疏离，运河的乡村都是与家国命运息息相关的。

1936年的夏天，一个26岁的年轻书生来到了太湖边一个名叫开弦弓的村庄。他前一年刚刚从清华大学人类学研究生毕业，获得了英国伦敦政治经济学院的留学机会。人生看似一切顺利，不幸却意外降临。在留学前夕，他和新婚妻子赴广西大瑶山调研时迷了路，妻子身亡，他本人也身受重伤。带着身心的伤痛，这位年轻人选择在出国前回到自己的老家吴江县休养，并实地调研了他姐姐在开弦弓村帮助农民建立的生丝精制运销合作社。

吴江震泽古镇

过了一个月，他踏上了前往伦敦的邮轮。一个月的开弦弓村调研经历，已经让他对于未来的博士论文有了明确的方向。在邮轮上，他写下了这篇论文的第一行字：献给我的妻子王同惠。纪念亡妻的最好方式，就是用最好的学术。这个青年人在伦敦将自己在开弦弓村的所得和思考写成了博士论文——《江村经济》，被誉为国际人类学界的经典之作。这个青年人，叫费孝通。他后来成为中国著名的社会学家、人类学家、民俗学家、社会活动家。

费孝通的家乡是苏州吴江，地地道道的运河之乡人。而《江村经济》之所以选择太湖边的村庄作为对象，一方面是由于家乡的缘故，另一方面也有费孝通更大的学术思考——通过这个运河边的小小村落（他将开弦弓村取名为江村），可以呈现一个完整的乡土中国。从这本书本来的英文名称便可看出，原题目叫《中国农民的生活》。

开弦弓村坐落于长江三角洲上的太湖东南岸，村边一条清河弯弯的像一张拉紧了弦的弓，村子由此得名。这里气候条件非常有利于农业生产。而且，费孝通写道："该地区位于长江和大运河这两条水路干线的交叉点上，这两条水路把这个地区与中国西部和北部的广大疆土联结起来。"这种先天的自然环境优越性，辅以交通的便利，也创造出了这里在当时中国经济的最具主导性的地位。

运河之水、长江之水、太湖之水，在水的滋养下，开弦弓村的农民们在农耕之外，发展出了先进的手工业，尤其是蚕丝业，成为了村里收入的重要支撑。但是，在近现代工业带来的技术发展的冲击下，传统的蚕丝业已经衰落。

在这样一个江南的运河之畔，开弦弓村农民的生活，也揭示着在传统体系下中国农村能够发展出的终极形态。这种民间社会运行的形态，则更能给读者一个清晰的中国形象。在费孝通笔下，村里的家族、财产、亲属关系、职业、劳作、土地、贸易等，都抽丝剥茧般呈现。

这种对于中国乡村的观察，后来又扩展为费孝通另一本更具社会影响力的著作《乡土中国》。在华夏大地的乡土上，至少几百年来，我们的祖祖辈辈按照费先生所揭示和描述的模式代代传承着。这种特定的地理背景塑造的经济体系，也从一个侧面展示出大运河对于中国社会、中国人所带来的极为深刻的影响。

也只有将运河城市与运河村镇一并观察，我们才能看到一个更完整的运河

剔红山水人物葵花式盘
明
故宫博物院藏

中国。

1981年10月，作为中国社会学会会长的费孝通沿着水路回到了阔别许久的开弦弓村，眼前的景象让他颇感振奋。他看到“农民不仅解决了吃饭问题，而且还有了钱花”。究其原因，是恢复传统副业，重建缫丝厂，新建丝织厂和豆腐坊。

中国社会每一步的重要转型，都没有离开费老敏锐的观察和洞见。从苏州走出的他，为深爱的国家奉献了一生的学术力量。这一生中，他的目光始终没有离开过那条奔流不息的运河。

1938年10月15日，英国伦敦，一位学者正在为费孝通的《江村经济——中国农民的生活》一书写下序言：“本书让我们注意的并不是一个小小的微不足道的部落，而是世界上一个伟大的国家。”

写下这篇序言的学者名叫马林诺夫斯基，正是费孝通的导师。他深深为自己学生所取得的成就感到欣慰。在序言的最后，他谈到了当时中国正在遭受日本帝国主义的侵略，费孝通笔下的“江村”可能已经遭到了日本人的破坏，变成了废墟。但是，他从自己这位来自大运河畔的学生身上，看到了中国人不屈不挠的坚毅气质，因此，他也坚定地相信着费孝通自己在论文中写下的信念：

“一个崭新的中国将出现在这个废墟之上。”

河防志 清 张希良著 扬州中国大运河博物馆藏

第四章 运河文脉

越窑青瓷注子
唐
洛阳博物馆藏

大运河映照着世间万物、风土人情。当漕运停止、繁华渐去，让大运河永远融入中华文明基因中的，是诗词、绘画、书法、小说，是闲情雅致的生活方式，是物阜民熙的文化记忆。才子雅士在运河上创作，游子客商在运河上留下足迹、故事和传说。李白、杜甫、白居易、苏轼、陆游、赵孟頫……无数文人墨客，用各自的笔触为后人创造关于运河的无尽想象。水墨、铜版、水彩，中外画家用不同的视角和手法，为我们投射出运河的每一道光影。大运河丰富的文脉，是运河人、运河水滋养出的灵光，绵延不绝，生生不息。

唐诗宋词中的大运河

大运河滋养了古代中国最美妙的文字。它不仅体现在诗词的内容中，甚至对诗词的体例产生了影响，比如我们所熟知的词牌《水调歌头》。

唐天宝三载（744）初夏，李白和杜甫第一次相遇了。他们相见的地点是东都洛阳，当时李白43岁，杜甫32岁。

两人一见如故，相约一同游览大唐河山。当年秋天，他们沿河而下，抵达汴州，并在这里和另一位诗人高适一道，登上了位于此地的古吹台。多年后，杜甫对这次运河畔的同游还记忆犹新："忆与高李辈，论交入酒垆。两公壮藻思，得我色敷腴。气酣登吹台，怀古视平芜。"

闻一多曾经这样感叹李白和杜甫的会面："我们4000年的历史里，除了孔子见老子（假如他们是见过面的），没有比这两人的会面更重大、更神圣、更可纪念的。"我们也可以顺着闻先生的话说下去，这么重大、神圣、可纪念的会面，发生在大运河边，这不仅是伟大诗人与运河的缘分，更是绝美诗词与壮美运河的缘分。

运河是贯穿全国最主要的水上交通干道。文人墨客们的生活中，必然会与运河发生各种关联，诗歌里描写运河或是相

《富春山居图》 元 黄公望 浙江省博物馆藏

《富春山居图》以富春江为背景，用墨淡雅，描绘出诗意盎然的山水。后分为两段，前半卷“剩山图”现收藏于浙江省博物馆，后半卷“无用师卷”现藏台北“故宫博物院”。本幅为“无用师卷”局部。

关的场景比比皆是。逐渐地，运河慢慢形成了自身在诗词体系中的一种角色和形象，诗人们也往往开始以运河作为象征手法，来抒发自身的情感。

一

运河为沿线两岸带来了繁华景象，唐诗中也常见描述这种繁华的字句。尤其是杭州、扬州、汴州、楚州等沿岸重镇。比如写过“锄禾日当午”的李绅，在一次进入扬州城时写下《入扬州郭》，描述运河入城的市井图景：“堤绕门津喧井市，路交村陌混樵渔。”

相比李绅，王建对于扬州的描绘则更为直白：“夜市千灯照碧云，高楼红袖客纷纷。如今不似时平日，犹自笙歌彻晓闻。”这首《夜看扬州市》写于安史之乱爆发之后，全国多地都已因战乱凋零，但王建却发现扬州城犹如另外一个世界，天下的纷乱并没有干扰到扬州，这里依然是载歌载舞，通宵达旦。夜市繁华，千灯万火映照碧云。

王建还写过一首关于运河边商贸市场的诗：“千里河烟直，青槐夹岸长。天涯同此路，人语各殊方。草市迎江货，津桥税海商。回看故宫柳，憔悴不成行。”这首诗名叫《汴路即事》，名字很直接点明写的就是运河上的故事。运河上有什么故事呢？有专门进行贸易的“草市”，有从天南海北沿汴河汇聚的客商，有操着不同语言的外国人，当然还有运河两岸的槐树成行。

描写运河两岸繁忙夜景的诗歌还有很多，比如卢纶写楚州的“沿溜入阊门，千灯夜市喧”，杜荀鹤写杭州的“夜市桥边火，春风寺外船”，王建写汴州的“水门向晚茶商闹，桥市通宵酒客行”，等等，在这里就不穷尽了。

二

繁华过后是离愁别绪。与书写繁荣相比，诗人更擅长抒发伤感之情。在运河上的孤寂、惆怅、离别……反倒更容易流传千古。

唐宋诗词中上演过不少运河上的凄凉。比如欧阳修的《自河北贬滁州初入汴

窠石平远图 北宋 郭熙 故宫博物院藏

河闻雁》："阳城淀里新来雁，趁伴南飞逐越船。野岸柳黄霜正白，五更惊破客愁眠。"再比如白居易的《汴河路有感》："三十年前路，孤舟重往还。绕身新眷属，举目旧乡关。事去唯留水，人非但见山。啼襟与愁鬓，此日两成斑。"

北宋以开封作为国都，许多离别都发生在汴河之上，因此宋词里能够见到大量关于汴河的离愁与孤寂。王安石曾写过一首名为《汴水》的诗："汴水无情日夜流，不肯为我少淹留。相逢故人昨夜去，不知今日到何州。州州人物不相似，处处蝉鸣令客愁。可怜南北意不就，二十起家今白头。"这首诗流露出了人生漂泊不定，对生命既有所求又十分迷茫的心境。

杜甫诗意图 南宋 赵葵 上海博物馆藏
杜甫留下大量诗作，很多都和“水”有关。后世画家则不断以这些诗句为题，创作绘画作品，并命名“杜甫诗意图”。此图以杜甫“竹深留客处，荷净纳凉时”佳句为题，描绘水畔竹林之景。

所有关于运河别离的作品中，最有名的可能要属柳永的《雨霖铃》了：

寒蝉凄切，对长亭晚，骤雨初歇。都门帐饮无绪，留恋处，兰舟催发。执手相看泪眼，竟无语凝噎。念去去，千里烟波，暮霭沉沉楚天阔。

多情自古伤离别，更那堪，冷落清秋节。今宵酒醒何处？杨柳岸，晓风残月。此去经年，应是良辰好景虚设。便纵有千种风情，更与何人说。

秋蝉的叫声凄凉而急促，傍晚时分，面对着长亭，骤雨刚停。在京都郊外设帐饯行，却没有畅饮的心绪，正在依依不舍的时候，船上的人已催着出发了。那一年，柳永仕途失意，不得不离开汴京，在冷落凄凉的深秋，在汴河上向情人告别。

江南春词意图卷 明 文徵明 上海博物馆藏

三

唐宋诗词中关于运河的另一种声音是反思。尤其在唐朝中期之前，隋代二世而亡历历在目，运河的开凿也成为大家对其如此短命原因的一个批判对象。反思运河的开凿，必然会将其与隋炀帝联系在一起，甚至还出现了一个特有名词——隋堤柳，以指代一种凄凉的亡国意象。

比如白居易就曾以《隋堤柳》为题写下诗歌：

> 隋堤柳，岁久年深尽衰朽。风飘飘兮雨萧萧，三株两株汴河口。……海内财力此时竭，舟中歌笑何日休。上荒下困势不久，宗社之危如缀旒。……二百年来汴河路，沙草和烟朝复暮。后王何以鉴前王，请看隋堤亡国树。

白居易认为，隋朝之所以迅速灭亡，就是因为隋炀帝开凿汴河。而“隋堤柳”也承载了浓厚的寓意，隋堤、隋堤柳这些词，在唐人笔下，与其说是一个具体的景物，不如说是隋朝遗迹的象征，是评论炀帝功过是非和亡国结局的一种符号。

这种态度也影响了后世不少以“隋堤柳”为名的作品，比如李山甫的“曾傍龙舟拂翠华，至今凝恨倚天涯”，罗隐的“夹路依依千里遥，路人回首认隋朝”，江为的“空余两岸千株柳，雨叶风花作恨媒”，基本都是仿照白居易的写法，通过描述运河，阐述一种政治态度。

这种态度随着时间推移不断变化。唐代实际上受益于隋代开凿的大运河，因此对于运河彻底否定的表达也慢慢缓和、客观起来。在许棠的《汴河十二韵》中，就替隋炀帝客观地说了几句话：

> 昔年开汴水，元应别有由。或兼通楚塞，宁独为扬州。直断平芜色，横分积石流。所思千里便，岂计万方忧。首甚资功济，终难弭宴游。空怀龙舸下，不见锦帆收。浪倒长汀柳，风欹远岸楼。奔逾怀许竭，澄彻泗滨休。路要多行客，鱼稀少钓舟。日开天际晚，雁合碛西秋。一派注沧海，几人生白头。常期身事毕，于此泳东浮。

这首诗里，并没有一味否定隋炀帝开凿运河的动机，甚至替其辩解，认为其考虑的更多还是让全国各地区之间来往畅通，即“所思千里便”。

四

大运河不仅体现在诗词的内容中，甚至对诗词的体例产生了影响，比如我们所熟知的词牌《水调歌头》。这个词牌的前身“水调”，据考证是当年隋炀帝在开凿运河背景下，由其本人亲自创造的。杜牧就曾写过“谁家唱《水调》，明月满扬州”，并在诗文边标注：“炀帝凿汴河，自造《水调》。”

有唐一代，这一曲调被运用在诗歌之中，并且发展成了一整套体系，即“大曲”。歌词由五言或七言诗组成，配以乐器伴奏、曲调和舞蹈。宋代之后，相比“大曲”，文人更为青睐短小的词调，《水调》中歌唱部分有一段比较好听，便被专门摘出，因属于歌头部分，这一词调后来被称作《水调歌头》。这样看来，大运河的开凿还真是从各个方面都对后世的诗词发展产生了影响。

说到《水调歌头》，几乎所有人都会首先想到苏轼的《明月几时有》：

隋炀帝和大运河的关系，一直存在于诗词歌赋之中。除了他开凿运河时要求种植的“隋堤柳”后来成了运河的代表意向之外，甚至连其本人创造的“水调”，也影响了宋代的词牌《水调歌头》，并随着苏轼的名作而流传千古。

丙辰中秋，欢饮达旦，大醉，作此篇，兼怀子由。

明月几时有？把酒问青天。不知天上宫阙，今夕是何年？我欲乘风归去，又恐琼楼玉宇，高处不胜寒。起舞弄清影，何似在人间？

转朱阁，低绮户，照无眠。不应有恨，何事长向别时圆？人有悲欢离合，月有阴晴圆缺，此事古难全。但愿人长久，千里共婵娟。

这是北宋熙宁九年（1076）中秋时节苏轼在密州时所作。无论是创作地点、背景，还是内容，看似都与大运河毫无关联。但历史与文学的交融就是这么有趣，谁能想到，这首流传千古的名篇，竟因为词牌的名字，而成为大运河文化的一种独特见证呢。

（右页）游春图 隋 展子虔 故宫博物院藏
这是一幅山水画，描绘了人们在风和日丽，春光明媚的季节，到山间水旁“踏青”游玩的情景，是中国早期山水画的面貌，也表现出大运河首次连通全国时，人们对于山水和行旅的理解。

柳暗花明

苏轼与运河

在苏轼颠沛流离的一生中，几乎每一个转折点都在运河上留下了印迹。各种在运河上的送别、怀旧情绪，贯穿了这位千古文豪的一生。

1056年，20岁的苏轼和弟弟苏辙第一次走出蜀地，赴汴京应考。途中，在今天的黄河三门峡附近的渑池，苏轼等人住在县城中的一间僧舍，年少得意的兄弟二人还在壁上题写诗作。

五年后，苏轼出京赴陕西凤翔府任判官，又一次来到了渑池这个水陆交汇之处，在旧庙中回想当年初出茅庐的兴奋，看着眼前的物是人非，写下了一篇《和子由渑池怀旧》：

人生到处知何似，应似飞鸿踏雪泥。
泥上偶然留指爪，鸿飞那复计东西。
老僧已死成新塔，坏壁无由见旧题。
往日崎岖还记否，路长人困蹇驴嘶。

人的一生可能就是要到处奔走吧，就像飞鸿踏在雪地上，偶尔留下几个爪印，转眼又不知去往何处。

这可能是苏轼留下的最早的一首名篇，也似乎预示着这位千古文豪颠沛流离的一生。贯穿这一生的，则是他辗转水陆之间，泛舟河水之上的游历。

枯木怪石图 北宋 苏轼

又名《木石图》，是苏轼任徐州太守时曾亲往萧县圣泉寺时所创作的一幅纸本墨笔画。通过古木和奇石的形象，苏轼表达着沧桑人生历程中一种超脱、高洁的境界。

二

两年后，北宋熙宁四年（1071），由于受到新党的排挤，苏轼自请出京，出任杭州通判。

从开封出发，一路要经过运河东南而行，苏轼每到一处便要留下墨作。在泗州一带，苏轼忽然想到了几年前父亲去世，自己回蜀守孝时也经过此地，当时遇到了逆风天气，前行艰难。这一次，他在《泗州僧伽塔》中回忆当时的心境：

我昔南行舟击汴，逆风三日沙吹面。
舟人共劝祷灵塔，香火未收旗脚转。
回头顷刻失长桥，却到龟山未朝饭。
至人无心何厚薄，我自怀私欣所便。
耕田欲雨刈欲晴，去得顺风来者怨。
若使人人祷辄遂，造物应须日千变。
我今身世两悠悠，去无所逐来无恋。
得行固愿留不恶，每到有求神亦倦。

当年，他乘船在汴河南下时，遇到了连续三天的逆风，风沙扑面。船上的舟子都劝他去向僧伽寺祈祷，结果非常灵验，香还没烧完风向就变了。他觉得，这是因为自己的私心改变了天气。其实每个人都有私心啊，耕田的人要下雨，收割的人要晴天，有人需要顺风，对面的船却恰恰相反，老天又岂能让每一个人都如愿呢？

这首诗一方面点出了苏轼对于出京任职淡然处之的态度，另一方面也回顾了当年为父亲守丧的路线。当时他并没有顺黄河北上走蜀道，而是顺运河南下，而后顺长江而上返回蜀地。为父奔丧当然是很急迫的事情，也可见在当时运河所沟通起的全国水路的发达和便捷。

苏轼任杭州通判期间，留下了大量诗作，尤以描绘西湖景色为多。比如《望湖楼醉书》："黑云翻墨未遮山，白雨跳珠乱入船。卷地风来忽吹散，望湖楼下水如天。"还有千古名篇《饮湖上初晴后雨》："水光潋滟晴方好，山色空蒙雨亦奇。欲把西湖比西子，淡妆浓抹总相宜。"

在杭州通判任上，苏轼不时沿运河四处行走，探访民情。北宋熙宁六年

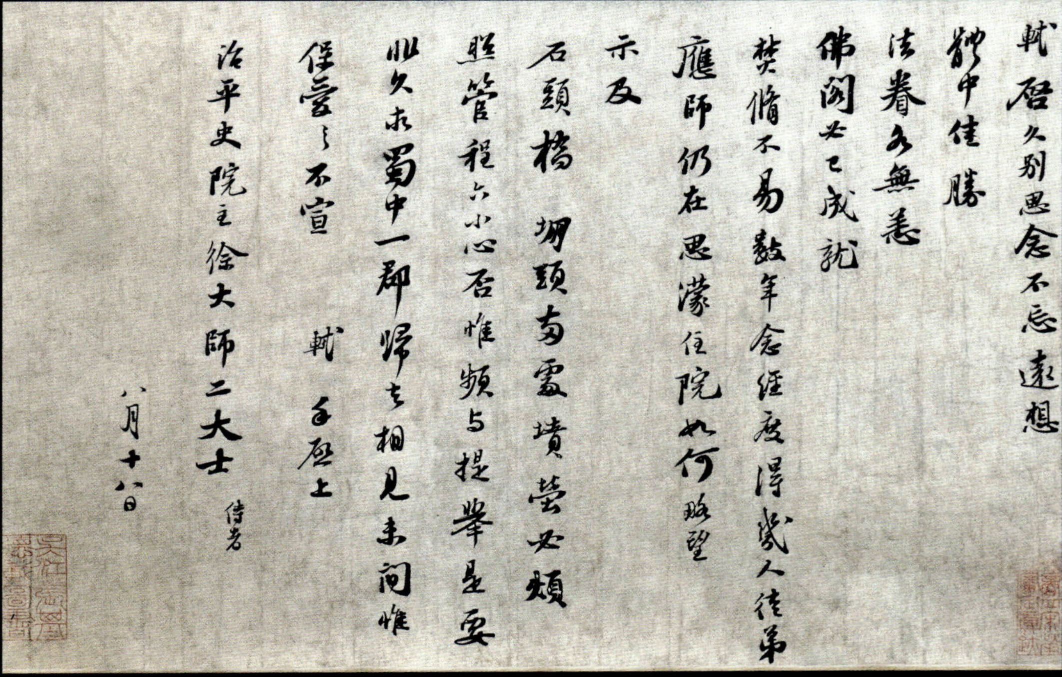

軾啟 久別思念不忘 遠想
體中佳勝
法眷各無恙
佛閣必已成就
焚脩不易數年念經度得幾人徒弟
應師仍在思濛住院如何 略望
示及
石頭橋 堋頭兩處墳塋必煩
照管程六小心否惟頻與提舉是要
非久求蜀中一郡歸去相見未間惟
保愛 不宣 軾 手啟上
治平史院主徐大師二大士 侍者
八月十八日

治平帖 北宋 苏轼 故宫博物院藏
苏轼 30 余岁时写的行书信札，推测是北宋熙宁年间在京师时所作

（1073）冬，他前往常州、润州（今江苏镇江）一带赈饥，在除夕之夜宿于常州城外运河边。在运河上一时孤寂不已，感怀万千：

> 行歌野哭两堪悲，远火低星渐向微。
> 病眼不眠非守岁，乡音无伴苦思归。
> 重衾脚冷知霜重，新沐头轻感发稀。
> 多谢残灯不嫌客，孤舟一夜许相依。

远处的灯光和低垂的星空，都是那么黯淡。在万家合欢的除夕之夜，在船上彻夜不眠的苏轼，并不是为了守岁，而是满怀乡愁。运河之上，只有感谢那些残灯并不将人嫌弃，感谢这条孤舟，陪伴他度过这一清冷的夜晚。

1074年秋天，苏轼调往密州（今山东诸城）任知州。从杭州到密州，必然还是要从运河北上。在楚州（今江苏淮安），苏轼与好友孙洙道别，赠送后者一篇《更漏子·送孙巨源》：

> 海东头，山尽处。
> 自古客槎来去。
> 槎有信，赴秋期。
> 使君行不归。

苏轼与孙洙有着共同的政治遭遇，都因此被迫外任。如今，孙洙即将回朝任职，苏轼则要继续在外漂泊。大海的最东边，大山的最尽头，自古就有人乘槎到天河，但也是有去有回。可在外远行的人，何时又有归期呢?

在密州任上三年后，苏轼又调往徐州。在徐州的两年多时光，苏轼颇有政绩，治理黄河有道，缓解了水患问题。正当他畅想常住于此时，一纸调令让苏轼再度踏上漂泊之旅。1079年春天，苏轼从徐州南下湖州，临行前怀着对徐州的依依不舍，写下了《江城子·别徐州》，下阕中细细描绘了背水而行，满腔眷恋之情：

隋堤三月水溶溶。
背归鸿，去吴中。
回首彭城，清泗与淮通。
欲寄相思千点泪，流不到，楚江东。

苏轼一生在很多地方做过官，其中杭州、徐州、湖州、扬州等都是运河城市，交通辗转也多靠运河，晚年于运河边的常州病逝。

三月的运河堤坝，鸿雁都向北归，他却要南下到湖州。可是，无论如何怀念在徐州的日子，徐州的水，也流不到湖州之地。

数年内，苏轼从汴京辗转多处，始终找不到一个安稳的所在。若干年前写下的“雪泥鸿爪”好似预言一般如影随形，无法摆脱。

二

命运就是如此让人唏嘘，刚刚上任三个月的苏轼还没有来得及领略湖州美景，便因一篇《湖州谢表》被诬陷而锒铛入狱，史称“乌台诗案”，贬任黄州（今湖北黄冈）团练副使，一待便是四年。

1084年，苏轼再度出山，赴河南汝州就任。从黄州出发到汝州，他先是顺长江东下，然后沿运河北上，再计划向西至汝州。行至楚州时，和秦观对饮之后别过，留下了《虞美人·波声拍枕长淮晓》：

（右页）西湖十景图 南宋 叶肖岩 台北“故宫博物院”藏
《西湖十景图》通过十册绢本水墨画，表现出杭州西湖十景。西湖十景能够长存，还要感谢苏轼在任时治理西湖的卓越贡献。

波声拍枕长淮晓，隙月窥人小。
无情汴水自东流，只载一船离恨别西州。
竹溪花浦曾同醉，酒味多于泪。
谁教风鉴在尘埃，酝造一场烦恼送人来。

无情的汴水向东流去，而苏轼却满载离愁别绪的烦忧，独向西行。蛰伏四年之久，这一次逆流而上，又会是什么际遇呢？

1089年，苏轼再度外调，被委任为杭州知州，第二次赴任杭州。这一任上，苏轼在杭州留下了许多印迹。他赈济灾荒，大力治理西湖和运河，修建了苏堤，赢得了当地百姓的民心。在杭州的苏轼过得颇为惬意，还像当年一样，不时泛舟水上，饮酒赋诗。有一次与友人莫君陈在西湖的跳珠轩对饮，写下了：到处相逢是偶然，梦中相对各华颠。还来一醉西湖雨，不见跳珠十五年。

确实，距离当年写下“黑云翻墨未遮山，白雨跳珠乱入船”，正好过了15年。

1091年，苏轼再度受到朝廷召唤回朝。启程之前，正好与途经杭州的老友钱勰有缘相见，写下了《临江仙·送钱穆父》：

惆怅孤帆连夜发，送行淡月微云。
尊前不用翠眉颦。
人生如逆旅，我亦是行人。

汝窑天青釉圆洗 北宋 故宫博物院藏

老友随运河逆流而上，而苏轼本人也同样如此。等待苏轼的，是又一段颠沛流离的日子。先是被调往颍州，又赴扬州、定州。苏轼的足迹随着运河南来北往。

太后去世，宋哲宗亲政，再次打压旧党。苏轼在定州任上接到诏书，贬其至英州。他从定州南下，过黄河，走运河，然后顺长江而下，无奈在途中又接到了贬官惠州的讯息。在惠州三年后，又继续被贬至海南儋州。

1101年，宋徽宗继位，苏轼终于告别了流放华南的日子，北归中原。这是苏轼最后一次行走在运河之上。由于旅途劳顿，他在常州一病不起。当年七月二十六日，好友维琳方丈前来探望，与苏轼谈论佛法。苏轼在运河边写下人生的最后一首诗：

与君皆丙子，各已三万日。
一日一千偈，电往那容诘。
大患缘有身，无身则无疾。
平生笑罗什，神咒真浪出。

一个月后，苏轼在运河畔病故，终年65岁。

三

苏轼这一生，几乎每一个人生的转折，都在运河上留下了印迹，从年少时的“飞鸿踏雪泥”，到中年辗转的“孤舟一夜许相依”，再到老年感叹“惆怅孤帆连夜发”，各种在运河上的送别、怀旧情绪，贯穿了他的人生。

不过，苏轼最为脍炙人口的诗歌却很少直接和运河有关。比如“老夫聊发少年狂”“十年生死两茫茫”“明月几时有，把酒问青天”，都是他人届中年后，对于人生有了崭新感悟，在不同情绪下的作品。我们回看他在运河上的那些作品，可以发现，很多都是在行旅之间，迎来送往之作，友人离去，或是自己步履匆匆赶往下一个地点。在这样的行走间，诗人是很难平静下来思索的。只有当水流停驻，诗人独处寂寥之时，才会酝酿出更动人的文字。

而流动的运河水，便像是苏轼忠实的伙伴一样，载着他漂泊世间，前往一个又一个孤独之所在。

西湖十景图 清 王原祁 辽宁省博物馆藏

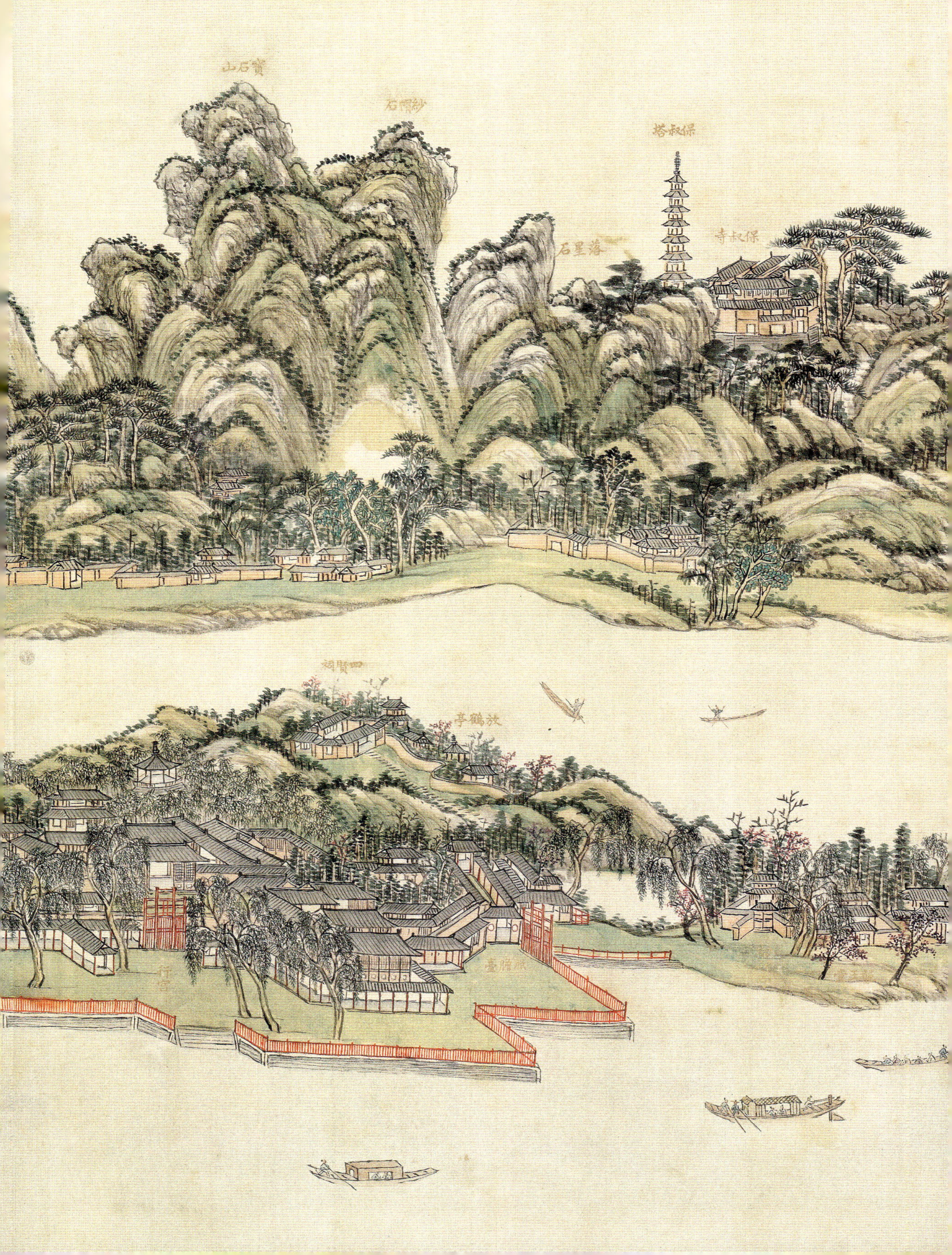
寶石山
紗帽石
保叔塔
落星石
保叔寺
四賢祠
放鶴亭
行宮

紗羅緞絹
官店
書坊
集賢堂
古今名人文集詩
打造諸般銅
官盐

四大名著与大运河

形成于元明清时期的四大名著，虽然其内容涉及的历史时期不尽相同，主要描述的空间地理范围也各有区别，但都或多或少与大运河发生着关联。

夸张一点地讲，我国古代小说的“四大名著”，都诞生在运河之上。

《红楼梦》

《红楼梦》第三回中，写到扬州盐政林如海因为丧妻，又不愿续弦，所以把女儿托付给正要赴京城的贾雨村，送到远在京城的妻子娘家投靠。书中写道，林黛玉“洒泪拜别，随了奶娘及荣府几个老妇人登舟而去。雨村另有一只船，带两个小童，依附黛玉而行”。

从扬州到京城，走的必然是大运河。这并不是林黛玉最后一次的运河之行。第十二回林如海身染重病，写信要黛玉回家，贾母派贾琏伴送“登舟回扬州”，也是沿着运河。

书中并没有写林黛玉在运河上见到了什么，发生了什么，而是直接描写进入京城之后的故事。但是，在这一段留白中，

（左页）仇英《清明上河图卷》中的“书坊”，门口有“古今名人文集诗□”的招牌，表现出明代出版业的勃勃生机。

如果我们将自己代入到年幼的林黛玉身上，或许也能感受到她背井离乡、举目无亲的心境。尤其是对于一个多愁善感的孩子而言，这段经历恐怕牢牢印刻在了未来的生命之中，却又难以名状。所以到了第十九回，当贾宝玉问林黛玉“路上是何景致古迹，扬州有何古迹故事，土俗民风”时，“黛玉只是不答”。

林黛玉不去回忆，自有人愿意回忆。第四十八回香菱学诗，借香菱之口描述了当年一路的美好景致。读到“日落江湖白，潮来天地青”“渡头余落日，墟里上孤烟”这两句时，香菱感慨：

> 我们那年上京来，那日下晚便湾住船，岸上又没有人，只有几棵树，远远的几家人家做晚饭，那个烟竟是碧青，连云直上，谁知道我昨晚读了这两句，倒像我又到了那个地方去了。

“连云直上”的青烟，悠然自得的小船，一派祥和的气氛。这是香菱的记忆，但恐怕并不是曹雪芹的记忆。

曹雪芹的祖父和父亲都曾任江宁织造，即为皇宫生产绸绢的专门机构的官员。但是，清雍正五年（1727），曹家被罢官抄家，被迫从江宁迁回北京，曹雪芹当年应该也是沿着运河回到的京城。彼时的心境，可能远比林黛玉和香菱要复杂。

曹雪芹和大运河的关系，还有一种说法，与大运河在通州的节点——张家湾有关。曹雪芹的父亲在给皇帝的奏折中也曾提到：“奴才到任以来，亦曾查检所有遗存产业：惟京中住房二所；外城鲜鱼口空房一所；通州典地六百亩；张家湾当铺一所，本银七千两……”因此，曹家在张家湾是有产业的。在北京通州张家湾城墙南城门内侧，曾有一片四合院，据说就是曹雪芹家族遗留的一些商铺。可惜多年前在一次片区开发中被拆毁了。

《水浒传》

四大名著中，与水关联度最高的是《水浒传》，书名里有个“水”字，故事主要是围绕一个与水有关的核心地点——梁山泊展开的。

明嘉靖《山东通志》记载：“梁山泊在东平州西五十里。宋南渡时宋江为

《红楼梦》绢画 清 中国国家博物馆藏
图中的奇石、花木、建筑材料、人物服装，大多是通过大运河从南方运至京城。

寇，尝结寨于此。”当时的梁山泊在梁山以南。梁山地处鲁中山地和华北平原的交接地带，历史上数次黄河决口，使得这里成为黄河下游的一个自然滞洪区，形成一片很大的湖泊。《宋史·地理志》记载，梁山泊“绵亘数百里”。昔日的梁山泊已经消失在历史之中了，我们也只能凭借当时人的描述畅想一下它曾经的面貌。

元代开始，随着京杭大运河的贯通，山东一跃成为运河重要的节点，也成为了元杂剧的创作者南北来往的必经之地。

当时，大量杂剧艺人把盛行于北方的杂剧艺术带到江南。北方文人们去往江

《通惠漕运图》中的乡野场景
清代中期北方运河郊野的景象，恰似香菱所回忆的场景，“几棵树，远远的几家人家做晚饭，那个烟竟是碧青，连云直上”。

南，应该大都沿着运河而行。

《水浒传》大部分的内容都是从元杂剧中汇集整理而来，关于梁山泊的描述也都是基于元代文人和剧作家笔下的场景。对于山东，对于梁山泊，对于运河，这些文人可能有着更为深切的体验。可以说，《水浒传》就是一部诞生在运河上的名著。

《水浒传》据传的两位主要创作者，施耐庵和罗贯中，都和大运河有着密切的关系。施耐庵在元朝末年曾追随张士诚起义抗元，后来收了罗贯中为徒。张士诚失败后，为了躲避战乱，施耐庵避居苏北兴化。而罗贯中本人的籍贯有多种说法，其中一种是东平人，“梁山泊”可能就是罗贯中的故乡，也由此让他对“水浒”的描述相当精细。

《西游记》和《三国演义》

《西游记》作者吴承恩是明朝中后期人士，其一生都与淮安相生相伴。明天启《淮安府志》中专门有关于吴承恩的记载，写到他住淮安河下镇打铜巷，文采飞扬，以撰写碑文而闻名。河下镇地处淮城西北部，背靠里运河。到了晚年，吴承恩一心从事写作。《西游记》就是其晚年生活在淮安时创作的伟大作品。今天，吴承恩故居便坐落在淮安市河下古镇的打铜巷12号。

《三国演义》作者罗贯中青年时曾随同家人在苏州、杭州等地贩卖丝绸。加入张士诚起义军后，他曾拜师施耐庵。不久后，他初步写就了《三国志通俗演义》，也就是大家熟知的《三国演义》。

《三国演义》的内容，其实也有与大运河千丝万缕的联系。第三十三回，曹操追击袁绍余党时，从中原向北攻击南皮，也就是今天河北沧州一带，书中写道："曹操追至南皮，时天气寒肃，河道尽冻，粮船不能行动。操令本处百姓敲冰拽船，百姓闻令而逃。"剿灭了袁绍余党之后，便是曹操进一步征讨东北方的乌桓的战役。

这一段话的背后涉及一个更大的历史背景。曹操在消灭袁绍、征讨乌桓的过程中为了沟通水运交通，保证军需运输，同时也为了稳固冀、幽二州，为一统天下创造条件，疏浚治理了白沟，开凿了平虏渠、泉州渠、新河渠等运渠。从此，中原地区的船只就可以从黄河进入白沟，顺流可东行东海，上溯可抵达辽西。这一体系，不仅在当时解决了北征乌桓的军需运输，也为后来隋炀帝开凿永济渠奠定了基础。这部分的故事，我们会在"运河人物"一章中详细讲述。

形成于元明清时期的四大名著，虽然其内容涉及的历史时期不尽相同，主要描述的空间地理范围也各有区别，但都或多或少与大运河发生着关联。曹雪芹、吴承恩、施耐庵、罗贯中等作者，因为生活经历，都可以说是运河造就了他们的才华，激发了他们的创作。

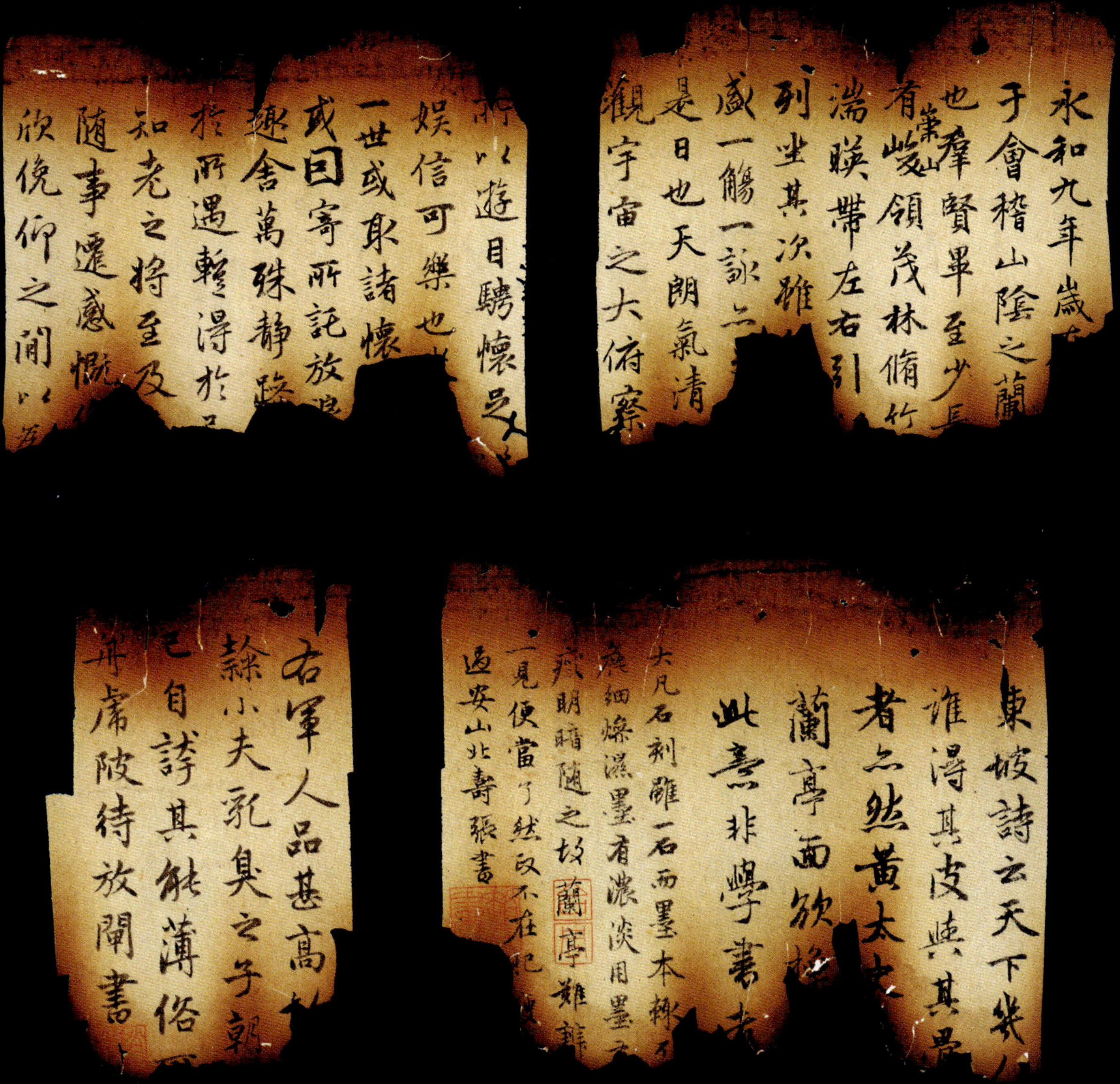

兰亭十三跋　元　赵孟頫　日本东京国立博物馆藏

该系列书法作品为赵孟頫自运河乘船进京时所作，其中有“待放闸书”等表现运河行运的内容　原本由于火灾而受损，仅存部分残片

文人墨客的行旅与创作

运河记录着旅人的故事，文人写下文字、创作图画，百姓留下传唱的歌谣。

一

元至大三年（1310），距京杭运河全线贯通不过17年，一艘船从浙江湖州出发，北上大都。船上的一位乘客名叫赵孟頫，当年57岁，是皇太子爱育黎拔力八达不久前选任的翰林侍读学士。赵孟頫更为人所知的身份是书法家。此次乘舟北上，赵孟頫在新贯通的京杭运河上一走便是三十余日，每天都反复研习书法，在运河船上创作了我国书法史上最重要的作品之一——《兰亭十三跋》。

赵孟頫是吴兴（今浙江湖州）人，是宋太祖赵匡胤的第11世孙。由于才学出众，年轻时便被称为“吴兴八俊”之首。元朝建立后，赵孟頫接受朝廷的邀请，决定入仕。他的书法遒媚秀逸、结体严整、笔法圆熟，世称“赵体”。今人学习书法的四大字体“颜柳欧赵”的“赵”，指的便是赵孟頫。

行程开始之时，在一次好友聚会上，赵孟頫偶得梦寐以求的《宋拓定武兰亭序》，如获至宝，心情大悦之余，在新获得的字帖背后题跋了一段文字：“兰亭帖自定武石刻既亡，在人间者有数。有日减，无日增，故博古之士以为至宝……”

自此之后，在大运河上的三十多天中，赵孟頫不断把这幅珍贵的字帖拿出来品赏和临摹，并又陆续写下了十二篇题跋。这十三篇题跋本身也作为书法历史上的经典之作，被后人所不断效仿、品鉴。因为是独孤淳朋长老所赠，也称为《独孤本定武兰亭十三跋》。

更为珍贵的是，赵孟頫几乎每篇题跋都会注明题写之时所处的地点，每一处都与大运河有关。考虑到这是大运河“裁弯取直”贯通不久之后进行的旅程，所以这也可能是历史上最早的关于京杭运河旅行的记录。这份记录既是旅行的笔记，又是书法杰作；既是书法界的幸运，更是大运河的幸运。

比如，九月二十日，赵孟頫在过淮安以北的邳州写下了“河声如吼，终日屏息。非得此卷时时展玩，何以解日”。意思是听河水湍急如怒吼，船中又没有人可以说话，感到很寂寞，要不是有这字帖不时拿出来鉴赏，还真不知道又该怎么消磨时间呢。

在会通河等待过闸的同时，赵孟頫再次把兰亭帖拿了出来，细细品味，似乎忽然悟到了书法的真谛，写下了第七篇跋。这篇跋被后世认为是书法理论领域的重要篇章：“书法以用笔为上，而结字亦须用工。盖结字因时相传，用笔千古不易。右军字势古法一变，其雄秀之气出于天然，故古今以为师法。齐梁间人，结字非不古，而乏俊气，此又存乎其人，然古法终不可失也。”

“用笔千古不易”，这句话成了后世争议不已的名言。赵孟頫认为，书法应该以用笔作为第一位的事情，字的结构会随着时代的变化而变化，但是用笔自古以来就没有多少改变。他认为，书法应该回归王羲之，继续发扬他天然雄秀的笔法。用今天的话讲，就是修习书法，要坚持初心。

乘舟行驶在刚刚贯通的大运河上，赵孟頫有足够的时间对书法艺术进行思考和实践，也通过实践进一步确信自己的艺术理念。《兰亭十三跋》的书法理论，也是赵孟頫本人所追求的一种人生和艺术态度。他认为，书法和人生一样，讲究自然天性的流露，注重人的品质胜过具体写字的技法。“右军人品甚高，故书入神品。”人品决定了书品。

值得玩味的是，赵孟頫本人恰恰因为入仕效忠外族统治者的行为，被后人诟病其气节。不过，如果细细品味他这篇大运河上的书作，我们或可理解他的选择。是否入仕，是中国文人在时代变革时期经常遇到的难题。赵孟頫所遇到的选择格外艰难，因为他赵宋皇族后人的身份，以及新朝是异族统治者的背景，几乎所有师友都希望他坚持做南宋遗民。而赵孟頫本人则有另外一种思考，他曾写道："士少而学之于家，盖欲出而用之于国，使至贤之泽沛然及于天下，此学者之初心也。"与其纠结侍奉哪个统治者，不如遵从自己的初心，将自己的才华服务于国家。

在人生抉择的十字路口，赵孟頫的选择正如这篇《兰亭十三跋》中所表达的书法理念一样——遵从自然天性，遵从自己的初心。

明万历二年（1574），王世贞受朝廷任命为太仆寺卿。要去京城，他需要从自己的家太仓小祇园一路沿运河北上。王世贞的好友钱穀随其一道出发，为其送行，一路抵达扬州。

钱穀是一名画家，将这一路至扬州的旅程用画笔记录了下来，创作了32幅水路场景图。后来，王世贞让自己的徒弟张复随行并创作，从扬州一直画到通州，一共创作了50幅作品。后来钱穀又对这些作品进行了润色提升，还补画了两幅。

石砚台　唐　洛阳文物考古研究院藏
大运河沿线出土的"文房四宝"，见证着文人墨客的生活与创作

《水程图》之曲头集
河工们正在维护运河堤岸。

这84幅作品，共同构成了历史上最杰出的描绘京杭大运河的纪行画卷——《水程图》。

16世纪中后期，明朝的文人墨客们开始热衷于到全国各地旅行。在旅行途中留下一些游记文章或是纪游绘画，成为大家纷纷效仿的时尚。当时最具影响力的文坛领袖王世贞便是这种风尚的引领者。在他策划下绘制的这组《水程图》，描绘了从太仓一直到北京通州的大运河全线的景象。与运河河工图、舆图不同，《水程图》是一套完整的山水画作，是纯粹以艺术性为导向的运河图景。

《水程图》描绘了运河沿线的秀丽景致，犹如一组风光片。其实它还是一组有趣的纪录片，将当时年代特定的沿河社会经济和工程状态定格在了画面中。

《水程图》绘制的前几年，是黄河频繁泛滥侵扰运河的时期。历史记载：明隆庆三年（1569）七月，黄河从沛县决口，侵入徐州，致使运河在茶城淤塞。隆庆四年八月，黄河在邳州决口，运河从睢宁曲头集到宿迁小河口淤塞了一百八十里。隆庆五年四月，黄河茶城至吕梁一段被淮河约束，又一次在邳州王家口决口。

王世贞经过这一段时，从宿迁到徐州一段已经恢复了航运，但在曲头集，还有河工继续在维护堤岸，《水程图》留下了即时的场景描绘。因此也有人说，尽管《水程图》描绘了运河沿线的繁华景致，但实际上更像是一个运河灾年的记录。

三

对于明朝文人而言，大运河不仅是一条人工水道，更是融入到了他们的人生意境之中。尤其是因河道淤塞带来的航行受阻，往往与他们个人的怀才不遇、入仕不得的失意境遇结合在一起。在运河畔离别、感伤，在行船时感怀人生际遇，也成了当时流行的主题。

晚明名人钱谦益把运河的一道道水闸形容为仕途之旅的一个个阻碍，在《闸吏效韩文公泷吏而作》中写道：“人言仕宦海，险绝比瞿塘。小闸闸关河，大闸闸朝堂……官今此水边，刺刺苦陷陋。何似朝堂上，一步度一闸。”

晚明诗画家李流芳在运河的航船上创作了《闸河舟中戏效长庆体》，将运河之路描绘为一条追逐名利的水路：“哀哉世间人，都为名利使。缰锁一着身，事事不由己。请君转头看，即此有妙理。观彼名利人，皇皇赴朝市。”

这种情绪也延续到了清代早期，以石涛为代表。作为明代皇族遗后，石涛虽然归入佛门，但始终没有放弃入仕的希望，不断向清廷送奉自己的作品，以期待得到认可，步入仕途，但屡次遭到康熙帝的拒绝。清康熙二十八年（1689）秋天，48岁的石涛乘舟再次北上，意图攀结京师官吏。经过临清时，绘下了一幅《舟过临清闸图》，描绘临清二闸口舟过船闸之景象。图中一艘船正在奋力逆流而上，似乎就象征着画家本人的处境。

四

不仅是文人墨客，对于大部分百姓而言，大运河都是其生活中离不开的所在。因此，除了文学艺术作品，老百姓也纷纷按照自己的生活和旅行体验，创作了关于运河的歌谣，有的还附在旅行导览册中。比如刊刻于明嘉靖十四年（1535）的《图相南北两京路程》中，附有一首《沿途水驿歌》：将杭州至北京途经的五十六处驿名“逐一为歌唱”，好让旅人“记诵在胸襟”。

在晚明新安商人程春宇编辑的路程指南中，也附上了一首《水驿捷运歌》，是百姓创作的运河水程歌谣。相比上面的《沿途水驿歌》，这首歌谣更朗朗上口，更“接地气”：

> 试问南京至北京，水程经过几州城，
> 皇华四十有六处，途远三千三百零。
> 从此龙江、大江下，龙潭送过仪真坝，
> 广陵、邵伯达盂城，界首、安平近淮阴。
> 一出黄河是清口，桃源才过古城临，
> 钟吾、直河连下邳，辛安、房村、彭城期。
> 夹沟、泗亭、沙河驿，鲁桥城南夫马齐，
> 长沟四十到开河，安山水驿近张秋。
> 崇武北送清阳去，清源水顺卫河流，
> 渡口相接夹马营，梁家庄住安德行。
> 良店、连窝、新桥到，砖河驿过又乾宁，
> 流河远望奉新步，杨青、直沽、杨村渡。
> 河西、和合归路河，只隔京师四十路。
> 逐一编歌记驿名，行人识此无差误。

五

对旅人和墨客而言，大运河最具文学色彩的一段，可能要属浙东运河了。浙东一

带，山水纵横，河海交融，南与东分别与会稽山、四明山相连。西晋末年，北方士人避难江左，这里美丽的山水引起他们极大的好感，北方文化和浙东文化开始深入交流。对来自中原的文人墨客而言，这里既有别样的人间仙境意味，也不像西南边陲那样过于与世隔绝。因此，来浙东感受山水之美，追求人间自由，成为文人墨客和旅者的向往。

早在东晋年间，这里已经是士人向往的所在。王羲之就曾说："山阴道上行，如在镜中游。"到了唐朝，魏晋风骨对自由的追求，融为了诗人们笔下烁烁放光的浙东意境。无论是李白的"我欲因之梦吴越，一夜飞度镜湖月"，杜甫的"剡溪蕴秀异，欲罢不能忘"，或是孟浩然的"挂席东南望，青山水国遥"，都在感叹浙东的灵气。是运河之水，给了诗人们感受这般灵气的机会。

迎来送往之间，这里也少不了离愁别绪。1919年12月4日，鲁迅经过钱塘江登上了前往绍兴的船。他这次是专程与老家的祖屋道别的。"我这次是专为了别他而来的。我们多年聚族而居的老屋，已经公同卖给别姓了，交屋的期限，只在本年，所以必须赶在正月初一以前，永别了熟识的老屋，而且远离了熟识的故乡，搬家到我在谋食的异地去。"在家里停留了20天后，24日，鲁迅"以舟二艘奉母偕三弟及眷属携行李发绍兴"。

也有人计算过，从1898年2月鲁迅首次离家赴杭州，到1919年12月举家北上为止，他往返杭绍间一共33次，走的都是水路。所有的欢喜与期待，不安与惆怅，算上最后这次告别祖屋的心境，都留在了杭州和绍兴间的运河之上。

有告别，也有归来。744年，山阴人贺知章终于得到皇帝的允许，告老还乡。伴随着浙东运河不断东流的潺潺流水，86岁的贺知章写下了两篇七言绝句，一首描绘了因空间而生的思绪："离别家乡岁月多，近来人事半消磨。惟有门前镜湖水，春风不改旧时波。"而另一首，则道破了水声之外的，关于时间的故事：

> 少小离家老大回，乡音无改鬓毛衰。
> 儿童相见不相识，笑问客从何处来。

那些行走于浙东运河上，潜心修习中华文化的日本人，也为我们留下了这段运河的许多记录。比如唐朝时的空海，在浙东运河上收集大量的诗词和医书；宋朝时的成寻，将其从钱塘江一路经古运河到宁波的行程细细记录；明朝时的雪舟，创作了十余米的一幅长卷《唐山胜景画稿》，将绍兴、宁波、镇海等地一一绘下。

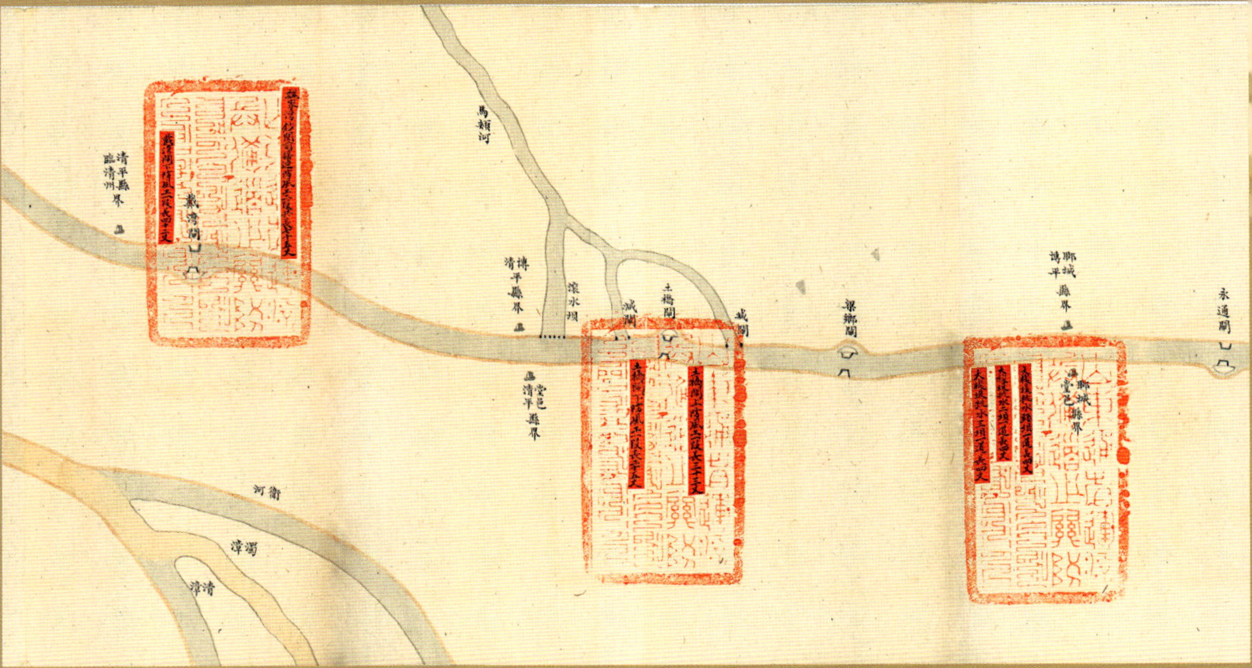

运洳捕上下泉六厅光绪二年抢修工程咨估图　清　中国国家图书馆藏

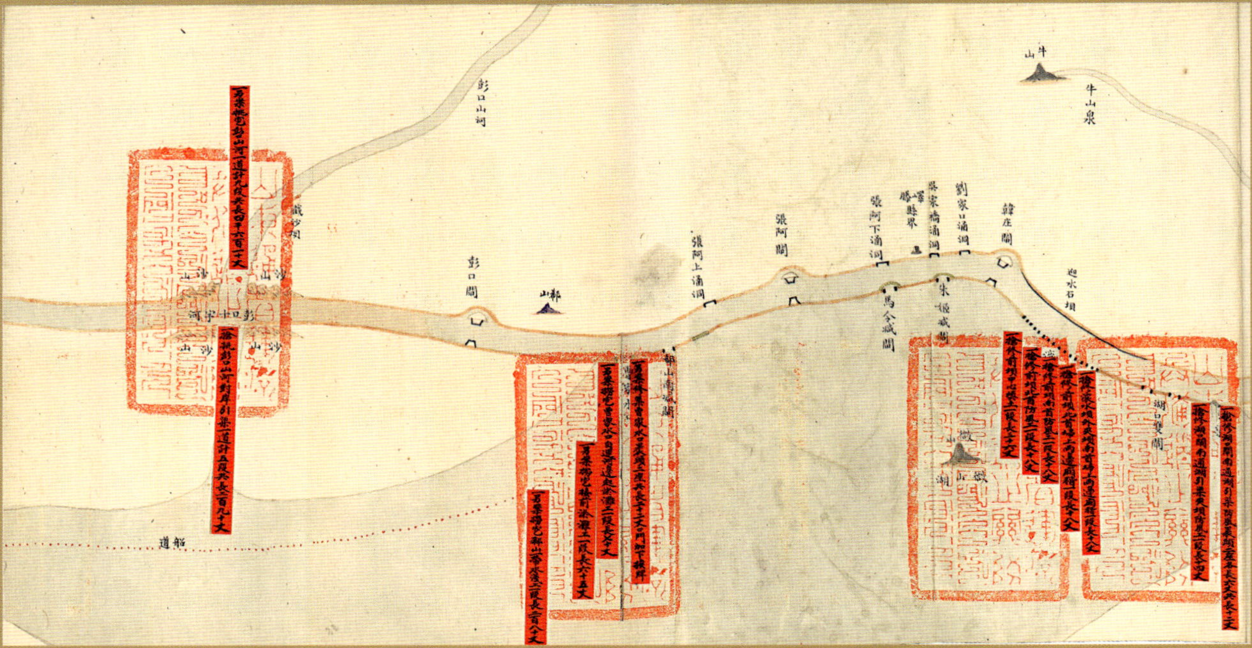

运洳捕上下泉六厅光绪二年分做过岁抢二修另案等工用过银两及河道起止里数图　清　中国国家图书馆藏

大运河的档案

在摄影技术还没有出现的明清两代，河臣们用精心描绘的图纸，给我们留下了价值不亚于照片的宝贵资料。流传至今的大运河舆图，同时作为文献记录和艺术作品，为今人观摩、欣赏和研究。

一

设想一下，明清时期的皇帝们在收到关于黄河决口、运河堵塞、淮河泛滥的奏报时，他们需要治水大臣尽快汇报实地的情况。但是，每每看到密密麻麻的文字，他们必须发挥自己的空间想象力，才能搞清楚北运河、南运河的关联，才能知道会通河是如何翻过一道道闸口，才能领会清口枢纽三河之间是怎样的纠缠关系。这时候，他们最需要的，并不是一个个滔滔不绝绘声绘色的大臣，而是一张张实实在在的图，一张张能解决他们所有空间疑问的运河地图。

在所有关于大运河的档案中，这类古舆图和工程记录占据了大部分。它们从诞生之日起就具有鲜明的实用性特征。

明朝中期开始，黄河屡屡泛滥，导致漕运不时中断，河臣们在上奏的关于治理河道的奏章中就开始绘制地图。明弘治九年（1496）河道总督王琼绘制的《漕河图志》，万历年间潘季驯编撰的《河防一览》，都附上了详细的图示。到了清代，关于运河的舆图更是层出不穷。当时河臣上表自己治河有功或是行将离任之时，为了彰显治理漕河的功绩，都会选择编绘一套运河舆图。

这些奏疏和舆图是古代河臣留给我们宝贵的遗产，是大运河的档案。在时代变迁中，运河水道变化、水利工程的发展过程，以及沿途城镇规模和描绘方式的不同，也能够看出国家历史的演进。在空间上，由于运河沿线地形地貌以及面临问题的差异，对于清口枢纽的复杂河道局势、鲁西丘陵地区的高程难题以及江淮之间泄洪和补水之间矛盾，历代绘图者都视为重点。

二

清康熙二十六年（1687）编绘的《京杭运河图》是采用青绿山水画鸟瞰视角的代表作。整幅图卷首为杭州湾，卷尾为京师西北的八达岭。这幅青绿山水画细致描绘了杭州到北京之间大运河两岸的自然和人文景观。山脉以绿色着墨，配以云雾气氛；河流用双线表示，着黄色，配以水波纹，运河上还有漕船扬帆的景象；堤坝用粗线条表示；沿途的城池以立面城墙表达，在其中绘上重要的衙署、寺庙等建筑。沿途的河道关系描绘清晰，画法精湛，各种山峦、城镇、闸坝的名称则用小楷标记。

康熙后期，这种青山绿水画法逐渐被平立面结合形象的画法所替代，运河舆图愈发实用化。其代表作是清康熙四十二年河道总督张鹏翮编绘的《运河全图》。这幅图画是配合一系列关于运河治理奏疏绘制的，也是张鹏翮治河经验的总结。沿运河的州县与山、河的关系在图中表现得非常形象。部分城池被绘制为方形（例如香河），也有的是不规则的形状（例如临清）。这幅图画的另一个特点是用符号来表现沿线生活场景，比如村社、驿站等，都用小房子的符号来表达。南旺分水枢纽一带的宋公祠、禹王庙、龙王庙等，连院墙、大殿、门墙、旗杆甚至树木，都绘制得非常仔细。

因为是河臣总结治水经验的作品，该图对于重要的水工枢纽着力笔墨。比如

河防一览图 明 潘季驯 中国国家博物馆藏
本图由明代治河名臣潘季驯于万历十八年（1590）组织绘制，上南下北，反映万历年间黄、运两河及相关河道的堤防修治等情况，不同河道由不同颜色表示，并附上图示说明，标出险要地段，是潘季驯一生治河经验的总结。

《运河全图》所绘制的清口地区，对黄河、运河交汇的各种水系、闸坝等情况都细细展示。这是按照康熙帝的指示，张鹏翮负责改建的杨家庄运口工程。这个工程在当时缓解了黄河倒灌的压力。在“旧大墩”和“新大墩”之间，还专门描绘出了当年康熙帝南巡时亲临的一座亭子，标注“皇亭”。总的来说，这幅《运河全图》实用性很强，时代感也非常强。

运河沿线的水源一向受到统治者的关注，清朝中后期出现了不少描绘记录运

五水济运图 清 天津市图书馆藏

本图描绘了清康熙年间山东济宁、泰安一带运河水源情况。

河水源的示意图。比如美国国会图书馆藏的《四省运河水利泉源河道总图》，展示了大运河从杭州到京师的全程。这幅图一一描绘沿线的地理风貌，尤其对山东境内的泉源细细绘制。运河在山东也称之为“泉河”，在境内各条河流上不断疏导泉源，为运河提供水源，保证漕运畅通。这幅图画将每一条与运河有关联的河流源头详细考证，凡入注运河水源的北方各主要河道都收入，比如“黄河发源星宿海”。

三

还有一类运河档案，是在运河挖掘、修筑等过程中的工程示意图。通过阅读这些图，我们可以看出当年运河是如何抢修的，也能够看出工程前后的对比效果。

清光绪二年（1876），山东省内的运河进行了一次工程抢修。在开工前，大臣绘制了一幅《运迦捕上下泉六厅光绪二年抢修工程咨估图》，是从山东黄林庄到德州一段运河河道抢修的全程示意。这幅图可以视作工程的施工图，在每一个动工之处贴上红底黑字的说明文字，记述了需要实施工程的点段以及施工的长度。

一年过后，一幅相似的图绘制完成，名字叫《运迦捕上下泉六厅光绪二年分做过岁抢二修另案等工用过银两及河道起止里数图》。这幅图相当于第一幅图的工程结项报告。贴红标签的内容基本一致，第二幅图在“咨估图”同样的位置标注类似的文字，只是在其前面增加了抢修的表述。比如“前坝中心填土一段，长三十六丈”表述为“抢修前坝中心填土一段，长三十六丈”。第一幅图是工程计划，是要做什么；第二幅图是工程结项，说明做了什么。

第二幅图比第一幅图还多了一些当初没有计划但实施了的内容，包括“岁修”工程和“另案”工程。比如在五空桥附近增加了“岁修曹家单薄护崖埽工三段，共长五十丈”；在曹家水口附近增加了“另案修筑曹家水口裹头二座，共长二十二丈，口门加下挨牌”。

国内保存的经典明清运河舆图：

◎ 明万历《河防一览图》

◎ 清康熙《运河全图》《京杭运河图》

◎ 清乾隆《京杭道里图》《江西挽运图》《山东十七州县运河泉源图》

◎ 清嘉庆《运河来水归江全图》

◎ 清光绪《清代京杭运河全图》《八省运河泉源水利情形全图》《山东运河全图》

这两幅图对照着看，能够让我们直接了解到清朝末年运河抢修的工程是如何运作的。在预估的工程之外，往往发生额外的新的工程，这些新工程在“结项报告”中都有体现。

清口枢纽地势复杂，各种水工设施因为条件变化而不断发生变化。比如最初在运道出水口设置的东坝西坝，功能是“束清刷黄”。但到了乾隆年间，由于木龙挑河使得黄运交汇处不断北移，东西坝的位置离北侧交汇处距离越来越远。为保持冲刷效果，在清乾隆四十三年（1778）时将两坝向北移动了一百六十丈。但仅仅三年后，由于陶庄引河的开挖，东西坝的位置距离黄运交汇处还是太远，于是又把东西坝继续向北移动了二百九十丈。

这一系列的变化，在若干幅乾隆年间的运河河工图中都有所体现。比如在清乾隆十四年左右绘制的《乾隆黄河下游闸坝图》中，能够看出刚刚设置木龙的清口枢纽，东西两坝在风神庙一带。到乾隆后期的《黄运湖河全图》中，东西坝已经向北平移到了惠济祠一带；再到乾隆末年、嘉庆初年左右绘制的《南河黄运湖河蓄泄机宜图说》中，东西两坝已经拥有了新的名字——御黄东坝、御黄西坝，位置则已向北移动到惠济祠北侧了。

精彩的运河档案不胜枚举，体现着治河者对河流、漕运、工程的理念，对细节的关注和思考。我们有幸通过大量的档案和舆图，回顾大运河重点段落和工程的演变。在摄影技术还没有出现的明清两代，河臣们用精心描绘的图纸，给我们留下了丝毫不亚于照片的宝贵资料。

这些浩如烟海的运河档案本身即是运河遗产的一部分。在世界各大文明中，中国的制图传统是独树一帜的，甚至我们仅仅从绘图方式上，就能一眼看出中华文明对于空间、地理和人文的理解与想象。尽管在今天，我们认识世界的方式已经被当代地图技术所影响，但运河历史上这些精妙绝伦的档案，尤其是古舆图，仍能够令我们在欣赏之余，感受到自己身体中蕴含的中华文明的基因。大运河的档案是文本、是知识，更是一种独一无二的心灵和气度。

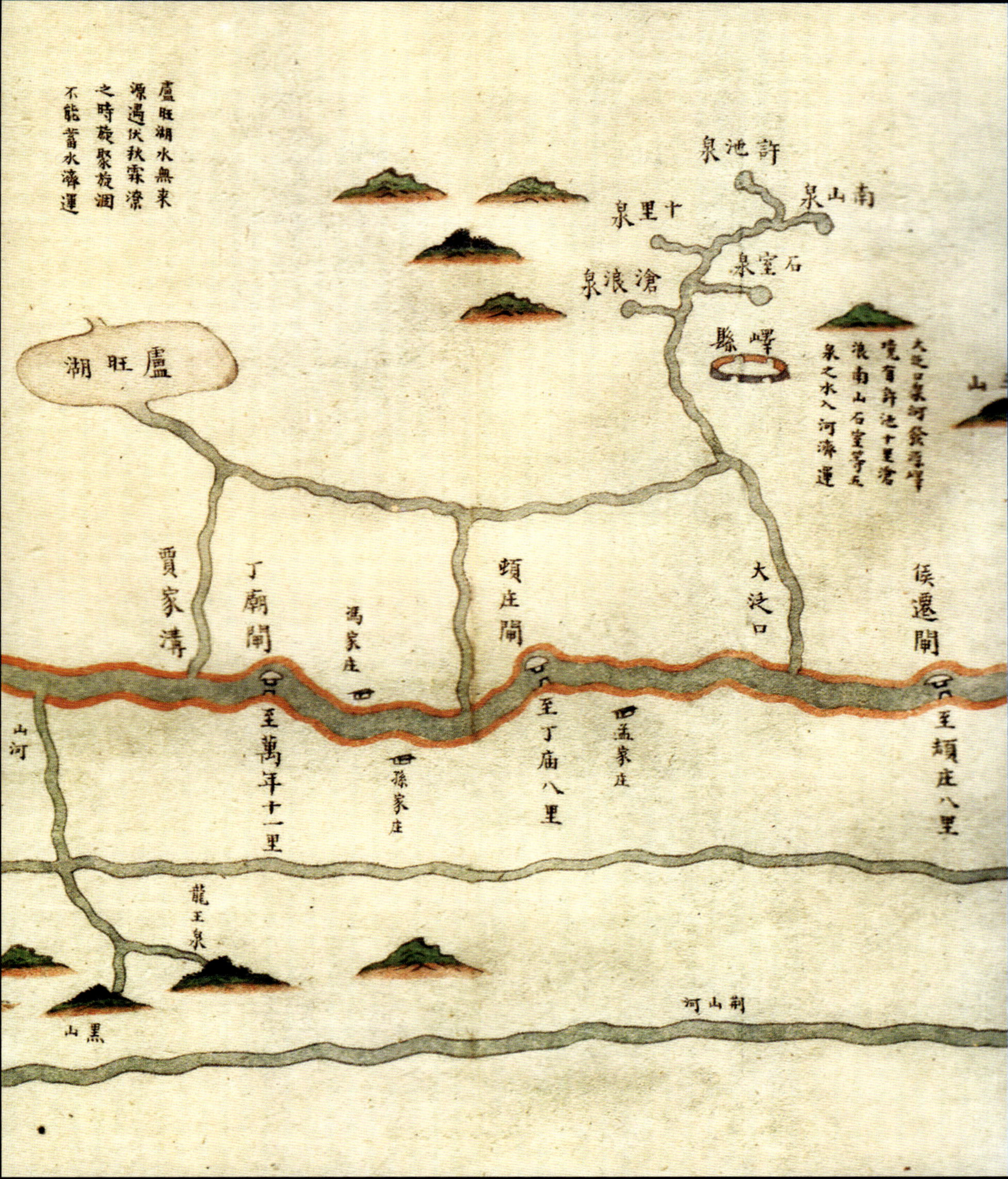

四省运河水利泉源河道总图 清 美国国会图书馆藏

本图收录入注运河水源的北方各主要河道，精细绘制山东境内的泉源

洋画师笔下的大运河

清代之后，外国使团的画师们开始用铜版画和水彩画的形式，用精致的画笔描绘大运河上的场景，留下了传世作品。

一

1665年，一个由16人组成的荷兰使团抵达中国。他们是荷兰东印度公司特使，希望拜见大清皇帝，请求允许荷兰东印度公司扩大在华贸易。他们从广州出发，一路北上。

使团中有一位画家——管家约翰·纽霍夫。在中国的旅途中，他每到一处就把当地风俗见闻用画笔记录下来。后来，这100多幅画作和他的笔记在荷兰出版，制作成了铜版画，名叫《从荷兰东印度公司派往鞑靼国谒见中国皇帝的外交使团》。

根据纽霍夫的记录，使团从广州出发，一路经过了广东、江西、安徽、江苏、山东、河北，最终到达北京。沿途经过61座城市，他的画作中当然也留下了一些当年大运河上的场景。他还在书中以地图的方式把北上路线标了出来，从南京之后，使团便踏上了运河之旅。

（左页）京杭大运河　［英］托马斯·阿罗姆　引自《西洋镜：一个英国皇家建筑师画笔下的大清帝国》（台海出版社，2017）

纽霍夫图画中的天津码头

不过，纽霍夫的绘图风格与我们想象的明清中国城市有不小的出入，如果不仔细看，或许还会误以为他画的是某个欧洲城镇。里面的山水、房屋、城市与乡村都显得很是特别，比如临清郊外运河旁的棕榈树，还有天津城里一排排整齐排列的欧式小楼。

纽霍夫应该是第一个将中国大运河真实场景用画笔传递给西方的人。据说此书被翻译成多国文字后，欧洲的皇室贵族纷纷效仿书中的形象和图案，将其用在宫廷和园林的设计上，也影响了瓷器、挂毯和灯饰等装饰艺术。因此，纽霍夫的著作可以说是欧洲“中国风”的序曲。

亚历山大笔下运河上的活动桥

二

一百多年后，大运河上又来了一个西方使团。他们的名气更大——来自英国的马戛尔尼使团。使团中同样有一位喜好绘画的人。

年轻画师亚历山大出生于英国肯特郡，于英国皇家艺术学院习画，25岁被选入马戛尔尼使团，担任随团画师。在中国，他随团访问了天津、北京、承德、杭州、广州和澳门等地，创作了大量的速写和水彩画。

亚历山大的画作相比纽霍夫而言，更真实地反映了运河上的场景。使团的船

亚历山大笔下大运河的拱桥

队在进入中国后在大运河上前后航行了38天，运河给他们留下极为深刻的印象。在行进的途中，亚历山大留下大量写生画稿，特别是绘制了若干大运河上的桥和闸，丝毫不亚于一种历史照片的效果。在这些反映运河的画作旁，亚历山大还配有说明文字，并给每幅作品起了名字。

虽然文献中对于漕船过闸的记录非常多，但究竟船是如何过闸的，我们很难精确想象。而亚历山大用“船过河闸”“船从高水位落向低水位”“船落河中”三幅画面（虽然背景各有不同，但实际上可以视作三幅连续的画面），将过闸的场景动态展现出来，使我们对漕运有了更感性的认识，可以与文本互为补充。

亚历山大还细致描绘了大运河上的“桥”和“人”。关注桥，是因为英国人对于中国河道工程技术的关注，对于运河上固定或活动的桥都非常有兴趣；关注人，则是真正透彻观察运河上的人的生活状态。亚历山大笔下的桥，依旧能够展示出中国运河独特的工艺设施。但是其笔下的人，则呈现出与那种高超的古人智慧不相符的面貌。尤其是他对于运河纤夫的描绘，为西方社会送去了一个腐朽、孱弱帝国的民众形象。

亚历山大对于运河纤夫的描绘，还在很大程度上激发了其他西方画家对于中国人的想象。比如著名画家阿罗姆的铜版画便是以亚历山大的画稿为原型而重新创作的。从来没有到过中国的阿罗姆，运用自己的想象，创作了一幅大运河的拉纤场景，反倒比亚历山大本人真实的记录更加“美化”了运河盛景。

这些来自西方的画师用铜版和水彩记录下大运河的形象。虽然关于运河的画作只是纽霍夫和亚历山大众多作品中的一小部分，但这些作品达到了让西方人近距离观察中国、了解中国的效果。与中国传统的水墨画不同，这些作品更注重表达大运河的具象，多以个人视角描绘，追求场景和物体的准确性。虽然在艺术表达上似乎不如中式水墨画能够体现大运河的意境，但这份难得的记录，反而为我们留下了当时大运河上各种写实情景。

书写或绘制京杭运河旅行经历的代表性外国使团与官员：

◎ 明弘治元年（1488）朝鲜官员崔溥

◎ 明嘉靖十八年（1539）日本遣明使团（策彦周良）

◎ 明万历二十八年（1600）传教士利玛窦

◎ 清康熙四年（1665）荷兰东印度公司使团（纽霍夫）

◎ 清乾隆五十八年（1793）英国马戛尔尼使团（斯当东、亚历山大等）

大运河上的非遗

如果说大运河的文化和历史是躯体，那么如满天星斗一样的非物质文化遗产便是她的灵魂，记录和传承着运河沿线的世间百态，运河人的喜怒哀乐。

《清明上河图》中，热闹的开封城的角落，聚集着正在讲故事和听故事的人。凉棚下，一个蓄着胡须的老者端坐在桌案前，十来个人聚精会神地围绕在老者周围。另一个说书人胡子更浓密，似乎也更受欢迎，在一家肉铺前开起了书场，围观的听众得有二十个，还有拼命往前挤的孩子。

是什么故事让人如此津津有味？我们已经无从考证。但是，这种喜悦的生活场景和活泼的民俗风物并没有停驻在画面中，而是伴随着大运河的繁荣而愈发浓郁灿烂。它们记录和传承着运河沿线的世间百态，运河人的喜怒哀乐。我们把这些大运河流域广大民众中间世代相承的表演艺术、传统技能、民俗活动、精神信仰，以及各种与之有关的生活、艺术、文化用品，统称为大运河的非物质文化遗产，简称非遗。

大运河的非遗是一个取之不竭的宝库。这类遗产成千上万，不可能在很短的篇幅里一一列举。在本节中，我们将领略几个典型的非物质文化遗产项目，它们的诞生、发展、繁荣都与运河互相成就。

我们把它们大致分为三类，说唱艺术、手工艺品、民俗信仰。这三类分别对应着运河人的三个要素——口、手、心。用嘴说唱苍生，用手创造生活，用心沟通世界。

一

说书

说书讲故事，是大运河百姓喜闻乐见的娱乐活动，也是古代艺人沿着大运河孕育和发扬的艺术。

大运河沿线生长的说书艺术与地方风土人情息息相关。南方的苏州评弹、扬州评话都以动作幅度小、风格细腻、注重细节而知名，内容里也多是儿女情长的故事。进入山东后，说书人的语速明显更快，语调也更加高亢起来。一提起山东快书，我们脑海中都能立刻响起一个声音——口音浓重的山东大汉干脆利索唱起"闲言碎语不要讲，表一表山东好汉武二郎"。再沿着运河向北，进入京师，说书人的风格又是一变，节奏比山东要舒缓下来，吐字发音也更讲究周正圆满，毕竟是皇城根脚下，说话不能太"冲"，这就是北京评书了。

我国目前共有40多项"人类非物质文化遗产代表作"，很多都孕育在大运河畔，或是通过大运河传播和传承，比如：昆曲、剪纸、雕版印刷技艺、妈祖信俗、京剧、传统木结构建筑营造技艺、云锦织造技艺、桑蚕丝织技艺、龙泉青瓷烧制技艺、宣纸制作技艺、太极拳，等等。

虽然相隔千里，但江淮一带的评话却和北京评书通过大运河有着共同的渊源。评话鼻祖柳敬亭当年直接催生了扬州评话，他常年在苏州说书的经历也影响了苏州评话的发展。据说其在晚年随清代漕运总督蔡士英北上北京，将说书艺术留在了京城，成为北京评书的雏形。关于北京评书的诞生还有一个说法，是当年北京鼓曲艺人王鸿兴去江南献艺时，曾拜柳敬亭为师，回京后改说评书。无论如何，我们今天在广播里再听袁阔成先生的《三国》，从声音中体验刀光剑影、烽火边城这些画面时，何曾想到，这其中隐约也有柔软的运河之水的影子呢。

（右页）《清明上河图》中的说书场景

久住
王員外家

临清社火

大鼓

说的艺术，有时候还要借助一些工具。运河沿线另一种流行的说唱曲艺是大鼓书。大鼓主要流行于北方，比如京韵大鼓、西河大鼓、乐亭大鼓、梅花大鼓等，一般都是一只大鼓配手板，再加上三弦等伴奏器具。大鼓表演起来像在唱，又像在说。

在这些大鼓中，专门有一个地方门类以运河冠名——运河大鼓。运河大鼓诞生于山东运河微山湖段的台儿庄附近。相传在明末清初，台儿庄的艺人们从渔鼓艺术的变化中形成了大鼓。运河大鼓表演时，说书人左手持一副钢板，右手敲鼓，唱词讲究节奏感，以“三、四、三”10字句为基本句式，偶句押韵，听着很带劲儿。和流行于山东的其他艺术风格类似，运河大鼓也是粗犷豪放为主，常表现《隋唐演义》《三国演义》《杨家将》等战争和英雄故事。

淮海戏

北方粗犷，南方细腻，那么位于运河中央的淮安地方曲艺是什么风格呢？孕育于淮安的淮海戏明显有南北融合的特点。淮海戏以淮安、宿迁、徐州等地为核心，流行区域辐射苏北运河沿线。在唱腔上，淮海戏颇具北方风范，尤其是在乐句的结尾突然翻高八度耍腔，让观众随着表演者的情绪激昂起来，因此又有“拉魂腔”之称。淮海戏的表演身段则透着农村生活的影子，想到当地百姓常年受到黄河洪涝的影响，这种拉人魂魄的唱腔也颇有苍凉之感。在曲目内容上，淮海戏又接近南方风格。淮海戏基本没有《三国》《水浒》等英雄好汉的故事，而主要是民间生活的小戏，听听下面这些名字，也能感受到淮海戏乡土而细腻的一面——《催租》《骂鸡》《站花墙》《皮秀英四告》《鲜花记》《三拜堂》《小隔帘》《小玉环》……

二

说过了运河人的“口”，再来说说运河人的“手”。生活在运河边的人，在过日子的同时也对生活有着独到的追求，他们心灵手巧，创造出了精致的工艺品。

惠山泥人

从唐朝开始，无锡的惠山镇建造了大量祠堂。看管祠堂的祠丁平时工作之余，喜欢把玩当地特产的泥土。惠山的泥土黏性强，通过祠丁的双手能够捏塑成各种造型的小泥人。到明清时期，惠山泥人已经扬名天下。惠山泥人按大类可分为“粗货”与“细货”。粗货手法粗放，简练朴拙，以“大阿福”这种乡土生活的胖娃娃造型为代表。细货则是惠山泥人所独有，除了捏制手法更为细腻之外，更重要的是其题材非常“高级”，比如“手捏戏文”，用泥人的形式表现昆曲、京剧等戏曲故事。

戏文泥人通常两三个角色成一出，比如《白蛇传》，将白娘子、许仙、小青三个人不同的神色、心绪、动作通过细微的手法展现。还有如《钟馗嫁妹》这样的大场面，超过40个角色，每个角色又要各具识别度。惠山泥人之所以能够塑造出手捏戏文的特色，也是因为无锡的老百姓因运河滋养过上富足的生活，其审美情趣和日常娱乐也随之越发精致。运河人的精神世界，也在泥人的一颦一笑中清晰呈现。

苏绣

中国是丝绸的诞生地，大运河是丝绸工艺发扬光大的载体，其中又以苏绣为代表。早在春秋时期，就有苏州一带“绣衣而豹裘者”的记载。《三国志》里吴将蒋钦家里生活富足，“妻妾衣服，悉皆锦绣”。苏州刺绣不仅用于日常衣着，还发展出了高品质的审美格调，配以江南人对生活细致入微的观察，最终以图案秀丽、色彩文雅、针法活泼、绣工精细而闻名天下。明清时期，京杭运河上的漕船中，重量最轻的就是装载江南纺织品的船，但这些贡品的价值却是最昂贵的。

为了服务皇室的日常需求，朝廷专门在南方设立织造局。据统计，故宫博物院十几万件的织绣藏品中有一半都是来自苏州。除了官方的织造局之外，苏州还涌现出大量的民间手工作坊，它们沿街排开，用一针一丝编织起繁华似锦的生活场景。苏绣的“周边产品”也随着大运河运向四方。明朝来华的日本使团曾在苏州大量采购苏绣，一买就是上千件，出手可谓极为大方，回到日本之后再倒手卖掉。这也从侧面反映了苏州手工艺技术的外销魅力。

杨柳青年画

心灵手巧的不只有南方人，北方人同样在大运河上用灵巧的双手创造出了精湛的工艺，比如天津的杨柳青年画。杨柳青一带生长着大量梨树、枣树，木质坚硬，适合用作年画的雕刻画版。从元朝开始，杨柳青云集了一批木版雕刻的手艺人。到了明清时期，大运河更加通畅，南方的纸张和颜料源源不断运到杨柳青，年画产业愈发蓬勃。据说在顶峰时期，杨柳青的年画手艺人超过5000人，可谓“家家会点染，户户善丹青”。

杨柳青年画的特点是“半印半画”。先是以木板雕出画面线纹，用墨印在纸上，套过两三次单色版后，再以彩笔填绘。因为不同艺人的手绘风格不同，在同样的套版下，同一题材背景往往能够呈现出截然不同的艺术效果，或精细、或粗放。杨柳青年画诞生于运河之畔，与百姓生活息息相关，题材也多蕴含吉祥幸福的寓意。比如最具代表性的《莲年有余》，一个白胖的娃娃怀里抱着肥硕的鲤

惠山泥人手捏戏文

鱼，手持莲花，以谐音寓意生活富足。行走于运河上的人们购买这样的年画，希望运河之水能够为自己带来富裕美好的生活。

三

大运河便利的交通让南北方的中国人在习俗信仰和心灵上有了进一步的沟通。发源于其他地区的民间信俗随着人们的足迹传播到了运河沿线的每个角落，并且和本地的风土人情相碰撞、结合，最终形成了沿运地区厚重的民俗信仰。

英當燒以做香的請両做香燒足諳那以家香見這以家燒両做香棄那以家他
請五做香燒心里的話。香隨燒香燒的多吾有的似錢燒估来了以家燒香的心里話。
瞄吾的他將整報的香皆閑純冠手撚香買香点着了火燒大家都怕痲瘆娘娘。
於小孩他並不好花隨不多燒香来全來的是賞已好花清習善事娘們的旬當。
都孩藍不住他大會上至當人多都看若閒不説不問。
路上裥忙呼接香會上人們了長把的鉄杓来接香火。
六十八起
同議請駕聖會。衆位善合体好行會。請駕議為慈心聖宗求福求安。
請駕會上大家都以秉前心。護聖隨駕衆全口慈。天知神知。浩善行善。
會宗人等恭合娘娘護佑弟子除災無禍人口平安皆是慈悲方便。
皆因是天后宫有大仙大聖催感香火替天行道有神垂佑人説此時凡間。
催感香大仙家此世上人多仙家德道裥以望那日月實閒長治着不死。
人裥知天地的零氣萬務出則這不好嗎人裥有死人若有後背裥以傳世。
人無後背隨與他辦清明節的似做在者他家的佛爺佛相隨来燒香斷覺香烟。
在世人要積陰功立德性增福延壽長治世上後背見孫增光越祖。
發財治富更換門。
這是洪塵路上救化別矣人体面。 至体

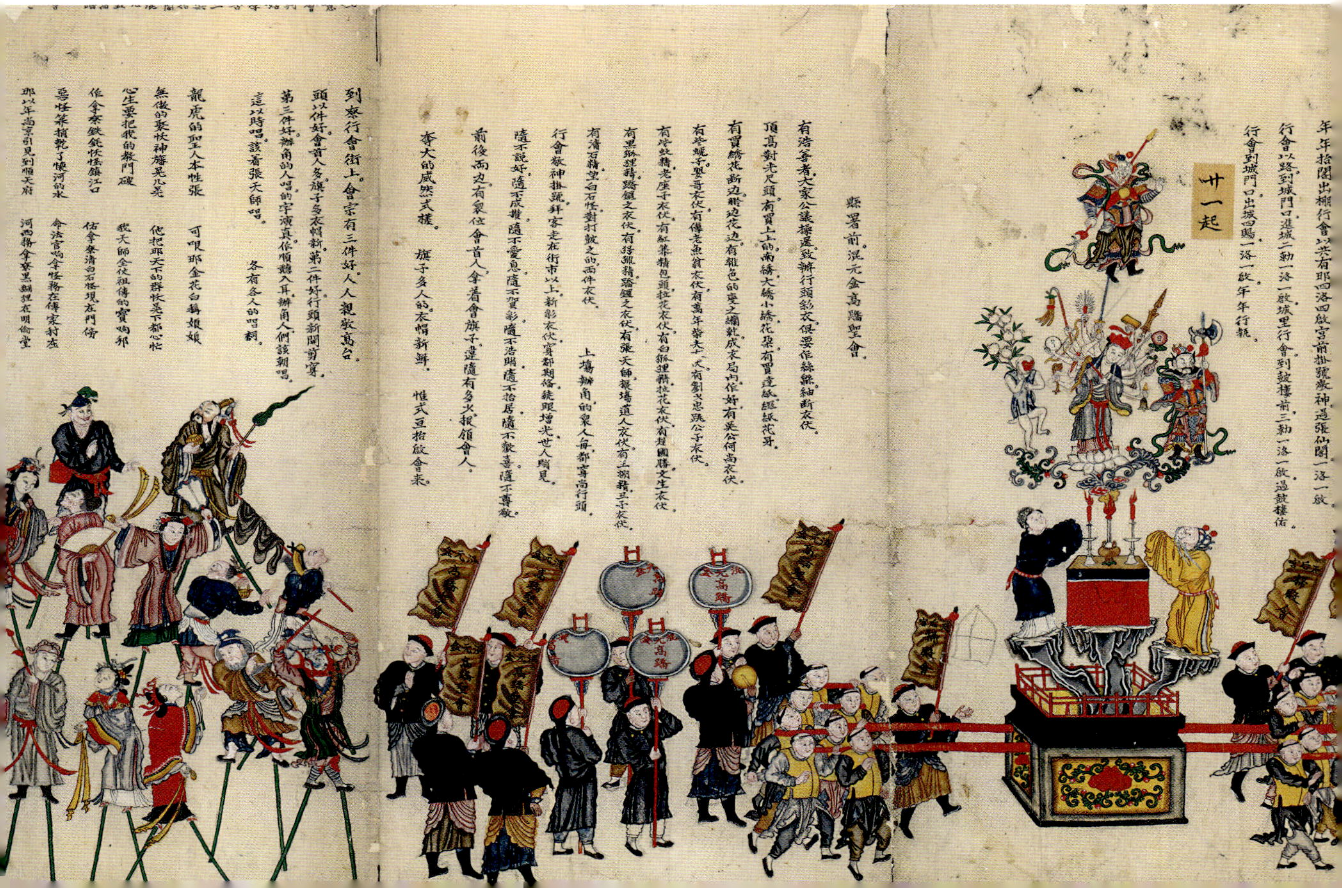
年年抬閣出棚行會以共有那四洛四啟宫前掛號衆神過張仙閣一洛一啟。
行會以路到城門口進城二勅一洛一啟城里行會到鼓樓前三勅一洛一啟過鼓樓佑。
行會到城門口出城四賜一洛一啟。年年行執。
廿一起
縣署前。混元金高蹻聖會。
有浩善者大家公議操遲致辦行頭彩衣。俱要作絲線紬斷衣伏。
頂高對光尺頭。有買上上的両繡大繡小繡花朵。有買達紙緞紙花牙。
有買繡花斷边。瞻边花边。有雜色的變之繡就成衣局内作好。有吳公何尚衣伏
有坐蜿子。婁哥衣伏。有傳老魚翁衣伏。有高年紫夫士衣。有劉义忠跳公子衣伏。
有坐蚨精老座子衣伏。有紅蒜精包頭拉花衣伏。有白狐狸精拉花衣伏。有楚國勝文生衣伏。
有黒狐狸精踏鎖之衣伏。有猴猻精踏鎖之衣伏。有張天師張瑞道人衣伏。有立搦精丑子衣伏。
有清石精望白石怪對打敨之的両件衣伏。
上塲辦角的衆人每都當尚行頭。
行會敬神掛號拜客走在街市以上。新彩衣伏實都期倦。純眼增光世人瞻見。
隨不説好。隨不成攢。隨不愛息。隨不賀彩。隨不浩瞄。隨不指居。隨不歡喜。隨不尊敬。
前後両边有衆位會首人拿着會旗子。違隨有多火報領會人。
奪大的威然式樣。
旗子多人的衣帽新鮮。
惟式亘抬啟會来。
到寨行會街上。會宗有三件好。人人親敬高台。
頭以件好會首人多旗子多衣帽新。第二件好行頭新閑剪穿。
第三件好辦角的人唱的字演真作順雞入耳。辦角人們該朝唱。
這以時唱。該着張天師唱。
各有各人的唱詞。
龍虎的聖人本性張
可哏那金花白鶴娘娘
無傚的聚妖神旛晃几晃
他把那天下的群妖晃下都心忙
心生要把我的教門破
我天師全仗祖傳的寶鳴那
作拿來鉄鈍妖怪鎮江口
佑拿來清白石怪現在門傍
吾怪笨揖乾了快河的水
命法官鳴拿怪務在傅家村庄
那以年高京引見到順天府
河西務拿來黒蝴狸在明倫堂

妈祖信俗

妈祖信俗起源于福建莆田。相传妈祖原名林默，在宋太宗年间由于救助海难而牺牲。老百姓感念她的功德，将其视作集无私、善良、亲切、慈爱、英勇等传统美德于一体的精神象征和女性代表。民间祭祀妈祖的规格不断提高，元代之后的皇帝多次敕封，康熙帝封其为“天后”，正式奠定了妈祖在东南沿海地区作为海神的崇高地位。船员们在出海前要先祭妈祖，在船舶上立妈祖神位供奉，祈求保佑顺风和安全。

妈祖信俗不仅在沿海地区发展，传播到东南亚等地区，也沿着大运河北上，成为运河沿线民众广泛祭祀的神祇。随着福建商人一步步沿运河北上，沿线各地陆续出现了妈祖庙，其中南方的淮安、苏州、镇江、嘉兴、杭州等地较早出现，山东、河北等北方地区出现较晚。尤其是在关键点段，妈祖信俗尤为繁盛，比如在淮安清口枢纽一带，为了祈福平安，诞生了大量的妈祖庙。比如在山东会通河沿线，最初盛行碧霞元君信俗，妈祖信俗北上之后，在当地与碧霞元君信俗相交融。

妈祖信俗在北方影响最深刻的城市是天津。天津流传一句俗话：先有天后宫，后有天津城。元代天津一带是海漕、河漕交汇之处，为了祈福求安，这里诞生了大量的妈祖庙。东门外的天后宫，建于元泰定三年（1326），原名天妃宫，是中国现存年代最早的妈祖庙。建成后，这里不仅成为船工们来往天津必须祭祀的场所，还因为每年举行纪念天后诞生的皇会，成了普通百姓聚会、娱乐、购物的公共空间。在祭祀盛会上，人们可以看到各种精彩的行会表演。清代的《天津天后宫过会图》是一部关于天津皇会的风俗画卷，描绘了近百家不同形式的花会表演，人物4000余人，个个栩栩如生，还有各种民间游艺形式数十种，并有数万字的说明文字。

金龙四大王信俗

运河沿线还有不少颇具影响力的神明。在黄淮一带，流行着金龙四大王信俗。金龙四大王的原型是南宋末年抗元义士谢绪。民间传说，他在朱元璋击溃元兵的战役中显圣，助力前者获胜，因此获得了百姓的尊崇。明朝漕运重开之后，谢绪成了护卫漕运之神。据说只要过往船只诚心祈祷，他就会有求必应。明清两代皇帝后来不断加封，到清光绪年间，金龙四大王的全称共有49个字，或许是中

（左页）天津天后宫过会图 清 中国国家博物馆藏

国传统文化中封号最长的神灵之一。随着官方的加封，金龙四大王信俗传播到黄河中下游以及运河沿线，尤以受黄河影响最大的中运河一带最为繁盛。清代县志中记录在册的金龙四大王庙宇有200多座。直到今天，淮安、宿迁、济宁等地仍有这位神明祭祀场所的遗存。

口头文学

大运河上还诞生了无数的口头文学和传说故事。这些民间文学是运河百姓，尤其是农村百姓生活点滴的汇聚和体现。生活是不易的，比如湖州一带流行的摇船山歌唱道：水里摇船水里歇，水里摇船能得几个大铜钱？六月晒得泥鳅黑，十二月冻得紫蝴蝶。生活也是充满希望的，淮安的船歌里就唱出了对好日子的渴望：金龙口，银龙口，金银财宝样样有。舱门外清风明月，做生意越趟得手。中舱内积玉堆金，到行里老板请酒。还有一种民歌，唱的内容就是大运河本身。比如在北京通州的民谣中就有一首《下江南》，头几句是这么唱的：说开船就开船，开船下江南。江南有个大王庙，庙前立着大旗杆。

大运河的传说故事风格多样，尤为体现当地风土人情，比如江苏泰兴一则关于龙王开河的传说，一共提到了22处河流、池塘、村镇的名字，简直像描绘出了一幅水上地图一样。皇帝下江南是这些传说最喜欢的主题，我们今天在运河沿线会听到许许多多有关康熙帝、乾隆帝的故事，很难判断真伪，但都为老百姓所津津乐道。

非物质文化遗产记录和传承着运河沿线的世间百态，表达着运河人的喜怒哀乐，它们都是大运河的灵韵所在。今天，这些因运河水滋养出的灵韵，并没有从我们的生活世界中消失，因为眼前的大运河依旧流淌，生生不息的运河人依旧用口、手和心描绘和畅想着美好的生活。

德国哲学家本雅明曾说，传统艺术作品最大的特点，在于其从传统土壤中生长出的“灵韵”，而这些灵韵在现代社会逐步丧失了。借本雅明的话，大运河的文化和历史如果是躯体，那么如满天星斗一样的非物质文化遗产，便是她的灵魂所在。当我们再度品味《清明上河图》中肉铺前的说书人，会发现这种因运河水滋养出的灵韵，并没有从我们的生活世界中消失，因为眼前的大运河依旧流淌，生生不息的运河人依旧用口、手和心描绘和畅想着美好的生活。

大运河的灵韵，从未消失。

（右页）金龙四大王像

金龍四大王象

黄天霸
李五
黄忠
郭起鳳
老軍
梁紅玉
韓世忠

大运河与京剧

国粹京剧孕育于运河两岸，也随着运河传遍天南地北。

一

清乾隆四十四年（1779）冬天，深居京城的皇帝开始憧憬即将开始的第五次江南之行。这一次，他很想感受一下江南的那些花戏、杂戏。

与紫禁城里欣赏戏曲时所谓的“扬雅抑俗”不同，从京城到杭州，大运河沿线的地方文化娱乐早就是丰富多彩、百花齐放。因为沿线经济繁荣，人员往来频繁，南北的客商汇聚在沿线各个城市之中，带来了各地风情万种的戏曲表演。济宁、扬州、南京、苏州、杭州在历史上都是戏曲繁荣发展的重要城市，各种腔调在这里汇合，争奇斗艳。就算是当时最高雅的昆腔，在运河两岸也特别“接地气”，《金瓶梅词话》中，就有西门庆让两个年轻戏子演唱昆山腔的情节，这可不是在昆山，而是在山东的临清。

乾隆帝选择在扬州来实现梦想。临行前，朝廷向各地发出了征召令，让地方戏曲班子赶往扬州，皇帝要在这里亲自听一场大型堂会。而且这次的汇演不分高雅粗鄙，不分所谓的

（左页）升平署脸谱 清 中国国家图书馆藏
清末，北京各大戏园上演拿手好戏时，名伶画像也出现在街头店面，作为招牌吸引观众。京剧成为市民文化生活的重要组成。宫廷内部，则由内府如意馆画家绘制了一批类似的人物画，这些惟妙惟肖的画作后被结集成册。

“雅部”“花部”，能来的都参加。

什么是“雅部”“花部”呢？简单而言，就是根据官方判定的高雅程度，对戏曲的档次进行划分。“雅部”就像“美声唱法”，“花部”则是“民俗唱法”。不过，当时运河沿线的各类戏曲，只有昆曲能够荣登“雅部”，其他的所有地方戏种都只能是“花部”。

皇帝这次要好好欣赏一下“花部”。

第二年正月，乾隆帝在大运河上开始了第五次南下之旅，并兴致勃勃地写下了“御舟早候运河滨，陆路行余水路循”。抵达扬州时，等待他的是弋阳腔戏、秦腔、徽戏、罗罗腔戏、柳子腔戏、勾腔戏……为了让皇帝尽兴，扬州府在运河边文峰塔下的“扬州三湾”专门搭起舞台。各路戏班你方唱罢我登场，乾隆帝也大享与民同乐之趣。《扬州府志》记录下了当时的盛况：“此次堂会，实乃空前未有之盛举。”

据说当时最令乾隆帝倾心的是一出名叫《徐策跑马》的徽班戏。他边听边问旁边的地方官曲调的名字，后者专门把戏班的班主叫上来向皇帝回禀——高拨子。高拨子的唱腔来自江苏高淳，这里的渔民每次拨船过坝时，就众人齐唱，用歌声来鼓劲。因为是在拨船时所唱，所以这种腔调被称为“拨子”。此腔调传出高淳县后，人们又在“拨子”前面加了一个“高”字。

清乾隆五十五年（1790），为庆贺皇帝八旬寿辰，徽伶高朗亭等率“三庆”徽戏班进京演出，后与四喜、春台、和春同称“四大徽班”。在长期实践中，他们不断从秦腔、汉调、昆曲、京腔等剧种汲取营养，经数十年演变，形成京剧。京剧在2010年列入《人类非物质文化遗产代表作名录》。

十一天后，乾隆帝心满意足，继续南行。这些戏班的班主们商量，难得来一趟扬州，聚在一起不容易，干脆在这里多待些时日，让扬州市民们也好好娱乐一番。当时的场景可谓是“锣鼓之声，无日不闻；冲僻之巷，无日不有”。

班主们再一合计，既然这些戏如此受欢迎，不如沿着运河唱进京城吧。于是，他们从扬州开始，每到一处就停下来搭台汇演，沿路的老百姓也非常捧场。同时，这些戏班之间关系也颇为融洽，互通有无，各种曲调、唱腔之间往来切磋。过了一年，才顺

（右页）崇庆皇太后万寿庆典图 清 张廷彦等 故宫博物院藏
清乾隆十五年（1750）十月二十五日，乾隆皇帝生母崇庆皇太后60岁寿辰，举行了盛大的庆寿活动。本图再现了当时的庆寿场面和演戏场景。右页片段为其中一个戏台前的热闹景象。

着运河慢慢行到了北京，并在京城南部的前门一带安营扎寨，开始了“北漂”的生活。

二

深居皇宫之中的乾隆帝一直没能忘了那个“高拨子”。清乾隆五十五年，皇帝八十寿诞时，善于揣摩上意的官员专门征召徽班进京庆寿。从此，徽戏这种“花部”戏一下子登上了大雅之堂。当时进京表演的徽班是三庆班。这个戏班其实就是一个大杂烩，以二黄为主，兼唱昆曲、吹腔、梆子等。

因为三庆班表现太过出彩，最后就留在了北京。其他徽班看到之后，纷纷效仿，也沿运河进京卖艺，又陆续出现了“四喜”“启秀”“霓翠”“和春”“春台”“三和”等戏班。其中以“三庆”“四喜”“和春”“春台”四个戏班名气最大，称为“四大徽班”。

有一个问题是，我们称之为“徽班”，可他们不是从苏州、扬州而来吗？“徽”又是从何而来？这还是和运河有很大关系。

徽班进京 电影《进京城》剧照

“徽”指的是安徽，“徽班”本来指的便是活跃于安徽的戏班子。当时的安庆府是安徽省府，有“戏剧之乡”的美誉。而以贩盐为主要生意手段的徽商，从安徽南部山区走出，汇聚在运河两岸，尤其是扬州一带，这些出自于安徽的戏班子也跟着徽商来到运河畔。这种走南闯北的精神，又让徽班的戏不断包容其他剧种的特色，博采众长。甚至江苏本地人也加入到了徽班的行列，到这时，“徽”已经不仅是一种地域标志，而是成了一种文化特色了。

“四大徽班”各有所长，所谓“三庆的轴子，四喜的曲子，和春的把子，春台的孩子”。三庆班擅长演绎全本大戏，因为这些戏码一般都排在倒数二三出上，人们称为轴（四声）子戏；四喜班因为苏州人多，擅长昆曲，故曰“曲子”；和春班因为擅长武打戏，所以叫“把子”；而春台班则因为童伶众多，故称之为“孩子”。

这么看来，乾隆帝能在众多“花部”戏当中一眼相中徽班，也不是历史的偶然。

徽班只是京剧诞生的基础，而真正让京剧成为一个完整剧种，还离不开汉调的进京，以及与其他剧种的不断交融。汉调又名“二黄”，是清朝中期湖北汉水一带的地方剧种。在徽班进京后，乾隆末年，汉调艺人也从长江南下再折返到运河上，辗转进京。进京之后，这些艺人大都加入了当时已在北京扎根的徽班。

艺人们在一起取长补短，相互融合。汉剧是西皮调，徽剧以二黄调为主，同时还融入了秦腔、弋腔和昆曲等，再加上北京语言的地方特点，一种独特的京腔韵白应运而生。在鸦片战争前后，这种当时称作“京调”的戏种，已经能够和昆曲分庭抗礼了。

在戏曲的交融发展中，大运河扮演了不可或缺的角色。运河沿线南来北往的客商们，做生意之余少不了找乐子。听众的耳朵是尖的，什么好，什么美，什么接地气，就听什么。艺人们在这样的压力下，不得不一直推陈出新，而不断完善后的京剧，则沿着运河再度“南下”，使运河沿岸一些市镇成为曲乡艺海。

三

再到后来，大运河成为一个京剧艺人职业生涯的衡量指标。假设你是一个初

同光十三绝　清　沈蓉圃　中国艺术研究院藏

该画参照清代中期画家贺世魁所绘《京腔十三绝》中的戏曲人物，用工笔重彩绘制而成。画中绘有老生、武生、小生、青衣、花旦、老旦、丑角，均是清同治、光绪年间徽调、昆腔的徽班进京后扬名的13位著名京剧演员。从左至右分别为郝兰田、张二奎、梅巧玲、刘赶三、余紫云、程长庚、徐小香、时小福、杨鸣玉、卢胜奎、朱莲芬、谭鑫培、杨月楼。

出茅庐的京剧演员，你毕生的追求应该是——唱红运河两岸！

你要在北京好好学艺，毕竟京城是所有“角儿”云集之地，而且京城的听众大都是平时无事的八旗子弟，师父教得严格，听众要求得更严格，这有助于你狠练基本功，并且找到自己的特色之处。

学艺之后，你要沿着运河向东，来到天津。行业内有“过天津关”一说，天津的观众甚至比北京的更加挑剔，各路名角都以博得天津观众认可为自己演艺水平的重要标准。民国时期的京剧名角李少春、童芷苓、赵燕侠等，都是在天津唱红的。

从天津出来后，要想赚大钱，你就要再次南下了。沿着运河，有几个重要城市需要你去征服，首先是临清。当年徽班北上之时，在临清落脚休整，也让临清人感受到了京剧最初孕育时分的味道。临清有“宁舍十亩地，不舍一出戏 ”的说法。据说在今天，临清也是全国京剧票友最多的地方之一。

在临清停靠些许，你将继续沿运河南行，到达淮安。淮安作为运河、黄河、淮河汇聚之处，也是漕运总督和河道总督驻节之地，号称“官比士民多”，因此在淮安你要去打动那些达官贵人。尤其是河道总督，据说常年都会自己组织徽班、昆曲的演出，审美非常挑剔。中国戏曲学校第一任校长、有京剧“通天教主”之称的王瑶卿的父亲王绚云当年就是在这里唱出名的；京剧大师周信芳本人生长在这里，并在这里接受了京剧的开蒙。因此，唱响淮安，是当时所有京剧名角的必经之路。

到这个时候，从北京走出的你，已经成为运河沿线的当红名角了，是时候回到京剧的老家——江南了。在这里，你面临的挑战是前所未有的，因为竞争者将是那些在本地摸爬滚打出来的当地名伶。

我们每每听到京剧二字，首先想到的可能是北京。实际上，京剧最终成型于北京，但它的诞生之源以及枝繁叶茂之后的影响，其实都是在南方，尤其是扬州、苏州以及后来的上海一带。

清朝中后期，从北京南下的戏班，与当时留在江南的当地徽班再度合流，其中一些戏班艺人开始进入上海，形成了独具特色的“南派京剧”。在上海盛行后，又进一步流传到杭州、嘉兴、湖州地区，用江南内河航运的乌篷船作交通工具，顺河流在乡镇间作巡回演出。本来，这类“水路戏班”以昆曲为主，到了清朝末年，纷纷改演京剧，最终形成“杭嘉湖水路京班”。

早期的京剧艺人，大多数是活跃于南方苏州、扬州一带。这些艺人北上之后，过了几十年，他们的后辈又再一次南下，将祖师爷们融会贯通的成果“回馈”给南方的乡亲。而这一“上”一“下”，都是在大运河的见证下完成的轮回。

转眼多年过去，你已经红遍运河两岸，抵达职业生涯的顶点，也来到了京杭大运河的另一端——杭州拱宸桥。当时，拱宸桥边新开了一家天仙茶园，北京、上海、天津的戏班沿水路至此，这里成为京剧名伶们汇聚之地。谭鑫培、汪桂芬、盖叫天、周信芳……他们在天仙、荣华、景仙、丹桂、阳春等茶园里轮番登场。有一首词写的便是这些京剧艺人在此你方唱罢我登场的盛大图景：

红单满手乱寻人，酒楼茶园到处分。

总说自家班子好，跳蚤个个会腾云。

有学者说，京剧领域里有一个独特的“运河脉”现象：“京杭大运河流域，是京剧最受欢迎、群众基础最扎实和票友最多、整体水平最高、历史最久的地带。”

我们也大可不必纠结这种“运河脉”说法是否准确，因为无论是京剧还是大运河，作为活着的遗产，都不只属于特定的地区或是人群。它们是中华文化的瑰宝，也需要我们共同去传承。

元杂剧人物砖雕俑

运河与元杂剧

在京剧诞生之前，大运河已经对戏曲文化在全国的传播产生了影响。大运河与元杂剧的南下也有直接的联系。元朝时期，随着军队的行动和人口的迁徙，元杂剧流入南方，蔚然成风。元杂剧南下有两条路径，一条是随军南下，另一条是从大运河和长江水路进入江南地区。尤其是开通会通河和通惠河之后，南北联系更加便捷，也使得北方的杂剧作家、伶人得以迁居南方。北方作家如关汉卿、马致远等都遍游南方，南方也涌现出范居中等元杂剧名家。元代南北戏曲艺术通过大运河交流融合，促成了戏曲唱腔“南北腔合调”。此前，南北方戏曲无论在方言、旋律还是节奏唱法方面，都各不相同。经过南北融合后，北曲杂剧作家开始使用南曲创作，南戏也开始吸收北曲曲牌。这一交融对后世的戏曲发展产生了深远影响。

大运河的码头文化

大运河沟通了南北文脉传承，其码头上的人和物，也涵养了独特的文化和社会生态。就在这令人眼花缭乱的码头文化中，一种生生不息的力量不断生长，不断调适，不断前行。

大运河两岸的码头，人声鼎沸，熙熙攘攘，有行船的、搬货的、做买卖的，有吃饭饮酒、品茶听曲的，有坐堂为官谋公利国的，也有拉帮结派营私舞弊的。这一幕幕人间众生相，形成了独特的运河码头文化。

一

大运河促进了南北文化的互动，尤其是物资的交流以及生活方式的交融。所谓“十里不同风，百里不同俗”，是大运河让岸边的百姓接触到了远方的美味，不断丰富着自己的生活。

中国的独特饮品——茶，便是在大运河的推波助澜下，一步步从南方北上，成为北方人生活中不可或缺的一部分。唐朝人封演曾说：“南人好饮茶，北人初不多饮。”这是最初茶文化的状态。随着运河的开通，北方人也能较为容易地接触到

（左页）《清明上河图》中的码头场景

南方茶，慢慢喜爱起来。宋朝之后，饮茶成了士大夫共同的生活品味。《宋史·食货志》曾写："茶之为利甚博，商贾转致于西北，利致尝数倍。"可见此时北方已有较大规模的茶叶市场。

《清明上河图》中画有20多座茶馆，它们不仅是文人雅客休闲畅谈之地，也是来往汴河之上百姓的歇脚场所。茶馆的一楼有煤炉和茶煲，二楼的雅座上有观看街景的茶客，还有等待开船的客商。有的茶馆脚下就是汴河，纤夫的纤绳，停靠的船只都一览无余。这种"城市慢生活"场景的温馨，直到今天也生动感人。

南方的水果和海鲜更是让北方百姓的生活变得前所未有的丰富。关于北方人享受南方美食的种种，我们都能通过《金瓶梅》中淋漓尽致的描写而尽情想象。《金瓶梅》成书于明朝，尽管描写的是宋朝的故事，但无论是作者的生活经历，还是书中的内容细节，都体现的是一个明代北方运河城镇的生活场景。通过对书中人物日常生活的书写，描绘出复杂而多彩的运河城市的市井文化。

比如第五十二回，主人公西门庆收到一份礼物，其中有"四尾冰湃的大鲥鱼"。鲥鱼在北方人看来可精贵得很，按照书中的说法："江南此鱼一年只过一遭儿，吃到牙缝里，剔出来都是香的。好容易！公道说，就是朝廷还没吃哩！"鲥鱼产于南方，只有在春夏交接之时才最美味。因此，要运到北方，必须用冰储藏运送。能够在清河县吃到鲥鱼，主要因为这里是朝廷贡船换冰的地方，无论是交通还是储藏，都具有地利之便。

当我们谈论运河的市井文化时，还会发现南北方的不同特色。明清时期，苏州的赌场格外发达，当时有人记载说"三吴赌风甚盛，地方查拿，不过小赌，其真正大赌，皆属富绅……役不能拿，人不敢问"，可见赌博已成很大规模。淮安是南北混杂之地，码头之上各种市井娱乐应有尽有。蔡昂描绘淮安的场景时写道："淮浦高楼高入天，楼前贾客常纷然。歌钟饮博十户九，吴歈不羡江南船。"再往北的临清，码头上的繁华不亚于南方，而且自成体系，比如斗鸡、斗狗，在临清乃至整个山东运河沿线都颇为流行。《临清州志》就曾记载："斗鸡走狗，齐俗也，而清源为甚。"清源，就是临清。

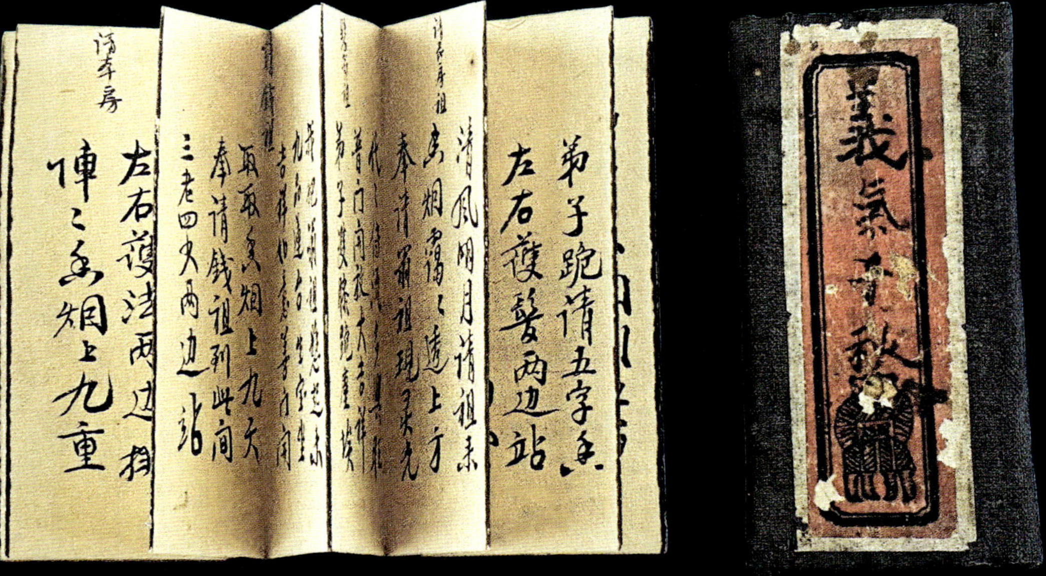

帮帮规手册 民国 扬州中国大运河博物馆藏

一

大运河码头上的人来人往，也形成了围绕运河而生的帮派文化。水手、盐枭等群体因利益而结合，成为码头上不可忽视的重要势力，并影响了沿线的社会秩序。

20世纪90年代，电视剧《戏说乾隆》风靡一时，里面就有关于乾隆帝下江南时和当地“漕帮”“盐帮”斗智斗勇的故事。漕帮就是水手行帮。明朝中后期开始，漕军大量逃亡，朝廷不得不雇佣民间水手作为漕运主力。这些水手生活在社会底层，生活穷苦，只能供奉神佛祈祷人生转运，一来二去就形成了等级森严的宗教帮派，甚至沿线官府都对他们有所忌惮。

帮派之间界限分明，互相在码头上争夺漕运资源。他们盘踞在运河上下，控制漕船运输、货物交易，连官府都对其避让三分。清嘉庆之后，水手行帮实际上霸据了漕运的控制权，垄断了漕运通道。他们通过漕船夹带私货，甚至超额携带货物、贩卖私盐、逃避关税，严重影响了正常的南北物资往来和社会秩序。水手行帮还在码头上开设堂口，作为据点。清道光十六年（1836），一家名为“得胜轩”的茶馆被官府查办，发现其就是一家帮会的堂口，对内的名称是“合智堂”。

还有一类帮会称作青皮，是专门为那些贩卖私盐的水手提供保护的，也就是电视剧中乾隆帝遇到的“盐帮”了。他们利用自己熟悉当地情况的优势，和官府上下串通，通过行贿等手段，为私盐贩子提供帮助甚至保护。青皮的组织模式和水手行帮一样，都是等级森严，帮规严格。首领叫“大杖头”，副首领叫“副杖头”。运河沿线的盐产区主要集中在淮北一带，因此这里的青皮组织最为众多和活跃。再到后来，青皮和水手等帮派越来越紧密，互相利用，尾大不掉，俨然成了遍布运河城镇的秘密会社，而腐败的官府也成了他们的保护伞。

帮派之间的火并往往十分惨烈，尤其是清朝后期开始尝试海运后，漕运水手被大量淘汰，竞争日趋激烈。清道光年间，为了争夺新造漕船的归属权，两个帮派发生了械斗，一共有59人死亡，震惊朝野。

对后世影响比较大的运河帮派要属青帮了。清道光年间开始试行漕粮海运，大批漕运水手失业，再加上后来的太平天国运动，使得在淮北一带谋生的水手不得不改行贩卖私盐。由于诞生于江苏安东、清河一带，这个帮会又称作“安清帮”，俗称“青帮”。随着清朝末年时局动荡，更多散兵游勇、无业游民甚至举人、秀才、官差也加入到了这个最初以失业水手为主体的帮派，势力不断扩张，淮南、江南、浙西等地都有其身影。青帮的内部组织结构也延续了水手行帮的特点，重视师徒关系和宗法制度，有非常严格的“帮规”，这使得青帮的组织纪律性更强，发展更加迅速。再后来，上海成了青帮活动的中心。民国期间，上海工人团体中有不少秘密结社的，比重最大的便是青帮成员。而各种势力也都要依靠青帮力量谋求自身利益，大名鼎鼎的黄金荣、杜月笙等人，便是青帮人士。

（右页）《姑苏繁华图》中热闹非凡的码头

验粮盘

俸粮、值班守夜等。这些人职务不高，没有官阶，甚至不属于“在编人员”。但就是这些编外人员，到清朝中后期成了京通地区漕运场上势力最大的群体。

清乾隆时，京通仓花户与胥吏、地棍、仓监督的勾结逐渐密切，在仓储中盗骗仓粮、分肥营私。最典型的一种方法就是一个人用多个名字来充占名额，徇私舞弊、盗骗仓粮、收受贿赂的行为屡见不鲜。花户日常薪水原本很低，但因为其后来“做大做强”，以至于那时候京城里流传着一个说法，这些花户“视旗丁为佃客，人所共知”。不过，兵丁为了能够领到质量好的粮食，不得不忍受“基层办事人员”的盘剥，他们也无可奈何。

清嘉庆十六年（1811），万安仓的监督出现了空缺，要调补一名官员担任此职。朝廷的人选是裕丰仓监督万克星额和禄米仓监督海章阿。没想到，这两个人都自称有病，死活不肯去万安仓赴任。仓场总督大惑不解，调查半天才明白其中的缘由，原来是因为万安仓的一名花户方世德。这个方世德人称“方老虎”，把持仓务，横行仓场，让两个堂堂六品户部官员竟然宁可辞官也不敢与之打交道。可见在那个时候，这些花户的飞扬跋扈已经到了何种境地。

稍微夸张一点说，这些京城的花户们最后简直富得流油。庚子之变，八国联军攻进北京，慈禧仓皇出逃之际，因为携带的东西太多，没有足够的车辆。到最后给落跑慈禧提供大车的，竟然是那些花户们。每户少说几十辆，多则几百辆。据说他们还索要高价，狠狠赚了一笔。

码头文化滋养了运河两岸民众，沟通了南北文脉传承。岸边的社会生态和文化面貌因为运河而成型。这是一个物阜民熙的大社会，既有绚烂的生活场景，也滋生了灰暗的角落。当我们回顾运河的码头文化，也要时刻保持清醒的认识，如果一个公共事业的管理机制无法遏制舞弊，如果参与这项事业的人员只知牟取私利而不受约束，那么设计得再完美的体系，也难免沦为腐败的庇护所。我们今天书写和表达那些码头文化，是客观的记录历史，也是要取其精华去其糟粕。也只有如此，在这令人眼花缭乱的码头文化中，一种生生不息的力量才会不断调适，不断生长，不断前行。

锦鸡方补 清 扬州中国大运河博物馆藏

漕运总督是明、清两朝中央政府派出的统管全国漕运事务的高级官员。清代漕运总督的品级为从一品或正二品，对应其身份的官服补子是仙鹤与锦鸡。

第五章 运河人物

陶船
东汉
1954 年广东省广州市先烈路出土
中国国家博物馆藏

四通八达的运河，联系着四面八方的人。有的人因大运河而获得新生，更有的人则赋予了大运河新生。他们有如曹操那般挥斥方遒的王者，有如郭守敬、潘季驯那样足智多谋的河臣，或是明清两代恪尽职守的总督、民国时期砥砺前行的知识分子。当然还有一类人，他们是生活在底层的运军、纤夫、河工，奉献和牺牲是他们的运河人生的主题。这些人，有的一生与运河风雨同舟，有的仅在运河边留下一丝影踪。无论是否留下过姓名，他们的人生故事都因运河而闪耀，大运河也让他们的身影长存。

曹操与华北运河

从最初不够加盟联军的资格，到十余年间成为统一北方的霸主，曹操雄浑的格局、宏大的视野令人钦佩。其杰出政治家、军事家的卓越胆略和见识，一次又一次通过开山劈水的运河工程反映出来。

东汉末年，天下大乱，群雄并起。军事物资和人员的运输效率成为决定诸强竞争的关键。运河的修建成为谋图霸权的重要手段。最终能够成就霸业者，必然也是知晓运河功效，并成功将其实现的人。

曹操是当时伟大的运河设计师。此前，人工漕渠的修建主要集中在关中地区和黄淮平原以南，华北平原鲜有运河。曹操为了统一北方，从东汉建安七年至十八年（202—213）的十多年中，在华北大平原上先后疏浚开凿了“睢阳渠”“白沟”“平虏渠”“泉州渠”和“利漕渠”等运河，连通了太行山、燕山山脉流至渤海湾的众多水系。这组运河，不仅助其获得军事征战的胜利，更是连通了黄河与海河水系，使黄河以北的广大区域通过水道联系起来，影响至今。

河北邺城遗址的曹操像

一

这组系列运河的“序曲”是睢阳渠。官渡之战后，为继续征讨袁氏父子，东汉建安七年（203）正月，曹操“至浚仪治睢阳渠”。曹操对睢阳渠只是进行了疏浚。两年后，他治理白沟的工程则更为复杂，影响也更为深远。东汉建安八年，曹操渡过黄河攻下黎阳，准备征讨袁绍的继承人——三子袁尚的所在地邺城（今河北临漳）。第二年，为方便运送粮食等物资，曹操“遏淇水入白沟”。

> 从东汉建安七年至十八年，曹操在华北大平原上先后疏浚开凿了“睢阳渠”“白沟”“平虏渠”“泉州渠”和“利漕渠”等运河，连通了太行山、燕山山脉流至渤海湾的众多水系。

其时，白沟水源不足以支撑攻邺战役，曹操采用的策略主要是将淇水引入白沟，填补白沟水的不足。为实现这个计划，第一是在淇水本要注入黄河之处以大枋木筑堰，引导淇水向东北，开凿渠道将淇水和宛水汇聚，一并流入白沟；第二是在淇水上游修建一座石堰，避免枯水期淇水分流进入宛水；第三是在宿胥口上修建一座石堰，防止淇水南流入黄河。

总之，这一系列工程，把本来注入黄河的淇水通过各种方式拦住，使其向东北并入白沟，以支持征讨袁尚的战役。从此，白沟及其下游的清河便成为了河北平原的主要运输渠道，到今天还留有前枋头城、后枋头城的地名。

曹操成功占据邺城后，袁绍的儿子袁尚和袁熙向北投靠辽西乌桓，以图东山再起。为消除后患，曹操开始谋划北征乌桓之役。从邺城去乌桓所在的辽西路途遥远，中间横亘的几条大河互不相通。为了打通这些大河，东汉建安十一年，曹操开凿了三条运河——平虏渠、泉州渠和新河。

最南边的一条是平虏渠，船只从邺城出发，进入漳河再转入滹沱河后，通过平虏渠进入泒水。中间连接的是泉州渠，位于今天津宝坻东南到天津以东的海河上，泉州渠南接平虏渠，北接新河。新河位于最北端，将泉州渠与濡水（滦河）相连。这三条运渠连接起来，能够从邺城以水路的方式直接到达远征乌桓的前线。根据谭其骧先生考证，平虏渠后来便是南运河的北段。

征服乌桓，剿灭袁氏势力后，曹操彻底统一了中国北方。但他开凿运河的努力，并没有随着统一北方霸业的完成而停止。

东汉建安十八年五月，曹操被封为魏公，同年便引漳水入白沟以通黄河水运，这条渠道名为“利漕渠”。利漕渠开凿之后，船只可由白沟通过利漕渠直入漳水，进入邺城。自此，邺城城市极大发展繁荣，向南由白沟入黄河转江淮，北通平虏诸渠以达边陲。正如古人所说：“邺城平原千里，漕运四通。”邺城的经济地位、战略地位得到加强，成为全国政治的中心之一。

二

曹操主持开凿的六条运河，南起睢水，北到滦河，横贯黄河与海河水系诸大河，范围数千里。原本平行或互不相通的自然河道，经由运河联系起来，不仅促成了曹操对北方的统一，更对后来京杭大运河的开凿与改造产生了重大影响。

曹操与运河的开凿，并不是简单的一方成就另一方的关系，而是互为因果、互相铸就。在战火纷飞的东汉末年，华夏大地的各路枭雄层出不穷，你方唱罢我登场。而曹操能够脱颖而出，与其卓越的胆识和超越众人的智慧密不可分。一系列运河的修建，便是这种胆识与智慧的体现。

官渡之战后，袁氏父子尚有能力反扑，而南方的刘表和孙策等人也在觊觎曹操的大本营许昌。此时，究竟是应该先讨伐孙策、刘表，还是乘胜追击剿灭袁氏父子，是摆在曹操面前的一个难题。曹操最初倾向于前者，但后来听从了荀彧等谋臣的劝告，认为必须趁袁绍兵力没有恢复之时乘胜追击，否则对方会卷土重来。因此，他暂时安抚江东孙氏、搁置刘表，将重点聚焦于袁氏。可见，曹操的一大特点，就是能够听从劝说和点拨，并且欣然受之。

曹操的另一个特点，是审时度势，并且有着很强的共情能力。睢阳渠的开凿便有这样的历史背景。在连年征战的背景下，曹操在东汉建安七年正月回到老家谯县，看到民不聊生、土地荒芜的景象，颇为感伤，随即下令进行休整，睢阳渠便是在这一背景下的产物。

这种谋定而后动的决策力，在两年后的白沟工程中再次显现。此前，袁绍已亡，曹操对其子袁尚、袁谭等人已占据明显优势。在黎阳击溃两人后，曹操并没有

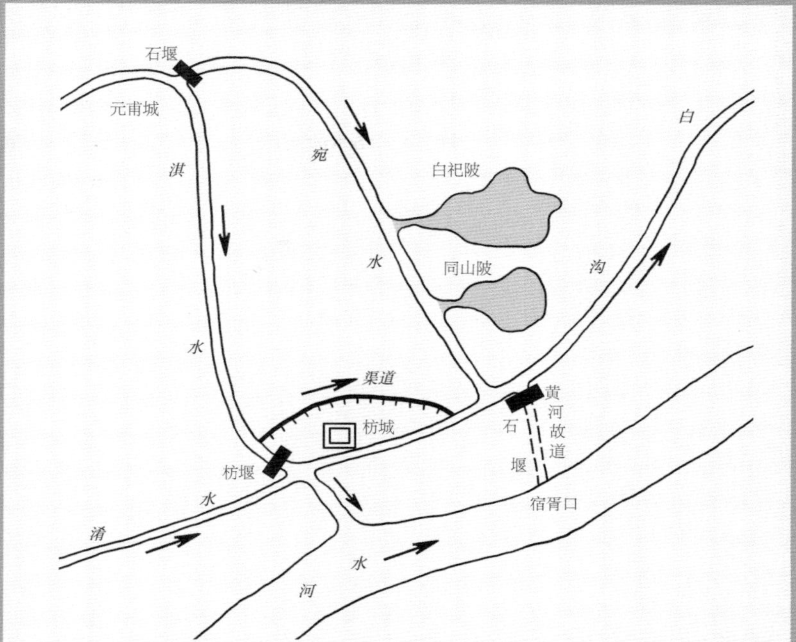

杨头堰位置示意图

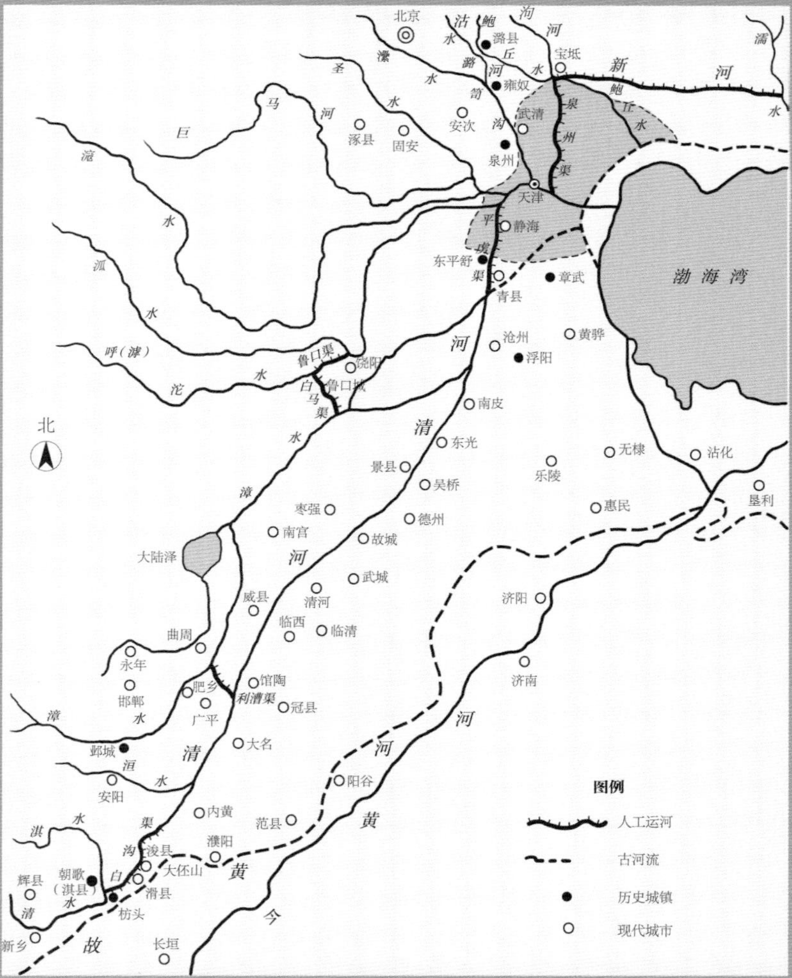

曹操开凿的北方漕渠体系示意图

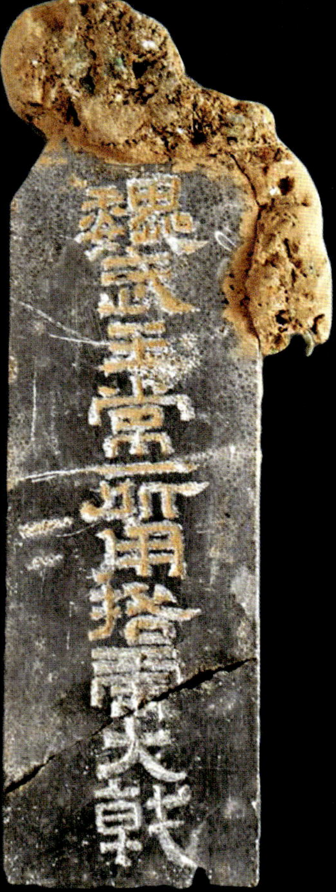

“魏武王常所用挌虎大戟”石牌
曹操高陵出土
河南省文物考古研究院藏

被胜利冲昏头脑，而是在郭嘉的建议下冷静处之。曹操认为，袁绍并没有明确立谁为储，因此兄弟两人必然有一番争斗，后来果然兄弟阋墙。此时到了东汉建安九年正月，曹操首先集中精力讨伐袁尚。这便有了截断淇水，注入白沟的工程。

最终，袁尚、袁谭兄弟再也无法联手，袁谭被曹操剿灭，袁尚败走幽州，投奔其二哥袁熙，也就有了曹操进一步讨伐乌桓的战役。

乌桓也叫乌丸，本来是东胡的一部。东汉末年，乌桓势力为袁氏所用，袁尚弟兄后来又投靠乌桓，使得乌桓成为曹操在北方的巨大威胁。深有大局观的曹操知道必须北伐乌桓，才能够彻底统一北方，谋求大业。

此刻，曹操再次显示其谋定后动的决策力。对北方进兵，需要大量粮草。为使得军粮顺利运达前线，曹操采用董昭的建议，修建平虏渠和泉州渠连通海运。这几条通北的运道在战争期间的起到了关键作用。

此次北征并非一帆风顺，曹操北伐抵达无终（今天津蓟州区）时，正值七月雨季，河水泛滥、泞滞不通。正当曹操方面进退维谷时，当地人田畴献计：“方今暑夏，道路不通，且俟秋冬，乃复进军。”该策略故意让乌桓认为曹军停滞不前，实际上曹操则领兵循滦河出卢龙寨（今河北喜峰口），一路直逼柳城（今辽宁朝阳西南）。乌桓蹋顿、袁尚、袁熙仓促应战，一败涂地。

正是平虏渠等运道充分的粮草保障，曹操才可能在遇到危机时从容不迫，取得最终的胜利。曹操从一个不起眼的边缘政治人物，从最初不够加盟反董卓联军的资格，到十余年间成为统一北方的霸主，让人不得不赞佩其雄浑的格局、宏大的视野。其卓越的胆略和见识，一次次通过运河水映照出来。

三

曹操是中国历史上杰出的政治家和军事家，也是著名的文学家。远征乌桓后，北方再无可与其抗衡的势力，他极为高兴，从北方回兵的路上，一路高歌。到了今天河北昌黎的碣石山，曹操跟随当年秦始皇、汉武帝的脚步，在此停留、观海，写下了传世名篇《观沧海》：

> 东临碣石，以观沧海。水何澹澹，山岛竦峙。树木丛生，百草丰茂。秋风萧瑟，洪波涌起。日月之行，若出其中；星汉灿烂，若出其里。幸甚至哉，歌以咏志。

在陆地的最东端，曹操登上山顶，远远望见淡蓝的大海，耸立的山岛，迎着汹涌的波涛和萧瑟的秋风，日月星辰犹如从海中跳出一样。这是一幅自然的画面，更是曹操心中所绘的壮丽场景。博大的胸怀，深远的抱负，满腔的豪情，都凝结在这不朽的诗篇之中。

唐宋元的治运名臣

唐宋元三代，涌现了很多治理运河的名臣。他们或是改革漕运制度，提高了运输效率；或是开河辟水，解决了技术难题。在“运河国家”一章中，我们曾在介绍漕运体系的革新完善时提及过裴耀卿、刘晏等人。在本节里，我们将深入了解这些明清之前的运河史上星光闪耀的名臣。

一、裴耀卿

如果说大运河历史的主旋律之一，是从江南向北方政治中心运送物资，那么裴耀卿可以说是这首旋律较早的一位“指挥”。

裴耀卿，是最早系统性提出和部署从东南征调漕粮和物资的官员。唐开元二十一年（733），关中地区连降大雨，长安面临粮荒，唐玄宗召见了担任京兆尹的裴耀卿，研究赈灾事宜。裴耀卿向唐玄宗建议，改善漕粮运输体系，从江淮征调更多的粮食。皇帝认可裴耀卿的建议，并委派其担任江淮河南转运使。下面的故事大家已经很熟悉了，裴耀卿不负重任，推行节级转运法，在黄河沿线设置多个粮仓，大大降低了运输损耗，并创造了三年运送七百万石粮食的纪录。

（左页）千里江山图　北宋　王希孟　故宫博物院藏

之所以能够提出改良漕运的政策，与裴耀卿的任职经历有直接关系。担任京兆尹之前，他的从政地点都和运河有关联。裴耀卿的从政生涯起步于长安县令，当时他便显露出改革旧弊的魄力。长安县的百姓一直以来深受官府按户征购财物的欺凌。裴耀卿到任后，一方面改变方式，只征收富豪之家；另一方面预先给钱，并不赊欠。虽然只当了两年长安县令，但他离任后，长安县的百姓都非常怀念他。

裴耀卿的智慧不仅在文官之职有所展现，在武功方面也颇有建树。唐开元二十年（732），裴耀卿随同信安王李祎征战契丹，担任副将。他们以二十万匹绢帛赏赐奚族的官员。但裴耀卿洞悉当地番兵的心理，认为其此后必会劫掠偷袭，于是下令快速发放赏赐，随后迅速撤兵。事实证明了裴耀卿的判断，一些当地部族果然在交通要道上设置了伏兵，但裴耀卿的队伍早已安然返回了。

后来，裴耀卿陆续担任济州（今山东济宁）刺史和宣州（今安徽宣城）刺史。在济州时正赶上唐玄宗泰山封禅，裴耀卿专门给皇帝上书，力陈不要过度扰民，妥善平衡了服务帝王与安抚百姓之间的矛盾，既让皇帝满意，也没有过度剥削当地百姓。他的安排让唐玄宗非常满意，甚至在返回时，皇帝专门夸赞裴耀卿，还说把他的奏折“置书座右以自戒，此其爱人也”。

促使裴耀卿力主征收江淮漕粮的关键，是他在宣州的经历。宣州位于皖南，水系十分发达，物产丰饶。《隋书·地理志》说宣州“珍异所聚，商贾并辏”。唐朝时，宣州的主要货物包括盐、茶、粮食、纺织品、铜铁器等，还有那些举国闻名的手工艺品——比如红线毯。白居易专门有一首《红线毯》写道：“太原毯涩毳缕硬，蜀都褥薄锦花冷。不如此毯温且柔，年年十月来宣州。”比如大名鼎鼎的文房四宝——宣纸、宣笔、徽墨、歙砚。领略到了宣州的物阜民熙，裴耀卿既为之震撼，更感到了江淮之于国家的价值。

其在宣州的政绩也让人交口称赞。此前，宣州经常发大水，但各地却因为朝廷没有诏令，不敢擅自动工修复。裴耀卿说，“不动工筑堤，不是至公”，即不是真正的为公为民。他不顾诏令的条条框框，下令整治堤防。正是在宣州，裴耀卿积累了宝贵的治水经验，为之后治理漕运奠定了基础。

裴耀卿为人为官皆正派，在很多国家要事上坚持原则，深受玄宗器重，最高官至宰相。但后来为奸相李林甫排挤，被边缘化。唐天宝二年（743），裴耀卿病逝，终年63岁。

二、刘晏

如果说裴耀卿是一步步凭借政绩脱颖而出的名臣，那么刘晏则是年少成名。刘晏和裴耀卿有一个共通之处，他们进入到帝王视野之中，都和唐玄宗泰山封禅有关。据说当年玄宗路经兖州时，年仅10岁的刘晏跑到行宫，献上了他写的《东封书》，为玄宗歌功颂德，而且字迹娟秀，玄宗十分赞赏。但皇帝不信如此杰出的作品出自10岁孩童之手，专门让宰相张说当场考一考刘晏。结果刘晏对答如流，出口成章。

刘晏虽是“神童”出身，但并未因此懈怠，反而不断努力，博览群书，虚心向长安的名士求教。甚至在《三字经》里都有一大段关于他的事迹，赞颂他是青少年求学进步的榜样：“唐刘晏，方七岁，举神童，作正字，彼虽幼，身已仕。尔幼学，勉而致，有为者，亦若是。”

安史之乱后，国家百废待兴，财政极为拮据，运河也年久失修，淤塞不通。唐广德二年（764），刘晏受命整顿漕运，进一步改革了漕运制度，大大提高了漕运效率。运河重新畅通，长安一年最好时可以收得110万石粮食。虽然比裴耀卿时期要差了不少，但对于一个千疮百孔的朝廷而言，也算是很大的成就了。第一批粮船到达长安时，唐代宗非常高兴，专门让卫士组成乐队到渭桥迎接。慰劳刘晏的特使转达代宗的赞许：你真是我的萧何啊！

> 刘晏洞悉经济规律和人性，认为一味官方专营无法适应民间商贸的发展态势。他采用“官商分利”的方法，改盐业的官收、官运、官销为官收、商运、商销，尊重市场规律。国家的盐利收入大为增加，老百姓也能买到价格平稳的食盐。唐之后，每当朝廷陷入财政危机，刘晏的理念都会被重新拾起、思考，王安石变法中所秉持的“民不加赋而国用饶”的理念，便是刘晏思想的传承。

从少年英才到皇帝的“萧何”，刘晏的智慧始终烁烁放光。尤其是在治理财政事务上，刘晏可谓奇才。唐永泰二年（766），刘晏被任命为户部尚书兼都畿、河南、淮南、江南、湖南、荆南、山南东道盐铁使。盐政一向是历朝历代经济的命脉。但刘晏发现，完全官营的方式，不仅导致盐务机构人员冗赘，而且运营开支巨大，贪污腐败盛行，老百姓也对盐政腐败深恶痛绝。刘晏洞悉经济规律和人性，认为一味官方专营无法适应民间商贸的发展态势。他采用“官商分利”的方法，改盐业的官收、官运、官销为官收、商运、商销，按今天的话说，就是让政府的归政府，市场的归市场，尊重市场规律。通过这个方式，盐务机构的成本大大降低，国家的盐利收入大为增加，老百姓也能买到价格平稳的食盐。

在负责国家财政工作的20年里，刘晏为大唐的经济复苏作出了卓越贡献。改革后的盐政使得百姓的负担有所减轻。在外的农民纷纷回到故土，大唐人口增加了150万户，社会经济逐步复苏、发展。政府收入也相应增加，全国收入现钱从40万缗上升到了600万缗。如此看来，称刘晏为唐代宗的萧何，其实并不为过。

刘晏的财政智慧直到今天仍然有可以借鉴之处。此后历朝历代，每当朝廷陷入财政危机，刘晏的理念都会被重新拾起，王安石变法中所秉持的“民不加赋而国用饶”的理念，便是刘晏思想的传承。

不过，刘晏的结局却很悲惨。改革财政，让他得罪了不少权贵。唐德宗即位后，刘晏受到杨炎等人陷害，多疑的皇帝听信谣言，甚至怀疑刘晏企图谋反。唐建中元年（780）七月，刘晏被赐自尽，时年65岁。这个进入《三字经》的一代名臣，落了个凄惨的下场。

三、韦坚

韦坚对于大运河而言的成名之作，是重新疏通广通渠，解决了长期存在的洛阳长安之间的漕运问题。

当年，长安城东长乐坡下、浐河之滨的望春楼旁，韦坚主持开挖了一个人工湖，与漕河相通，将河水引入湖中，名曰广运潭。为了让唐玄宗开心，韦坚筹办了盛大的广运潭庆典活动，请皇帝和大臣们登上望春楼观赏。一时间，三百多只船停泊在广运潭中，船工们穿上江南人的装束，头戴大笠帽，身穿宽袖衫，脚登芒屦。每条船上装

（上）"官盐"木牌

官盐指由官府生产经营或向官府纳税后销售的食盐。该官盐木牌是官府发给官盐店贩运和销售官盐的执照。

（下）"官酱园"木牌

晚清民国时期，开设酱园需向当地盐政机构申请登记、领取执照，按期缴纳税款。此匾为清同治五年（1866）两浙盐运使颁发的酱园营业执照。

上述文物均为扬州中国大运河博物馆藏

陶文吏俑 唐 故宫博物院藏
有唐一代，治漕名吏辈出，是大运河通畅的重要保障。这座陶文吏俑出土于洛阳，墓主人戴令言曾任水陆运使

着各地名产，船头上标识着各州各郡的地名。从广陵（今江苏扬州）的锦、镜、铜器、海味，到宣城（今安徽宣城）的空青石、糯米、纸笔、黄连，甚至南海郡（今广东广州）的玳瑁、珍珠、象牙、沉香，不一而足。各船头尾相衔，排列数十里，非常壮观。

唐玄宗格外兴奋，当即擢升韦坚为三品左散骑常侍，命令免征工匠们本年的地税，赏赐船工们三千贯钱。后来，韦坚又兼任了江南、淮南租庸、转运、处置等使，手握财经大权，一时权势显赫。

韦坚出身于官宦世家，他的两个姐妹均嫁入皇室。其本人是皇亲国戚，地位显贵。他的前期职业生涯也一帆风顺，入仕之初任秘书丞，唐开元二十五年担任长安县令。看来韦坚职业生涯的起步之初，和裴耀卿（713年担任长安县令）的经历也有所交集。

不过，韦坚的最终命运倒是和刘晏相同，都是被奸臣陷害致死。

唐天宝五载（746），李林甫诬告韦坚拥立皇太子登基，意图谋反。由于证据不足，韦坚被流放到岭南临封郡（今广东封开）。但李林甫并不善罢甘休，竟然派人直接去岭南杀了韦坚和他的亲族，受株连的官员多达数十人。韦坚被杀，甚至还波及了漕运。李林甫大搞“清党”，派人赴江南一带搜罗韦坚“党羽”，拘捕了许多漕运小吏和船工，将许多无辜者投进了监牢。

乔维岳治理大运河的最大功绩，是在北宋雍熙年间通过开凿沙河，解决了淮河在山阳湾一带因水流湍急带来的行船问题。

其时，乔维岳任淮南转运副使。淮河西流三十里的山阳湾的地方水势汹涌，行船危险。乔维岳通过挖开山阳湾以南的沙河故道，开通末口到淮阴磨盘口共四十里的航道，避开了淮河之险。另外，漕运线上一共有五处堰，漕船到这里时，要上下十次，才能翻越，而且还时不时有船只毁坏，粮食损失，押运的士兵也从中作弊，暗地侵吞偷窃。乔维岳发现这个弊端后，部署修建闸门以代替堰，设置能够提升的闸门，还在岸上建横桥，筑土垒石，以加固坝基。在他的组织下，这一段运道从此畅通，积弊也得到了革除。

乔维岳爱民如子，性格宽厚。在担任泉州通判时，恰逢当时强盗在当地制造动乱，率领十多万人攻城，但此时城中兵马仅有三千人，形势十分危急。监军何承矩、王文宝想要将这里的百姓全部杀死，烧毁府库然后逃脱。乔维岳坚决制止，他说，朝廷将安定远方的重任交于我们，如果因为防不住盗贼，就要屠城，这难道是朝廷的本意？何承矩等人听了乔维岳的话继续坚守，等援兵抵达后，贼寇被破，这次的危机才得以解除。乔维岳也因为此事而得到了皇帝的褒奖。

乔维岳甚至因为体察他人的疾苦，而不顾自己的仕途。他在泗州巡查时，发现一个地方官员误判导致了囚犯的死亡。这个官员竟然趴在地上痛哭起来，说他有一位80多岁的老母亲，现在如果他获罪的事情被知道，那么母亲也就不能活下去了。乔维岳很怜悯他，提出如果今后受到调查，就说是乔维岳自己的决定。最终，这个官员得到了豁免。可是乔维岳却受到牵连被罚，还被贬官。

尽管如此，乔维岳依然深受皇帝器重。因为他身体不佳，皇帝还专门安排他到吴中任职，这样可以多吃些鱼蟹，还特意命太医前去为他治疗。乔维岳去世后，朝廷追封他为兵部侍郎，还录用他的孙子乔世昌、乔献之为官。作为漕运名臣的乔维岳，以一己之力救下了一座城的百姓，挽救了一个官员，其身后也得到礼遇，可谓“好人有好报”的代表了。

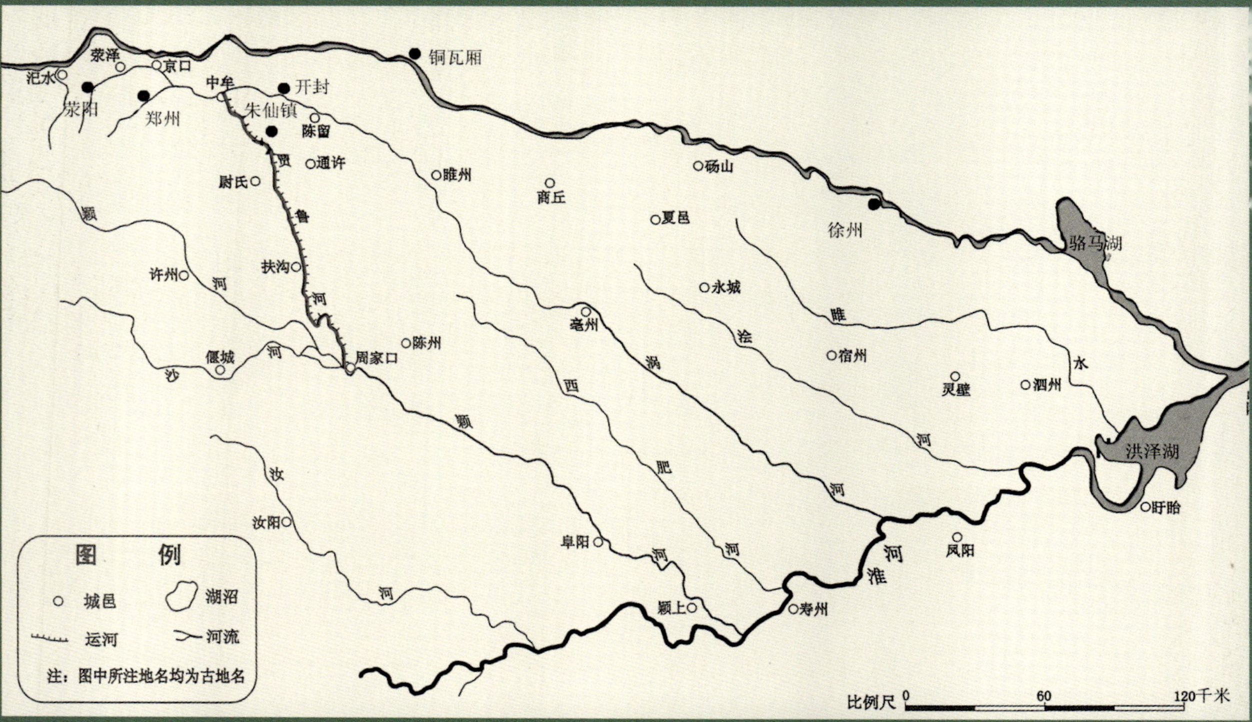

元明清时期贾鲁河图

五、贾鲁

大运河有一段以人名命名，叫贾鲁河，纪念的是元代的治河名臣贾鲁。

元至正四年（1344）五月，黄河在山东曹县向北冲决白茅堤，沿岸地区广泛受灾，今天河南、山东、安徽、江苏的交界地区变成了千里泽国。元朝廷决定大规模治理黄河。至正十一年，55岁的贾鲁被任命为工部尚书、总治河防使，他征发民工15万、军士2万，兴役治河。

贾鲁治理黄河的一个成果，是疏浚了河南中牟、开封一带的河道，使黄河复归故道，汴河南流在周口入淮河。这一段运河的疏通，为后来沿岸经济的发展创造了条件，开封的朱仙镇便因此繁荣。后人为了纪念贾鲁的功绩，将这一段运河改名为“贾鲁河”，把他曾经居住过的地方定名为贾鲁河村，当地人简称为贾河。至今，村里土地庙仍有“贾鲁河”的题字。

贾鲁治河时展现出杰出的工程智慧，并创造出了“石船堤”法，进行截流工程。山东曹县黄陵岗大堤长18千米，决堤时河水汹涌湍急。贾鲁让人将装满石块的大船连在一起，构筑一道整体漂在水上的石船坝，并用铁锚绳索固定于水中。随后，派人将船底凿穿，石船依次下沉，层层筑起“石船大堤”。到大堤合龙时，水势咆哮，大家都觉得合龙是不可能完成的任务。贾鲁镇定自若，频频勉励大家，最终完成了合龙。清代河臣靳辅对贾鲁的“石船大堤”赞不绝口，称赞其“巧慧绝伦，奏历神速，前古所未有”。

元朝末年治理黄河的工程，曾是中国历史上颇为奇特的片段，贾鲁便是这一奇特片段的见证者。

就在元至正四年黄河决堤后，朝廷就如何应对危机，分裂成了两派。一派以贾鲁为首，主张治理；另一派则是以工部尚书和大司农为代表的朝中高官，他们反对治水，认为工程量大、花费高，山东已经是连年饥荒，如果再搞劳民伤财的工程，“恐他日之忧，又有重于河患者”。

这是一次十分有趣的辩论。在反对者看来，官府不去治河，也就不用征调民夫，反而有利于缓和社会矛盾，延续统治。也有一种说法是，治理黄河过程中还会滋生大量的腐败，会加剧百姓对官府的不满。从实际来看虽然贾鲁治河有道，总体控制了水患的影响，但随即爆发的农民起义，也印证了反对治河者的担忧。

在元末动乱时期，流传着一些民间俗语：“堂堂大元，奸佞专权。开河变钞祸根源，惹红巾万千”“贾鲁要开河，搅得天下闹”。贾鲁庞大的治河工程，让这些流言愈演愈烈，动员那么多军民，消耗巨大物资，让韩山童、刘福通等人获得了动员百姓造反的契机，“莫道石人一只眼，此物一出天下反”，成了全国响应的口号。安徽郭子兴的起义，也把贾鲁治河当作靶子。换句话说，元明交替，朱元璋问鼎天下，似乎也和贾鲁有着千丝万缕的联系。就连贾鲁本人，也在随丞相脱脱到濠州镇压郭子兴红巾军的战役中病亡了。

不过，这些所谓的历史罪过，又岂是一个治河大臣能够承担的呢？

明清两代的河、漕总督们

他们的一举一动，每一个决策，都影响着上至天子、下至黎民的国计民生。

明清两代，有百余名官员担任过管理漕运、治理河道的负责人。在本节中，我们通过几个典型人物来了解他们的故事。

一、陈瑄

明建文四年（1402），长江北岸，燕王朱棣的军队攻占扬州，南京已是囊中之物。此时，朱棣向镇守长江的陈瑄发出了招降的信息。经过深思熟虑，陈瑄决定做一个“识时务者”，投降了朱棣。

没有了长江水师的抵抗，燕王顺利渡过长江，攻占南京。陈瑄也获得了倒戈效忠的奖励，被封为平江伯，任总兵官总督海运。

没过几年，明朝重开会通河，将漕运从海上逐步转移到内河。陈瑄也从海运总兵官变为漕运总兵官。在这个职位上，陈瑄一干就是30年，成为明朝前期影响最为深远的一位漕运负责人。

武侯高卧图　明　朱瞻基（明宣宗）　故宫博物院藏
此幅作于明宣德三年（1428），是宣德帝赐予陈瑄的御作。当时陈瑄已六十有余，宣宗赐画给他的目的是激励他效法前贤为国鞠躬尽瘁。作品描绘的是诸葛亮出山辅助刘备之前隐居南阳的形象。修竹丛下，诸葛亮坦胸露怀，头枕书匣，躺卧于草地上，神态安逸。图幅左上方由明宣宗御笔行书款识："宣德戊申，御笔戏写赐平江伯陈瑄"，钤"广运之宝"印玺。《明史》有载："奖励臣工，用广运之宝。"

在淮安，为了解决逆水行船困难重重的问题，陈瑄专门请教当地人，自淮安城西管家湖引水，开辟清江浦入淮河，并由北向南依次修建了新庄、福兴、清江、移风、板闸等五闸。此举不仅能平缓水势，还能防止水泄过多，降低了漕船过淮风险。陈瑄类似这种治水之举不计其数。

同时，陈瑄力主改变"支运法"。支运法规定，老百姓如果参与运粮，就可以免除当年税粮；如果缴纳税粮，则可以免除运粮。这个规则看似合理，但陈瑄发现，由于漕运时间很长，一来一往，虽然运粮的百姓不用缴纳当年税粮，却容易影响下一年度的耕作。因此，他建议改为“兑运法”，即由民众将缴纳的税粮运至附近的卫所，由官军负责运送至北京，而官军运送途中所需粮食由百姓支持。

陈瑄一生清廉，深为百姓爱戴，清河县的百姓专门为其立祠堂祭祀。《明史》对其评价为：身理漕河者三十年，举无遗策。对一个武将出身的官员而言，能被后世称为“举无遗策”，是极高的赞颂了。

二、李三才

明代负责漕运的总督中，很多人都在历史上赫赫有名。除了我们将在下一节中专题讲述的潘季驯之外，知名度最高的可能要属万历年间的李三才。李三才是北京通州张家湾人氏，可以说自出生起就打上了漕运的烙印。从明万历二十七年（1599）起，他任右佥都御史总督漕运，一干就是13年。

在任上，李三才除了治理漕政，最突出的成就是狠狠打击当时为老百姓深恶痛绝的矿监税使。明万历年间，因为四处征战，国库空虚，皇帝派遣大批太监担任矿监税使，到各地搜刮掠夺民脂民膏，给经济社会带来了极大破坏。李三才督漕并担任凤阳等府巡抚期间，直接对抗矿监税使，实行了不少惠政，广受百姓拥戴。

但是，打击矿监税使也让皇帝心生不满，同时由于李三才为人高调，得罪了不少同僚，因此遭到弹劾。见此状况，李三才干脆自行请辞，回老家张家湾教书去了。离任之时，淮安、徐州一带的百姓对这位为民好官万分不舍，“老幼提携，填街塞巷，拥舆不得行”。

李三才的晚年，由于他个人“抚淮安十三年，结交遍天下”，被视为东林党领袖，成为明末党争的象征性人物。

三、史可法

明崇祯十二年（1639），皇帝任命史可法为户部右侍郎，兼任右佥都御史总督漕运，并巡抚凤阳、淮安、扬州等府。上任伊始，史可法便着力整治漕弊，

史阁部像 明 南京博物院藏

开除了三个不称职的督粮官。同时，他上奏《请浚河济运疏》，分析了北方河道长期以来冬季浅阻的问题，指出这还是与黄淮一带堤防建设不力、洪水屡屡决口有关，并提出应该在冬季趁着徐州一段黄河干涸之际，迅速弥补决口，以保障漕运。除了整顿漕运，史可法还在江淮一带建立军事重镇，招募流亡百姓开垦荒田，在民生方面也颇有功绩。

史可法最为后人所知的事迹，是在清军入关之后继续镇守扬州，多次拒绝清军的招降，被俘虏后不屈而死。就连乾隆帝都对其高度评价，追谥“忠正”，并赞其“节秉清刚，心存干济，危颠难救，正直不回”。

四、靳辅

清代在世上留下功绩的河臣众多，大部分都与治理黄河和清口枢纽有关。靳辅是其中影响最为深远的一位。

清康熙二十三年（1684）十月，31岁的康熙帝踏上了第一次南巡之路，这次南巡（以及此后的五次南巡）主要目的在于视察治河事务。陪同年轻的皇帝审阅河务的官员是河道总督靳辅，君臣之间就如何治理黄河进行了推心置腹的交谈。康熙帝看到了沿线百姓和河工生活的艰苦，反复告诫靳辅一定要保证普通河工的生计，不要克扣粮饷。十一月十四日，在返回途中，康熙帝把自己写的《阅河堤诗》赐给靳辅："防河纡旰食，六御出深宫。缓辔求民隐，临流叹俗穷。何年乐稼穑？此日是疏通。已著勤劳意，安澜早奏功。"在诗中再次表达了既要治河也要关心沿线百姓的要求。

在本次皇帝南巡之前，靳辅已经在河道总督任上取得了不错的成绩。他在清康熙十六年走马上任，随后用了两个月时间进行详细踏勘，了解水情和民情，迅速形成了清晰的治河方略。他主张必须有全局观念，将治河与漕运通盘考虑："盖运道之阻塞，率由于河道之变迁。"靳辅的思考与一百年前的潘季驯不谋而合，采取的方式也沿用"束水攻沙"的方法，加固黄河堤坝，以淮河和洪泽湖之水助力黄河下冲，清刷入海通道，进而确保漕运安全。靳辅更长远的目标是："已淹之田可耕，见在之地可保，运道可通，额课可复。"

皇帝南巡选择靳辅陪同视察河工，也是对他的成绩表示认可。但康熙帝对于民生的关注较靳辅更为迫切，这才有了"缓辔求民隐，临流叹俗穷"的感触。根据康熙帝解决减水淹民问题的指示，靳辅随后在宿迁、桃源、清河三县黄河北岸堤内开了一条新河，称为中河，清康熙二十七年完成。中河修成后，免去走黄河一百八十里的险路，漕运从此告别了明代和清初的记录里屡屡提到的徐州洪、吕梁洪等险滩。这项伟大的功绩也让靳辅的名字从此铭刻在了大运河的历史簿上，可谓"功不在宋礼开会通、陈瑄凿清江浦下"。

五、张鹏翮

靳辅之后最具才干的治水能臣，是被誉为"清代第一清官"的张鹏翮。

上文曾提到，康熙帝曾反复告诫靳辅不要克扣治河所需粮款，说明皇帝对于下面的情况还是很了解的。并不是说靳辅本人会贪污，但治河涉及各种工程，经

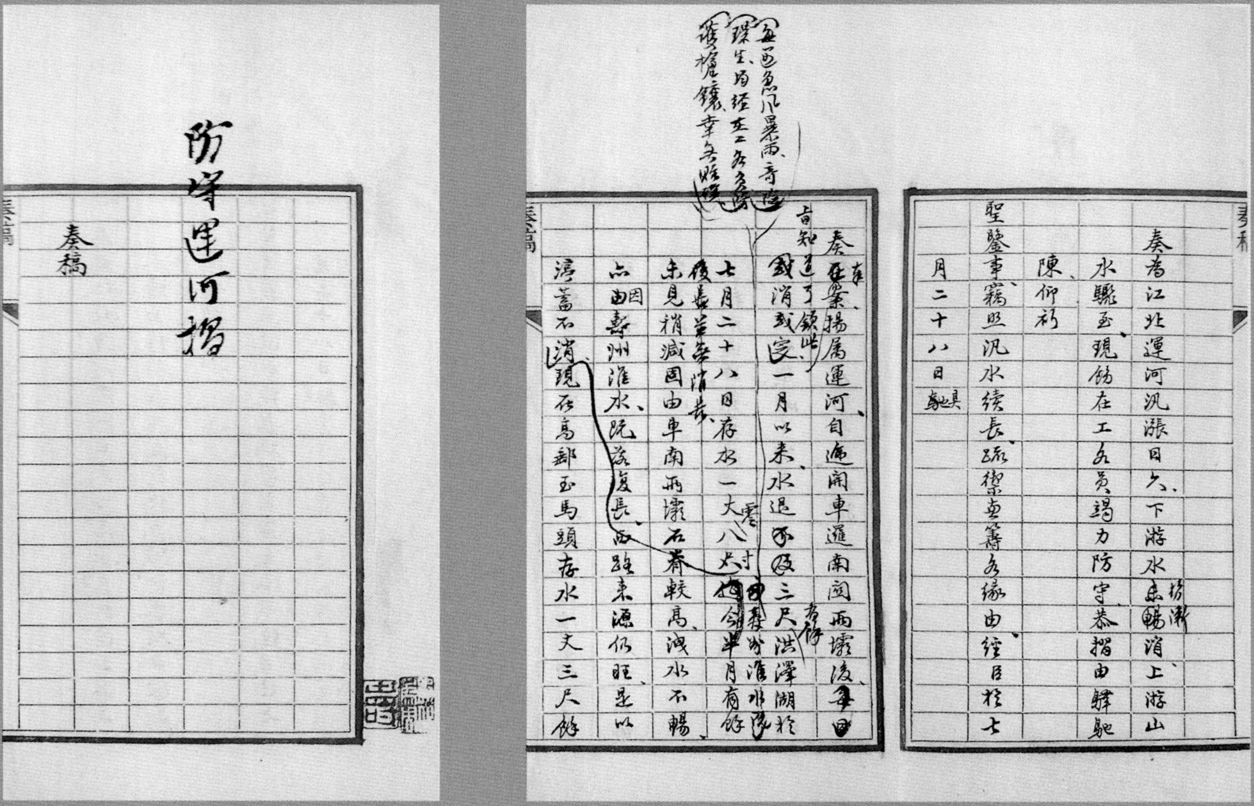

漕运总督杨昌濬防守运河折 清 中国国家博物馆藏

常有人从中截留款项。在靳辅之后的另一位治河大臣于成龙去世后，康熙帝直接告诫大学士们，治河的款项很不清楚。因此，颇有廉洁美名的张鹏翮成了皇帝青睐的下一任河道总督人选。

张鹏翮一上任就改变了此前从工部领取工程款的方式，越过中途可能被克扣的环节，直接从朝廷获取钱粮。康熙帝也极为支持，并宣布，再有借河工事务而贪污钱粮者，斩。

在治水方法上，张鹏翮可谓靳辅的继承者，他采用“逢弯取直”“束水冲沙”“开浚海口”同时并举的治河方略，取得显著成效。清康熙四十二年皇帝第四次南巡，见黄河清水流畅，河道挖深通达，称赞道，这是他二十年来唯一一次看到如此景象！黄淮一带老百姓也编了民谣来歌颂张鹏翮的功绩：“塘埂筑兮水不通，白驹开兮下河通；海不扬波兮水不涌，民乐其中兮安乐而岁丰！”康熙帝也像当年赐诗靳辅一样，写下了《淮黄告成诗》赐给张鹏翮。在给靳辅的诗里，他写的是“安澜早奏功”，对治河成功充满希望；而在给张鹏翮的诗里，他看到了自己的希望变为了现实，写的是“安澜宽旰食”“安澜天下知”，曾经波涛汹涌的黄河，如今平静安详。

张鹏翮在晚年还把治河经验总结写成了24卷的《治河全书》，无论是为当时的治河工程参考，还是今天作为历史文献来看，都具有极为重要的价值。

作为因廉洁而被康熙帝看中的大臣，张鹏翮终其一生没有让人失望。他为官五十载，始终保持清廉本色，历任二十多个官职，都能恪尽职守。据说他一生只用了一床茧被，到去世时，家里甚至没有多余的钱，还是雍正帝赐其儿子白银，才算办了丧事，护送灵柩回遂宁老家。康熙帝赞他“天下廉吏，无出其右”，雍正帝赞他“志行修洁，风度端凝，流芳竹帛，卓然一代完人”。

在洪泽湖畔“第一山”上，有一处摩崖石刻，刻着一首《玻璃泉》诗：“停车一憩白云深，为爱清泉似我心。到晚只宜观皓月，傍岩淮水绿沉沉。”据说此诗是张鹏翮为治河往来黄淮间，在“第一山”小憩酌饮玻璃泉水时留下的纪念。用“清泉”自比，以“皓月”自勉，充分体现其追求高洁品行的情怀。

六、高斌

与一生清廉的张鹏翮相比，其后的高斌则在历史上毁誉参半。

作为清乾隆早期最重要的治河大臣，高斌无论在清口还是瓜洲等重要运口都有着很出色的成绩。就拿清口枢纽设置木龙一事来看，高斌显示出了极高的治河智慧。清乾隆五年（1740），在江南河道总督任上的高斌为了治理清口淤塞，奏请“添设木龙数架，以挑黄流”。乾隆帝想看看效果再说，批示“且试行之”。而实际上效果出奇的好。在木龙将黄河向北挑之后，黄河对清口枢纽的冲击有所缓解，在黄河南岸形成淤滩，泥沙在挨近清口之前就在此汇聚沉淀。

到了清乾隆十四年，高斌再次勘探此处，发现这组设施仍有进一步完善的空间，即需要在黄河水和清口之间设立新的屏障，增加更多木龙，并配合木龙增设顺黄坝和拦黄坝，共同阻挡黄河直接冲击清口。为此，高斌专门上疏，为皇帝详细陈述了设置木龙等水工设施的治理效果。为了配合文字，高斌专门附上了三幅图，分别是雍正十三年（1735）、乾隆十三年和乾隆十四年清口一带的黄运交汇状态。

从三幅图的对比中可以看到，清雍正十三年，清口一带还没有设置木龙，黄河水倒灌入运河，黄河北岸黄色浊流聚集，不利于航运。清乾隆十三年，由于此前设置了木龙，引导黄河北流后，清口出来的淡青色河流逐渐增多，显示出木龙取得的成效。在乾隆十四年进一步增加木龙，并增设顺黄坝、拦黄坝之后，黄河的泥沙在两坝之间淤积成滩，很好地缓解了清口出口之处的淤浅，清水相比一年前更多了。

不过，与治河成就相比，高斌在清正廉洁一事上可就差得远了。清乾隆十三年，高斌在查办浙江巡抚常安贪赃案中假公济私，因皇帝从宽处理才免予革职。乾隆十八年，高斌下属贪赃枉法导致洪泽、高邮等地洪水泛滥，而高斌不但不配合调查，还袒护下属，最终使得江苏铜山同知李敦、守备张宾因贪污治河款项被处死刑。高斌本人被拉上刑场陪斩，临行前他不知是陪斩，以为自己也要就此了结，以至于惊吓过度昏倒在了刑场上。

后来高斌再也不敢有所造次，甚至72岁高龄还在监工，最终死在工地上。乾隆帝感念其功绩，后来还将其牌位入祀贤良祠。但高斌的子孙似乎延续了他的贪腐作风，唯一的儿子高恒由于贪污四百多万两白银，最终被乾隆帝杀头。高恒的长子高朴由于被人告发家中私藏上万两来路不明的金银，也被处斩。高斌的家风不正，最终导致高家的衰灭。

七、林则徐

在清朝所有河道总督中，有一个人任期非常短，但在后世知名度很高，他就是林则徐。

其实，林则徐治水，在其担任河道总督之前就已经颇具经验。清道光四年（1824）底，洪泽湖岸多处坍塌，湖水外溢，沿线城镇遭受水灾。淮河、运河水位大为下降，严重影响了漕运。清廷专门将还在家中为母丁忧的林则徐召回，命其赴南河督理河工。按照传统礼制，为人子，必须守孝三年，才可出来为官。林则徐不着官服赴任，算是既为国出力，又遵守了孝道。至今，在淮安洪泽湖一带，他身着素服治理水患的故事仍为人所称道。

在治河工地上，他不辞劳苦，日夜查看工地，常素服徒步于泥泞雨中。为防止施工过程中克扣舞弊的行为，他要求责任到人，保质保量，每块铁锔都要刻上负责人的名字，他自己的则刻“林工”。若发生工程问题，在湖中捞出刻有谁督工的铁锔，就是谁的责任，故谓此“铁证如山”。今天洪泽湖博物馆中，还保留着刻有“林工”等字样的铁锔。

清道光十一年，林则徐受命任河道总督。接到任命时正值冬季，漕河上正值

“永定河北岸同知关防”铜印
清
中国国家博物馆藏

周桥大塘的林则徐雕像

疏浚的季节。但林则徐没有等待开河再出发，而是立刻动身沿闸河北上，顺路检查河工情况。他还对沿线的施工作出严格要求，如有偷工马虎者，一经查出立即处罚。当年十二月初七，林则徐抵达济宁总督府。

一个月后的正月初七，林则徐从济宁出发，前往运河各工段进行查验。他对施工质量把关非常严格，当发现工段上的“泥龙”到完工后才一律起除，认为这个方法不利于施工，便立即下令夫役每挑完一段，就起净一段“泥龙”，以免春雨一到又把泥浆冲入河中。

待漕运开闸，南方的粮食陆陆续续北上，林则徐亲自督导船只渡过河闸。五月十二日，林则徐来到天井闸前，见“闸内水师自如，船行顺速”，当即将上述情况上奏朝廷。按照清代的官职分工，林则徐还需要承担检阅河防官兵的职责。四月十五日至二十日，林则徐在济宁州城东南演武大厅检阅河标四营官兵。考核中，林则徐发现官兵中“弓力软者居多”，于是下令“较准定式，使习硬弓”。

实际上，上面所说的四五月之间的工作，都是林则徐在“本职工作”之外的事情。早在当年二月十八日，他就接到了调任江苏巡抚的任命。只不过，由于新的河督还没有到任，又值漕运即将开河的时期，林则徐以极强的使命感，一直承担着河道总督的职责，一直到五月二十日，新任河督吴邦庆到任后，林则徐才“交卸河督篆务”。

林则徐在河道总督上任期一共不过一百多天，在他几十年的为官生涯中只是短暂的一段，但我们从这几个月的兢兢业业中，也能看到他忠于职守、笃行不苟的精神。

明清两代，从陈瑄开始，无论是漕运总兵、总督，还是负责治理河道的官员，都担负着护卫河道、以漕粮拱卫京畿的重任。作为一方大员，他们还要承担体恤地方民情的任务。因此，他们的一举一动，每一个决策，都影响着上至天子、下至黎民的国计民生。

明代担任漕运总督的官员往往能够获得足够的政绩资本，有一半人因此获得升迁，近三分之一的人最终进入了权力中枢——内阁。

这个位置上的官员，往往需要极高的政治智慧和统筹协调能力，而且还要了解水利、运输的知识。因此，总理河、漕事务的官员，往往也能够获得足够的政绩资本，有不少的人因此获得升迁，进入了权力中枢。

这是历史上颇为特殊的一群官员。这个群体的运河故事，值得我们去关注、了解。

高家堰大堤的铁锔
其中一块刻有清晰的“林工”字样。

明清的河、漕总督制度

陈瑄终其一生总督漕运，却从来没有做过“漕运总督”。这里还得解释一下明清两朝管理漕运的官员体制。

宋礼疏通会通河之后，并没有继续掌管漕运事务，因此陈瑄作为武将，相当于承担起了一个文官所需要做的职责。不过，在明朝中期，漕运的内政性质逐步超越了军事性质，而且所涉及各类经济、治理的事务繁杂，已经不是武官能够胜任的了。因此，从明景泰二年（1451）开始，朝廷便正式设立了“总督漕运都御史”这一职位，由文官担任。过了十几年，因为黄河河道经常淤塞，又专门设置了总理河道的职位。慢慢地，“漕运总兵”的重要性就让位于河、漕总督了。

一般来说，漕运总督还要担任扬州、淮安、徐州、凤阳等江淮之间重要州府的巡抚。这些州府不少都是运河流经之地，治水事务和地方治理往往纠缠在一起，成为漕运总督的权责所在。

明代中后期，因为治河和治漕往往纠缠不清，权责分工不是很明确，带来了权力互相掣肘的隐患。有一段时间撤销了河道总督，由漕运总督代理；也有时候由河道总督代管漕运事务。因为位高权重，又影响着一方政治经济社会，所以皇帝对于河、漕总督的任命非常谨慎。更为重要的是，统治者不希望某个人长期占据这个职位，平均每个漕运总督任职时间还不足两年。回想起来，陈瑄作为总兵统领漕运的那30年，皇帝对其是多么的放心和宽容。

清朝将黄河与运河治理的任务合二为一，由河道总督负责，一开始总督府设置在济宁，后来转移到清江浦。雍正之后，由于治理黄河事务愈发复杂，因此又将管理河道的事务加以分解，总督负责黄淮汇合以下的河道，驻清江浦；分解出来山东和河南部分，由新设置的副总河负责。随着黄河与运河的关系不断变化，以及地方事务的原因，清朝后期也由漕运总督监理河道事务。

与明朝相比，清朝的漕运总督并不负责治理运河，而专门承担监督漕粮安全运送的职能。漕运总督府官方名称叫“总漕部院衙门”，设于淮安。总督按清代官场规矩，尊称“漕台”。因其领兵，故又尊称为“漕帅”。从漕粮在南方征收那一刻开始，漕船北进、视察调度、弹压运送等，都要由漕运总督亲自监督。漕船北上经过天津之后，漕运总督都要进京觐见皇帝，汇报工作。漕运总督不受部院节制，可以直接向皇帝报告。1905年初，漕运总督最终被裁撤。

郭守敬像

运河丰碑郭守敬

在大时代的转换之间，能够成为这样一个完整、大写、知行合一的“人”，不仅是当时万民之幸，对今人而言，依旧是做人、为学、干事的标杆。

元代以前，治理运河的人物，主要是被皇帝委任一方的官员，无论是唐代的裴耀卿，还是宋代的乔维岳，首先是一名政治人物。而元代的郭守敬，则是一名科学家和工程师，以水利专家的角色步入仕途。

郭守敬的学生、元代天文学家齐履谦在给郭守敬撰写的传记《知太史院事郭公行状》中，将其老师一生的突出贡献和成就归纳为三点：“一曰水利之学，二曰历数之学，三曰仪象制度之学。”可见，在当时的人看来，郭守敬最大的成就是水利方面的。而其水利成就中最为人称道的，是改造南北大运河，开通惠河，成为实现京杭大运河全线通航的第一人。他还通过西山引水，解决了大都城市发展和综合供水的需要，奠定了后来北京城市的格局。

在当时，纵然有极大的才华和抱负，要让自己进入到统治者的视野并获得赏识，还是需要一些机缘的。郭守敬能够为我们留下举世无双的“水利之学”，还要从当时的社会背景和他的成长经历说起。

一

郭守敬，字若思，河北邢台人。生于 1231 年，卒于 1316 年。他出生的年代，正是北方经历元灭金的连年战乱、农业生产凋敝的时期。在郭守敬的家乡邢台，当时北部三条河流泛滥成灾，河道上的石桥被淤泥淹没。当地的百姓想要过河，只好自发地在河流上架起木头，艰难通行，对生活造成极大的不便。

元朝统治者希望通过治理恢复水系而安定民心。根据史料记载，当地官员张耕和刘肃“命里人郭生立准计工”，“郭生”指的就是郭守敬。郭守敬被指派全权负责这项工程，亲自勘查地形、走访百姓，对河流情况做了充分的调查。在考察的基础上，他科学合理地规划出了河流走向，经过推算，竟然找到了埋在淤泥之下的石桥并将其恢复。这位“郭生”仅用时四十天就完成了河渠治理的任务，溃决的堤口得以修补完整，河道稳定下来，河水不再泛滥。

当年郭守敬大约20岁。邢台治水之功，使其名声远扬。

年及弱冠便有如此治水才能，这与其家庭熏陶和教育环境有关。郭守敬自幼便与祖父郭荣生活在一起。郭荣是民间一位颇有名望的学者，郭守敬从小对天文水利等知识有着浓厚的兴趣。据说在其15岁时无意中得到了一件古代计时仪器——莲花漏的拓片，拓片内容在流传过程中已经残缺，莲花漏的制作方法也已经失传，郭守敬经过耐心钻研、反复尝试，竟然成功将其还原，并制造出了莲花漏模型。

郭荣十分看好这位后代，正值其好友刘秉忠回到邢台，遂决定将郭守敬送到刘秉忠门下深造学习。这一次推荐，可以说是郭守敬人生中迈上的第一个关键台阶。

刘秉忠是忽必烈的重要谋士，亲自设计并主持了元大都的修建。元史记载，“凡有关国家大体者，知无不言，言无不听，帝宠任愈隆。”元代的汉人如果入仕，主要途径便是通过举荐。刘秉忠所推举的人才，后来也都成为了元朝的重臣。

郭守敬在跟随刘秉忠学习期间，不仅天文、数学、地理、水利等方面的知识水平都得到了极大程度的提高，还结识了一批志同道合的朋友，比如年纪稍长的张文谦。

1262 年，正是由于张文谦的举荐，郭守敬第一次得到了忽必烈的召见。

这是郭守敬一生中迈上的第二个关键台阶。他向忽必烈陈述了自己长期以来关于水利的思考，即“华北水利六事”：包括整修河流以通漕运、邢台本地河流治理、任县沣河的河渠治理、磁州滏阳河和漳水两条河流的规划、沁河引水渠的完善以及在孟州引黄河水用于灌溉。

郭守敬的这六项建议得到了忽必烈的极大赞赏，并当即被授予了官职，正式成为国家的水利重臣。

郭守敬纪念邮票

二

走近大运河后，郭守敬翻开了自己人生中最精彩的篇章。

元代定都北京，南粮北运以海漕为主，但同样关注内陆的河运。1275 年，郭守敬赴山东考察，详细探勘了济州、大名、东平、泗水、汶水与御河的现状和形势，并专门绘图上奏朝廷。通过这次考察，郭守敬确定了运河通航的最佳路线，决定将运河“截弯取直”，以使漕运通畅，物资运输便利。

这项工程主要可以分为两个阶段，分别是济州河与会通河的开凿。

济州河南起济州鲁桥，北至须城安山，全长 150 里左右。1276 年开工，1283 年竣工。济州河开通后，漕运量得到了提升，但仍然没有解决安山至临清一段的漕运问题。1288 年，根据郭守敬之前勘查的结果，桑哥向元世祖忽必烈进言：“安山至临清，为渠二百六十五里……渠成亦万世之利。”次年，在郭守敬的主持之下，用了半年时间将这段漕渠凿成，忽必烈“赐名曰会通河”。

济州河和会通河的开凿使运河北上的路程大为缩短。郭守敬在实地考察数据的

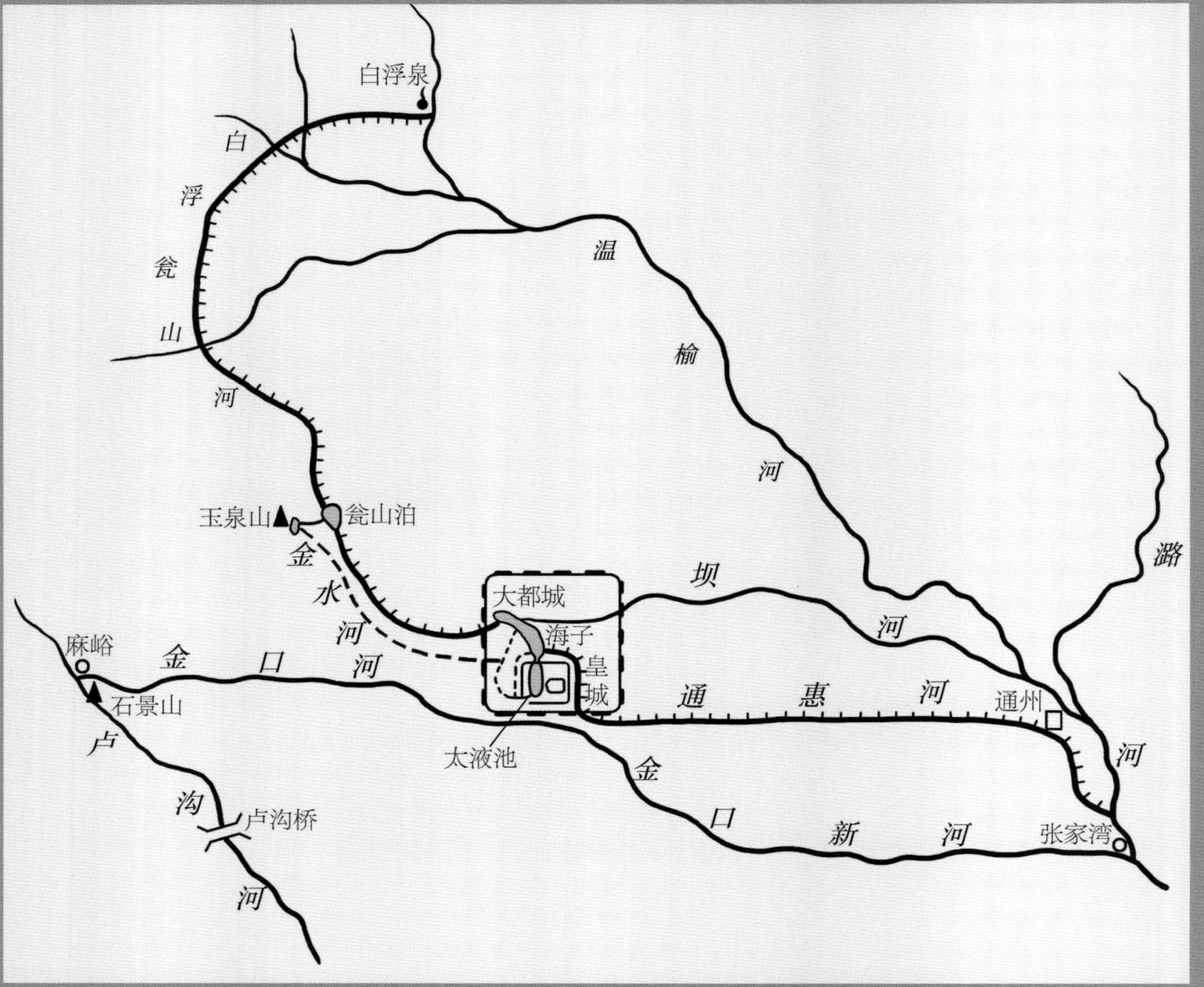

元代大运河进入大都的三条路线：坝河、通惠河、金口新河

基础上，于会通河设置31座闸，尝试解决山东段水源不足、高程差显著的问题。

这种在运河沿线设闸的方法在开凿通惠河的过程中被郭守敬又一次使用。由大都东郊的通州至大都有50多里的路程，这段河道水源极少，漕运不便，走陆路则运输费用大为增加，并且道路泥泞、通行困难。

针对这样的问题，1291年有官员向忽必烈进言："有言滦河自永平挽舟逾山而上，可至开平；有言泸沟自麻峪可至寻麻林。"忽必烈派遣郭守敬去核实这两个提案的优劣。经过详细考察，郭守敬的结论是两个方案都不可行——"滦河既不可行，泸沟舟亦不通"。

他的建议是另外寻找水源，开凿通州到大都的新运粮河，不再采用原有的水源。即另外引入白浮泉的河水，先向西行，再折而向南，通过瓮山泊，从西水门流入城内，汇集于积水潭。然后再往东，转向南面出南水门，流入原有的运粮河。每隔十里设置一道水闸，每处水闸分为上闸和下闸，以确保充足的水流，保证漕船运行平稳。

忽必烈听了郭守敬的建议，非常高兴，令其"当速行之"。随后忽必烈又恢复设立了都水监机构，任命郭守敬为主管，全权负责此项工程。工程于元至元二十九年（1292）春天开始着手准备，"告成于三十年之秋"，用时不足一年。

在开凿过程中，郭守敬又将积水潭进行了大规模的扩建，使其成为京杭大运河的终点码头。至此，京杭大运河在郭守敬的规划之下得以全线通航，江南漕船可以直接驶入大都城。

据史书记载，当年忽必烈从上都回到大都时，路过积水潭，看见积水潭上停满了帆船，船头接着船尾一派繁荣的景象，十分高兴，赐名"通惠河"。为表彰郭守敬的巨大功绩，他在第二年"拜昭文馆大学士、知太史院事"。这一段有关通惠河开凿的故事，在"运河工程"一章中有详细讲述。

郭守敬生平事迹：

15岁　制造出莲花漏
21岁　修复邢州石桥
32岁　面陈忽必烈"水利六事"
34岁　修复西夏引黄灌渠
35岁　考察黄河源头
36岁　重开金口河
37岁　提出"海拔"概念
44岁　修建金水河
50岁　编成《授时历》
59岁　会通河竣工
61岁　引白浮泉水
63岁　通惠河竣工
66岁　制造柜香漏

除了大运河有关的工程之外，郭守敬作为一个水利巨匠，也为全国各地人民留下了丰厚的水利遗产。

比如西夏水利整治工程。1264年，郭守敬赴西夏整修水利。在整修古渠的过程中，他尽可能利用原来的古河渠，将原有损坏严重的闸、堰修补完好，使其可以重新投入使用；对已经无法修补的，再重新选址进行新建，“役不逾时而渠皆通利”。修整后的古河渠共计可以灌溉农田九万余顷。河套地区又恢复了往年“塞北江南”的繁华景象。

比如京西金口河工程。其时正值刘秉忠主持修建元大都城，郭守敬建言，如果开通金口河，引卢沟河一支东流，不仅可以将西山的建材运到大都，下游还可以利于通航和灌溉。郭守敬还吸取了金代的教训，将永定河的取水口上移，在上游开挖溢洪道，在引水河道中间设置调节水库，保证通航，防止水患。

三

郭守敬不仅是水利专家，更是科学巨星。元至元十三年，郭守敬与同学王恂共同主持制订新的历法。既有的陈旧仪器测量的数据不准，他便亲自设计，创制出圭表、仰仪、证理仪等多种仪器。他仔细研究了自西汉以来的70种历法，根据大量观测资料，编制出了新历——《授时历》。这版历法从元至元十八年起，被官方使用了300多年。

郭守敬一生共经历了七位蒙古统治者，在国家百废待兴、重回统一的年代，通过自己的科学智慧，扮演了至关重要的角色。

由于郭守敬在科学技术事业中做出的卓越贡献，在1962 年邮电部发行的八枚“中国古代科学家”的纪念邮票中，有两枚是郭守敬和他所创制的简仪图像。1970年，国际天文学会将月球上的一座环形山命名为“郭守敬环形山”。1977 年 3 月，国际小行星中心将小行星 2012 命名为“郭守敬小行星”。中国科学院国家天文台的国家重大科技基础设施 LAMOST 望远镜，也被命名为“郭守敬天文望远镜”。

郭守敬一生共经历了七位蒙古帝王的统治。在这样的政治背景下，其科学领域的智慧，以及造福万民的工程成就，在国家百废待兴、重回统一的年代，起到

郭守敬纪念馆

了至关重要的作用。

在所有成就之外，更值得今人敬佩的，是郭守敬始终秉持的实践出真知的处事原则。他的每一项科学成就都基于深入扎实的实地调研、客观理性的判断，和关键时刻勇于担当、敢于建言的胆识。在大时代的转换之间，能够成为这样一个完整、大写、知行合一的“人”，不仅是当时万民之幸，对今人而言，依旧是做人、为学、干事的标杆。

黄流巨津
老遲洪綬

潘季驯治河

明清两代，黄、淮、运的交汇，一直是困扰漕运最大的症结，围绕“治黄”“保运”“保祖陵”，也激发出了古人非凡的智慧。留下千古英名的治水能臣中，潘季驯是其中的杰出代表。

一

明嘉靖四十四年（1565），黄河在徐州沛县飞云桥决口，沛县一带的运河彻底瘫痪，无法通行。运河一断，京城的粮食供应便没有了保障，朝廷之中人心惶惶。在这个关键时刻，治水大臣们却无法形成统一的意见。

争论的双方，一方是工部尚书朱衡，另一方则是刚被任命为都察院右佥都御史，协助朱衡督理河道的潘季驯。朱衡认为应该优先保住漕运，开辟新的运河河道；潘季驯则坚持认为应先治理黄河，才能保住运河。

由于自然地理原因，黄河携带巨量的泥沙，至明代中晚期时，下游河床不断淤积抬高，洪泛频繁。在淮安一带，黄河与淮河、运河相汇，黄河倒灌导致漕运受阻的问题日趋严重。再加上不远处便是泗州城东北的祖陵（朱元璋祖父陵寝），其安危问题也始终令人提心吊胆。

从明嘉靖到万历年间，朝廷围绕如何在“治黄”“保

（左页）黄流巨津图　明　陈洪绶　故宫博物院藏
该图描绘的是滔滔黄河中的一个渡口的景象。波涛汹涌中，几艘船艰难行进，体现出黄河之险。

运”“保祖陵”之间寻找平衡，进行了长期的争论。在所有的治河思路中，潘季驯的方案最终“脱颖而出”。潘季驯作为治河治运的能臣，也在各种历史的机缘下，成为后世尊崇的典范。

潘季驯出生于明正德十六年（1521）。虽然老家是运河畔的浙江湖州，但此前并没有参与过治水事务。这次被任命新职后，他经过实地勘察，认为不能放任黄河分流，而是应该让其重新收拢在一起，才能保证下游有足够的水量，不至于水流减缓而使得河道淤塞。

朝廷最终在朱衡和潘季驯的思路之间寻求了一个折中方案，既令朱衡开辟新河道（南阳新河），也命潘季驯负责疏浚河水故道。没过多久，潘季驯母亲去世，他回家丁忧三年。潘季驯的首次治水告一段落，谈不上成功，也不算失败。

明隆庆四年（1570），潘季驯以都察院右副都御史之职再次总理河道，这一年他50岁。这一次，潘季驯依旧坚持让黄河“复故道”的想法。不过，对于长达百余里的故道淤河，要耗费极大的人力挑浚。潘季驯想到了一个理想的办法：既然人工挑浚耗时费力，为什么不用水呢？

潘季驯的方法是，堵塞决口，高筑堤防，约束河道，以水攻沙。

这个办法前人也曾探讨过，但真正大规模实践，却是潘季驯力主的。在上疏中，他力陈河流如何能够冲刷泥沙，并明确提出了加高加固堤防，用以束流。到明隆庆六年，疏浚黄河故道的工程全部完成，“浚河八十里，筑堤一百五十里，出官民之舟于淤积者以万数”。

不过，这次治河虽然让黄河得到了一定的控制，却没有真正保住漕运。明隆庆五年四月，正当治河工程即将告竣之时，黄河再次泛洪，南北决口十余处，运舟漂覆近百，损漕粮四万余石，淤河八十余里。1572年，潘季驯被罢官，黯然结束了第二次治河。

当时，负责漕运的机构和负责治河的机构间关系并不融洽。曾有一段时间，总河的职务被取消，河、漕衙门并为一体，全部交由漕运总督管理。至明万历六年（1578），潘季驯开始了第三次治水之旅。

二

经过这些年的争论，潘季驯力主的“治黄保运、束水攻沙”已经成为明万历初年朝廷认可的方案。

这一次，潘季驯在大量一手资料的基础上，写下了著名的《两河经略疏》，进一步完善了以水治水的思想。总体来说，潘季驯的核心理念就是：以水治水，以水攻沙。用洪泽湖大堤拦住淮河，让其只能从清口出，在这里用淮河的清水去冲刷黄河的浑水。在徐州到淮安一段，则约束黄河不分流，令其在既有主道内行进，让河水利用河道自身的约束力，冲刷泥沙，确保河道深度。这样，运河自然就安全了。

从保漕运、保祖陵的目标来看，束水攻沙的方法取得了即时的明显效果。历史文献记载，工程之后，“盖借水攻水、以河治河，黄淮并注，水涤沙行，无复壅滞，非特不相为扼，而且为用”。

随之而来的是一片赞美之声。大家纷纷撰文写诗，歌颂潘季驯的伟大成就，甚至有人将他比作大禹。王世贞写的《贺大宫保大司空印川公治河功成序》里更是赞赏其“不佞窃谓公之功一世功也，其言借水攻沙，以水治水则百世功也”。

明万历八年四月，潘季驯60岁，朝廷加封他为太子少保，升工部尚书兼都察院左副都御史。后来又改任刑部尚书，潘季驯迎来了政治生涯的巅峰。

但仅仅过了两年，当朝首辅张居正去世，由万历帝主导了对其的清算。潘季驯由于被视作张居正的亲近派受到牵连，也被罢黜了。

明万历十六年，黄河在今天开封、新乡一带再次闹灾，朝廷又一次启用了潘季驯。

此时潘季驯已经68岁。即使在今天，68岁也早已是退休之龄，应尽享天伦之乐，更何况长期奋战在治水一线的潘季驯身体已经出现各种问题。看来，这一次水患危机，朝中还是要倚重他的治河经验。

潘季驯意识到这是自己的最后一次治水，因此着重想给后世留下点什么。他在山东、河南、南直隶三省制定了详细的工程管理制度，提出了“河防在堤，而守堤在人，有堤不守，守堤无人，与无堤同矣”的思考，强调河堤的日常管理，完善了修守制度。除了堵塞决口、抢修河堤之外，在明万历十八年，70岁的潘季驯写成了《河防一览》，作为自己一生治河经验的总结，泽被后世。

明万历二十年三月，潘季驯终于告老还乡。三年后，潘季驯病逝，享年75岁。

客观而言，潘季驯的治河方法也有其历史的局限性。毕竟想扭转黄河的自然力量，在长时段历史上看，几乎是不可能的事情。自然河道有其天性，人力只能在具体的历史条件和政治经济背景中做出权宜的选择。潘季驯的办法，在明后期的大背景下，尤其是“保祖陵”的政治高压下，也只是一个不得已的选择。“束清刷黄”能够解决一时一地的问题，但对于黄淮地区的水系，以及由此引发的环境与社会生态问题，我们也要有清醒的认知。

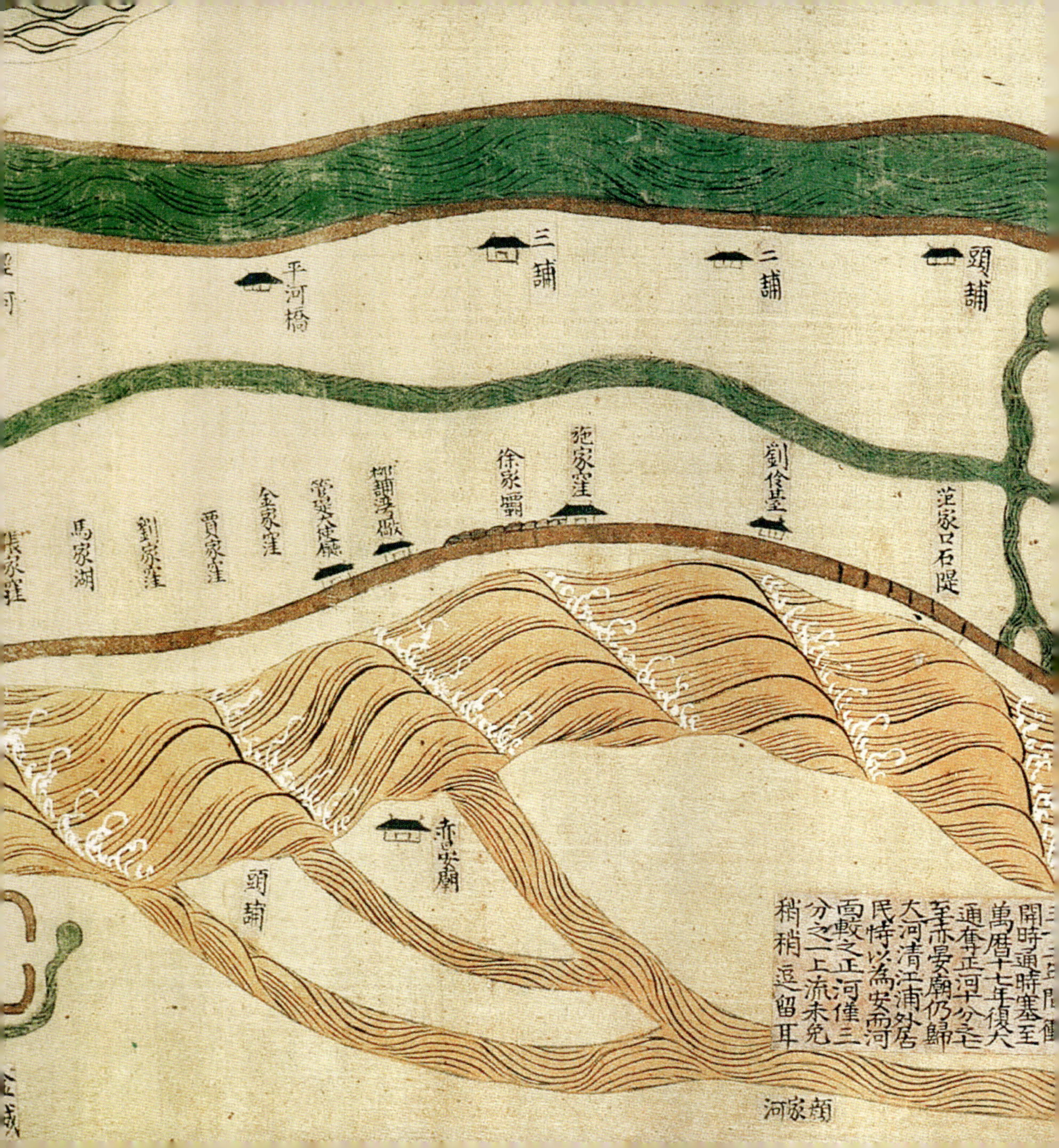
頭舖
二舖
三舖
平河橋
范家口石隄
劉伶臺
施家窪
徐家壩
柳浦灣廠
管堤大使廳
金家窪
賈家窪
劉家窪
馬家湖
赤晏廟
頭舖
開時通時塞至
萬曆十七年復大
通奪正河十分之七
至赤晏廟仍歸
大河清江浦外居
民恃以為安而河
面較之正河僅三
分之一上流未免
稍稍逗留耳
顏家河

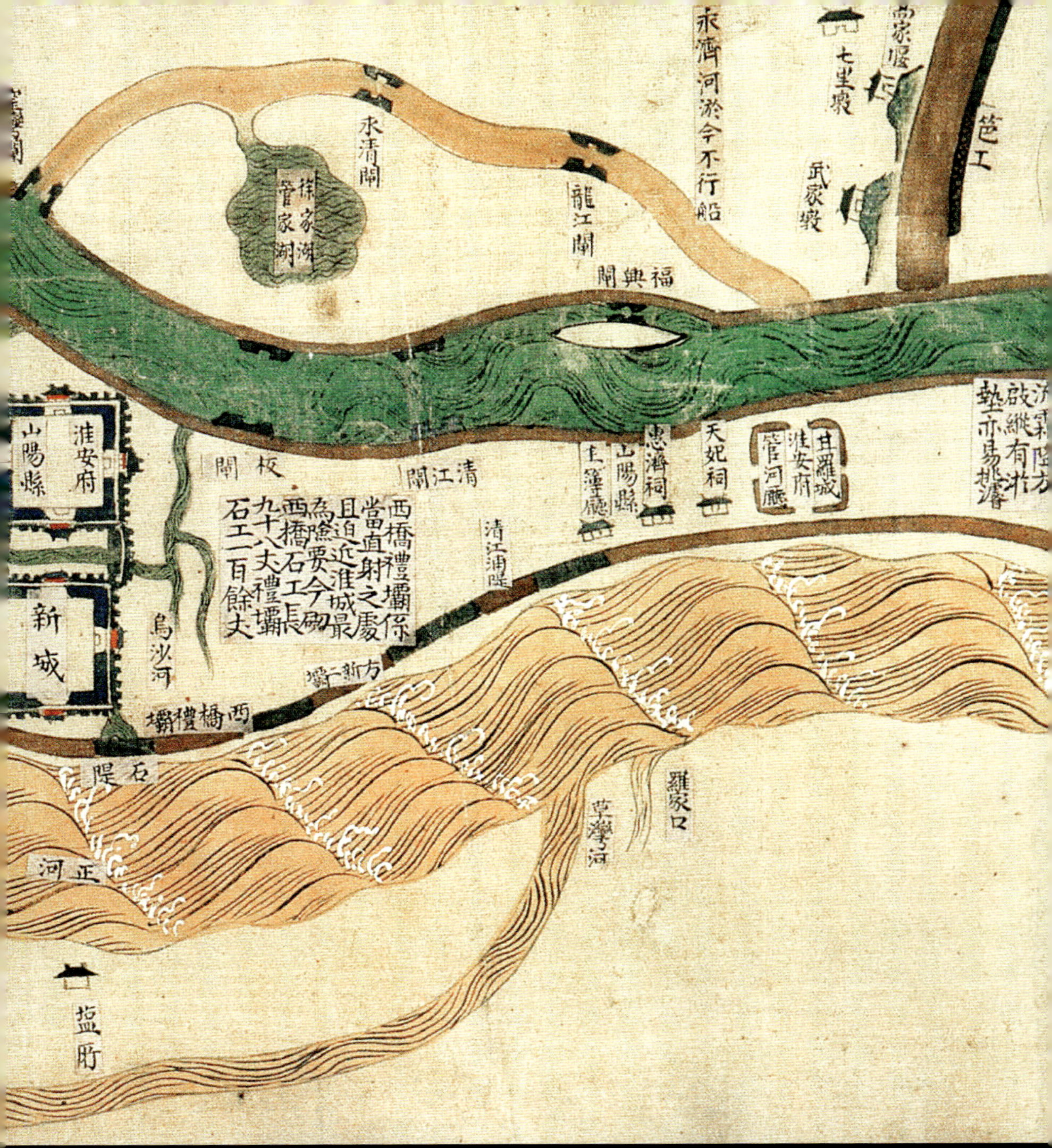

潘季驯的一生，四次承担治理河漕重任，始终坚持自己的治水理念。在风谲云诡的晚明政治格局中，他将理念、实践和为官之术很好地结合，是一位正直敦厚的政治智者，也是大运河历史上为人、做事、处世的模范。

潘复和汪胡桢的艰难尝试

民国时期尝试恢复运河的设想，最终在兵荒马乱的年代胎死腹中。

一

1915年的一天，山东济宁的老百姓看到了一则通告，内容是征求关于疏浚鲁南地区运河的意见，通告的署名是山东南运河疏浚事宜筹办处。大家都很好奇，已经断流许久的南运河，难道又要疏浚贯通了？

清末民初，运河荒废，水灾频繁，一是对原本繁荣的商业造成极大影响，二是对老百姓自身的生活也造成了许多困扰。鉴于此，重新疏通南运河、治理河道便成为了鲁西南一带百姓的期盼。

但是，民国初年国家已经不需要漕运，不可能以国家之力投资运河的修复，只能依靠当地的力量。此时，一个来自济宁的年仅31岁的年轻人登上了历史的舞台，他的名字叫潘复。

潘复出身于山东济宁的重要家族，从小聪慧过人，20岁时候就考取了举人功名。民国建立之后，潘复加入革命党，1913

年30岁时他成为山东实业厅厅长，致力于实业救国。一年后，潘复受命于一个全新的机构——山东南运湖河疏浚事宜筹办处，成为总办。

《山东南运湖河疏浚事宜筹办处第一届报告》内容详实，除测绘照片外，还附有当年1月到6月的测量数据表，以及和运河相连的几条河流的情况概述，最后是潘复执笔的报告，提出拨付东平县堤岸建设和疏浚清河专款的要求。

上任伊始，潘复便展示出敬业的态度，立刻启动了实地调研。1915年1月起，潘复率领筹办处的人员以及水利专家们进行了为期半年的实地勘察。当年夏天，筹办处出版了《山东南运湖河疏浚事宜筹办处第一届报告》，详细记录了当时调查的情况和结论，提出了疏浚山东南部运河、湖泊的一系列计划，还附上了测绘现场的照片。

在勘测河道的同时，潘复还希望听到民间对于运河事务的真实声音，向沿线的乡民们征求意见，这便有了文章开头所说的那则通告。令筹办处感到吃惊的是，这些乡民根本不关心运河是否能够疏浚通航，在最终收到的28份反馈意见中，只有1份提到了改善航运，剩下的所有意见都是关于水灾治理甚至是湖地开垦的。

这一点也可以理解，毕竟农村的百姓们显然更加关注自身的眼前利益，运河通不通和他们关系并不大。只要百姓不反对治河工程，那就可以往前推进。这样一来，既有充分的调查分析，又有年轻有为的主政官员，还加上老百姓的意见支持，看来，山东西南部的官员和民众，都对运河的未来满怀期待！

不过，有一个问题他们似乎都忽视了，干这样一件大事，谁来出钱呢？

二

在当时的情况下，无论从能力还是财力，唯一有可能投资这件事的，是外国人。而最有可能做成这件事的，是美国人。

美国广益投资公司正在江苏开展运河和淮河的治理工程。他们当然不会错过这个机会。1916年，他们与政府签订了300万美元的贷款协议，在合同中明确要求由外国人来直接监理工程，监督检查所有相关中国官员的银行账户，以避免中国官员从中谋取不正当利益；而且获得了向运河推荐管理人员的权利，保证管理方面的收益。

美国在这个项目上面临的阻力来自德国。《辛丑条约》以来，山东一直是德国人的势力范围。但此时的德国，是一战的战败国，自身难保，在亚洲尤其是中国的影响力已经大不如前。因此，面对美国的步步紧逼，德国只能宣布无可反对。

美国人没有想到的是，此时出现了更强大的反对者——日本。日本一直期待取代德国获得在山东的特权，这早已不是秘密。在广益公司和当地政府签订合同之后，日本提出了抗议，要求获得自己的一份利益。

经过反复考量，美国在和中国的合同中又加进了一条特别条款：允许美国之外的地区筹集贷款的5/12。显然这个美国之外的地区指的便是日本，广益公司许诺让日本兴业银行获得这5/12的权益。

让日本人介入进来，对美国的商人而言损失的可能是一点利益，但对中国人而言后果要严重得多。潘复知道此事之后非常愤怒，直指广益公司背信弃义。但是，好几年以来不断的努力，潘复也不想白白付诸东流。中国官员提出了一个相对稳妥的折中方案——用简单的“换文”方式更改协议，避免引发更多的政治纠纷。但广益公司则坚持要看到中国政府正式“批准”的合同才作数，因为这样更为正式。

各方扯皮的同时，美国人和日本人也都没闲着，美国人派来自己的工程师对运河沿线进行了又一轮调查，提出了更周详的工程方案；日本兴业银行则向日本纱厂承诺，将来开垦土地所种植的棉花将出口到日本国内。

按照潘复等人的设想，运河沿线的土地是可以再利用的。治水项目在运河故道、干涸的湖地以及两侧地区开垦出新的土地，通过修复良好的水利体系，保证新土地或重新开垦的土地的灌溉。而土地本身便具有极高的升值空间，根据推算，能有200多万亩的土地在整治项目中开垦出来。这些土地开垦之后，每年可以征收一定的“改良税”。不过，筹办处花了大量精力在确认土地所有权上。因为那些等待重新开垦的土地，尽管荒废了许久，却几乎一夜之间冒出了很多“地主”。

就在各方力量还在纠结观望之时，时间来到了1919年。“五四运动”的爆发，让日本人在山东把控河道、开垦土地成为不可能，本来是箭在弦上的项目反而成了烫手山芋，谁都不敢轻举妄动了。直到1921年，第一次沿河调查已经过去了7年之久，工程依旧停留在纸面上，丝毫不见动静。

三

就在潘复的山东项目停滞不前时，一位名叫汪胡桢的年轻水利工程师悄悄登上了中国水利工程史的舞台。

1922年，汪胡桢收拾行囊，踏上了远赴美国的轮船，到美国康奈尔大学学习水利发电工程专业知识。这个来自浙江的年轻人，从十几岁起就开始进入水利行业。1915年他考上了南京河海工程专门学校，两年后以名列第二的优异成绩毕业，被保送到全国水利局任职，从此与中国水利工程事业伴随一生。

那时，水利局聘请了荷兰籍水利工程师方维因作顾问，制订治理海河流域五大河的水利计划，汪胡桢负责将他的计划翻译成中文，并提出了若干很好的建议。方维因很欣赏这个年轻人，在赴太行山脉水源地勘定地址准备修建水库时，两人一起完成了滹沱河水库均质土坝的初步设计。但是，由于兵荒马乱，北洋政府无人主持大局，水利局的各项工作难以开展。1920年，汪胡桢辞去了水利局的职务，回到南京河海工程专门学校任职，随后赴美国留学深造。

1923年，汪胡桢从康奈尔大学毕业，随后用了9个月时间在佐治亚州铁路与电力公司的设计室学习和熟悉摩根瀑布水电站的设计文件及图纸，后又到摩根水电站工地实习了1个月。1924年，他在英、法、德、比、荷、瑞士等国考察，参观当地的水电站。有了学习和实践经验后，他带着先进的知识和经验，以及大量珍贵的书籍和资料，满载而归，希望在国家治水事业上大展手脚。

在“运河国家”一章中，我们曾经介绍过民国时期水利治理的历程，其中最受关注的要属导淮工程。我们还在“运河工程”一章中介绍了民国时期在苏北兴建的新式船闸。汪胡桢在这两项重大工程中都扮演了关键角色，付出了大量心血。1930年，导淮委员会成立，汪胡桢任工务处处长兼主任工程师。他组织设计测量队，经实地勘测，编制了《导淮工程计划》。他亲自设计了山区和洪泽湖水库入江排洪水道和邵伯、淮阴、刘老涧三个船闸。但是，由于政府效率低下，以及经费问题，虽然船闸最终建成，但导淮工程却没有真正实施。

整个1930年代，不断上演着汪胡桢尝试通过自身才学水利救国，但又因为国家动荡而屡屡受挫的情节。1933年，为整治断航的京杭大运河，汪胡桢出任整理

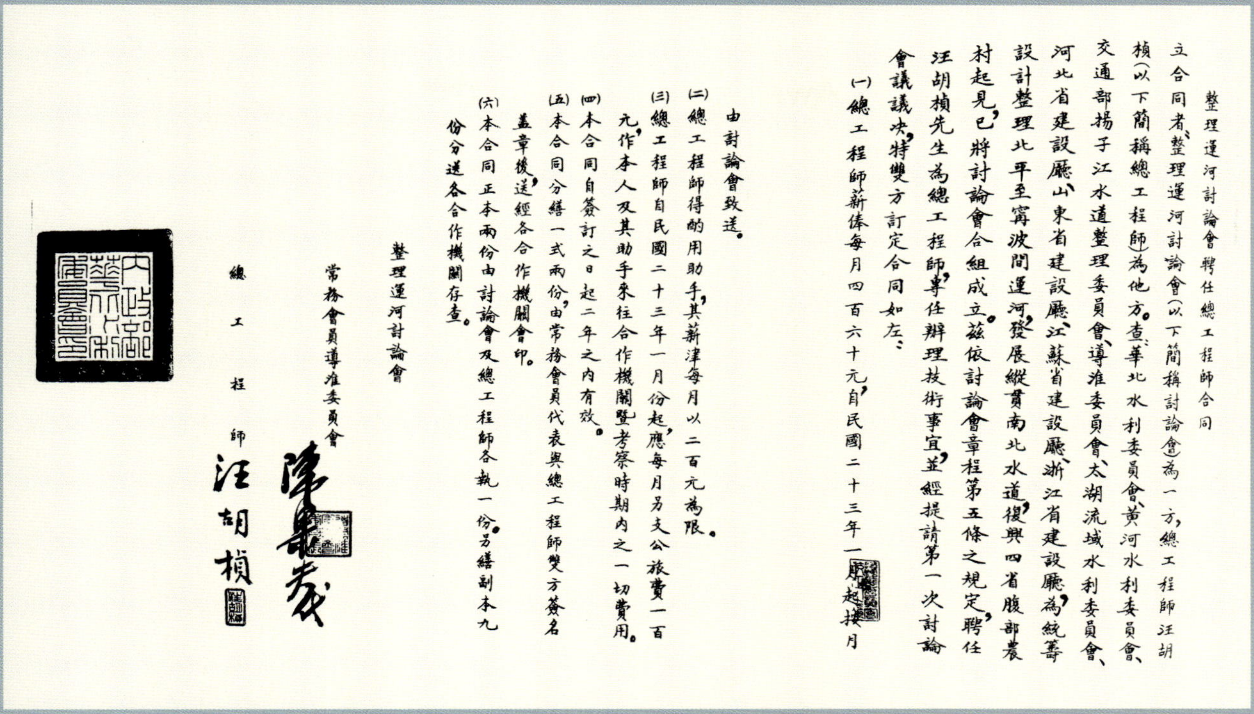

整理運河討論會聘任總工程師合同

立合同者，整理運河討論會（以下簡稱討論會）為一方，總工程師汪胡楨（以下簡稱總工程師）為他方。查，華北水利委員會、黃河水利委員會、交通部揚子江水道整理委員會、導淮委員會、太湖流域水利委員會、河北省建設廳、山東省建設廳、江蘇省建設廳、浙江省建設廳，為統籌設計整理北平至甯波間運河，發展縱貫南北水道，復興四省腹部農村起見，已將討論會合組成立。茲依討論會章程第五條之規定，聘任汪胡楨先生為總工程師，專任辦理技術事宜，並經提請第一次討論會議議決，特雙方訂定合同如左：

（一）總工程師薪俸每月四百六十元，自民國二十三年一月起接月由討論會致送。

（二）總工程師得酌用助手，其薪津每月以二百元為限。

（三）總工程師自民國二十三年一月份起，應每月另支公旅費一百元，作本人及其助手來往合作機關暨考察時期內之一切費用。

（四）本合同自簽訂之日起二年之內有效。

（五）本合同分繕一式兩份，由常務會員代表與總工程師雙方簽名蓋章後，送經各合作機關會印。

（六）本合同正本兩份由討論會及總工程師各執一份。另繕副本九份分送各合作機關存查。

整理運河討論會

常務會員導淮委員會

總工程師 汪胡楨

汪胡桢的总工程师合同

运河讨论会总工程师。他从杭州开始，沿运河跋山涉水，风餐露宿，历尽艰辛，历时一年半到达北京，完成了踏勘任务，编制了一套较完整的《整理运河工程计划》，呈报国民政府，但未能付诸实施。他还发起创办中国水利学会，主编《水利》月刊，整理编印《水利珍本丛书》。抗日战争爆发后，汪胡桢拒绝为日本人服务，专心从事水利科学研究，组织翻译出版了奥地利工程师旭克列许的《水利工程学》。他还主编出版了《中国工程师手册》，使中国工程师第一次有了自己的手册。为了支付稿费和出版印制费用，他甚至卖掉了自己的房子。

四

1936年，正在汪胡桢全身心投入水利工程计划却屡屡无法实现时，潘复去世了。

1920年代初，虽然在山东的运河工程推进不利，但潘复本人却达到了自己仕途上的巅峰。他的好友靳云鹏担任北洋政府总理期间，潘复一度任职财务部负责人，同时督办盐务，大权在握。不过，在当权者如走马灯一样变换的北洋

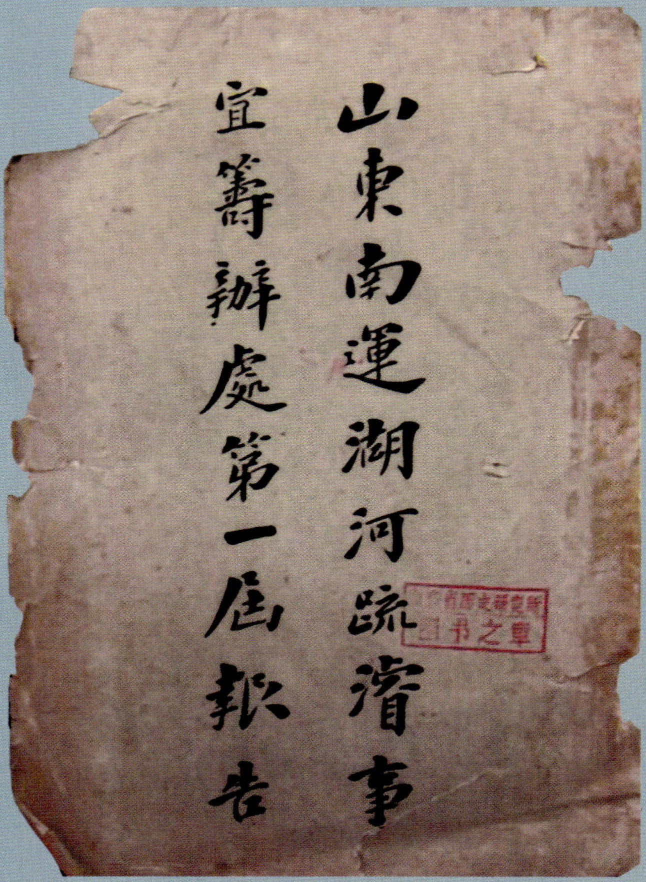

《山东南运湖河疏浚事宜筹办处第一届报告》封面

政府时代，所谓的权力也不过是昙花一现。到1921年靳云鹏下台之后，潘复也跟着辞职下野。

到了1926年，潘复卷土重来，这一次攀上了更高的职位。1926年到1928年，他担任财政部长、国务院总理兼交通总长等职务。1928年，奉系军阀失败后，他再度下台，先是前往大连，后又移居天津，1936年在天津病逝。他曾经大力推动的山东运河工程，早就在这兵荒马乱、炮声连连的年代里胎死腹中了。

一年后，日本全面侵华，汪胡桢也开始了漫长的等待。抗战结束后，汪胡桢出任钱塘江海塘工程局副局长兼总工程师，负责修复因战争破坏的钱塘江海塘缺口。满心希望能够有所作为的汪胡桢再一次失望了。海塘工程需要从美国所设的美援会商请贷款，但因美援会监理李铭的谗言，贷款最终停止拨付，汪胡桢和当时工程局局长茅以升愤然辞职。

不过，在实现水利梦想上，汪胡桢比潘复幸运得多。中华人民共和国成立后，汪胡桢终于可以大展宏图。他再次拾起治淮的指挥棒，主持治淮技术工作。他担任佛子岭水库工程总指挥，率领建设大军前往大别山区，筹建"治淮方略"中主要工程之一的佛子岭水库，以最具前瞻性的视野，首创性地建设了中国第一座大型混凝土连拱坝。他负责黄河三门峡水库的施工、修建，直至大坝完成蓄水。

汪胡桢1897年出生，1989年去世，92年的人生，绝大部分都献给了中国的水利事业，更是经历了从战乱到和平、从报国无门到大展宏图的转折。潘复1883年出生，1936年去世，和汪胡桢一样经历了动荡的年代，却没有听到民族复苏的钟声。他们"梦断运河"的经历，也是那个时代众多水利人职业履历的缩影——空有一腔抱负，却又无力实现。

如今，后人只能通过山东南运湖河疏浚事宜筹办处当年的报告，通过导淮和整理运河的那些计划书，一窥潘复、汪胡桢们曾经的雄心壮志。不过，就连1916年出版的第二届筹办处报告本身，也早已不见存世，和山东的运河之水一样，消散在淤泥之中了。

《鸿雪因缘图记》 之金山操江

运军的运河人生

这是一群直接担负漕运任务的人，他们在历史上没有留下姓名，但他们的人生同样值得记录和纪念。

漕粮运输关系到国之根本，因此运送漕粮的人必须可靠。在很多朝代，漕运依靠军队来承担，称为运军。运军在不同时代具体称呼有所区别，有的叫“卒”，有的叫“军”，也有的称为“丁”。

早在西汉时期就已有关于运军的记载，六万多人的“漕卒”担负着从关中转运粮食到长安的使命。汉代到唐代，运送漕粮的人有时候是征召劳役，也有时候是雇佣民夫。到宋代之后，军队重新成为漕运的主要人员。

宋代的漕运以十条船组成一“纲”，因此漕运也称为纲运。每一纲的负责人由官员担任，而具体运送人员称为“纲运人”，由军队担当。明代由军户承担漕运职责，称其为“漕军”。清代对卫军的名称有所修改，称为旗丁，因此漕运人员称为“漕运旗丁”，简称“运丁”。无论名称如何变化，这些运军都是普通百姓出身，虽然朝廷会拨付一定的经费，但好的年景里也只能勉强糊口，赶上灾荒或是政治、社会动荡，往往连基本的生活都难以保障。很多运丁也学会了营私舞弊，倒买倒卖，用以贴补家用。但由于处于社会底层，无权无势，运军始终没有摆脱弱势群体的地位。

下面，我们就来具体看一下，一个明朝的运军是如何运送漕粮、维持生计的。

一

明朝时，普通的押运漕粮的人，是如何度过每一年的漕运人生呢？

我们把时间设定在明朝正德年间。此时漕运体系已经比较完善，长运法日臻成熟。此时，还没有出现明朝后期大规模漕军逃亡的现象。因此，以正德时期为时代背景，可以相对完整地呈现理想状态下漕运军士的工作和生活状态。

当时，明朝一共有12万名漕军，1万艘左右的漕船，每艘船上一共10人，其中一人作为首领，名叫“小旗”。十月初，江南地区新收的稻米已经陆续送到了位于沿线的水次仓。其中以苏州府的粮食最多，年运送量达到了70万石，占全国的17%。漕军们也要从早冬季节就开始忙碌，他们要在水次仓将漕粮运到船上，准备好出发北上。

之所以早冬时节就要启程，是考虑到运河上行船的时间长度。要确保在第二年夏天将上一年的漕粮交付到京城，各地的漕军都要早早上路。不同地区的漕粮起运的时间各有不同。山东、北直隶地区的可以等过了年再出发；长江以北、淮河以南的漕军，则要在腊月之内就要渡过淮河，因此出发时间比北方漕军早一个月左右。南直隶地区的漕粮按要求要在正月之内渡过淮河，因此则要更早就从驻地出发。如果是浙江、湖广、江西三省的，因为距离更远一些，则三月之内过淮就可以了。

二

永乐年间，明朝施行的是支运法，各地百姓要自己把缴纳的漕粮运到淮安，然后由漕军负责运到北京。后来在陈瑄的建议下，施行了一段时间的官民“兑运

《潞河督运图》中的运军

法”，即缴纳的漕粮不用全部集中于淮安，而是设置了若干粮仓（比如扬州城南的瓜洲），再由漕军集中运送。无论是支运，还是兑运，漕军都只需要在几大中转仓负责转运即可。但是从明成化年间开始，为了不占用更多老百姓的精力，使其可以及时回到田间耕种，明廷开始采用“长运法”，即让漕军到各地的水次仓去收纳漕粮。

这样一来，漕军们任务就重了很多，每年的工作时长也增加了许多。这些增加了的工作量所需要的花销都要由老百姓来承担。每上缴一石粮食，老百姓一般需要实际付出1.5石、有时甚至两石粮食才可以。

其中，大约60%以粮食形式支付，另外40%兑换成银子交纳。一段时间里，漕军的主要收入来源就是这些银两。但正统年间，这些银两不再直接交到漕军本人手中，而是被整体送到淮安甚至北京，最后能到漕军手里的很少。

船上的小旗们押运漕粮时格外担心安全问题。按照明朝的法令，所有损失都要由运送的漕军军官，主要是小旗来承担。哪怕是自然灾祸，也大都无法减免惩罚。一旦漕船有失，就可能按照偷盗的罪名处置，被发配到正在开战的前线。也有漕军为了补偿损失的漕粮，到通州后高价买入当地粮食。但是这些粮食实际上是高利贷，虽然补得一时的亏空，但又让漕军们变得负债累累。

漕军每过十年，都会有一年休整，因为漕船需要调整。漕船的平均寿命是十年左右，每过十年，就要制造新的漕船。而负责办理漕船制造的也是漕军。他们在漕船退役的前一年预先置办造船的各种木料和手续。当时，全国有三个最大的船坞，分别位于临清、南京和清江浦。

漕军们首先要去南方采办木料。一艘船平均需要一百两银子，其中政府出资大约三分之二，另外有三十多两则需要自己出资。因此，这一年漕军们实际上也不能休息，不仅需要出钱造船，而且在木料送进船坞之后，还得在船坞监工，确保按期保质完成。

明代漕军每人每月领粮食12石，每年外加2或3石额外的“行粮”。按照明代中期的兑换标准，一两银子兑换一石粮食，但实际市场价格大约是一两银子等于两石粮食。漕军每年的俸禄大约150石粮食，折合75两银子左右，考虑到漕运路途中各种计划内外的开销，很难有所结余。

明朝大运河沿线六个省为“有漕省份”，即供应北京的漕粮只从这六个省征运，包括南直隶（今江苏、安徽及上海）、浙江、江西、河南、山东、湖广（今湖北、湖南）。每年漕粮数量最初是600万石，最终稳定在400万石。这些粮食通过大运河，经由1万多艘漕船、12万左右的漕军源源不断输送京城。

三

明朝中期，从江南向北，有三个入口可以进入运河，东边的白塔河，中间的瓜洲渡口，西边的仪真渡口。这三个入口其实意义是不同的，如果从瓜洲或是仪真进入运河，能够采购到一些私货。

明朝的漕军可以随身购买一些当地货物，到通州张家湾贩卖，换取一些银子。在仪真或是瓜洲，可以大量购入竹子和木制家具。一开始这种私贩货物是不允许的，但是到了明朝中期以后，朝廷也看到他们生活窘迫，所以开了一个口子，允许其运粮途中携带一些货品，但数量上有限制，正统年间只允许携带10石私货，几十年后，这个数量增长到了60石。

按照要求，从江南来的漕船，必须正月里过淮安，八月初一前完成所有任

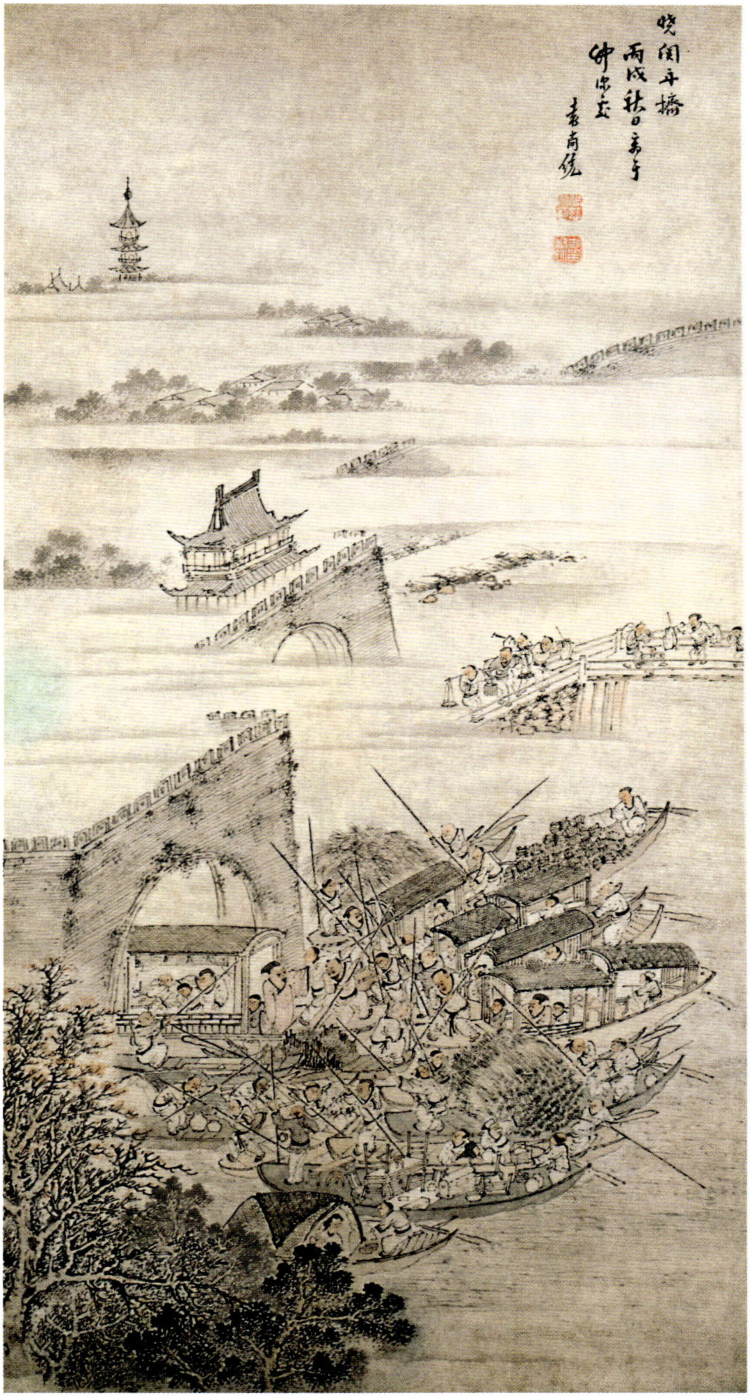

晓关舟挤图 明 袁尚统 故宫博物院藏

晨雾迷濛的苏州阊门，一艘官船正欲出城，四乡小贩的群舟忙于进城，狭窄的水门一时拥堵不堪。

务，时间非常紧迫。第一道关是过长江。因为运河水位比长江水位要高出十几米，所以要从长江进入到运河，他们必须等待很久。如果从瓜洲进入运口，需要把货物都先卸下来，然后由岸上的纤夫，把船从长江中沿着一个石头斜坡，用绞盘机给生生拉上来。

如果是从仪真走，情况会稍好一些，因为在1501年之时，这里已经修建了水闸，不用把货物都卸下来，也不用让人拖船。但过水闸带来的另一个问题是需要等待长江涨潮。如果在夏天，长江在丰水期，水位高，打开水闸不会造成太大问题。但是到了冬天，长江进入枯水期，如果闸门开着，运河水就会流入长江，带来运河水位下降的问题。因此，仪真的闸门需要一直关着，直到每个月一次的朔望期间，长江涨潮之时，闸门开启，漕船队伍才能继续前行。

过了长江之后，为了赶在正月之内渡过淮安，必须毫不耽搁地前行。在淮扬运河这一段，漕船的行进相对顺畅，顺利的话会在正月十五赶到清口枢纽处。这里是黄河、淮河、运河交汇之处，历来是漕军们最为头疼的地方。他们需要在这里经过7天7夜，在当地数百名河工、纤夫的协助下，一点点经过几道船闸，渡过黄河。过河之前，每艘船的小旗都要带头好好祭拜一下，祈祷平安。当然，求天不如求人，更重要的是要好好打点负责协助的纤夫们。

四

过了淮安，船队要面临一段险滩，需要“借用”奔腾的黄河200多千米。黄河性情无常，在这里制造了许多当时鼎鼎大名的激流险滩，比如吕梁洪。经过这些险滩的时候，需要百余名夫役负责牵引，甚至有一段时间，还要配上10头水牛，可见河流速度之快，冲力之大。数千艘等待牵引的船只能一点点往前挪。

经过这些洪滩，才算真正过了黄河，到达北岸，马上又要面临新的挑战——闸河。会通河上有几十座船闸，每个闸开闸放闸时间都不确定，所以哪怕往前排一点点，或许就能赶出几天的时间来。如果赶上会通河水源不足，所有漕船都会积压在河道上，河道狭窄，拥挤不堪，又是漫长的等待。运气好的时候，从微山湖北端的鱼台县到济宁县城，六七天就能走完，在四月以内就能进入北直隶地界。运气不好的时候，一耽搁就是两个月。经过这一段“闸河”，漕军们手里的盘缠已经所剩无几了，因为大量的钱财都用来过闸时打点人头了。

翻过南旺水脊之后，漕军们每天的生活几乎可以用三个字来概括——等水来。山东到天津一段的卫河非常容易淤积，时不时就会因为水量小而不得不等待。走走停停是这一段旅程的常态，无论是达官贵人，还是平民百姓，运河都是平等的，没水就是没水，不开闸就是不开闸。只能在不断的等待中一点一点向北京挪动。漕船最后到达张家湾码头之时应该已经是盛夏时节了。如果路途中再有所耽搁，恐怕就无法在八月初一之前完成全部的运输任务了。

在北京卸完货物后，漕军还要采购一些北方的土特产，带回南方贩卖。从张家湾回到淮安大约需要两个月，再回到松江府又要一个多月。如此算来，就算是北上到南下一路顺利，到北京时不超过六月，回到松江家里，也要快九月份了。路上稍微耽搁，等回到松江的时候就至少要到十月。也就是说，一个普通的漕军，根本没有多少时间陪伴家人，更无暇照顾孩子的成长。

而他们的孩子，如果不出意外，也会继承父辈的“事业”，继续在这条运河上来来往往，走完自己的人生。

铁锚
清
中国国家博物馆藏

古纤道

纤夫与河工

与其说百姓因漕运而获得生计，不如说漕运因百姓而延续千年。

一

唐朝诗人杜牧曾经讲过这样一个故事。汴州襄邑县（今河南睢县）来了一个新县令，名叫李式，一上任就获得了当地老百姓的拥戴。李式并没有什么特别之处，只是制定了一个新的政策——所有人都要轮流拉纤。

原来，襄邑县正是汴渠途经之地，来来往往的官船很多。每当有官员坐船经过，都需要县民到运河上去拉纤。以前的县令欺软怕硬，总是让穷人们去出力，不得休息，而富人们则通过各种手段免除牵挽官船的劳役。李式到来之后，规定所有人都必须参与拉纤，每年出工一次。富人或者住得远的人，如果不想来，就必须出钱雇人。这样一来，每个人都尽到自己的义务，对大家都公平。

这个政策看似简单，却也反映出大运河上的纤夫群体的重要性。如果地方官对这些百姓不公，轻则乌纱难保，重则动摇国本。

有一首《挽舟者歌》，据说是隋朝时候流传下来的，描写

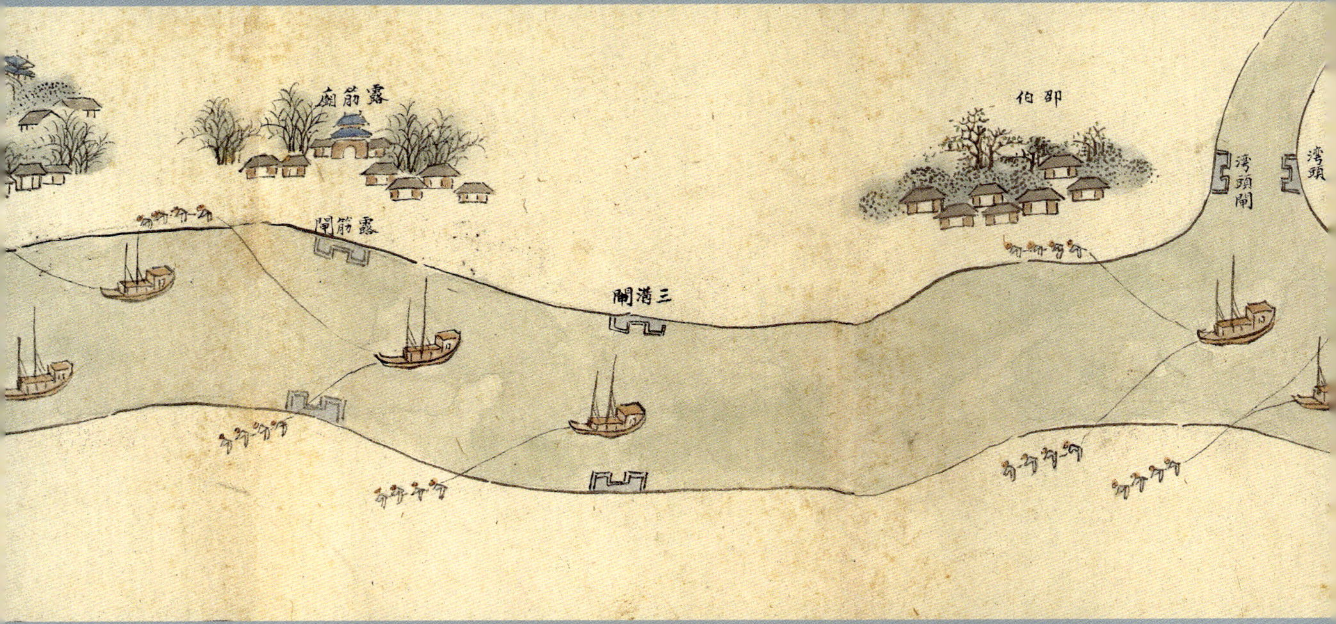

《江西挽运图》中的纤夫

隋代运河纤夫的悲惨经历：“我儿征辽东，饿死青山下。今我挽龙舟，又困隋堤道。方今天下饥，路粮无些小。前去三千程，此身安可保！……”

虽然有李式这种官员，可以一时一地缓解拉纤所带来的社会不公，但在封建社会，这种不公是无法根治的。运河的纤夫以及其他类似的劳役总是脱离不开社会底层的大众。甚至有人专门以此为生，只要给一点报酬，就愿意付出辛劳。他们收入微薄，社会地位低下。

讽刺的是，这些社会底层百姓，还承担着国家“外事”的重要任务——为外国使节拉纤。宋徽宗的时候，为了给高丽使者拉纤动用了大量民夫。高丽使者每年都要来一次，沿线百姓不胜其扰，“田桑农业尽废”。到了南宋时期，偏安临安的朝廷每年还要接待金国使节，从宋金交界的淮河一直把金国的船牵到临安，据统计，每次需要征用六七千名纤夫！

这种情况一直延续到了清朝。当时陆续来华的西方使团，都对运河上大量纤夫的生活做了记录。马戛尔尼使团的巴罗就曾写道，清朝官员从周围村庄中强征苦力，“在船到达前派遣士兵或官员随从，趁天黑突然把这些可怜的家伙从床上叫起来”。当年10月18日那天，运河两岸的人们为了逃避苦役，提前躲了起来，英国使团成员甚至在船上都能听到不愿拉纤的人遭受鞭打的惨叫声。大约20年后，英国的阿美士德使团随团翻译马礼逊又有类似的记录：一群纤夫被关在一座庙里，以防他们逃跑。庙门锁着，贴着知县的封条。

这里我们要专门提及《江西挽运图》。该图描绘的是当年从江西经水路运送漕粮到北京城的路线，其中大部分河段都是运河。它的特色就在于“挽运”二字，让仅能够通过此图看到河道的情况，更能够了解当时行船的样子。该图中所有船只都是朝向京师的方向：在长江中段船头朝向下游，在运河上船头朝向北方。因此，所描绘的就是漕粮从南方运送至北京的场景。在长江中段顺江而下的船只，在水上正常行进；但到了瓜洲北上之后，两岸就出现了身体前倾的纤夫，牵引漕船北上，一直到山东的南旺分水枢纽。南旺向北一直到天津，就不再出现纤夫的身影了。到了天津以北，纤夫再次出现，直到通州。

明朝时候，一般官员出行，如果是坐船，拉纤的人至少是80名。由于纤夫人数不足，或是两个驿站之间距离太远，往往发生船只无人牵挽而不得不停留等候的情况。日本遣明使策彦周良第一次沿运河北上时，在杨柳青驿赶上好天气准备出发，结果因为纤夫第二天中午才从上一趟行程中结束赶回来，白白耽搁了许久。从北京南下回宁波之时，又是经过杨村驿至杨柳青驿一段，足足从第一天等到了第三天才见到挽夫。据统计，光是因为“挽夫不足”而停滞不前的情况就有三十次之多。

纤夫们既盼着下雨，又担心雨下得太多。如果遇到旱灾，水浅无法行船，牵拉起来则非常费力；如果雨水过多，逆水行舟，水流湍急，则更是危险重重。尤其是过清口枢纽等关键节点时要万分小心。明天启年间的大臣叶向高曾记录，面对奔流的黄河，“挽舟者进寸退尺，甚有戒心”。

纤夫牵拉的时候，都是众人合力，赤膊前行。牵引的器具不仅是布绳，还要有木纤板套在身上，这样既便于将全身力气都用在牵拉上，也不妨碍呼吸。纤夫们的纤绳都拴在一条主绳上，俯下身躯前进。如果遇到陡峭艰辛之处，甚至需要爬行。

杭州古纤道

黄河栈道拉纤留下的痕迹 黄河水利委员会提供

二

和纤夫一样，还有众多老百姓承担着运河上其他类型的劳役。比如辅助船过闸的闸夫，定期清淤河道的浅夫，造船的工匠，驿站的信使，等等。

闸夫，从名字上就很好理解，是负责起降水闸的人员。明朝时，运河沿线有80多座水闸，每座水闸大约有30名闸夫，全线闸夫总数有2000多人。

泉夫负责看守山泉溪流。大运河沿线，尤其是会通河一段的主要水源是山中泉水和溪流，这些水源必须常年供水才能保证运河的运输用水量。泉夫的职责就是负责驻扎在这些水源地，确保水源充足，而且不得挪作他用。每年负责这项任务的人也有4000多人。

明朝漕运劳役由地方官府从辖区内征召，作为老百姓为国家服务的义务。这种劳动是没有报酬的，而且工具也要自己准备，比如在驿站工作的劳役，就需要自己提供马匹。

朝廷也不至于让所有老百姓都同时奉献，毕竟还是要顾忌到“水能载舟亦能覆舟”的道理。因此，这些国家义务的劳务有数量定额，比如明朝中期，从通州到仪真一段运河的法定劳役大约有47000人。这些人数由各县根据实际需求确定，以维持日常的漕运管理为目标。不过，在特殊的时期也会临时招募更多劳役，比如在治理黄河的时候，动辄就会临时征召数万劳役。

由于河道需要定期清淤，浅夫，也就是挖泥工，对于漕运而言至关重要。这些挖泥工按照负责的河段，由一个个“浅铺”负责组织。每个浅铺有10~40人的规模。明朝时运河全线一共有790个浅铺，3万多名浅夫。浅夫的职责主要是定期为主河道清理淤泥，有时候还要兼顾周边的沟渠。和提供马匹的驿站劳役类似，浅夫也得自己准备木桩和草捆。

三

大运河上大批的纤夫和劳役，通过自己的奉献甚至牺牲，为运河畅通提供了保障，但也不过是为家人谋求生计而已。虽然没有留下过姓名，也很少有正史描述过这群人，但他们的故事和生活细节通过口头和文字流传了下来。比如纤夫拉纤时喊的号子，就是一份值得保存的非物质文化遗产。

纤夫是一个团队，步伐越整齐，配合越默契，大家的效率就越高，每个人费的力气就能少一点。要做到统一整齐，需要由领号人带着大家喊号子。号子的词和谱也都是老百姓日常使用或是喜闻乐见的，比如戏文。领号人喊一句，大家跟一句，跟的时候一起使力。比如：

> 李渊打马出了京，哟上嗨；出了叶家锦绣城，哟上嗨；三军送爷十里铺，哟上嗨；一个个难舍唐国公，呀儿哟的哟上嗨！

马戛尔尼使团的马礼逊对纤夫们的号子很感兴趣，托人把这些词记录下来，其中一句颇令人辛酸，因为唱的是——“希望到天津能吃一顿早饭”。

大运河沿线有庞大数量的人群充当劳力。粗粗算来，明朝运河沿线有2000多名闸夫，4000多名泉夫，30000多名浅夫。而纤夫的数量则比较难以估量，需要数以万计甚至十万计的纤夫才能维持漕运系统的运转。

扬州大运河世界
文化遗产雕塑

第六章

运河未来

邵伯镇水铁牛

随着大运河国家文化公园建设的推进，大运河沿线的生态景致不断改善，人文景观也越发绚丽多彩。大运河的传续者、守护者、记录者，也会随着绵延不绝的运河水，开创更有生命力的美好未来。大运河是真正属于人民的运河，属于全民族的国家公园，也是属于全人类的世界遗产。在这个过程中，我们也将不断用新的发现、新的视角和新的心态，去拥抱这条被赋予了新的色彩和功能的运河。大运河从古流到今，必将以更绿色、更包容、更具活力的姿态流向未来。

生态文明体系

大运河从历史中走来，蕴藉着丰厚的自然和人文价值。这一人与自然、文化与社会、历史与当代交融共生的理念与故事，在今天大运河国家文化公园建设过程中，更是支撑着以人为本的生态景观，使之得到丰富和发展。

大运河是与生态相伴相生的一条河。大运河穿越五大水系，连接着众多自然河流，经过了不同的气候带。从南到北，大运河沿线的风貌景观不断变化，既有江南水乡的温婉柔和，也有燕赵大地的沃野千里。大运河穿越着形形色色的社会形态，见证了流域内自然、人与社会的共荣共生，塑造着沿途的景观风貌。

一

中国东部冲积平原水系众多，农耕与渔业生产既支撑着国家的繁荣，也孕育了美丽富庶的鱼米之乡。这是自然与文化共荣的景观风貌，既源自大运河，又反哺着大运河。

大运河是自然生态的景观。建造伊始，隋唐大运河便以

“隋堤柳”而写入人们的记忆。虽然这一名词在后世一段时间和隋炀帝的奢靡发生关联，但在堤岸上种植榆树和柳树，是古人坚固堤坝、保持水土的经验所得。运河岸边的一排排柳树，也成为一道秀丽的风景线。无论是“人家远不见，柳色烟中明”，还是“滚滚洪流泻运河，垂杨两岸绿阴多”，大运河的风景故事，都在这些柔软的柳枝中间若隐若现，穿越千年。

行进在运河上，是一个走进自然、来往于山水胜景的经历，也激发了中国古人对于天下、山水、自然的无限想象。隋堤榆柳、远山斜阳、去樯归帆、寺钟星火、桥头渡口……寄托着诗意的乡愁，让运河的自然景观融入历史记忆和行旅情怀。

大运河是社会生态的镜像。人们利用不同的气候条件，因地制宜地建设家园。水乡古镇中，人们划着小船聚会，交换生活物资。精致的衣着、细腻的面孔、温婉的语调，是大运河在南方特有的人文气场。济宁的渔民在湖间潇洒地展示捕鱼技艺，沧州的武师沿着运河传播着尚武精神，从临清到张家湾，每座小镇里都住着精明的客商，这都是运河独有的社会景观。

当人们穿梭其中，除了听见水声，望见远山，还能够看见沿途的熙熙攘攘，和河畔瓦房中的袅袅炊烟。无论是作为文化，还是作为遗产，大运河首先是生活的一部分，大运河的自然景观，也因人文生活而显得更有活力。大运河最美丽的生态，既是高山流水，更是人间烟火。

大运河是城市生态的光影。运河的社会形态推动了人和思想的汇聚，将一座座城市塑造成多元繁荣的空间。物质水平的提升，手工业和服务业的发展，改变了城市的格局和形貌，构建了更为开放包容的都市。穿过城市的运河水系，从最初承载漕运的主干道，渐渐扩展出新的专用航道，让城内运河演化为繁华的市河和商业街道，码头、桥梁成为新的城市生活集散地。

运河水系与城市水系沟通相连，形成新的城市格局。无论是苏州的“君到姑苏见，人家尽枕河”，还是扬州的“园林多是宅，车马少于船”，都见证了运河融入城市生态，滋润美好生活的一步步变化。大运河已成为城市历史景观不可分割的一部分，也成为了城市记忆的水上家园。

大运河从历史中走来，蕴藉着丰厚的自然和人文价值。行走在运河上，我们

大运河畔晨练好

穿过自然的山水，感受郊野风俗，融入都市繁华，眼中、耳中、手中，感受运河所释放的历史情怀和自然胜景。这一人与自然、文化与社会、历史与当代交融共生的理念与故事，在今天大运河国家文化公园建设过程中，更是支撑着以人为本的生态景观，使之得到丰富和发展。

二

在今天和未来，大运河的生态环境保护与修复，成为这条千年国脉延续传承的关键，更是运河惠及沿线百姓看得见、摸得着的成果体现。

新中国成立后的一段时间内，在大运河的水利工程方面取得许多重要成就，且对大运河作为一条生态廊道的整体保护力度不足，两岸生态空间被挤占，部分河湖、湿地退化萎缩，沿线生态环境有待得到进一步保护。将大运河建设成山水秀丽的绿色生态带，是党和国家领导人、各级政府、沿线百姓共同的期望。让大运河的美丽自然生态、社会生态、城市生态再度焕发活力，改善沿线区域生态环境质量，实现生态环境保护和文化传承相互融合，推进区域协调发展、绿色发展和高质量发展，是我们义不容辞的责任。

大运河的生态文明体系，以生态环境保护修复为依托，致力于自然生态系统功能逐步恢复、生态环境质量持续改善，努力把大运河打造成山清水秀、绿色宜居的“美丽运河”，构建和谐、清洁、健康、优美、安全的大运河绿色生态带。

这一宏大体系的建设目标，写进了《大运河生态环境保护修复专项规划》之中。这一体系将以京杭运河和浙东运河主河道，及隋唐大运河等具备条件的有水

浙江湖州南浔古镇

河道为主轴，划分核心、拓展、辐射等不同区域，因地制宜，组织开展江河、湖泊、湿地保护与修复，建设人工湿地、水源涵养林、沿河沿湖植被缓冲带和隔离带等生态环境治理与保护工程。

大运河作为流动的水，其生态文明体系的基础也是水。对水的保护，成为大运河生态文明建设获得成功的关键。大运河生态环境保护工作需全过程统筹水资源利用、水生态保护和水环境治理。一是结合南水北调东线二期工程建设，强化用水总量与用水强度双控，大力实施高效节水项目，完善区域再生水循环利用体系，保障重要河湖生态流量和生态水位以及水质安全，推进华北地区地下水超采治理，力争实现京杭大运河黄河以北段正常来水年份河道有水。二是以大运河主轴为生态廊道，因地制宜实施湿地封育保护、退耕还湿、湿地生态补水、生物栖息地恢复与重建，增强水源涵养和水土保持能力，恢复水生生物完整性。三是以改善水生态环境质量为核心，以解决群众身边的突出生态环境问题为重点，构建城乡安全供水格局，系统推进工业、农业、生活、航运污染治理。

大运河的生态保护，同样是保护我们眼中的运河人文景观。这道在古代文人墨客眼中充满诗意的廊道，在今天也将留足生态缓冲空间，建设滨河防护林生态屏障和生态休闲景观长廊，保持传统风貌建筑和自然生态系统相得益彰。不同河段有多样的景观特色，大运河两岸在增彩延绿的同时，将通过营造步道、文道、绿道融合连通的文化景观廊道，体现不同地区的独特景致。同时，通过弘扬大运河生态文化，挖掘提炼展示大运河沿线中华优秀传统文化中蕴含的生态理念和智慧，以文化引领推动大运河生态环境保护。

绿水青山就是金山银山。大运河的沿线生态，历史上的主要服务对象是封建统治者，在新时代则以惠及人民为目标。今天，大运河沿岸将进一步完善国土绿化、防护林带的建设，将遍布自然公园、滨河景观廊道，将农用、建设、矿山等产业系统整治和修复。大运河的水将更清澈，水土流失将得到缓解，沿线的生物多样性将得到维系。在过去，隋堤榆柳是老百姓付出辛勤汗水种植，帝王将相来欣赏。在今天，美丽的运河景观将由现代化的方式打造和涵养，让百姓在此感受美好生活。

扬州瘦西湖

三

大运河的生态文明，体现的也是今天中国人的文明素养，以及大运河沿线的人文、社会和城市文明水准。生态环境保护的启迪，源于文化的觉醒；生态环境保护的推动，得益于文化的自觉。大运河生态环境保护的成果在大运河文化的融入中得以提升。

大运河生态环境和文化的保护人人有责。在大运河生态文明体系的影响下，保护环境将成为每个人自觉的社会责任、意识行为，实现由“要我环保”向“我要环保”的转变。通过形式多样的生态环境保护修复体验和实践活动，社会各界将践行勤俭节约、绿色低碳、文明健康的生活方式和消费模式。通过构建生态文化传播平台，将塑造一系列生态文化产品，实现先进文化引领、优美作品感染、良好行为示范、绿色人物带动。大运河生态文明体系的建设，也将成为沿线社会经济发展的重要助力。

生态文明体系建设，要始终树立以人为本的理念。保护大运河的生态文明，最终受益的是生命、是人民。绿色是大运河生态的底色，也是运河的植物、生物、生活应具有的本色。要保护河道的自然属性，要维持“鱼跃、蛙鸣、鸟飞、蝉唱”的生态景观；要打造好沿岸的绿色生态带，让沿岸人民更好地享受到大自然的“绿”；更要让百姓喝上干净的水，呼吸上新鲜的空气，获得绿色环保的生活品质。

生态兴则文明兴，生态衰则文明衰。大运河传承着中华民族的悠久历史和文明。文化是文明的基础，文明进步离不开文化支撑。培育生态文化，是生态文明建设的重要内涵，是生态环境保护的重要抓手。大运河生态环境保护，依托于大运河千年国脉绵延不绝的自然、社会、城市生态景观，更让这些景观在新时代蜕变，让更多人参与其中，让大运河的生态文明真正成为属于人民的、属于生活的景观。

运河边的骑行道和步道

United Nations
Educational, Scientific and
Cultural Organization

World Heritage
Convention

CONVENTION CONCERNING THE PROTECTION OF THE WORLD CULTURAL AND NATURAL HERITAGE

The World Heritage Committee
has inscribed

The Grand Canal

on the World Heritage List

Inscription on this List confirms the outstanding universal value of a cultural or natural property which requires protection for the benefit of all humanity

DATE OF INSCRIPTION
25 June 2014

DIRECTOR-GENERAL
OF UNESCO

联合国教科文组织颁发的大运河世界遗产证书 国家文物局藏

世界文化遗产

中国大运河申遗，创造了中国文化建设和文物事业的一段辉煌历史。在短短11年之内，申遗工作完成了基础调研、布局设点、顶层设计、编制综合规划、编写申遗文本、开展保护工程、整治环境等历程。这一切，都是前所未见，堪称奇迹。

2014年6月22日，“中国大运河”在第38届世界遗产大会上被列入联合国教科文组织《世界遗产名录》，成为中国的第46项世界遗产。

世界遗产是联合国教科文组织评定的全球范围内具有突出普遍价值的遗产。21世纪初，随着南水北调工程中的文物保护受到关注，大运河申报世界遗产一事开始进入人们的视野。2005年，罗哲文、郑孝燮、朱炳仁三位先生向运河沿线市长们发出《关于加快京杭大运河遗产保护和“申遗”工作的信》；2006年，舒乙先生领签的58位全国政协委员向全国政协大会提交《应高度重视京杭大运河的保护和启动“申遗”工作》。大运河申遗正式提上日程。

一

大运河要申遗，首先要解决的是找到“大运河遗产”。可能会有人说，大运河不就在那里吗？还需要去专门“找”？实际上，按照世界遗产的要求，大运河申遗的基础工作在当时还差得很远。

世界遗产是一个很严谨的项目，尤其强调真实性。尽管有姚汉源先生的《京杭运河史》以及李约瑟的《中国科学技术史》的极高评价，但令人感慨的是，文字中的那些精彩的内容，实地的东西又在哪里呢？为此，申遗的第一步是“寻找大运河”。

2004年，国家文物局给中国文物研究所等单位下达了一系列科研项目，研究大运河遗产的资源和价值。这些课题结出的丰富成果，酝酿积淀出了相对完整的运河文化遗产的概念。不仅是中央层面的整体研究，大运河申遗还需要各地的热情和配合。各地迅速激起了保护大运河、申报大运河的热情，而且迅速将热情转化为了行动，展开运河资源调查工作，取得了丰硕成果。

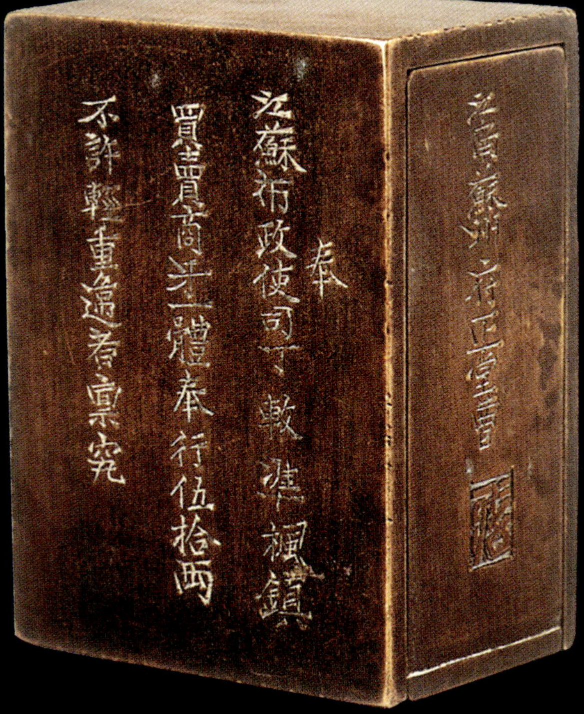

铜校准
清
扬州中国大运河博物馆提供

荔枝纹金套碗
元
扬州中国大运河博物馆提供

在这个基础上，国家文物局正式确认历史上大运河遗产分布于北京、天津、河北、山东、江苏、浙江、河南、安徽等8个省、直辖市，形成了一个全长3000多千米、包括8个省市、35个城市的运河遗产名录。直到此时，我们才算真正可以说：我们认识了大运河，找到了大运河遗产，揭开了大运河熟悉而陌生的面纱。

二

揭面纱的过程，也是重新认识自我的过程。

隋唐时期的运河大部分都已经掩埋在地下，而要证明大运河遗产的真实性，就必须掘地三尺去找。为此，国家文物局特别批准了一批考古发掘项目，正是依靠这一批的考古项目，才基本看清了济宁、淮安等关键点段的古代运河面貌。

例如，隋唐运河段，通过商丘、淮北的三处河道考古遗址的发掘，我们得以亲眼见证1000多年前运河的真容。这几处遗址，为隋唐宋时期运河的巨大规模、精湛的夯土工艺，以及独特的堤岸形制提供了极为重要的第一手资料，也与历史文献完美印证。

对于最具价值的南旺、清口枢纽工程，史籍记述甚多，舆图也不少，但现场却是一片农田、池塘和村庄。依靠在南旺枢纽开展的超大规模考古工作，才使工程核心区的河道、斗门、水柜的格局与结构清晰可见；在清口枢纽持续开展的考古调查、发掘，以及现代地理信息技术的介入，使40平方千米的庞大工程体系再次呈现在世人面前。特别是埽工遗址的揭露，实证古人因地制宜地运用芦苇、稻草、树枝、砂石这样简易的材料，居然可以与黄河抗争，进行堵决口以及固堤护岸工程。这个重要发现，仿佛让我们回到当年，亲眼看到潘季驯等一代代治水英雄在大堤上挥斥方遒的英姿。

找到了遗产，下一步是把遗产故事讲出来。对于大型的、遗产类型众多的项目，如何把零散在各地的遗产点整合在一起，完整讲述出一个符合世界遗产语境的叙事，是申遗文本编制者的目标。

历史的大运河和现实的大运河是有区别的。因为现存的大运河并不完整，很多点段不具备申报的条件，因此申遗团队选择大运河最具代表性的点段，将其塑造为一个完整的叙事体系。

依据地理区域、历史时期大运河的分段和命名习惯，将大运河划分为通惠河、北运河、南运河、会通河、中河、淮扬运河、江南运河、浙东运河、卫河（永济渠）、通济渠（汴河），共10个河段，选择确定了1000余千米长的河道和58项遗产点作为申报要素，分为31个遗产区。这些最具代表性的点段，按照世界遗产的标准而言，共同见证了两千多年的大运河的完整故事。

就在申遗团队按照“片段申报”的方式做“减法”的同时，也做了一个“加法”，那就是纳入浙东运河。浙东运河最初不在申遗视野中，因为在历史上这一段运河并不是传统意义大运河的范畴。但由于当地学者和政府的积极呼吁，浙东运河最终也跻身申遗行列。

三

大运河是活态遗产，主要是因为仍在使用着的大运河河道，不仅仅是文化遗产价值的核心载体之一，同时也是现实生产、生活中的洪水通道、输水干线、水利设施和交通航道，在航运、灌溉、给水、防洪、改善生态环境等方面发挥着不同的功能，对应着不同的管理主体，也就意味着管辖范围的重合和管理手段的冲突。

例如，作为文化遗产或者历史遗迹，文物部门希望最大程度地保留历史上的

一位国际学者的大运河遗产考察之旅

在世界遗产申报过程中，国际古迹遗址理事会（ICOMOS）专家进行的现场考察格外重要。大运河申遗期间，一位印度女学者莉玛·胡贾受委派进行现场考察。在考察过程中，她格外关注沿线百姓的生活状态，强调大运河活态遗产的价值。而当她看到运河沿线总体上干净整洁的环境，民众脸上洋溢的笑容，乐观的生活状态后，对大运河的价值和申遗工作也就更为认可了。

她表示，大运河经过的地方，承载着人们生活的万象；大运河是有生命的，它的生命与沿河民众生活紧密交织，彼此相依，生生不息。因此保护大运河历史文化遗产，既不能照本宣科，也不能刻舟求剑，应该倾听各方面人士的不同意见，尊重众多运河利益相关者的合理诉求。

胡贾女士最乐意看到的是运河遗产及与其水乳交融的民众之间的和谐共生。每到一处，她都迫不及待地走进当地民众，微笑着与大运河的人们沟通交流。

在河北沧州东光县的谢家坝，胡贾女士和当地老百姓打招呼，村民们大多是生平第一次见到外国人，男女老少热热闹闹站在村口，脸上洋溢着憨憨的笑容。在浙江绍兴八字桥街区，看到有几个年过古稀的老人在岸上闲聊，胡贾便走上前和大家攀谈，好像语言丝毫不构成障碍。

还有一天傍晚，正值日落西山。我们走在运河畔的小径上，水上飘来微微凉风，水边传来阵阵蛙鸣。胡贾女士在观景平台站定，望着河对面深深地吸了一口气，忘情地说："就是这种感觉，运河的感觉。"

"什么是运河的感觉？"有人问她。她说："生活！"

考察的最后一天，在杭州召开的利益相关者座谈会上，来自杭州各界的代表表达了他们对运河申遗的支持和行动，其中一位小学校长特意转达了孩子们的希望。胡贾女士在座谈会结束时作了很长一段发言：

"……作为国际专家，我必须严格理性地评判你们的工作；而作为个人，我必须承认，这沿途的每一步，都满载着你们的热情和努力。有了你们，大运河一定会永远流淌下，泽被后世。"

古河道、老驳岸和旧码头；而交通部门为了航行的安全和运力的增加，则希望不断地疏浚河床、拓宽河道；水利部门则主张文物保护要服从防洪的安全需要，同时也主张对用水工程不单独开展遗产影响评估等。总之，大运河的“在用河道”是各种矛盾、各方冲突的焦点，是申遗最大的难点和热点。

大运河申遗的超级难度，是此前所有申遗项目都不曾遇到的。最终，中国文化遗产研究院挑起了这副重担，日以继夜地发掘、研究运河，处理各种主客观原因造成的挑战，将庞大复杂的运河故事清晰梳理出来。在某种程度上，大运河申遗工作本身，也成为大运河价值的一部分。

另外，申遗是一场实实在在的社会行动。在中国，尤其是像大运河这样规模巨大的线性遗产，各级政府的重视和主导、各地民众的支持与参与，才是具有决定性作用的。

大运河不同于以往的世界遗产。它漫长的路线自古以来就是人口稠密地区，它所途经的成千上万个城市与村庄生活着1.3亿的人口，使它成为利益相关者最多的遗产；沿线人民对待申遗的态度和参与的程度，决定着申遗本身的合法性。

银铤
宋
扬州中国大运河博物馆提供

让人民支持，必须要把申遗与改善民生结合起来。在申遗推动下，临清市人民政府痛下决心，在财政非常困难的情况下加大投入，疏通河道，整治垃圾污水，绿化周边环境，铺设基础设施，恢复古运河闸坝相连、绿水成荫、古民居成片的景观风貌，赢得当地民众的一片喝彩。杭州市在实施运河综合整治过程中，不仅要建设运河观光带，还要“让两岸老百姓生活得更好，让运河两岸生生不息”。通过异地安置、拆迁补偿与原地回迁相结合的人性化处理方式，既保障了民众自主选择生活方式的权利，又有利于历史街区文脉传承，使历史街区不仅有“小桥”“流水”，更有“炊烟袅袅”的“人家”。

总之，大运河申遗，将国家重大文化工程与遗产地经济社会发展紧密结合，与遗产地生态环境和民生改善紧密结合，实实在在地解决了遗产地长期遗留的历史问题，获得了沿线各地广大民众的理解、认可和支持。这是确保大运河申遗成功最基本和最重要的经验。

四

从2003年到2014年，大运河申遗在短短11年之内走完了基础调研、布局设点、顶层设计、编制综合规划、编写申遗文本、开展保护工程、整治环境等历程。这一切，都是前所未见，堪称奇迹。

中国大运河申遗，创造了中国文化建设和文物事业的一段辉煌历史。然而，光荣属于过去，长征仍在路上。经过改革开放40年的经济社会高速发展，我们已然迎来了一个文化需求高速增长、文化发展可以拉动经济社会发展的新阶段，大运河作为一张闪光的世界级文化名片，应该可以成为新时代文化建设的绝佳切入点，成为当代中国经济与社会发展的有力支撑点。

因为，经过两千余年的历史沧桑，大运河荷载着丰富的历史文化信息，人们需要这条历史长河，以古鉴今；需要这条生态长河，以涵养大地；需要这条旅游长河，以观光启心智；需要这条文化长河，以传承促创新。

中国大运河博物馆

国家文化公园

大运河国家文化公园，依托的是历史文化，彰显的则是新时代的中国文化，新时代的中国人。

大运河的未来是什么样子的？她会越来越好，越来越开放，越来越充满活力。她会让每一个置身其中的人，成为更有文化底蕴和文化自信的人。

对于大运河的未来，今天中国的领导人和古代统治者最根本的不同，是前者所有关于大运河的关注和思考，都在于她如何为人民带去福祉。2014年成为世界文化遗产以来，作为活态文化遗产的大运河在国家社会发展和人民生活改善方面，扮演了越发关键的角色。对大运河文化的保护、传承和利用，是新时代里围绕大运河开展的所有工作的主题。

2017年开始，大运河文化带、大运河国家文化公园等关于大运河未来发展的重要战略相继提出。2017年2月，习近平总书记视察北京市通州区时强调，要深入挖掘以大运河为核心的历史文化资源。同年6月，习总书记对建设大运河文化带作出重要指示：大运河是祖先留给我们的宝贵遗产，是流动的文化，要统筹保护好、传承好、利用好。2019年2月，中共中央办公厅、国务院办公厅联合印发《大运河文化保护传承利用规

（左页）扬州中国大运河博物馆

划纲要》，提出“打造继古开今的璀璨文化带、山水秀丽的绿色生态带和享誉中外的缤纷旅游带”三大功能定位。同年12月，中共中央办公厅、国务院办公厅联合印发《长城、大运河、长征国家文化公园建设方案》，计划到2023年底基本完成，最终形成具有特定开放空间的公共文化载体，集中打造中华文化重要标志。2021年8月8日，《大运河国家文化公园建设保护规划》正式公布，国家文化公园建设进入全新的历史阶段。

作为国家文化公园的大运河，会变成什么样子呢？现在就让我们设想一下我们自己，以及我们的孩子们，在未来的大运河两岸能够收获哪些体验。

首先，我们能够接触到更加真实、完整的大运河文化遗产。随着大运河文化遗产保护传承专项规划的实施，作为世界遗产和全国重点文物保护单位，大运河沿线的文化遗存能够得到妥善的保护，濒临毁坏的文物能够得到抢救，保存尚好的文物也能够得到日常的呵护，非物质文化遗产及传承者们，也能够获得更有力的支持，让它们延续下去。我们在北京的什刹海想象漕船百舸汇聚的场景，在张家湾、三岔口、临清的钞关、淮安的板闸，可以想象曾经的商铺云集、熙熙攘攘，在南旺、清口的考古遗址和馆藏文物面前，脑海中可以浮现白英、潘季驯等伟大的治水者在这里挥斥方遒的景象……大运河的河道、堤坝、闸关、衙署、桥梁，大运河的记忆、风俗、故事、戏曲，都将真实完整地被保护传承下来，摆在我们面前，五彩缤纷，令人眼花缭乱。

2021年8月8日，《大运河国家文化公园建设保护规划》正式公布，国家文化公园建设进入全新历史阶段。该规划整合大运河沿线8个省市文物和文化资源，按照“河为线、城为珠、珠串线、线带面”的思路优化总体功能布局，深入阐释大运河文化价值，大力弘扬大运河时代精神，加大管控保护力度，加强主题展示功能，促进文旅融合带动，提升传统利用水平，推进实施重点工程，着力将大运河国家文化公园建设成为新时代宣传中国形象、展示中华文明、彰显文化自信的亮丽名片。

当然，考虑到我们工作生活都很繁忙，这么多的文化遗产，很难有时间一一走遍和欣赏。没关系，在未来，即使到不了现场，也可以近距离感受到大运河之美，如身临其境一般。有更多大运河的书籍问世，更多关于大运河的传播场馆建成，我们通过阅读文字，聆听讲述，获取知识、体验文化。即使

扬州京杭之心

苏州环城古运河

在家里，也可以通过互联网，观看大运河的纪录片，甚至戴上3D眼镜，通过AR和VR的高新技术，足不出户体验运河之美。这是一个永不落幕的网上空间。想象一下，在一个周末的午后，我们懒洋洋地沏上一杯清茶，备上一碟点心，戴上3D眼镜，模拟感受一下当年文人墨客行走在江南水乡的场景，是不是格外惬意呢？

不过，如果有时间，我们还是希望大家都能走出家门，到运河上走一走。到时候，到大运河沿线旅游，将成为最令人期待的旅游项目之一。我们可以坐船，历史上的名人雅士、漕军官兵、富商大贾们坐船走过的河道，大都能够恢复通航，坐着和当年一样的船只，欣赏比当年更美的河景。我们可以骑行，很多运河两岸都会配有专为自行车设计的道路，春秋时节，呼朋唤友，租上几辆自行车，沿着运河骑行，是一种独特的身心享受。我们还可以步行，清晨早起，陪着父母缓缓地在运河旁散步，呼吸一下清爽的空气，缓和一下忙碌的生活节奏。届时，无论你从何地出发，到哪里结束，无论你是驾车、乘船，还是骑行、散步，方便的交通网络，让我们都能随时随地接驳。

在大运河两岸旅行和生活，不仅交通便利，而且吃住游都很便捷。尤其令我们感到舒适的，是这里秀美的景色和环境。大运河两岸的森林、湖泊、湿地都得到有效保护，自然环境的提升，让生活在这里变得更安心，在这里旅行变得更有吸引力。在景区里，随处可见导览系统和休憩健身设施，现代化且具有当地特色的住宿体验，以及让人留住记忆的文化产品。同时，大运河将容纳各种各样的旅游主题，无论你是喜欢看历史古都，还是希望逛乡镇民居，无论是爱好世界遗产，还是期待水上自然风光，甚至喜欢聆听那些运河上传承久远的民间故事，大运河国家文化公园都能满足你的愿望。

2005年，国务院决定从2006年起，每年6月的第二个星期六为“文化遗产日”。自2017年起，“文化遗产日”调整为“文化和自然遗产日”。该节日设立的目的是营造保护文化遗产的良好氛围，提高人民群众对文化遗产保护重要性的认识，动员全社会共同参与、关注和保护文化遗产，增强全社会的文化遗产保护意识。这一节日也是大运河的价值向公众传播的重要契机。

每一年中，在传统节日和纪念日，在文化和自然遗产日，都会有关于大运河的知识展示、文艺演出，就和当年一年到头忙碌的大运河一样，永不停歇。无论是在文化场所、舞台，还是在社区、校园，大运河的价值将会传到我们每个人的

（左页）西山下穿过市区的通惠河

身边。在未来，大运河将成为我们的后辈们的重要导师。孩子们在学校中能够学到更多关于她的知识，并在社会实践和研学旅游中，在大运河的伴随下不断充实着自己，不断塑造着通过大运河承载的包容、正直的人生观和价值观。

大运河国家文化公园，首先是一座“公园”。不同于普通的市民公园，这是一个集历史与现实、文化与旅游、生活与休闲、知识与情感、自然与人文于一体的公共空间。公园是公共的，是每一个人都可以自由进入、自由感受的场所。而且，这座公园并不只是服务于游客，更是服务于沿线与大运河发生关联的所有人，是我们生活旋律中美丽的篇章，也是未来集体记忆中的精彩片段；这座公园既是畅想未来的根基，也为我们留下记住乡愁的土壤。

大运河国家文化公园，更是关于“文化”的。通过展现遗存承载的文化，活化流淌伴生的文化，弘扬历史凝练的文化，大运河的文化内涵在这座公园里不断绽放。文化不仅是历史知识，也不仅是传说故事，文化更是内化在一个民族的血液中的行为规范和视野格局。流淌两千多年的大运河，所创造和滋养出的文化，塑造了今天中国人看待自我、看待世界的方式，自强不息、兼收并蓄、开放包容、和谐共生的精神与智慧，都通过大运河这座文化公园保存和讲述。

大运河国家文化公园包括京杭大运河、隋唐大运河、浙东运河三部分，涉及10个河段、8个省市，承载着全国约三分之一的人口，贡献了全国近一半的经济总量。这样一座国家文化公园，让每个涉身其中的人，都能感受到国家的力量，感受到中华文明持久的生命力。

大运河国家文化公园，不是一城一乡的游乐园，而是贯穿京杭、隋唐、浙东三个部分，10个河段，8个省市的庞大工程。大运河沿线承载着全国约三分之一的人口，贡献了全国近一半的经济总量。因此，大运河国家文化公园更是众多部委、行业共同致力的事业。历史上，大运河本身就是国家意志、天下一统的彰显，今天，大运河是中华民族数千年历史、优秀传统文化、伟大的当代精神、坚定的文化自信的体现。无论是行走在运河水上，还是欣赏着文化遗产，无论是亲身触摸运河历史的脉搏，还是使用科技手段置身历史情境，这座公园传递的是中国价值，塑造的是中国认同。

所以，大运河国家文化公园，依托的是历史文化，彰显的则是新时代的中国文化，新时代的中国人。

扬州中国大运河博物馆

2021 年 6 月 16 日，扬州中国大运河博物馆正式开馆。这是大运河国家文化公园建设的一个重要成果。参观者可以在此体验穿越历史的时空之旅，领略大运河与美好生活。

该馆包括“大运河——中国的世界文化遗产”“因运而生——大运河街肆印象”2 个基本陈列，以及“运河上的舟楫”“世界运河与运河城市”等 9 个专题展览。“大运河——中国的世界文化遗产”是较为集中展示大运河沿线文物的展览，从中可一窥大运河的千年底蕴和沧桑巨变。其中的一个“镇馆之宝”，是由河南省文物考古研究院支持的，宽 25.7 米、深 8 米的开封州桥遗址古汴河河道剖面。从剖面上弯弯曲曲、高低错落的勾线，可以非常直观地看到宋、元、明、清历代的文化堆积和河道变迁情况。

馆藏文物包括从春秋至当代反映运河主题的古籍文献、书画、碑刻、陶瓷器、金属器等各类文物展品 1.2 万多件（套），其中镇江铁瓮城遗址发现的清代石板路、洛阳市回洛仓碳化粟米、重 55 吨的唐代船形砖室墓等，都极为珍贵，震撼人心。

专题展览以大运河发展变迁为时间轴，空间上涵盖大运河全流域，让观众通过万余件文物了解隋唐大运河、京杭大运河、浙东运河的“前世今生”。同时通过高科技数字化技术，参观者可身临其境感受运河上的水利工程、漕运盐利、商业贸易、饮食风物以及沿线自然生态。

博物馆引入了高新技术以提高参观体验，包括 5G、VR、裸眼 3D 等技术，将世界文化遗产魅力展现得淋漓尽致，同时还专门为孩子们设置了“运河湿地寻趣”“大明都水监之运河迷踪”等专题区域，呼应了青少年好奇心强、喜欢揭秘的心理，通过互动和游戏获得大运河的知识。

大运河淮安段

城市复兴光影

大运河沿线的城市，各有各的特色。皇城根儿的气势，华北的质朴，中原的深沉，苏杭的灵秀，都赋予了穿行而过的大运河在当地独特的气场。这种气场在历史中保存了下来，也在今天的城乡发展、民族复兴过程中塑造了千姿百态的城市风格。

在建设大运河文化带、国家文化公园的进程中，运河城市是关键的空间载体和物质依托。运河复兴的脚印，与城市复兴同步，一起奠定大运河未来的基石，支撑起我们对这条千年运河的无尽想象。每一座城市都围绕运河创造着美好生活，而这一复兴也通过影像得以记录和表现。

故宫角楼

无锡环城古运河

台儿庄段运河

绍兴古纤道 赵辉摄

美好生活脉动

那些生活在运河上，守护着运河水，记录着运河精神的千千万万的人们，都是大运河美好生活脉动的一部分。他们用亲身的经历，为我们描绘出一幅鲜亮的运河生活图景，让我们对今天和未来的运河中国，有着更自信、更乐观的展望。

大运河贯穿中国东部的多个省份。这些省份在历史上是中华文明经济、社会、文化最发达的地区，也是今天经济发展、民族复兴、社会革新最主要的见证地。因此，大运河两岸的生活场景，也体现着中国人的精神面貌。从历史中走来，运河沿线的人们绽放出越来越多的笑脸，精神气质越发自信和开放。大运河也成为美好生活的脉动之水。

两百多年前，马戛尔尼使团在运河上穿越华北平原，记录了两岸农民的面貌。这些面貌当中，有中国人本质上对生活的乐观精神——“现在是收割季节，男女农民的面容都很愉快”；也有紧张、保守的一面——“好奇心驱使他们（农村女子）跑出来看外国人，但立刻被家里的男子喝叱回去，似乎生怕她们被他们所认为的野蛮人看到”。

今天，伴随着生活条件的不断改善，周围景观整治带来的

大运河徐州段

清新空气和令人愉悦的环境，运河人民的那些紧张和保守渐渐消失，而乐观自信的一面则越发显著了。

同样是外国人，当世界遗产专家来大运河进行现场考察时，华北农村的百姓再也不会被家里人喝叱回去了，他们个个欢天喜地地迎接外国的专家。虽然没有机会近前交流，但洋溢的笑脸已经说明了一切，运河水更清了，村庄更美丽了，道路更通畅了。依旧是那些面容愉快的运河人，心灵依然质朴，活得更加开放和自信。

一、传续

以运河为生的百姓，从过去的船工、纤夫，变成了今天的“跑船人”。跑

船人是驾驶运河上南来北往货船的人。跑船人以船为家，以运河为家，穿行于码头上，装货、卸货、等货、等闸、过闸、航行。有人说，他们过着随遇而安、漂移不定的水上“游牧”式的生活。

这种生活有艰辛，也有希望。在奔波忙碌的同时，跑船人的生活质量也不断提升。一艘1000吨级的散货船，除了装货的船舱，还有驾驶室和起居室。驾驶室一般在船头，空间比较小，而起居室则包括两室一厅。相比过去，船里的设施不断现代化，客厅、卧室、厨房干净整洁，有独立卫生间，配有冰箱、洗衣机等电器，生活垃圾有专门的垃圾船来收走。

这些跑船人往往一年大部分时间生活在船上，衣食住行的所有行动，都能在船上解决。起航前，会从岸上的家里带上必需的食物，米面油、蔬菜水果、肉奶蛋。

开船之后，日常的购物可以在靠岸时进行，也可以在船上进行，有专门卖菜的小货船穿梭于运河之上。

跑船人的生活是忙碌辛苦的，但很多人也以此为乐。比如一对往来于杭甬运河的夫妻就说："待在水上比待在岸上舒服。"女主人在船上养花，浇水、拔草、施肥。甚至在憧憬退休后的生活时，男主人还说，退休之后的计划是"买条船，就住在船上"。如今，他们的孩子也成了年轻的跑船人。

跑船人的祖先不少都是当年运河上的帮众，比如一个当年"网帮"后代，如今行船在山东一带，还保持着放鞭、敬香、祭奠祖先和河神的习俗。到了快过春节之时，作为船老大，还要将自己的两艘驳船贴满福字，还要在船上换新国旗，期待新的一年里有更多收获。

二、记录

大运河的美好生活，以及改革开放以来运河沿线的变化，也在有心人的笔下和镜头前记录下来。1981年，《人民中国》杂志社的记者沈兴大和刘世昭从北京出发，踏上了"京杭大运河自行车之旅"。他们用时一年零七个月，从北京到杭州，一路骑行，一路拍摄，一路记录，一路感受。他们关注的是生活在运河上的普通人，这可能是第一次有人系统性地用镜头记录大运河生活的点滴。更有意义的是，35年后的2016年，刘世昭再次踏上了运河骑行之旅，拍摄下了改革开放给运河两岸带来的巨大变迁。

一个变化是人们的生活理念方面的。第一次骑行时，各地百姓都会很好奇，北京来的大记者，为什么不坐汽车，而非要选择骑车？而35年后，绿色出行已经成为大家的共识，从年轻人到退休老者，沿途的骑行爱好者众多，甚至很多地方还布设了骑行专用道，也让刘世昭的第二次运河之旅更便捷安全。

另一个变化是生活品质方面的。35年前，"房屋低矮陈旧，街道狭窄，车辆稀少"，人们衣着朴素，对未来也充满了憧憬。35年后，"从城市到乡村都整洁多了，人们的衣着光鲜起来了，房屋高起来了，街道拓宽了，运河里的水多了也清了"。当然，也有一些传统建筑和民间习俗渐渐淡出人们的生活。刘世昭面对焕然一新的大运河生活场景，感慨万千。

其实，一些生活方式的变化，在经济发展、生产力提升的背景下，是必然的结果。比如在天津的河西务，刘世昭格外惦记当年吃到的直径70厘米、重达500克的大油饼。但2016年再次去的时候，虽然油饼的“传承人”依然在制作油饼，但比过去炸的要更薄，吃法也从双手拿着吃，变成了用烙饼卷着并加上各种佐料和肉类的方式。是油饼的质量不如从前了？还是制作者不如之前敬业了？当然都不是！在运河劳作的人们肚子里缺油水的年代，大油饼就是填饱肚子、保持体力的最好选择，所以也是漕运生活的遗存。但是这些年来，人们生活变得越来越好，补充能量的选择也越来越丰富了，油饼的口味当然也更加多元了。可见，从一个油饼的变化，也能看出运河生活不断丰富、愈发美好的前景。

刘世昭把两次运河之旅整理成了一本书，取名《流淌的史诗——京杭大运河骑

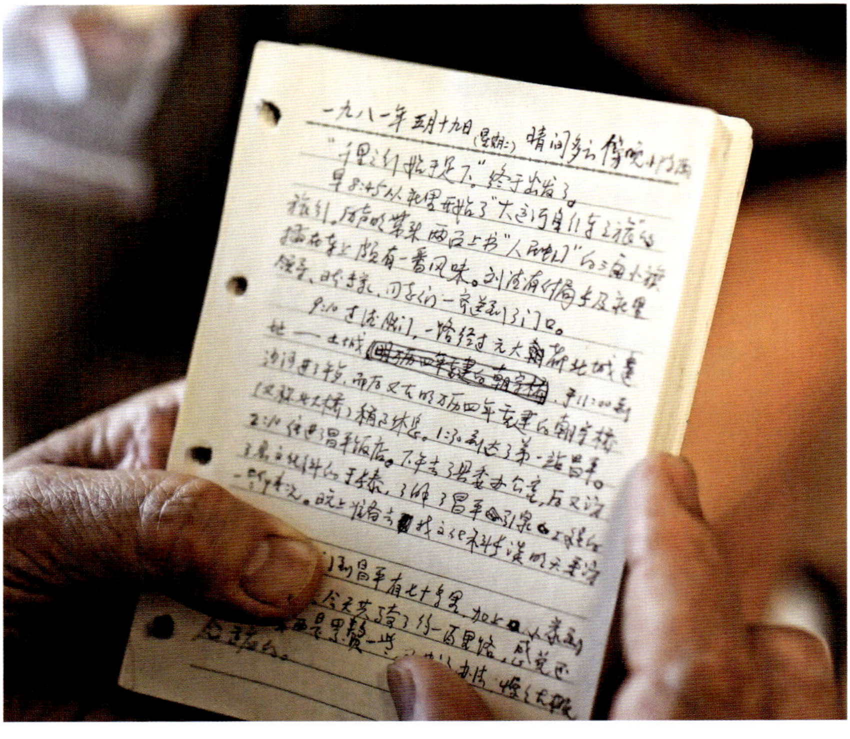

刘世昭日记

大运河滑县段

亍记》。在书里，我们能看到通惠河的污水变清澈，天津的天后宫重新开放，吴桥
的杂技学校有了外国面孔，临清的贡砖厂复苏了，南旺枢纽从被遗弃的废墟变成了
贵址公园，微山岛上新修了柏油路，宿迁的安澜龙王庙从仓库改回了庙宇，淮安新
增了水上立交。这些变化的背后，则是那些不变——济宁的古槐依然保存，无锡练
石锁的人依然充满活力，扬州和苏州的非遗依然传承，大运河上的捕鱼人家依然
亡碌。最大的不变，则是镜头里呈现的，运河人生活中始终保持的笑容。

其实，这些记录运河变化的有心人，本身也让大运河的生活图景更加丰富而有质感。随着社会的发展和生活水平的提升，中国人追求文化的热情也在不断迸发。那些生活在运河上，守护着运河水，记录着运河精神的千千万万的人们，都是大运河美好生活脉动的一部分。每一个个体都是微观的，而这些充满自信和创造力的个体的组合，则从宏观上描绘出一幅鲜亮的运河生活图景，让我们对今天和未来的运河中国，有着更自信、更乐观的展望。

阅读参考

第一章 运河国家

关于中国历史上大运河的开凿与变迁历史的研究硕果累累，在综合性论著中，姚汉源《京杭运河史》（中国水利水电出版社，1998），安作璋《中国运河文化史》（山东教育出版社，2001），朱偰《大运河的变迁》（江苏人民出版社，2017），邹逸麟《舟楫往来通南北——中国大运河》（江苏凤凰科学技术出版社，2018），史念海《中国的运河》（陕西人民出版社，1988）都是集扎实的学术和优美的文字于一体的作品。江苏凤凰科学技术出版社出版的《中国运河志 总述·大事记》则汇聚了众家成果，全面梳理了这一主题。

关于不同历史时期的水路交通特点及其对构建多民族统一国家的贡献方面，可参考王子今《秦汉交通史稿》（中国人民大学出版社，2013）、全汉昇《唐宋帝国与运河》（重庆出版社，2020）等著作。如果想进一步了解陕西漕运航道发展变迁史，可参考辛德勇《旧史舆地文录》（中华书局，2013）。

漕运在清代中后期的衰落，及其对当地社会生态的影响，马俊亚的《被牺牲的“局部”：淮北社会生活生态变迁研究（1680—1949）》（北京大学出版社，2011）有着详实考释；美国学者彭慕兰的《腹地的构建：华北内地的国家、社会和经济（1853—1937）》（马俊亚译，上海人民出版社，2017）也提供了有趣的洞察。

第二章 运河工程

大运河规划纵横捭阖，李约瑟曾在多卷本的《中国科学技术史》中专门在第4卷第3分册中论及大运河水利工程的价值（汪受琪译，科学出版社，2008）。关于大运河在中国东部复杂地形地貌上发展变化的特征，可参见邹逸麟《中国历史地理概述》（上海教育出版社，2013）。对于大运河与黄河等自然河道的关系，尤其是因后者所带来的规划和工程方面的挑战，可参见岑仲勉的经典作品《黄河变迁史》（重庆出版社，2022）。《中国运河志 河道工程与管理》对历代的工程和管理体系进行了汇总。

关于大运河水利水运在不同时期的特点，蔡蕃的《京杭大运河》（北京人民出版社，2019）有着精辟的解读。关于内河航运各种设施的发展，如河道、堰埭、闸、桥、造船业等，依旧可通过姚汉源的《京杭运河史》进行了解。关于中国古船的发展、建造与特色，可参见王冠倬《中国古船图谱》（三联书店，2000）；上海博物馆所编的《大唐宝船：黑石号沉船所见9—10世纪的航海、贸易与艺术》（上海书画出版社，2020）中亦有专门章节论及了考古出土的内河沉船情况。运河仓储制度，则可参见张弓《唐朝仓廪制度初探》（中华书局，1986），葛承雍《唐代国库制度》（三秦出版社，1990），以及郑民德《明清运河漕运仓储与区域社会研究》（人民出版社，2020）。

第三章 运河城乡

中国古代城市的发展变迁史研究成果丰硕，若要全面深入了解不同历史时期具体城市的规划发展历程，可参见贺业钜的《中国古代城市规划史》（中国建筑工业出版社，1996），张晓虹的《古都与城市》（江苏人民出版社，2011），前者更为详实、厚重，后者则更侧重普及性。如果要更为全面了解每座城市和运河互动的故事，《中国运河志 城镇》则是颇为重要的参考。

具体到运河城市演变过程及其与运河的关系，长安、洛阳可参考日本学者气贺泽保规的《隋唐时代：绚烂的世界帝国》（石晓军译，广西师范大学出版社，2014）；北京可参考侯仁之的《北京史话》（上海人民出版社，1980）；开封可参考李长傅的《开封历史地理》（商务印书馆，1958）；杭州则可参见法国学者谢和耐的《蒙元入侵前夜的中国日常生活》（刘东译，北京大学出版社，2008）。

如要了解更多知识，也可阅读古代文献，正如在“关于中国古都的历史典籍”边栏中所列出的，包括《两京新记》《长安志》《东京梦华录》《唐两京城坊考》《梦粱录》《临安志》《六朝事迹编类》《金陵胜迹志》《历代宅京记》等，今天也能找到正式出版的完整点校本。

第四章 运河文脉

运河滋养了沿线文化，也表达着特定地理条件下产生的文脉。若想全面了解运河与中国文化地理的关联，可参见两部同名著作——陈正祥《中国文化地理》（三联书店，1983），王会昌《中国文化地理》（华中师范大学出版社，2010）。

关于大运河相关画卷与舆图，有部分研究成果可参考，比如薛凤旋《清明上河图：北宋繁华记忆》（上海人民出版社，2020），王耀《水道画卷：清代京杭大运河舆图研究》（中国社会科学出版社，2016），陈远《王世贞的〈水程图〉与明代大运河之旅》（中央美术学院博士论文，2019）。

如果想具体了解运河沿线的某项传统或是某些民俗，那么《中国运河志 社会文化》则犹如一部关于运河社会文化史的百科词典，对研究者和爱好者都开卷有益。关于大运河滋养的戏曲和沿岸文化风俗，可参考卢前《明清戏曲史》（岳麓书社，2011）以及全汉昇《中国行会制度史》（百花文艺出版社，2007）。

第五章 运河人物

运河上有着多种多样的人物故事。关于运河官员的生平，多可在官方史书、典籍中找到，《中国运河志 人物》对此有着详实的汇总。而对于运河沿岸普通人的生活，史书中涉及不多，但也能够通过一些研究略窥一二，比如黄仁宇《明代的漕运》（新星出版社，2005）就论及了漕军的生活，包伟民《陆游的乡村世界》（社会科学文献出版社，2020）则涉及农村基层社会的基本生活场景。

另外，古代士大夫也曾将自己行走运河的旅途做了记录，不仅从文化角度，也从个人体验角度留下了宝贵文献。比如明代黄汴等人编的《天下水陆路程》（杨正泰校注，山西人民出版社，1992）中，除了记录明代水陆体系沿途风貌外，还专门附带了《客商一览醒迷》，记载从商经验和商人训诫；谈迁的《北游录》（中华书局，1997）也是沿运河北上的记录。说起在水上旅行，还不得不提到宋代陆游的《入蜀记》（可参见蒋方校注版本，湖北人民出版社，2004）和范成大的《吴船录》（浙江人民美术出版社，2016），都记录着沿长江的名胜旅游体悟，虽然并不直接与大运河相关，但可体会到他们对于水上人生的感受。

如果想了解更多运河沿岸普通人的状态，还有一类文献可以参考，那就是国外旅行者、使者等对于运河沿线的记录。他们的行记里涉及不少对中国普通人生活的观察，比如朝鲜人崔溥的《漂海录：中国行记》（葛振家点注，社会科学文献出版社，1992），日本使者策彦周良等人日记《策彦入明记 笑云入明记》（崇文书局，2022），《利玛窦中国札记》（中华书局，2010），以及马戛尔尼使团人员的记录，如乔治·斯当东《英使谒见乾隆纪实》（电子工业出版社，2016）。

第六章 运河未来

大运河申报世界遗产是一项伟大的事业，其申遗文本也是典范之作，被收入《中国运河志 附编》中。在传承大运河价值，建设大运河国家文化公园、大运河文化带进程中，也涌现出了各种各样的文学、艺术、摄影、科普等作品，比如作家徐则臣以大运河为背景的小说《北上》、马伯庸的《两京十五日》等，书法家孙晓云的作品《运河颂》，摄影师赵辉拍摄、中国文化遗产研究院出版的《大运河发现之旅》摄影集等。科普方面，米莱童书和中国文化遗产研究院创作的《忙忙碌碌大运河》，中国大百科全书出版社出版的《穿越时空的大运河》等绘本，以及青年遗产科普工作者朋朋哥哥和郭守敬纪念馆、莫城南共同编绘的《大运河长卷》，都是出色的作品。

运河图画

有关大运河的故事，我们可以通过精彩的绘画、细致的档案、多姿的文物、优美的摄影来品鉴。它们有的收藏于海内外文博科研和收藏机构，有的在出版社和收藏家的推动下见诸图书，也有的来自于当代摄影师的镜头。本书中，我们力图为读者呈现关于大运河的全面视觉体验，精心选取了数百幅相关图画，从春秋战国到当代，贯穿运河历史的各个方面。这些历史书画、档案和文物能够获得精彩视觉呈现，得益于中国国家博物馆、故宫博物院、中国国家图书馆、辽宁省博物馆等数十家博物馆、研究院所的无偿授权；包括封面照片在内的大量摄影作品，得到了赵辉等世界著名摄影家的鼎力支持，也得到了“视觉中国”网站的资源共享。不过，大运河有关的历史文化记忆浩如烟海，许多颇有视觉冲击力和故事性的作品——比如清代著名画家石涛的《万里漕艘图》等，由于篇幅、版权等原因，很遗憾没有收入本书。此外也有小部分图画未能联系到作者或收藏者。我们希望，各位读者能在阅读运河、行走运河、欣赏运河的过程中，发现更多藏在历史背后的精彩画面，让每一个小小的遗憾，变为大大的惊喜。